教育部人文社会科学研究青年基金项目（10YJC790290）最终成果

Research on the Financial Factor in the Evolution of
China's Income Distribution

中国收入分配格局动态演化中的金融因素研究

武鑫 ◎著

ZHEJIANG UNIVERSITY PRESS
浙江大学出版社

图书在版编目（CIP）数据

中国收入分配格局动态演化中的金融因素研究／武
鑫著. —杭州：浙江大学出版社，2015.6
ISBN 978-7-308-14786-6

Ⅰ.①中… Ⅱ.①武… Ⅲ.①金融－关系－收入分配
－分配格局－研究－中国 Ⅳ.①F124.7

中国版本图书馆 CIP 数据核字（2015）第 127519 号

中国收入分配格局动态演化中的金融因素研究
武　鑫　著

责任编辑	葛　娟	
封面设计	春天书装	
出版发行	浙江大学出版社	
	（杭州市天目山路 148 号　邮政编码 310007）	
	（网址：http://www.zjupress.com）	
排　　版	杭州中大图文设计有限公司	
印　　刷	杭州日报报业集团盛元印务有限公司	
开　　本	710mm×1000mm　1/16	
印　　张	18	
字　　数	323 千	
版 印 次	2015 年 6 月第 1 版　2015 年 6 月第 1 次印刷	
书　　号	ISBN 978-7-308-14786-6	
定　　价	55.00 元	

前　言

　　我国自改革开放以来出现经济增长与分配失衡并存的现象。本书认为分配现象或者分配格局是静态的结果,其背后决定机制是动态的利益分享过程。利益分享过程表现为经济主体基于多种经济资源的权利形成、价值实现、产权分割与交换、构建组合等。这些分享活动需要流动性提供、组合投资、公允定价、合约治理等多种金融功能的支持。经济转型的重要内容体现在产权制度完善和金融功能供给的增加。中国的改革开放同时是一个经济加速货币化、证券化的过程:2013 年底我国的 M2/GDP 接近于 2 倍,经济金融化率达到 2.85。在经济金融化与产权制度转型相互交织的大背景下,金融部门和金融功能对于我国利益分享过程越发起着关键性的作用。我国金融部门本身也处在多重转变过程中,其中金融功能的缺失、变异或者是差异性对待都会导致分享机制变异,最终放大市场经济固有的分配差距并造成代际传递。在整理了中国分配问题的典型事实和相关文献综述的基础上,本书的第三章构建了包含金融功能的利益分享理论框架,并对我国的分配问题进行了初步的解释。这一框架包括了生产性分享、消费性分享和公共分享三大部分。第四章重点从利益分享广度的视角讨论居民部门在宏观分配格局中的收入占比演变,尤其是讨论居民部门与政府部门在利益分享中的相对关系。第五章主要是从利益分享深度的角度讨论要素收入分配问题,即劳动报酬与资本收入的相对比例。在金融控制的状态下,这一比例关系实际上反映了居民部门与企业部门分享关系的重点。第六章集中讨论我国居民部门内部收入差异扩大的主要原因。在利益分享理论框架中整合了居民与政府、居民与企业这两大关系,并在实证分析中使用基尼系数、城乡收入比、消费比、泰尔指数等多种指标衡量居民收入差距,验证了金融规模放大和金融效率提高不利于收入分配的观点。在第七章中总结了全文,并试图从利益分享和人力资本投资的角度解释美国次贷危机,以及尝试回答什么是"好"的金融。

作　者

2015 年 4 月

目 录

1 引 言

1.1　研究背景与研究意义

创造财富和分配财富是人类社会经济活动的两大主题。一个"好"的社会应该既能够极大丰富经济产出,又能够让社会大众充分分享经济成果。古往今来、中西内外,很多对经济社会的构想中都有类似的美好愿望,而由于极端不平等导致的社会动荡甚至是改朝换代比比皆是。有证据表明,甚至是非人类的灵长类动物也会表达出对不平等的憎恶(Brosnan 和 Waal,2003)。人类文明已经进入 21 世纪,但是现实却依然难以如愿。在全世界范围内,只有屈指可数的国家和地区能够兼顾平等和效率这两个目标。图 1.1 显示的是 2004 年全球 112 个国家和地区的人均 GNI 水平和收入分配状况[①]。可以发现,如果以 GINI 系数等于 0.4 和 1999 年的人均 GNI 等于 20000 美元为分界线[②],世界各国(地区)的人均 GNI 和收入分配的类型大致可以分为三类:(i)高收入和收入分配较平等;(ii)低收入和收入分配较平等;(iii)低收入和收入分配不平等。除了少数发达国家以外,几乎所有的发展中国家(地区)都属于后两个类型。因此平等和效率的两难是众多发展中国家(地区)必须面对的问题,而这一难题在我国近年来的发展中尤为突出。

中国在 20 世纪后期启动了改革开放,并取得了显著的成绩。中国经济总量从 1978 年的 344 亿元增长到 2013 年的 56.9 万亿元;按照可比价格计算增长了 25 倍。本币人均 GDP 从 1978 年到 2013 年的名义增速为

---

① 缺少人均收入或者 GINI 系数的少数国家没有在图中标出。

② 0.4 的 GINI 系数是国际公认的评价平等程度的分界线。这里的 GINI 系数年份不完全一致,请参见 World Bank,World Development Report 2006,http://siteresources.worldbank. org/INTWDR2006/Resources/WDR_on_Equity_FinalOutline_July_public. pdf.

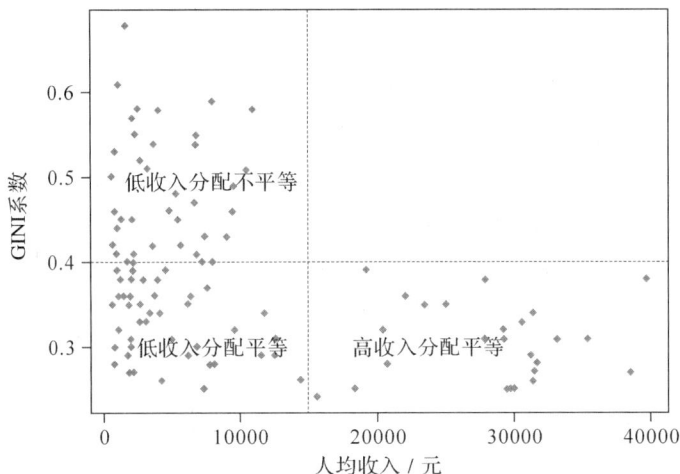

图 1.1 112 个国家人均收入和收入分配情况

数据来源:World Bank,*World Development Report* 2006

14.4%,实际增速为 8.7%。在人类历史上,人口如此庞大的国家在短时间内取得如此快速的经济增长,实属罕见,可以称为"增长奇迹"。但是同时,还伴随着让人深思的"收入分配奇迹":从平均主义迅速转变为贫富悬殊。图 1.2 和图 1.3 都清楚地显示出我国在经济转型和经济起飞期间,基尼系数代表的收入不平等情况在迅速恶化。中国近年来的基尼系数已经持续超过国际警戒线 0.4。

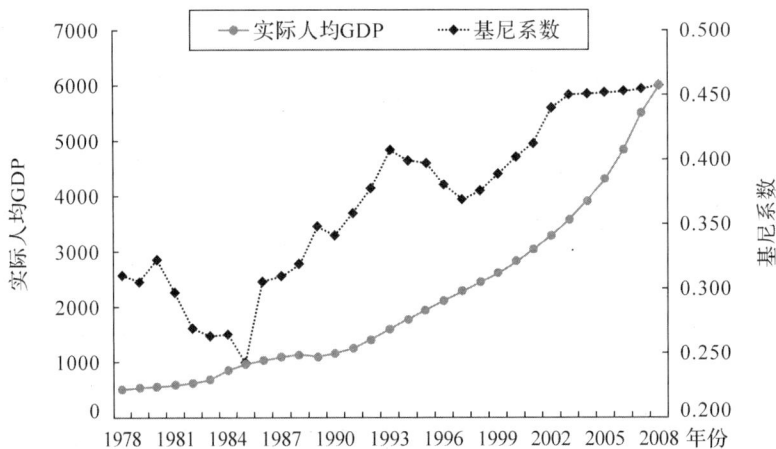

图 1.2 中国实际人均 GDP 与基尼系数:1978—2008

数据来源:实际人均 GDP 数据来自 Penn World Table(Ver 7.1),以 2005 年为基期的美元计算;基尼系数来自国家发改委社会发展研究所课题组(2012)。

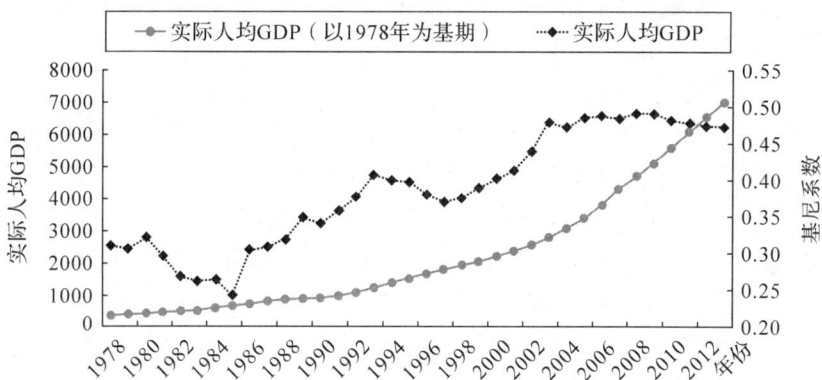

图 1.3　中国实际人均 GDP 与基尼系数:1978—2013

数据来源:实际人均 GDP 数据来自 Wind,以 1978 年为基期,基尼系数来自国家发改委社会发展研究所课题组(2012)和国家统计局。

　　我国的分配失衡是全方位的,不仅表现在基尼系数这一个指标上,还体现在宏观格局、要素之间、城乡之间、地区之间和行业之间等多个方面。从宏观分配格局来看,经济增加值首先在政府、企业和居民三大部门之间进行初次分配,形成基本的分配格局。居民部门的收入占比近年来呈现先上升后下降的趋势,在 2000 年达到最高点 67.15%,之后一路走低,2008 年到达最低点 58.66%。在此期间,企业与政府部门的收入占比逐步走高。由于居民部门的主要收入来源是劳动要素收入,因此有必要从功能性角度来研究要素收入分配比例。根据国家统计局公布的资金流量表,劳动收入占初次分配总收入的比例从 1992 年的 54.6%下降到 2009 年的 49%。居民内部收入差距也在不断扩大。根据官方统计数据,我国城乡居民收入之比曾经从 1978 年的 2.56 下降到 1985 年的 1.86,但此后逐渐上升,在 2007 年达到历史最大值 3.33,其后几年一直在这一水平上下波动。地区之间的收入差距表现在东部与西部城镇人均可支配收入之比从 1978 年的 1 倍到目前攀升到 1.6 倍左右[①]。在 2000 年左右,中部地区城镇人均可支配收入超过了西部。在农村居民收入方面,地区差异性更为明显。在改革开放之初,东部农村人均收入水平就远高于西部地区,人均纯收入之比接近 1.5。到了 20 世纪 90 年代中期,东部农村人均纯收入相当于西部的 2.5 倍,并在这个高位维持了

---

　　①　东部:北京、天津、辽宁、山东、上海、江苏、浙江、福建、广东、海南;中部:湖北、江西、吉林、山西、河南、黑龙江、湖南、广西、河北、安徽;西部:四川、贵州、云南、陕西、宁夏、甘肃、青海、新疆、西藏、内蒙古。

十年左右。世界上多数国家这一比例在 1.6 以下。我国行业间的收入差距也非常突出。根据 2013 年国家统计局公布的数据,中国证券业的工资水平比职工平均工资高 6 倍左右,与最低行业(农林牧渔业)的差距达 11 倍。人力资源和社会保障部工资研究所发布的最新数据显示,这一差距又扩大到 15 倍。根据人力资源和社会保障部国际劳工保障研究所提供的资料,2006—2007 年最高和最低行业工资差距,日本、英国、法国约为 1.6~2 倍,德国、加拿大、美国、韩国在 2.3~3 倍。日本在经济起飞的后期,也就是 20 世纪 80 年代,金融行业平均工资水平只是制造业的 1.38 倍。

另外,根据一些非官方机构的调查显示,我国的分配不均状况可能更加严重。比如 2010 年,据世界银行报告,中国 1% 的家庭掌握了全国 41.4% 的财富,财富集中度远远超过了美国,成为全球两极分化最明显的国家之一。[①]西南财经大学中国家庭金融调查与研究中心公布的《中国家庭收入不平等报告》显示,2010 年中国家庭收入基尼系数为 0.61,城镇家庭收入基尼系数为 0.56,农村家庭收入基尼系数为 0.60,均远高于国际警戒线 0.4。由北京大学中国社会科学调查中心组织完成的《中国民生发展报告(2014)》显示,1995 年我国家庭净财产的基尼系数为 0.45,2002 年为 0.55,2012 年达到 0.73;我国三成以上的社会财富被顶端 1% 的家庭所占有,而底端 25% 的家庭仅拥有一成社会财富。北京师范大学中国收入分配研究院从 20 世纪 80 年代起进行了 4 次大型居民收入调查,形成 CHIP 数据库。该数据显示,收入最高 10% 人群和收入最低 10% 人群的收入差距,已从 1988 年的 7.3 倍上升到 2007 年的 23 倍。王小鲁(2010、2013)估计城镇居民收入中没有被统计到的收入高达 4.8 万亿元,遗漏主要发生在占城镇居民家庭 10% 的高收入户,占全部遗漏收入的 3/4。可见我国收入分配失衡的状况可能比官方数据显示的更加严峻。

中国分配关系失衡与中国经济结构的失衡有密切关系。首先,Kuijs(2005)、Aziz 和 Dunaway(2007)、李扬和殷剑峰(2007)、徐忠等(2010)等已经指出,宏观分配格局的趋势造成了中国内需不足。居民部门的消费倾向较高,而企业和政府部门的储蓄倾向较高,所以居民部门与其他两个部门收入比例的此消彼长直接压制了国内消费需求,相反提高了资本形成率。那些无法被国内消费和投资所吸纳的过剩储蓄又转化为净出口。中国经济增长进一步依赖于投资和出口,结构性矛盾日益突出。其次,在上述情况下催

---

① 夏业良:《我国 1% 家庭掌握全国 41.4% 财富,集中度超过美国》,http://news.sina.com.cn/c/sd/2010-06-08/103920433974.shtml.

生了高储蓄率与高投资并存的局面,同时对内、对外的投资效率都不高。对内投资低效表现在国内金融资源配置的垄断和金融资源定价的歧视。储蓄作为宝贵的金融资源被过度配置给大型企业、国资背景企业和地方政府(含其融资平台)等垄断型部门,而居民部门、中小企业、民营企业没有得到足够的金融支持。在金融资源被垄断的情况下,金融资源的定价不可避免会出现偏向。垄断型部门得到廉价的资金,成为被补贴的对象;而居民部门虽然拥有高储蓄,但无法实现利益分享。金融发展反而成为恶化宏观分配格局的推手。对外投资低效表现为对净出口吸收净储蓄的依赖,近年来由此每年产生的新增外汇储备以千亿美元计。积累的大量外汇资源投向年收益率仅 2% 左右的国外政府债券,而国外热钱在中国国内更高基准利率以及人民币升值预期的吸引下大量涌入。这样的一进一出不仅造成我国整体社会福利的无谓损失,还增加了货币管理当局对冲通货膨胀风险的成本,也压缩了宏观经济政策调控的空间。我国金融系统的功能扭曲是投资低效的直接原因,也为研究宏观分配格局失衡提供了线索。

最后也是最根本的,居民收入占比和消费比例本身关系着民生大计,反映了社会福利水平。居民收入占比和消费比例不仅没有跟上经济增长的步伐,反而严重滞后,这必然会引起社会大众对经济增长意义的质疑。如果利益分配格局长期得不到明显改善的话,经济增长反而会成为加深社会矛盾的因素,并且这种增长本身也不可能持续。居民内部收入不平等在多个维度的扩大,显示出居民内部在分享改革发展成果有巨大的群体差异性。这与"共同富裕"的改革初衷相去甚远,也使得部分群体认为产权改革和市场竞争是收入分配恶化的根源。在我国进入改革"深水区"的当下,分配失衡很容易破坏"改革共识"。另外,从更长远的角度来看,经济利益的分享必然会和政治权力的分享产生联系。在贫富悬殊的情况下,富有的群体很可能会在政治权力的分配上占有更大的优势,并通过权力优势来加强自身的经济利益。在这种相互作用机制下,分配格局一旦被固化,居民群体的社会流动性将大大降低,经济活力会被削弱,社会矛盾将更加尖锐。中国社科院发布的《2014 年中国蓝皮书》显示"收入差距过大,贫富分化"已经成为社会最关注的问题。决策层面为此在"十二五"规划中专门强调了"合理调整收入分配关系",因此研究我国的分配问题有着重大现实意义。

分配关系失衡反映了我国经济转型的深层次矛盾。对比来看,亚洲 21 个转型经济体中有 14 个经济体的基尼系数在迅速上升(ADB,2007),但是东欧转型国家的分配格局却保持稳定(Hayo,2004)。如何解释经济转型期的分配格局变动趋势?收入不平等的扩大是不是中国经济高速增长的必然现象？我国是否会因此陷入"中等收入陷阱"？如何评估我国分配政策的有效性？这些是中国经济保持可持续发展必须回答的重大问题，需要从理论高度深入解读，才能制定有针对性的公共政策。在标准的新古典理论框架下可以做到兼顾效率和公平。福利经济学的第一定理表明，在充分竞争的条件下形成的任一收入分配格局都是帕累托最优的。此时由于各种生产要素获得的报酬率等于其边际产品的价值，因此从经济意义上的分配状态也是公平的。但在规范意义上的分配结果并不一定是最合意的。福利经济学第二定理表明，通过调整人际的禀赋可以实现任一合意的收入分配格局，或者是最大化社会福利水平（Varian，1992）。这一分析框架对于分析我国的转型经济过程而言，存在几点不足：首先，福利经济学意义上考察的平等，所比较的并不是一般所指的单位时间段之内的货币收入流，而是经济主体之间的效用水平。在转型经济中，价值观较为混乱，很难对社会福利函数的设定达成统一。其次，新古典框架含有充分竞争的市场条件即假定经济没有受到任何扭曲，企业能够自主地在价格引导下进行决策。这些假设和我国经济转型中垄断现象丛生的现实相去甚远。再次，该理论框架是静态的，假定市场经济已经完全建立。但是中国的经济转型过程中包含了重要的资源财富化、资产金融化的过程，并且需要考虑人力资本的动态投资。

新古典思想相对而言更适合分析市场制度较完善的经济体。对于转型经济体而言，应该借鉴发展经济学的成果来研究经济增长和收入分配的动态过程。其中最重要的两个理论视角分别由两位诺贝尔经济学奖的获得者提出：刘易斯的二元经济理论和库兹涅茨的收入分配倒 U 型假说。前者更侧重于理论逻辑，后者更侧重经验分析。刘易斯（Lewis 1954）提出的劳动力无限供给条件下的二元经济的发展理论认为，在整个二元经济向现代经济发展的过程中，可以以不变的工资水平获得无限供给的劳动力，现代部门也可以不断吸收剩余劳动力。随着经济的增长，收入分配的不平等程度将会在发展的早期阶段上升，因为现代部门的利润只归少数资本家掌握。只有在二元结构消失之后，工资水平的上升才是可能的。刘易斯的理论框架包含两个条件：其一，由于劳动力"无限"供给，所以工资率长期处于在仅仅能够维持劳动力生存的低水平上；其二，现代部门在发展过程中始终采用同样的技术结构；在劳动力无限供给的情况下，产业技术类型应该是劳动密集型。但这与中国经济发展中出现的资本偏向型技术选择不能吻合。另外，在刘易斯的框架中劳动者只有单一的劳动收入来源，这也削弱了该理论的解释力。

库兹涅茨的倒 U 形假说（Kuznets，1955）是实证研究分配格局演变的开创性工作,即分配状况会随着发展阶段出现先恶化、后改善的趋势。这种假说得到了一些实证研究的支持(Paukert,1973;Chenery 和 Syrquin,1975;Ahluwalia,1976)。如果该假说成立,就意味着目前我国收入不平等加剧是一个正常的、短期的阶段现象;随着持续的经济增长,不平等问题会得到改善。但是另外一些经验研究表明,库兹涅茨理论假说的一般性意义并不牢固。Fei、Ranis 和 Kuo(1979)发现中国台湾地区在从 20 世纪 50 年代到 70 年代的经济发展起飞阶段,不仅保持了高速经济增长,而且 GINI 系数也由 1950 年的 0.53 下降到 1970 年的 0.33。Fields 和 Jakubson(1994)就库兹涅茨倒 U 曲线而对 35 个国家进行的实证研究工作也认为在经济发展过程中,至少在 20 世纪的发展进程中,不平等程度是下降的。最为关键的是,库兹涅茨理论缺少倒 U 型走势的理论机理分析。这大大削弱了该理论对分配问题新变化的解释力。比如,发达国家在近年来出现了不平等上升现象,就对库兹涅茨理论提出了挑战,见图 1.4。

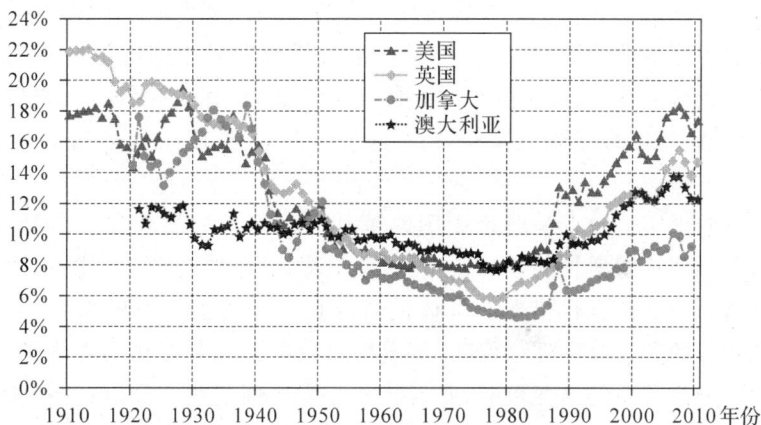

图 1.4 代表性发达国家最高百分位群体的收入份额:1910—2010

数据来源:piketty. pse. ens. fr/capital21c.

与库兹涅茨理论类似,但是相对悲观的另外一种观点是"中等收入陷阱"假说。世界银行《东亚经济发展报告(2006)》提出了"中等收入陷阱"(Middle Income Trap)的概念,即新兴市场国家突破人均 GDP 1000 美元的"贫困陷阱"后,很快会奔向 1000 美元至 3000 美元的"起飞阶段";但到人均GDP 3000 美元附近,快速发展中积聚的矛盾集中爆发,经济增长出现回落或长期停滞,陷入所谓"中等收入陷阱"。我国目前分配差距扩大是进入"中等收入陷阱"的具体表现。但是观察世界主要代表性国家和地区的发展状况,"中等收入陷阱"的说法并不令人信服。在这个漫长的时间跨度中,多数经济体要么是持续的经济增长,要么就是经济一直在贫穷状态徘徊。即便是文献中强调的拉美国家,也不符合中等收入陷阱的假说,甚至是相反。所以和库兹涅茨假说一样,中等收入陷阱的判断,也缺少实证支持。经济增长既不必然会使得分配关系得到改善,也不一定会出现分配格局的恶化。分配结果是经济循环运行的一种体现,背后有复杂的形成机制。尤其是对中国这种转型经济体而言,静态的收入分配结果受到更多因素的影响,需要从动态的利益分享过程去探究。本书的研究重点就是理解中国转型经济的利益分享机理,这也是本书研究的理论意义。

1.2 研究目标与研究思路

1.2.1 研究目标

本书的理论目标是建立包含转型制度特征和微观金融功能的利益分享理论。运用这个理论框架,不仅可以在本书研究中对中国经济转型的分配失衡现象进行解释,而且可以在后续研究中扩展到代际的层面,用来解释发达经济体长周期的分配现象。希望这项工作能够补充和丰富分配理论研究。

本书的现实落脚点是解释中国改革开放以后的分配现象,并加深对经济转型和经济长期增长的理解,在此基础上提出公共政策优化建议,也可以为其他转型经济体提供借鉴。具体的研究目标是构建具有转型特征的、包含微观基础的利益分享理论框架,重点探讨我国宏观分配格局失衡的根源,居民内部分配关系的演变机制,要素收入分配比例变化的原因;并初步讨论人力资本投资在代际分配上的重要作用。使用该理论框架可以明确收入分配状态均衡收敛的条件和发散的条件,以及其他经济变量可能带来的影响。通过实证方法运用全国宏观数据和省际面板数据验证理论命题,并量化金融因素对我国收入分配格局演化的作用机制和影响程度。最后在理论研究和科学预测的支撑下提出政策建议,希望对理顺我国经济关系、促进和谐社会发展有所贡献。

1.2.2 研究思路

本书认为分配现象或者分配格局是静态的结果,其背后决定机制是动态的利益分享过程。利益分享过程表现为经济主体基于多种经济资源的权利形成、价值实现、产权分割与交换、构建组合等。这些分享活动需要流动性提供、组合投资、公允定价、合约治理等多种金融功能的支持。经济转型的重要内容体现在产权制度的完善和金融功能供给的增加。中国的改革开放同时是一个经济加速货币化、证券化的过程：2013 年底我国的 M2/GDP 接近于 2，经济金融化率达到 2.85[①]。在经济金融化与产权制度转型相互交织的大背景下，金融部门在我国经济活动中发挥的作用越来越明显。金融功能在我国利益分享过程越发起着关键性的作用。我国金融部门本身也处在多重转变过程中，其中金融功能的缺失、变异或者是差异性对待都会出现分享机制变异，最终放大市场经济固有的分配差距并造成代际传递。

在经济金融化加深的过程中，收入分配格局的演变和金融活动有着紧密联系，而在已有的对我国分配问题的研究工作中，金融因素没有得到足够的重视。本书首先构建利益分享理论，区分消费性分享和生产性分享两大类型，再从分享广度、分享深度、分享动态和宏观分享四个方面系统阐述利益分享的过程，讨论金融功能在利益分享过程中的不同作用点。使用这一理论模型可以具体讨论我国分配格局演变中的金融因素。分配格局可以呈现为以下结构图（见图 1.5）。

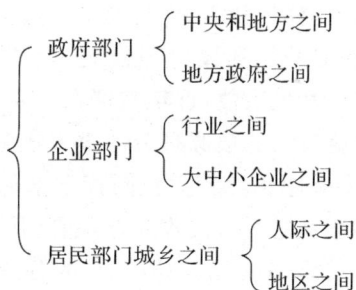

图 1.5　收入分配格局结构

图 1.5 显示的分配格局分两个层次，第一层次是宏观分配格局，即政府、企业和居民三大部门的收入占比关系。第二层次是三大部门内部的分配结构。比如政府部门内部可以观察中央政府和地方政府之间的收入比例，还可以讨论地方政府之间的分配关系。由于我国政府部门分级较多，地方政府内部还可以分为省、地级市、县级市、乡镇等，其内部分配层次就更为复杂。企业内部可以从产业类型、区域分布、规模大小进行分层，进而讨论收入分配比例问题。类似的，居民部门也可以进行分类。目前主要的分类角

---

① 　本书的"金融化"计算公式为金融总资产/GDP，其中金融总资产包括现金（M0），债券余额，存款，股票市值，保费。

度包括人际、城乡之间和地区之间等。本书限于篇幅,讨论范围不可能涵盖所有层次的分配格局问题。根据理论和现实问题的重要程度,将研究集中在三个层面。第一是宏观分配格局,即第一层次的分配比例。政府、企业和居民三大部门具有明显的经济行为差异,比如政府和企业部门的投资倾向较大,居民部门的消费倾向较高。因此第一层次的分配比例变化对宏观经济的影响是显而易见的。这一部分将主要回答为何居民收入占比持续下降。到底是政府部门还是企业部门在挤占居民收入?劳动力过剩是不是居民部门收入占比下降的主因?在城镇化背后,为何会出现土地金融和土地财政现象,它们在宏观分配格局变动中扮演了什么角色?政府部门收入和政府负债率之间是什么关系?企业家才能扮演什么角色?这些问题将在第四章中从资本流动性、公允定价等金融功能以及利益分享的分享广度概念进行解读。第二是功能性分配,即要素收入的比例。主要是回答为何我国劳动收入占比近年来持续下降。我国经济比较优势是劳动密集型产业,经济转型中也有大量劳动力进入现代生产部门,但是在这一过程中,劳动收入占比不升反降。在本书的第五章,将使用资产定价的金融功能、动态分享概念进行研究。第三是居民内部的收入分配关系。这是最受社会关注的第二层次分配格局问题,原因是我国居民内部分配关系失衡程度较大。国家统计局公布的我国居民收入基尼系数,近年来都在 0.4 以上,即高于国际警戒线。居民收入不平等程度拉大的根源是劳动收入还是资本收入?为何在人口红利拐点后,居民收入差距仍然扩大?间接金融为主的中国金融系统为何能够积累如此多的储蓄?这对居民收入差距有何影响?在第六章中将使用组合投资和风险管理等金融功能、利益分享的分享深度以及消费性分享和生产性分享的区分对这些问题进行研究。

1.3 研究内容和研究方法

1.3.1 研究内容

第一章"导论"。本章将主要介绍研究背景、理论与现实意义、研究目标与研究思路、研究框架与研究内容、研究方法以及研究创新与后续研究等。

第二章"特征事实与文献综述"。本章首先梳理我国分配格局和金融系统在改革开放后的演变轨迹。使用已有的统计数据,尽可能对我国宏观分配格局、居民部门内部分配关系和要素收入分配比例进行时间序列描述。其中对居民内部分配关系进行人均之间、地区之间、城乡之间和行业之间等多角度的量化分析。对于我国金融系统演变轨迹将从规模、效率和结构等几个方面进行刻画。其次是对已有的相关研究工作进行综述,吸收和借鉴研究基础,在基础上改进。本书将从几个方面进行综述。

第三章"金融功能与利益分享理论"。本章主要构建包含转型特征和金融功能的利益分享理论,并对我国改革开放后分配格局的变化进行初步解释。从利益分享的角度来看,影响经济主体分配结果的分享行为包括基于多种经济资源的权利形成、价值实现、产权分割与交换、构建组合等。这些分享活动需要流动性提供、组合投资、公允定价、合约治理等多种金融功能的支持。本章将从分享广度、分享深度、动态分享和宏观分享四个维度来阐述利益分享机制,并详细介绍金融功能在其中各个环节的运行逻辑。经济转型表现为金融功能的提供、转变和强化,其中金融功能的缺失、变异或者是差异性对待都会使得分享机制变异,进而造成不同群体的利益分享失衡。从这个角度对我国分配格局进行整体性的理论解释。

第四章"土地金融、土地财政与我国宏观分配格局"。本章认为经济转型过程中,有很多经济资源进入到分享过程,即扩展其分享广度。其中不仅包括人力资本、物质资本,还包括关键性的经济资源,即土地。本章将使用利益分享理论框架,在一个世代交叠模型中描述我国金融功能差异性条件下形成的土地金融和土地财政,并分析其对宏观分配格局的影响。本书将使用宏观数据和省级面板数据对理论命题进行实证分析。

第五章"金融抑制、技术偏向与要素收入分配"。本章将使用一个理论模型来讨论金融抑制对技术偏向的诱致,在资本技术偏向的产业结构中会出现劳动收入占比下降的分配问题。在使用模型分析得到理论命题后,再使用面板数据进行经验研究。

第六章"金融发展与居民收入不平等:多维度的考察"。本章继续使用利益分享理论,讨论金融功能差异对居民内部不同群体的分配效应。在实证研究部分,将从基尼系数、泰尔指数、城乡收入比、城乡消费比等多个指标来量化居民收入不平等,并使用多种面板方法来检验理论命题。

第七章"总结与展望:什么是'好的'金融?"。本章将初步讨论动态分享,尤其是人力资本投资在长期分享活动中的作用,并兼对次贷危机进行利益分享视角的解释。最后总结主要结论,补充提出政策建议。

1.3.2 研究方法

本书采用的研究方法主要是逻辑实证的方法,即理论模型与实证分析相结合。研究将以经济增长理论、劳动经济学、金融经济学、制度经济学等

学科的理论观点为基础,使用文献法、比较法、定性分析、模型分析、宏观统计分析以及微观计量分析展开研究。具体研究方法如下:

(1)使用文献法和比较法整理分析与我国产权制度变革、分配关系变化、金融体制改革等相关的文献资料。

(2)使用宏观统计方法对官方统计数据、各种公开的调查数据以及研究处理的数据资料进行统计与计量分析,挖掘数据中隐含的各种信息。

(3)使用定性分析和模型分析构建利益分享理论的概念框架。使用产权理论、金融功能理论等对利益分享过程进行机理分析。使用合约理论研究金融功能差异下的产权结合实施、合作剩余分享规则问题。

(4)使用经济增长模型对利益分享过程中的金融功能进行模型分析。其中使用 OLG 模型讨论宏观分配格局变动和居民收入不平等演变,使用技术偏向模型讨论金融诱致下的结构问题。

(5)在实证分析中利用参数检验、时间序列分析等进行计量分析和参数估计,使用工具变量处理内生性问题,使用 GMM 等面板方法处理面板数据。

1.4 主要贡献与后续研究

1.4.1 主要贡献

本书研究的主要贡献是突破金融结构观的束缚,把金融功能与产权行为紧密结合,并还原产权组合的思想,构建了既有横向收入流量又有纵向资本积累的利益分享理论。这一理论框架可以整合功能性、规模性分配等研究视角,能够将理论解释的系统性和动态性推向深入。另外,该理论与互联网经济中的"互联"、"分享"现象非常契合,可能在未来以互联网技术驱动的信息经济中发挥理论解读的作用。本书结合在对宏观分配格局的研究中引入了中国现实变量,考虑了土地金融和土地财政,增强了解释力。在对居民收入不平等研究中,引入了人力资本的异质性和组合投资的概念,并在实证分析中使用了更全面的指标和方法。在对要素收入比例研究中,将金融抑制和技术偏向结合,推进了对功能性分配的研究。

1.4.2 后续研究

首先,本书模型中没有引入不确定性和风险,对于风险管理的金融功能挖掘不够,而经济个体利益分享过程中扩展分享广度和构建产权组合的决策中有一个重要的逻辑就是分散风险和管理风险。其次,对于人力资本在动态分享中的机制没有深入研究,导致本书对分配的代际表现和社会流动性没有深入探索。尽管在第七章进行了初步分析,但是缺少更严格的模型分析和具体的经验研究。再次,本书使用的数据以中观和宏观为主,还可以使用更微观的企业数据和家庭数据进行经验研究。从理论框架的角度来看,利益的分享可以延伸到权力的分享,这样或许可以进入政治经济学的层面,增强对经济演化的解释力。这些都是后续研究中可以深入进行的。

2 | 特征事实与文献综述

　　收入分配格局是社会经济运行的结果。它反映了一个经济活动中的利益分享关系,也影响了经济主体的激励结构。改变分配制度、调整利益分享方式是我国经济制度改革的重要内容之一。实际上,我国改革开放的突破口就是抓住了分配关系这一主线。1978年的十一届三中全会要求"各级经济组织必须认真执行按劳分配的社会主义原则,按照劳动的数量和质量计算报酬,克服平均主义"。改革的主要思路是打破"大锅饭",合理拉开收入差距,鼓励一部分地区、一部分人先富起来。随后在农村地区推广了家庭联产承包责任制。通过"交够国家的,留足集体的,剩下都是自己的"这种直白但深刻的分配表达,引入事前厘清经济剩余的分享方式,激发了农业劳动者的投入努力。1993年,《中共中央关于建立社会主义市场经济体制若干问题的决定》提出个人收入分配要坚持以按劳分配为主体、多种分配方式并存的制度,体现"效率优先,兼顾公平"的原则。1997年,中共十五大进一步提出允许和鼓励资本、技术等生产要素参与收益分配。随着中国证券市场的建立和完善,还出现了股权激励计划、员工持股等新型分配工具。分配关系的调整甚至可以改变政府的行为逻辑。1994年的分税制改革是我国公共财政收入分配关系改革的一次重大调整。在此之前的财政收入分配关系可以归结为"企业财政"(周飞舟,2006;李学文等,2012),即中央和地方根据企业的隶属关系来分配企业上缴的利税。1994年分税制后,中央和地方根据税种进行分成,这被认为是调动了地方致力于经济增长的积极性(张军,2007)的主要原因,甚至被认为是中国经济奇迹的基本动力(张五常,2009)。

　　经济制度改革的历程一方面是我国分配制度不断探索和变革的过程。更灵活、更富有弹性的利益分享方式调动了经济主体的积极性,有效释放了我国经济的活力,维持了长达三十年的经济高速增长。但是令人深思的是,我国分配关系调整在发挥增长威力的同时,却伴随着分配格局的不断恶化,具体表现为诸多分配现象的结构性失衡。经济制度改革的另一方面是市场在资源配置过程中起到越来越重要的作用,尤其是金融市场成为资本形成的主要平台后。在经济金融化和资产证券化的现代经济中,金融系统的功能作用不仅影响经济增长方式,也深刻影响了利益分享的机制。分配活动的实现需要更多的金融功能支持,分配格局的演变必然包含了金融因素。在理论上我们已经形成了大量关于金融发展与收入分配关系的理论模型,并且基于国外和国内的数据也进行了针对性的经验分析。这为本书的研究工作提供了良好的研究基础。本章首先在经验的基础上对我国分配状况尤其是分配关系的结构性表现进行梳理,并对我国金融发展的总量和结构特征进行量化,最后在理论层面从金融发展的分配效应角度进行文献综述。

2.1　我国分配关系的演变

分配关系的衡量主要有两个角度:一是功能性分配或要素收入分配,主要是指人力资本(或一般简称为"劳动")获得劳动报酬,物质资本(或一般简称为"资本")获得资本性收入,以及政府部门获得生产税;二是规模性分配,是指经济成果在经济主体之间进行分配。两者有紧密的联系,规模性收入分配是分配格局的直接表现,要素收入分配则揭示了主体的收入来源,为规模性收入分配的研究提供了基础。从个体收入分布来看,Atkinson(2000)根据经验数据发现,较高收入个体的收入来源主要是资本收入;较低收入个体的收入来源主要是劳动报酬,因此增加劳动收入会缩小规模性分配差距。Piketty(2014)认为(物质)资本收益率大于经济增长率($r>g$),因此(物质)资本的分布对于规模性分配同样有着重要含义。宏观分配格局也会受到功能性分配变动的影响,因为企业部门主要获得资本收入,而居民部门主要获得劳动收入。在我国改革开放以来的经济高速增长时期,宏观分配格局、个体收入分配和功能性收入分配都出现了不平等程度扩大的趋势。

2.1.1　宏观分配格局的演变

经济增加值首先在政府、企业和居民三大部门之间进行初次分配,形成基本的分配格局;然后根据税收和转移支付等,形成可支配收入。近年来我国居民部门的收入比重逐步下降,而政府和企业部门的收入占比逐渐升高,引起了广泛关注。一方面是各个部门在投资、消费和储蓄等经济行为模式上有很大差异,这种分配格局转变的经济效应逐步显现。其中居民收入比例下降被认为是内需不足的重要原因(汪伟等,2013)。另一方面居民收入占比下降与经济高速增长形成反差,引发对经济成果分享公平性的质疑。

尤其是近年来政府财政收入增速高于经济增速,以及国资企业盈利能力提高,加重了公众对居民收入占比进一步下降的担心。图 2.1 显示了从 1992 年以来三大部门的初次分配的变化。

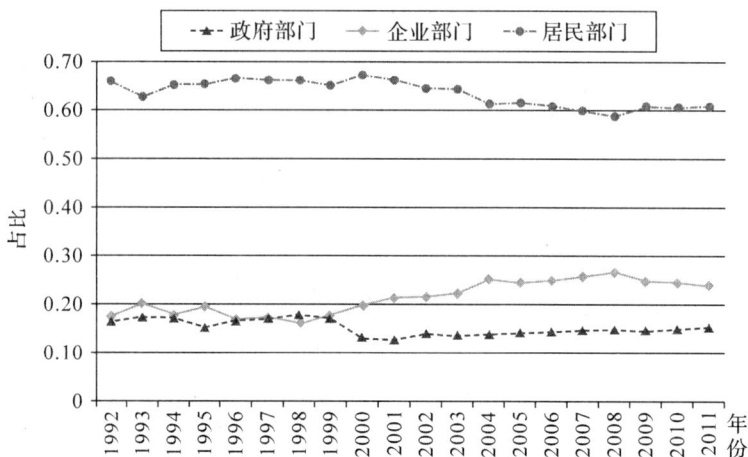

图 2.1　中国三大部门初次分配比例:1992—2011

数据来源:历年《中国统计年鉴》中的"资金流量表"。具体数据列表见附录 1。

从图 2.1 中可以发现在初次分配阶段,居民部门收入占比一致较高,近年来呈现先上升后下降的趋势,在 2000 年达到最高点 67.15%,之后一路走低,2008 年到达最低点 58.66%。在此期间,企业与政府部门的收入占比逐步走高。

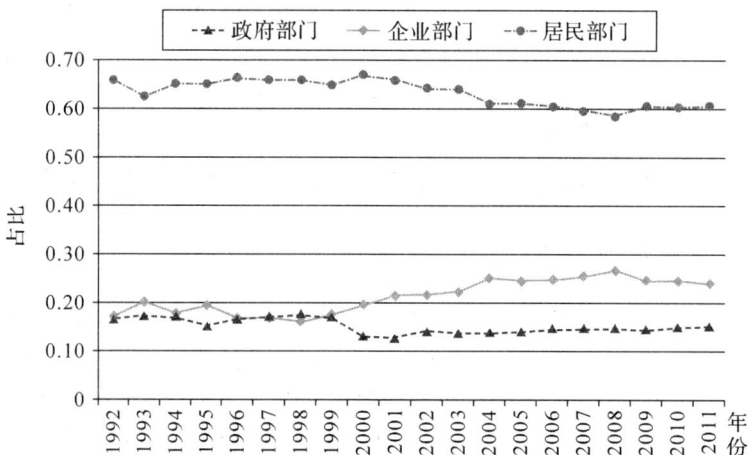

图 2.2　中国三大部门可支配收入比例:1992—2011

数据来源:历年《中国统计年鉴》中的"资金流量表"。

三大部门获得初次分配后,再根据经常性转移、收入税、社会保险缴款和福利以及社会补助等调整后,形成可支配收入,其比例构成见图 2.2。可以发现经过调整后的可支配收入比例中,政府部门的收入比例不降反升,而居民部门的收入占比并没有得到改善。

2.1.2　居民收入不平等扩大

居民内部的收入差距扩大表现在以下几个方面。首先是地区间居民收入差距扩大,其次是行业间收入差距扩大,再次是居民城乡收入差距扩大。最后这些收入不平等都会反映到基尼系数上。

(1)地区间分配差距扩大

从改革开放以来,我国东部沿海地区领风气之先,经济发展处于前列,迅速拉开了与中西部内陆省份的居民收入水平差距。表 2.1 显示了目前我国地区间的收入差距。

表 2.1　2012 年我国各省(自治区、直辖市)人均收入情况

省份	城镇居民人均可支配收入	农村居民人均纯收入	省份	城镇居民人均可支配收入	农村居民人均纯收入
上海市	40188.3	17401	海南省	20917.7	7408
北京市	36468.8	16476	湖北省	20839.6	7851.71
浙江省	34550.3	14552	陕西省	20733.9	5763
广东省	30226.7	10542.8	河北省	20543.4	8081
江苏省	29677	12202	河南省	20442.6	7524.94
天津市	29626.4	14025.5	山西省	20411.7	6356.6
福建省	28055.2	9967	四川省	20307	7001
山东省	25755.2	9446	吉林省	20208	8598
辽宁省	23222.7	9384	江西省	19860.4	7828
内蒙古自治区	23150.3	7611	宁夏回族自治区	19831.4	6180
重庆市	22968.1	7383	贵州省	18700.5	4753
湖南省	21318.8	7440	西藏	18028.3	5719
广西壮族自治区	21242.8	6008	新疆维吾尔自治区	17920.7	6394
云南省	21074.5	5417	黑龙江省	17759.8	8603.8
安徽省	21024.2	7161	青海省	17566.3	5364.38
			甘肃省	17156.9	4506.7

数据来源:国家统计局《中国统计年鉴》。

从表 2.1 中可以看出,2012 年我国城镇居民人均可支配收入居前五位的是:上海市(40188.3 元)、北京市(36468.8 元)、浙江省(34550.3 元)、广东省(30226.7 元)和江苏省(29677 元),全部集中在东部地区①。而居于后五位的分别是:西藏(18028.3 元)、新疆(17920.7 元)、黑龙江(17759.8 元)、青海(17566.3 元)和甘肃(14969 元),其中只有黑龙江属于中部地区其余省或自治区都地处西部。同样从表 2.1 中还可以看出 2012 年我国农村居民人均纯收入居前五位的是:上海(17401 元)、北京(16476 元)、浙江(14552 元)、天津(14025.5 元)和江苏(12202 元),这些省、市也都集中于东部地区。而居于后五位的陕西(5763 元)、西藏(5719 元)、云南(5417 元)、贵州(4753 元)和甘肃(4506.7 元),都集中于西部地区。

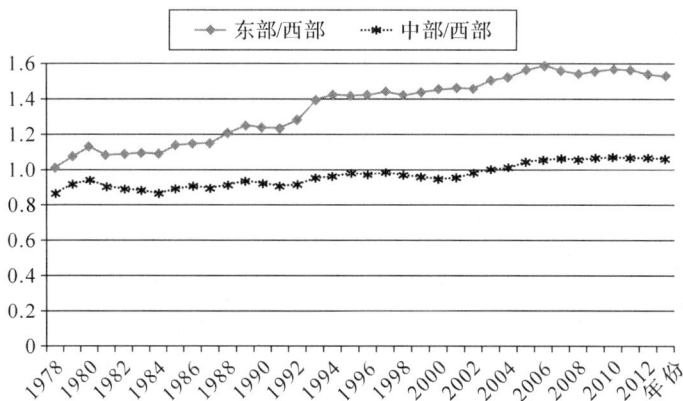

图 2.3 我国东部、中部城镇人均可支配收入与西部之比:1978—2013
数据来源:Wind 资讯。

由于区位优势和市场化进程的领先,东部经济发展进入了更快速的轨道,主要反映在城镇人均可支配收入对中部,尤其是对西部地区之比的持续上升的情况上。东部与西部城镇人均可支配收入从 1978 年的持平到目前攀升到 1.6 倍左右。中部与西部相比有更低的起点,但是随着市场化进程的推进,靠近东部的区位优势越发明显,在 2000 年左右,中部地区城镇人均可支配收入超过了西部。而在农村居民收入方面,地区差异性更为明显。图 2.3 显示,在改革开放之初,东部农村人均收入水平就远高于西部地区,人均纯

---

① 地区划分情况为,东部:北京、天津、辽宁、山东、上海、江苏、浙江、福建、广东、海南;中部:湖北、江西、吉林、山西、河南、黑龙江、湖南、广西、河北、安徽;西部:四川、贵州、云南、陕西、宁夏、甘肃、青海、新疆、西藏、内蒙古。

收入之比接近 1.5。到了 20 世纪 90 年代中期,东部农村人均收入相当于西部的 2.5 倍,并在这个高位维持了十年左右。世界上多数国家这一比例在 1.6 以下。这可能和东部地区的农村工业化率先启动有关。在 2004 年两者之比开始回落。这与蔡昉(2012)的关于我国在 2004 年已经跨过刘易斯拐点的时点判断相吻合。随着劳动力价格的提高,中西部劳动力输出大省的农村人口相对收入水平也开始提高。另外可以观察的是,自 2004 年以后,我国政府陆续出台了关于改善收入分配的系列政策,包括《劳动合同法》的修订,废除农业税和提高务农补贴,以及新型农村合作医疗制度、新型农村社会养老保障制度等基本公共服务城乡均等化政策,户籍制度改革,推动了城乡一体化进程,这些政策制度改革不仅显著提高了农村劳动力的收益,也改善了他们在经济活动中的谈判地位并扩大了分享机会。这对于农业比重大、农村劳动力资源丰富的中西部地区有正面的收入分配提升效果。

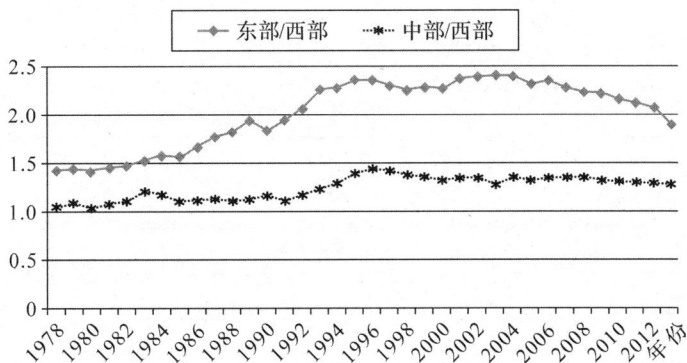

图 2.4 我国东部、中部农村人均纯收入与西部之比:1978—2013
数据来源:国家统计局。

另外一个可以反映地区间收入差距的角度是观察国家扶贫开发工作重点县(即国家级贫困县)的分布。国家级贫困县是国家为帮助贫困地区设立的一种标准。2012 年 3 月 19 日公布了国家扶贫开发工作重点县。我国目前有 592 个国家级贫困县。2012 年 12 月国务院公布了《中国农村扶贫开发纲要(2011—2020 年)》,其中指出国家贫困县标准提高到农民人均纯收入 2300 元。可以在表 2.2 中发现,贫困县所代表的我国目前最贫困地区都集中在中西部地区。其中中部地区有 216 个,占了贫困县总数的 36.7%。西部地区贫困县数量最多,有 375 个,占总数的 63.3%。东部地区已经没有国家级贫困县。

表 2.2　2012 年我国贫困县分布表

地区	国家贫困县数量
中部	河北 39 个,山西 35 个,河南 31 个,湖北 25 个,安徽 23 个,江西 21 个,湖南 20个,吉林 8 个,黑龙江 14 个,共 216 个
西部	云南 73 个,陕西和贵州各 50 个,甘肃 43 个,四川 36 个,内蒙古 31 个,广西 28个,新疆 27 个,青海 15 个,重庆 14 个,宁夏 8 个,共 375 个

数据来源:国务院扶贫开发领导小组办公室官方网站,http://www.cpad.gov.cn/publicfiles/business/htmlfiles/FPBgggs201203/175445.html.

通过人均收入水平的变异系数能够直接反映我国地区间的收入差异程度。变异系数的计算公式为:变异系数 CV=(标准差 SD÷平均值 MN)×100%。一般来说,变异系数值越高,反映研究对象的离散程度越大,反之则越小。根据我国历年统计年鉴数据,可以整理计算出图 2.5、图 2.6 和图 2.7。

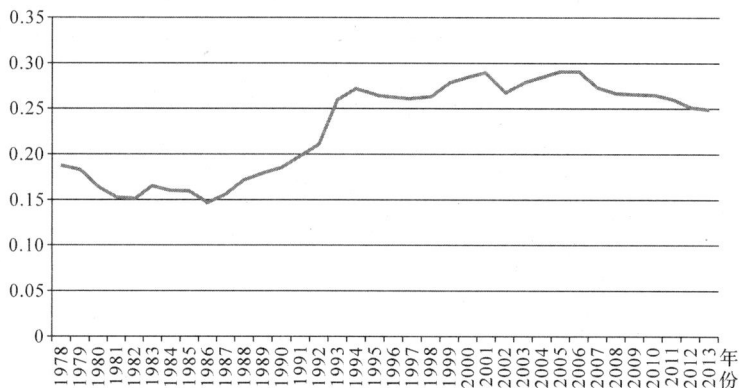

图 2.5　中国省际城镇人均可支配收入变异系数:1978—2013

数据来源:根据《中国统计年鉴》计算而得,原始数据见附录 1。

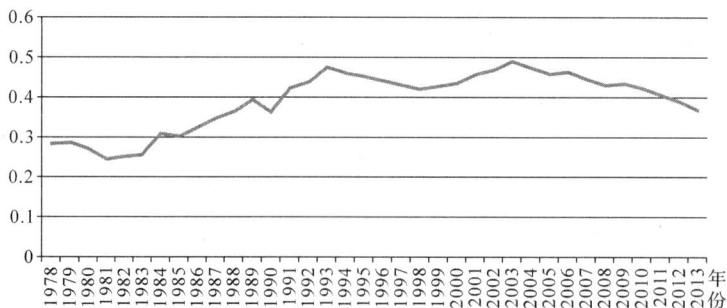

图 2.6　中国省际农民人均纯收入变异系数:1978—2013

数据来源:根据《中国统计年鉴》计算而得,原始数据见附录 1。

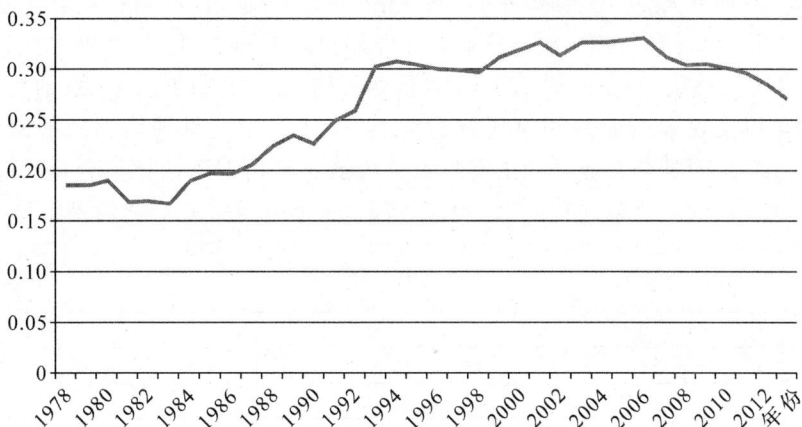

图 2.7   中国省际人均收入的变异系数:1978—2013

数据来源:根据《中国统计年鉴》计算而得。

以上三张图分别显示了城镇人均可支配收入、农村人均纯收入以及整体人均收入的历年变异系数。三者的变化趋势大致相同,由改革初期的低值跃升到 20 世纪中期的高值,说明了地区间收入差距在此期间被拉大。在之后的十年时间内,三种地区间收入分布的变异系数都维持在高位,这也是我国收入分配问题成为争议热点的时间段。在 2004 年左右,三种变异系数开始出现下降趋势。在整体走势上看,我国地区间收入差距的变动接近Kuznets(1956)的倒 U 形假说。但是我国地区间收入差距是否能够继续改善,还有待观察。南亮进(2008)提出 Kuznets 假说中分配差距缩小的时点与刘易斯拐点应该重合,对此至少在我国还缺少实证方面的证据。

(2)居民的行业间收入差距

我国居民的行业间收入差距在改革开放后不断拉大。这其中部分可以由市场经济运行条件下的人力资本差异解释,也有部分是因为行业垄断。国家发改委就业和收入分配司编辑出版的《中国居民收入分配年度报告(2008)》分析认为,各类特许经营权获得的收入占了行政性垄断行业收入的三分之一以上。全国城镇企业在岗职工平均工资从 2002 年的 12422 元增长至 2012 年的 46769 元,年均增长率达到 14.6%。2012 年,全国城镇单位就业人员平均工资 36539 元。平均工资最高的行业是金融业,89743 元;最低的农林牧渔业,22687 元。最高与最低之比约为 4 : 1。20 世纪 80 年代,我国行业间工资收入差距基本保持在 1.6～1.8 倍。世界上多数国家行业间差距在 1.5～3 倍。根据人力资源和社会保障部国际劳工保障研究所提供的资料,2006—2007 年最高和最低行业工资差距,日本、英国、法国约为 1.6～2

倍,德国、加拿大、美国、韩国在2.3~3倍。相比较而言,我国行业收入差距过大。从目前的资料看,中国行业收入差距已经超过巴西,居世界之首。表2.3显示的是从2003年到2012年各行业平均工资与总的平均工资的比例。从中可以发现金融业的相对比例持续上升,目前接近总平均工资的两倍。图2.8显示的是金融业平均工资与农林牧渔业平均工资的比值变化。可以看到这一比例从改革之初的1.3上升到2009年最高的4.4,之后都维持在4左右。

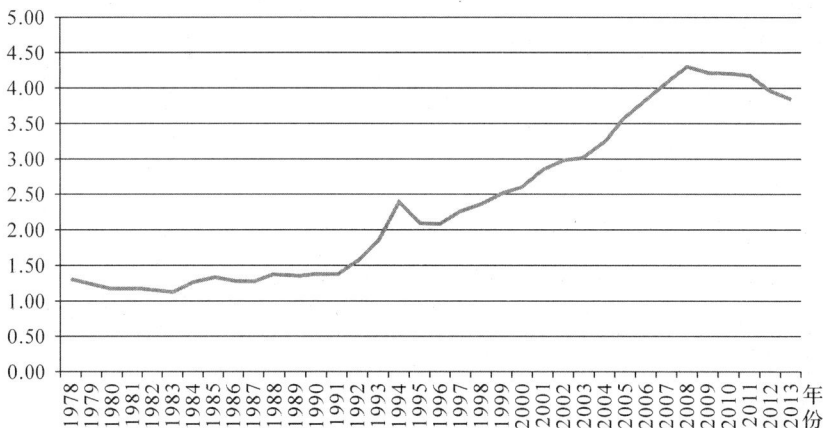

图2.8　中国金融保险业与农林牧渔业平均工资比:1978—2013

数据来源:Wind资讯。此处工资使用的是城镇非私营单位就业人员平均工资。城镇私营单位就业人员平均工资水平和非私营单位差距不大,但是统计年份较短,因此没有考虑。具体数据见附录1。

　　我国人力资源和社会保障部2012年发布的《中国薪酬发展报告》显示居民收入中行业之间工资最高与最低相差15倍左右。2012年,电力、电信、石油、金融、保险、水电气供应、烟草等国有行业的职工数不到全国职工总数的8%,但工资和工资外收入总额却相当于全国职工工资总额的55%;如果加上工资外收入和职工福利待遇上的差异,实际差距可能更大。另外一个引发关注的现象是金融行业的收入太高。根据2012年国家统计局公布的数据,中国证券业的工资水平比职工平均工资高6倍左右,收入最高和最低行业的差距达11倍。2010年调查上海某银行员工工资及奖金人均为29.66万元,员工的其他福利人均6.08万元,合计35.75万元,是当年城镇单位企业在岗职工平均工资的10倍。[①] 金融行业的高管收入更加高。2007年平安

---

① 　http://finance.people.com.cn/GB/16468967.html.

表 2.3　我国城镇非私营单位分行业工资与平均工资之比：2003—2012

行业\年份	农林牧渔业	采矿业	制造业	电力、燃气及水的生产和供应业	建筑业	交通运输、仓储及邮政业	信息传输、计算机服务和软件业	批发和零售业	住宿和餐饮业	金融业	房地产业	租赁和商务服务业	科学研究、技术服务和地质勘查业	水利、环境和公共设施管理业	居民服务和其他服务业	教育	卫生、社会保障和社会福利业	文化、体育和娱乐业	公共管理和社会组织
2012	0.49	1.22	0.89	1.24	0.78	1.14	1.72	0.99	0.67	1.92	1.00	1.14	1.48	0.69	0.75	1.02	1.12	1.15	0.99
2011	0.47	1.25	0.88	1.26	0.77	1.13	1.70	0.97	0.66	1.94	1.02	1.12	1.54	0.69	0.79	1.03	1.11	1.15	1.01
2010	0.46	1.21	0.85	1.29	0.75	1.11	1.76	0.92	0.64	1.92	0.98	1.08	1.54	0.70	0.77	1.07	1.10	1.13	1.05
2009	0.45	1.18	0.83	1.30	0.75	1.10	1.80	0.90	0.65	1.87	1.00	1.10	1.56	0.72	0.78	1.07	1.11	1.17	1.10
2008	0.43	1.18	0.84	1.33	0.73	1.11	1.90	0.89	0.67	1.87	1.04	1.14	1.57	0.73	0.79	1.03	1.11	1.18	1.12
2007	0.44	1.14	0.86	1.35	0.75	1.13	1.93	0.85	0.69	1.78	1.06	1.12	1.55	0.74	0.82	1.05	1.13	1.23	1.12
2006	0.44	1.16	0.87	1.36	0.78	1.16	2.08	0.85	0.73	1.70	1.07	1.18	1.52	0.75	0.86	1.00	1.13	1.24	1.08
2005	0.45	1.12	0.88	1.36	0.78	1.15	2.13	0.84	0.76	1.61	1.11	1.17	1.49	0.79	0.87	1.00	1.14	1.25	1.11
2004	0.47	1.05	0.90	1.35	0.79	1.14	2.10	0.82	0.79	1.53	1.16	1.18	1.47	0.81	0.86	1.01	1.15	1.29	1.09
2003	0.49	0.98	0.91	1.33	0.81	1.13	2.21	0.78	0.80	1.49	1.22	1.22	1.46	0.84	0.91	1.02	1.16	1.22	1.10

数据来源：国家统计局。

公司总经理年薪为 6616 万元,是当年全国城镇单位企业在岗职工平均工资的 2751 倍,相当于农民工平均工资的 4553 倍。日本在经济起飞的后期,也就是 20 世纪 80 年代,金融行业平均工资水平只是制造业的 1.38 倍。在比较成熟的市场经济国家,劳动力自由、合理流动,行业工资差距其实是各个行业从业人员平均受教育程度的差距。这些国家金融行业的高工资并不是由其行业的特殊性造成的,而是由于金融行业对知识的要求比较高,从业者受教育年限较长,付出成本较高,因而要求的回报也相应较高。我国如此高的行业收入差距显然不完全是市场竞争的结果。我国金融行业的高工资在很大程度上是由于市场准入方面的行政限制带来的。而金融行业高收入本身对其他收入分配关系也会产生影响,本书后续内容将进行进一步的解释。

(3)城乡收入差距

在居民内部收入不平等中,居民城乡收入差距也最令人关注(李实、赵仁伟,1999;李实、史泰丽等,2008)。这不仅因为我国已经成为世界上城乡收入差距最大的国家之一(朱玲、金成武,2009),而且已有的分解研究表明,城乡收入差距拉大是造成我国居民内部收入不平等的主要原因。Kanbur 等(2004)、Wan(2007)认为城乡收入差距对整体收入差距的贡献在 40%~60%。世界银行的报告认为,城乡居民收入差距可以解释居民收入差距的 75%(World Bank,1997)。所以城乡收入差距是非常重要的居民内部收入结构差距的研究角度。图 2.9 显示了我国城乡收入差距的变化走势。我国城乡居民收入之比曾经从 1978 年的 2.56 下降到 1985 年的 1.86,此后逐渐上升。尤其是 1998 年以来,城镇居民收入实际增速一直高于农村居民收入

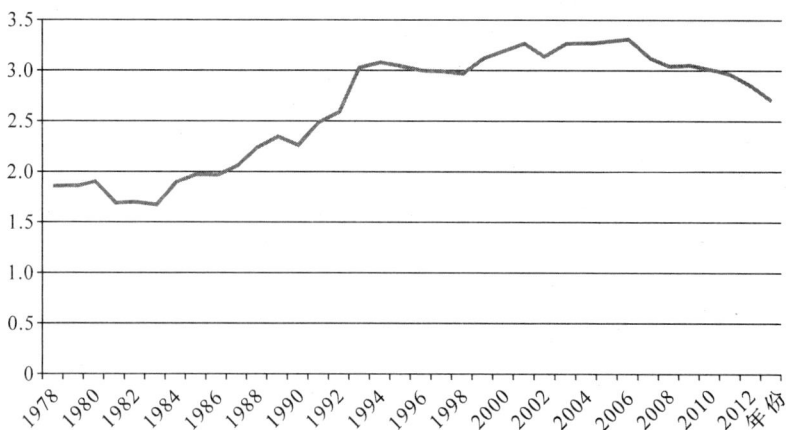

图 2.9　中国城乡人均收入差距:1978—2013

数据来源:《中国统计年鉴》数据库。城镇居民收入使用的是人均可支配收入,农村居民收入使用的是人均纯收入。

实际增速,到 2004 年,中国的城乡收入差距已是世界最高(李实、岳希明,
2004),2007 年达到历史最大值 3.33。其后几年一直在同一水平上下波动。
2010 年,占全国人口 50.5% 的农村人口获得全部居民收入的 24.3%,而占
全国人口 49.5% 的城镇人口获得全部居民收入的 75.7%。李实(2007)最新
测算,如果考虑到城镇居民的隐形补贴,城乡居民收入差距已经达到 0.50。
本书第五章将对城乡收入差距的拉大进行解释。

(4)基尼系数

以上是从不同角度对居民内部收入不平等的测度。这些不同视角的收
入差距最终会反映在整体的居民收入不平等上。在现有的研究中,主要使
用基尼系数和泰尔指数来衡量整体收入差距。泰尔指数的优势是更方便进
行差异分解,比如全国的收入差距可以分解为城镇内部收入差距、农村内部
收入差距和城乡收入差距等。本书在将在第五章综合使用包含泰尔指数在
内的多种工具来测算我国居民整体收入不平等程度。这里使用更为常用的
基尼系数来表示我国居民收入差距不断扩大的事实。我国官方统计数据没
有完整披露我国居民收入的基尼系数,只能在国家统计局零散的相关资料
中可以找到。1978 年全国的基尼系数是 0.16,1988 年为 0.386。在国家统
计局的《中国全面建设小康社会进程统计监测报告(2011)》中提到"从五项
监测指标来看,2010 年基尼系数略高于 2000 年的 0.412,实现程度为
79.8%"。2013 年 1 月 18 日,国务院新闻办公室举行新闻发布会,国家统计
局局长在回答记者提问时公布了我国近年来的官方基尼系数:中国全国居
民收入的基尼系数,2003 年是 0.479,2004 年是 0.473,2005 年是 0.485,
2006 年是 0.487,2007 年是 0.484,2008 年是 0.491。然后逐步回落,2009
年是 0.490,2010 年是 0.481,2011 年是 0.477,2012 年是 0.474。对于我国
整体的居民收入差距呈现逐年扩大的趋势,国内外学者普遍持一致观点。
例如,世界银行专家计算的全国基尼系数,从 1981 年的 0.21 提高到 2001 年
的 0.447(Martin 和 Chen,2004)。图 2.10 是本书综合各种数据计算的我国
从 1978 到 2013 居民收入基尼系数。可以发现在改革开放后的早期时间和
20 世纪 90 年代中期基尼系数处于下降,在 20 世纪 80 年代后期和新世纪的
初期都处于快速上升期。最近十年停留在 0.48 左右的高位。

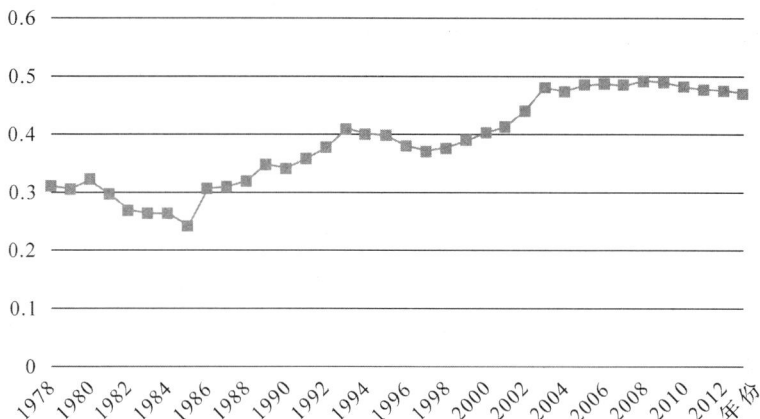

图 2.10　中国居民收入基尼系数:1978—2014

数据来源:1978—2002 的数据来自国家发改委课题组(2012),2003—2014 年数据来自国家统计局。

2.1.3　要素间分配

　　无论是宏观部门还是经济个体都是凭借多种经济要素获得收入。企业部门主要依靠资本收入,而一般劳动者主要依靠劳动报酬。研究要素间的收入分配关系有助于分析经济个体收入差距的来源。改革开放后,我国学者开展了对"工资侵蚀利润"的讨论(戴园晨、黎汉明,1988;李扬,1992;杨瑞龙等,1998)。进入 21 世纪后,我国初次分配出现劳动收入占比下降的现象。劳动收入是居民部门的主要收入形势,因此其比例下降可能拉大居民收入差距,并导致消费低迷(汪同三,2007;Kuijis,2006),甚至会侵害社会和谐(Subramanian,2008),由此引起了社会各界的广泛关注。学界分别从产业结构转变、统计口径调整、技术偏向等多个角度进行了解读(李稻葵等,2009;罗长远、张军,2009;白重恩、钱震杰,2009a;黄先海、徐圣,2009)。这里主要对我国要素收入分配的状况进行描述。测算要素分配的基础数据来源主要有三个:一是国民经济核算的"资金流量表(实物部分)"。二是按收入法核算的省际 GDP,它可以分解为劳动者报酬、固定资产折旧、营业盈余和生产税四项。资金流量表的发布从 1992 年开始,省际收入法 GDP 的发布是从 1996 年开始,两者的历史数据都会在最新的《中国统计年鉴》中进行更新。Hsueh 和 Li(1999)报告了他们对 1978—1995 年省际收入法 GDP 的估算结果。三是投入产出表的使用表,投入产出表逢二、七年份编制,官方公布最早的投入产出表是 1987 年。这里只图示"资金流量表"中的要素分配比例,见图 2.11。

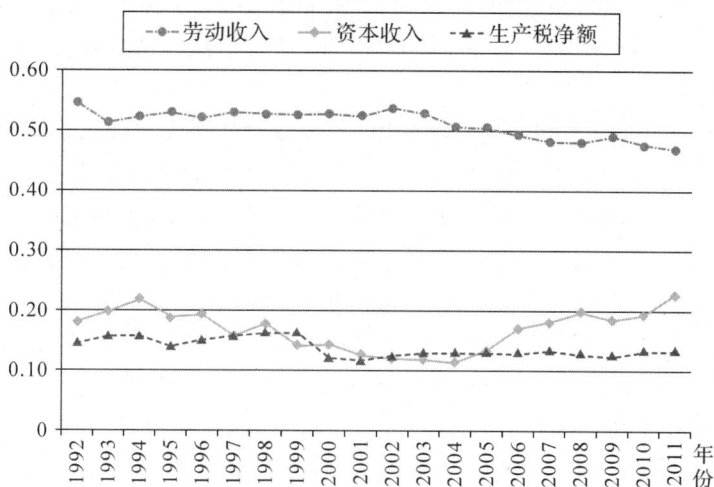

图 2.11　中国要素收入初次分配比例:1992—2011
数据来源:国家统计局。详细数据见附录 1。

　　从上图可见,我国劳动收入占比呈现持续下降的走势。从 1992 年的 54.6%一路下降到 2011 年的 47%。同期的资本收入占比和生产税净额有升有降,但是近年来同时走高。尤其是资本收入占比,从 2002 年的 11.9%上升到 2011 年的 22.7%。生产税净额从 2001 年的 11.8%上升到 2011 年的 13.2%。我国经济高速增长的重要原因是发挥了劳动力比较优势,促进了劳动力密集型产业的发展。但是在这一过程中劳动收入占比不升反降,这其中的原因以及劳动收入占比下降对其他分配关系的影响将在本书第五章中讨论。

2.2　我国经济金融化的进程

2.2.1　我国金融系统的发展历程

　　我国金融系统的发展大致经历了金融抑制、金融约束和金融控制三个阶段。Mckinnon(1973)开创性地将金融抑制(Financial Repression)定义为转型经济中的政府主动将利率压低到通货膨胀率以下,并通过高额准备金率等手段实施信贷配给,以支撑政府优先发展的项目或者为政府的赤字融资。Stiglitz(1985)和 Hellmann 等(1996)根据东亚经济起飞的经验,提出了金融约束理论(Financial Restraint),主要含义是政府通过限制竞争给金融产业创造租金,但是保证实际的管制利率为正,有助于动员储蓄,从而能够促进金融深化。无论是金融抑制还是金融约束,其实都是政府实施的金融控制(Financial Control)。当经济转型到成熟的市场经济阶段,金融控制就应该逐步淡出。

从新中国成立后到计划经济成形,我国金融体系基本是空白,然后模仿苏联的模式形成了"大财政、小银行"的体制。当时的基本建设投资全部由财政拨款,银行信贷资金不允许用于基本建设投资,只能对国有企业发放流动资金贷款,并且主要是财政定额流动资金以外的超额贷款。这一阶段的银行有名无实,可以看成是财政的会计单位。此时我国金融系统相当于处在金融抑制状态。从 1979 年开始国务院批准"拨改贷"试点,允许建设银行尝试将用于基本建设的拨款改为贷款。随后在 1981 年,凡是具备还款能力且独立核算的企业一律改为银行贷款。这使得计划经济时代只发放短期信贷的银行机构开始转向中长期的固定资产投资信贷业务。这一转变在改革早期引起了金融资源配置权力在中央和地方之间的争夺。由于在经济转型的早期阶段,我国自上而下的中央金融管理体制没有完全建立。当时只有中国人民银行这一家机构承担对整个金融系统的监管职能,监管口径包括全部金融业务,信贷业务和非信贷业务;监管对象包含全部金融机构,银行和非银行金融机构。但是人民银行的监管效力明显被削弱。首先,人民银行仍然处在"政企不分"的状态,突出表现在人民银行自身广泛参与各种金融市场的设立与管理,并利用奇高的法定存款准备金率参与信贷资金的分配。其次,而且是更重要的,人民银行的组织结构采取了自上而下、对应行政区域的模式,即在省级层面建立分行,在地级市一级建立中心支行,在市县设立支行。1979 年以后陆续成立和恢复的中、农、工、建等国有专业大银行也采用了类似做法。因此掌握了绝大多数金融资源的银行体系形成以区域为中心的结构。这样的结构安排赋予了地方分支机构非常大的权力。人民银行的地方支行拥有实际的监管权力,而银行的分支机构拥有实际的信贷配置权。而无论是央行还是银行的地方分支机构受到地方政府的影响都非常明显,地方政府甚至有人事任免权。因此在"拨改贷"后,地方政府既有动机也有可能,通过对人民银行和国有大银行的地方分支机构来控制更多的信贷资源。不仅如此,地方政府还会直接大量批准设立地方性金融机构和金融市场来形成地方金融平台。比如信托公司是普遍被采用的金融机构。这种非银行的金融机构,实际就是在做吸收存款和同业拆借,给地方融资平台发放贷款。另外还有货币、股票、债券等看似"自发"形成的区域金融市场,比如数量众多的证券交易中心、资金拆借市场等。这些中心和市场有的是地方企业单独或者和地方政府共同组建,有的甚至是人民银行省市分行发起设立的。

地方政府的强烈金融分权冲动导致了 20 世纪 90 年代初的金融秩序混乱。1993 年国务院发布《关于金融体制改革的决定》，全面清理信托公司和遍地的金融证券市场。之后，1995 年的《中国人民银行法》和《商业银行法》分别赋予了人民银行稳定币值的首要责任，以及商业银行分业经营不得参与信托、证券的经营原则。并在 1997 年亚洲金融危机前后全面清理信托公司、各地证券交易中心等，并开始了国有商业银行的坏账处理和股份制改造。2002 年的第二次全国金融工作会议召开，明确了国有商业银行的股权改革是金融改革的重点。至此，我国金融系统垂直管理、金融约束的体制特征全部建立：利率管制但是高于通胀率；金融竞争被全面抑制，尤其是限制与银行信贷直接竞争的债券市场；严格约束地方政府的金融资源配置能力，限制地方新设金融机构。金融约束的形成促使了金融深化（见图 2.13），并扭转了信贷和通货膨胀的倾向，但是也造成了金融资源集中在银行体系和间接融资过高的局面（见图 2.14）。

我国金融监管体制正式形成"一行三会"分业监管架构的标志是 2003 年中国银监会的成立。另外，由于部门的博弈和历史的原因，保留了财政部对国债发行、发改委对企业债、商务部对租赁典当的控制。这样就形成了自上而下、条块交错的金融控制特征。垂直管理的行会与部委以及横向竞争的地方政府，这样的条块角力构成了 21 世纪之后我国金融体制演变的主线。但这样的博弈均衡被地方政府的一件产权制度改变打破了。2002 年国土资源部颁布了《招标拍卖挂牌转让国有土地使用权规定》，经营性土地全部采取"招拍挂"的形式。这种新型出让土地的方式加上原有地方政府垄断土地供应的基础，首先给地方政府带来了可观的土地出让收入（见图 2.12），土地出让金在 2010 年后占地方财政收入的 50% 以上。财政部公布的 2014 年财政收支情况为：地方政府性基金收入 4.99 万亿元，其中国有土地使用权出让收入 4.26 万亿元，同比增加 1340 亿元，增长 3.2%，创出历史新高。[①] 土地出让金相当于将未来一定期间（通常是 70 年）的土地使用收费一次性变现。而为了撬动这部分收入，地方政府有强烈的动机来使用金融杠杆，即凭借所谓的"土地金融"来加强开发土地资源的能力。图 2.13 显示了我国土地金融的规模，在 2012 年间已经突破了 10 万亿元[②]。

　　[①]　http://bj. house. sina. com. cn/news/2015-02-02/09365967827701107830925. shtml.

　　[②]　考虑数据可得性和估算准确性，本书用如下表达式对土地金融进行估算：土地金融＝土地抵押贷款＋房地产贷款＋城投债＋房地产信托＋基础设施信托。

中国土地出让金收入（亿元）

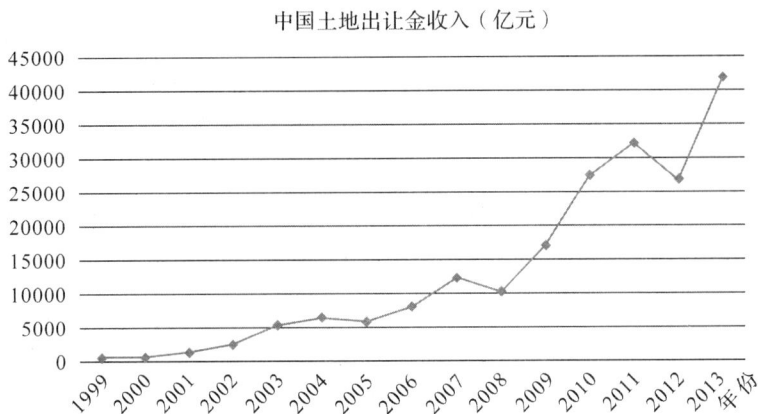

图 2.12　中国土地出让金收入:1999—2013

数据来源:Wind 资讯。

中国土地金融规模（亿元）

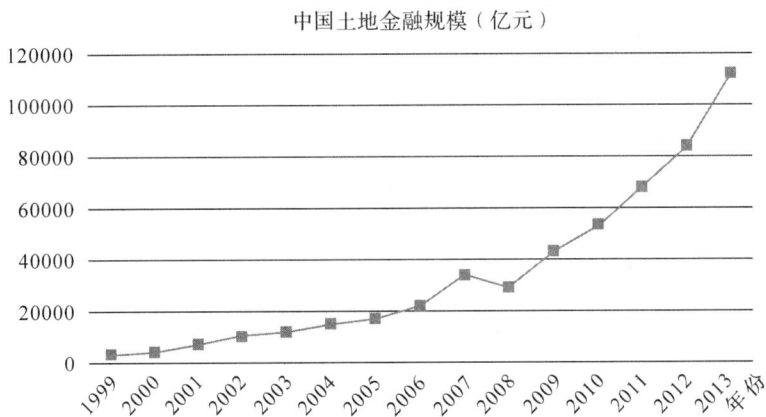

图 2.13　中国"土地金融"规模:1999—2013

数据来源:Wind 资讯。

在地方分权的架构下,地方政府有了更灵活的土地财政和土地金融,可以绕开金融约束。第一种方式是通过土地吸引资本,比如招商引资,这可以解释我国的双顺差。通过 FDI 进来的投资不仅是实物资本,更多可能是金融资本。第二种方式是以土地资源及衍生的房地产为支点,增加了对银行信用额度的吸引力。在人民币贷款中房地产贷款占 18%,占中长期贷款的三分之一,甚至是出现了影子银行的形式,即包括银行理财产品、信托产品、票据融资等,使得金融资源和土地进行了连接。如果以银行部门对金融机构的净债权来衡量的话,我国影子银行的规模已经达到 15 万亿元左右,占银行部门总资产的 10%。这使得金融资源的配置增加了模糊性,也使得我国大部分信贷,甚至包括非金融企业的债券,其价值基础建立在土地抵押和质押上。除此之外,地方政府还以金融创新的名义兴办各种交易场所和包括小额贷款公司在内的各种金融机构,同时加大对城市商业银行、农村商业银行和农村信用社的控制。因此,在 2003 年之后,我国在中央—地方金融分权的驱动下,出现了以土地为载体的独特的金融控制状态。

我国的金融发展毫无疑问取得了极大的进步。从工具层面来看,引入了多种金融机构,完成了主流金融机构改造,开发了新型金融产品;从机制层面来看,推进了利率市场化,人民币跨境结算,人民币离岸市场建设等。这些显著推进了我国金融部门的规模扩张,也带来了金融系统的结构变化。但是需要看到,我国金融系统本身还存在金融资产质量下降的问题尤其体现在不良贷款抬头、金融风险加大的态势上。当然还包括本书所关注的金融发展的分配失衡效应。这些问题的研究需要结合社会经济系统协调发展,尤其是要结合我国中央—地方权力配置、财政金融相互协同的大框架,研究我国金融系统的金融功能结构、偏向和质量。

2.2.2 我国金融系统的总量增长

中国金融改革随着中国经济规模总量的扩大和经济结构的深层次调整,逐步推进、不断深化。1978 年改革开放以后,非国有部门迅速发展,经济的市场化程度大大提高,但原有的行政性金融体制无法支持实体经济的快速发展。这种矛盾促使中国金融开始脱离集中统一的国家银行体制。这个转变可以从四个方面把握:一是出现金融微观主体多元化、金融资源分散化的趋势,系统的灵活性大大提高。截至 2013 年 12 月末,已有各类银行业金融机构法人 3949 家,其中政策性银行 3 家,股份制银行 17 家,城市商业银行 145 家,农村信用社 3443 家,信托公司 68 家,证券公司 115 家,证券投资咨询机构 95 家。各类证券投资基金管理公司 61 家、风险投资机构 701 家。证券评级机构 5 家、期货公司 156 家。保险集团公司 10 家,保险公司机构数 164 家,保险经纪公司 381 家,保险公估公司 301 家。信用担保公司 4374 家,融资担保公司 8590 家。租赁公司 1026 家。典当公司 6084 家。在体制外出现了民营成份的商业性金融中介结构;同时体制内金融机构自身进行了治理结构改革,比如成立了汇金公司并代替财政部持有国有金融机构的股权,大型商业银行相继上市等。2013 年年末,全国金融机构网点约为 20 万个,平均每万人拥有网点数 1.5 个。其中,农村金融机构网点为 3 万个,平均每万人拥有量为 0.4 个。中国城镇金融业从业人员的人数为 537.78 万人,是 1978 年的 7.9 倍。二是证券市场从无到有。1990 年上海、深圳证券所的成立和 1997 年开设银行间债券市场把证券市场引入金融体系中。目前有证券交易所 2 家,期货交易所 4 家[①],产权交易所 260 家左右,再加上一个银行间债券市场。银行间债券市场债券存量和外汇成交量都达到 10 万亿元;沪深两市上市公司总市值达到 20 万亿元以上,仅次于美国和日本。市场型金融交易平台的出现可以提高经济证券化程度,并降低资源配置和资产重组的成本。其包含的市场定价机制不仅使得金融资产价格更能反映基本面,并且间接推动了利率市场化和汇率改革的进程。三是对外开放程度提高。目前在中国注册的外资独资和合资法人银行业机构共 36 家,批准设立了 33 家合资基金管理公司和 9 家合资证券公司;有合格境外投资机构 98 家,合格境内投资机构 24 家;有 52 家外资保险公司。此外,我国主要商业银行在近 30 个国家和地区设立分支机构和代表处共有 1000 多家,在海外的金融机构总资产超过 2.5 万亿元人民币。四是金融监管体制正在完善。20 世纪 90 年代以来先后成立了中国证监会、中国保监会和中国银监会,形成了目前一行三会的金融分业监管框架,金融法律法规体系也逐步完备。

我国金融制度的市场化转型明显改善了金融系统的功能,大幅提高了我国经济货币化和资产金融化的程度,为我国实体经济的高速增长提供了支撑保障。可以使用 Mckinnon(1973)提出的 M2/GDP 这一比值来衡量金融深化或者经济货币化的程度。M2/GDP 说明的是在全部经济交易中以货币为媒介进行交易所占的比重。通常可以认为该比值越大,经济货币化的程度越高。图 2.14 用 M2/GDP 表示货币化的程度,可以看到我国经济货币化不断抬升。比经济货币化更进一步的是资产金融化。经济交易中的重要部分是资产交易,即以长期回报为目的的资产形成和重新配置过程。当资产交易主要在正规金融系统平台上完成时,资产金融化得到提升,资产配置效率大幅提高。可以使用 M0、存款、债券余额、股票市值和保费收入的加总来定义经济体中金融资产的总量。其与 GDP 的比值表示资产金融化的程度。图 2.14 中表示我国资产金融的进程。可以看到在改革开放早期经济货币化和资产金融化基本保持同步。到了 1990 年之后,随着证券交易所的成立和金融市场的拓展,我国资产金融化的进程开始加速。2013 年末,我国金融资产约为 165.8 万亿元,是 1978 年的 1231 倍。金融功能的提高促进了储蓄向投资的转化,所以可以发现我国在金融深化的同时出现了资本深化的现象。

---

① http://bj. house. sina. com. cn/news/2015-02-02/09365967827701107830925. shtml.

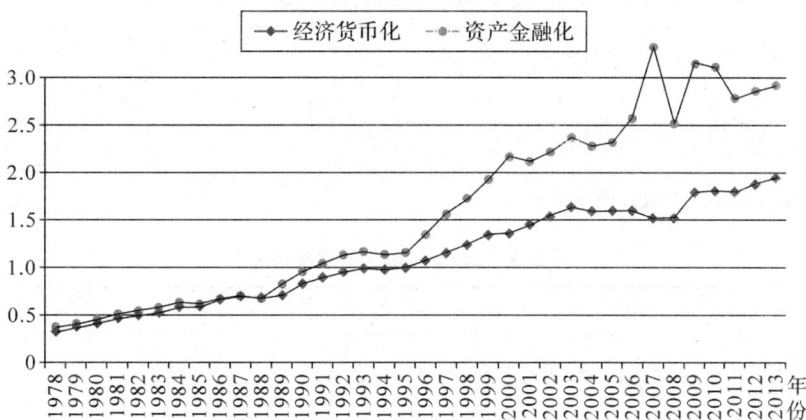

图 2.14　中国经济货币化和资产金融化:1978—2013

数据来源:根据《中国统计年鉴》整理获得。

2.2.3　我国金融系统的结构问题

从总量上看我国金融改革已取得巨大成就,但是从结构上来分析,金融系统与实体经济的发展需求并未匹配。1998 年亚洲金融风暴和 2008 年美国次贷危机的两次金融危机的冲击下,我国金融系统与经济的脱节情况越加严重。由图 2.14 可以看到我国 M2/GDP 在近年来保持在 1.5 以上,目前已经接近 2。M2 与 GDP 的比值是衡量一国经济金融深化程度的重要指标。一般认为该比值越高,经济货币化程度越高,金融业越发达。美国的 M2/GDP 一般在 0.7 左右,其他发达国家的比值也不会超过 1。那么是否可以说明我国金融发达程度已经居于世界前列?应该看到的是我国比值偏高虽然说明金融资源丰富,但也意味着每单位货币供应量创造的 GDP 较少,货币供应量的增长对经济的推动作用弱于发达国家。我国 M2/GDP 增长主要是因为 M2 的增长速率始终超过 GDP 的增长率(见表 2.4)。进一步来看 M2 可分为:现金、活期存款、准货币。M0、M1 作为支付手段流动性强;而准货币大部分是定期存款,主要满足投资动机与预防动机。准货币近年来大幅增加(见表 2.5)是我国 M2/GDP 畸高的直接原因。这种现象更多的含义在于我国金融体系的转型滞后于实体经济的发展,大量金融资源沉淀在金融系统,无法直接进入实体经济。其更本质的原因是金融制度转型没有根本缓解金融抑制的局面。图 2.14 显示我国 M2/GDP 比值在 2000 年以后在 1.5 以上缓慢爬升,这正是这一局面的直接反映。

表 2.4　中国 M2 与 GDP 的增长速度(2002—2013 年)

年份	2002	2003	2004	2005	2006	2007	2008	2009	2010	2011	2012	2013
M2 增速%	16.8	19	14	17.6	16.9	16.7	17.8	27.7	19.7	13.6	13.8	13.6
GDP 增速%	9.1	10	10.1	11.3	12.7	14.2	9.6	9.2	10.4	9.3	7.7	7.7

数据来源:《中国货币政策执行报告》。

表 2.5　2002—2013 年准货币量

年份	2002	2003	2004	2005	2006	2007	2008	2009	2010	2011	2012	2013
准货币(万亿元)	11.4	13.7	15.7	19.2	22	25.1	30.9	38.6	45.9	56.2	66.5	76.9
增速%	16	20.16	14.61	22.29	14.35	14.27	23.2	25	18.9	22.4	18.3	15.6

数据来源:《中国货币政策执行报告》,准货币＝M2－M1。

　　金融抑制主要体现在行政部门对金融资源施行直接和间接的全面控制。首先是对金融市场结构的控制,主要表现在准入管制、发行制度等方面。无论是银行业还是证券业,对于民营资本的市场准入机制都缺少可操作性。民营资本进入金融业常常遭遇多种阻碍,例如要取得金融机构控股地位是非常难以获得批准的。在全部 3900 余家银行类金融机构中,多数商业银行是政府控股,3000 家农村合作金融机构产权模糊,真正意义上的民营商业银行为数不多。在股票发行中虽然施行了保荐人制度,但仍然存在行政行为的不确定性。监管部门往往以金融波动为由,在公司已经获得保荐和发行审核委员会批准的情况下宣布暂停发行股票。新开设的创业板的发行制度也与注册制相去甚远。债券市场中的发行控制更加严厉,而且没有统一的规范。财政部管理国债发行;发改委握有企业债发行的审批权;央行负责金融债、短期融资券、中期票据的发行;银监会负责金融次级债、混合资本债及资产证券化品种在银行间债券市场的发行;证监会负责审批以公司债名义发行的企业债和在交易所发行的资产证券化品种。其次是对金融资产的价格管制。最主要的形式是利率管制,成为对金融资源配置控制的关键所在。央行一直维持对银行存款利率上限和贷款利率下限管理,保持着存贷利差。虽然 2013 年 7 月央行宣布取消金融机构贷款利率 0.7 倍的下限规定[①],但是由于我国金融市场缺少竞争性,商业银行仍然可以获得超出均衡利率水平的利差。这样虽然保护了商业银行的盈利空间,但破坏了利率

---

① 2013 年 7 月 19 日《中国人民银行关于进一步推进利率市场化改革的通知》。

传导机制,不利于提高银行的定价能力和培育银行的自律精神,也迫使部分实体的借贷需求寻找体制外的民间金融来解决。这种没有必要的限制与分割导致我国直接融资和间接融资比例的严重失衡。

在存量上看,间接融资背后所代表的银行部门非常庞大。在2013年年末中国银行业资产总额为151万亿元,而证券公司总资产只有2.08万亿元,还不到银行的2%。保险业总资产8.29万亿元,基金业总资产2.93万亿元,信托业总资产10.9万亿元,均不能和银行部门相提并论。流量的失衡就体现在实体经济部门通过各种渠道实现融资的比例。一般用银行贷款规模衡量间接融资,用证券发行量衡量直接融资。从图2.15中可以看到以银行新增贷款表示的间接融资在我国金融系统的比例一直维持在很高的水平。在20世纪90年代建立证券交易所之前,我国金融系统基本上都是依靠银行部门运作,因此在这一时间段几乎全部是间接融资。到了90年代,证券交易所打开了股票融资的大门,可以观察到股票融资比例上升到20%,相应的将间接融资比例拉低到80%以下。随后股票融资比例有起有伏,债券融资异军突起,但是两者合并占有的比例只有20%略多,而间接融资比例仍然接近80%。发达经济体的间接融资比例普遍为40%。即便是以间接融资为主的日本和下文将会涉及的德国,这一比例也在60%左右。

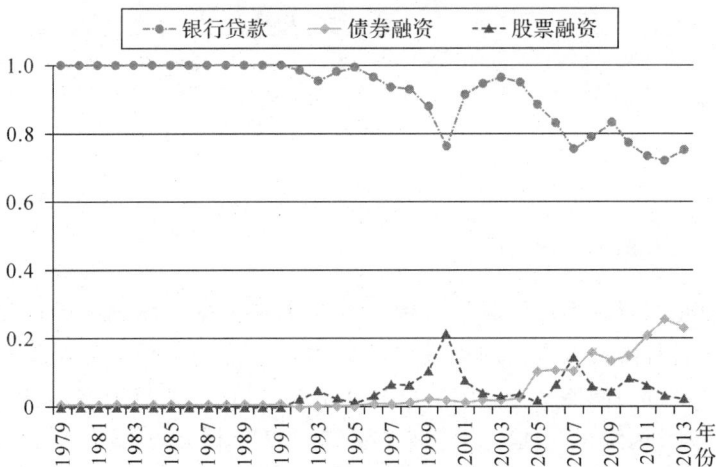

图2.15　直接融资和间接融资:实体经济的视角

数据来源:《中国金融统计年鉴》《中国统计年鉴》。间接融资比例使用新增贷款额,包括信托贷款和委托贷款。债券融资扣除新发行的政府债券和金融债券。

从结构上看,直接融资中的国内股票融资额常年低于800亿元。2007年股改的繁荣使股票融资额跃升到创纪录的7521亿元;2008年回落到3281

亿元。即便在这两个股票融资额最大的年份,股票融资在整个融资结构中也只占到14.1%和6%。债券发行市场中的主角也不是企业。在推出短期融资券和中期票据后,企业债在债券市场中的份额仍然不到20%(见图2.16)。政府性债券和金融债占据了大部分份额。从这个意义上来说,中国的债券市场主要是为政府服务和金融业自我服务,形成的利率结构并不能完全反映实体经济的资金需求。

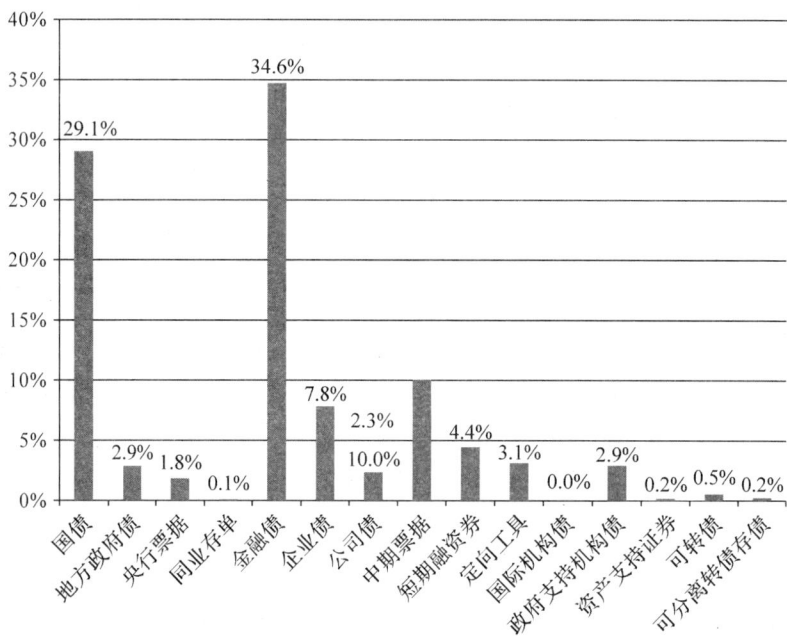

图 2.16 2013 年年末我国债券余额分布比例

数据来源:Wind 资讯。

通过银行贷款实现的融资规模一直以来都占据了压倒性的地位,在非金融部门各种融资方式中的规模比例高达80%左右。但实体经济,尤其是非国有经济部门能够从中分配的部分并不多。以 2013 年为例,人民币贷款余额71.9 万亿元,其中地方融资平台贷款 9.7 万亿元,房地产贷款 14.6 万亿元,个人住房贷款 9.8 万亿元,大型企业贷款 13.9 万亿元,给以民营为主的微型企业贷款仅有 3 万亿元左右。再考虑到股票和企业债发行规模本身较小,并且在相当长的时间里股票市场的任务是为国企解困,国有企业占了大量发行额度;发改委在企业债发行审批上倾向于大型国企。综合来看银行贷款、股票融资、债券融资三种正规金融渠道,民营经济部门每年从中获得的金融资源份额估计只在 20%左右。但民营经济规模占 GDP 比例已经达到 60％以上,吸纳就业占 70％以上,是中国经济增长的主要动力。从这个意义上来看,我国的金融体系严重脱离了实体经济。随着非国有经济 GDP 占比的不断提高,这种脱离正在加速。如果金融体系不支持最有效率的经济主体,反而把资源配置到低效率部门,这样的金融体系就是在积累风险。而且这种金融系统对利益分享方式有着多种影响。比如储蓄存款是居民部门中低收入群体的主要财产性收入来源,而今天的储蓄存款总量已经超过 30 万亿元,所以对比利率市场化时可能达到的固定回报收益,基层的居民家庭相当于在向企业和银行转移每年都在数千亿乃至上万亿的收入。我国金融系统运行的多种直接和间接分配效应,已经开始受到重视。

2.3　金融发展与收入分配的文献综述

收入分配是经济学研究的核心主题之一,以研究社会中群体之间最直接的经济关系为主要内容,以公平、公正为诉求,能够体现经济学研究的社会属性,也容易引起争议。收入和财富分配的合理性和科学性,直接反映了社会制度的公正与稳定。尤其在当前人类社会对增长主义进行反思的背景下,无论发达国家还是发展中国家都面临着社会和谐、持续发展的现实命题。对收入分配规律的不懈求索,是人类社会不断进步的内在要求。尽管已有的相关研究成果已经非常丰富,但是更多的未知领域和深刻规律还有待深入挖掘。

2.3.1　分配理论研究

收入分配研究与其他经济问题的关联非常密切。它的研究内容几乎涉及了经济研究的各个层面,甚至包括了与文化传统、社会观念等社会因素的相互影响。已有的研究成果大体上可以分为两类:首先是收入分配状态对其他经济变量、社会变量的影响;其次是其他各种变量对收入分配状态的影响,也就是对分配结果变化的研究。在第一大类中主要的成果是关于收入分配状态变化对经济增长的作用机制和实证结果。目前已经探讨的作用机制包括收入分配的政治经济学、生育和教育决策、产权保护机制、市场需求机制等。收入分配的政治经济侧重于说明收入分配通过政府税收政策和财政支出对经济绩效的影响。Alesina 和 Rodrik(1994)使用一个包括劳动和资本两种要素的内生增长模型说明,收入分配状态趋于不平等会对经济绩效有负面影响。Perroti(1993)的政治经济模型却表明,在平均主义经济中难以出现经济增长,而收入不平等却可能带来较高的增长率。Perotti(1996)

指出收入分配不平等与人口出生率正相关、与人力资本投资和经济增长负相关。产权保护机制方面的文献认为收入分配状态恶化,尤其是出现两极分化时,社会矛盾会导致产权保护薄弱,从而妨碍经济增长(Acemoglu,1995;Benhabib,2003)。市场需求机制说明收入分配状态会影响总需求结构,比如收入不平等会导致对工业品的需求不足,进而制约工业化进程和经济增长(Murphy 等,1989)。在实证方面,Benabou(1996)总结了 1992—1996 年间对这一问题的 13 个计量研究结论,其中 9 个结论是不平等会显著地损害经济增长。后续的实证发现收入分配对经济增长的影响是多样的。Barro(1999)利用跨国的平行数据发现高的收入不平等在贫穷的国家会阻碍经济增长,而在富裕的国家会促进经济增长。Banerjee 和 Duflo(2000)利用非线性模型得到经济增长率是不平等变化的倒 U 形函数。

本书考察的重点是第二大类研究,尤其是金融因素对收入分配格局的影响机制,因此以下内容不再涉及第一大类的文献。围绕收入分配格局变化的研究视角又可以分为规模性和功能性分配两个方面。第一个方面从经济个体异质性角度对收入分配进行解读。个体异质性主要包括能力的差异、偏好的差异以及初始财富差异三个方面。这些文献认为收入分配是个体差异的直接结果。个体差异是随机变量,可以根据中心极限定理认为个体特征都服从正态分布,由此可推论潜在的收入分配也服从正态分布。第二个方面实质是研究各种社会经济机制的收入分配效应。广泛意义上来说,各种经济机制可以用经济制度来囊括。同样的个体差异初始分布在不同经济制度下表现出来的即时静态收入分配结果和动态演化结果将会出现巨大差异。经济制度涵盖的经济机制中,最重要的就是要素定价机制。在土地、物质资本、金融资本、人力资本等要素分布给定的情况下,地租、利息和工资的价格决定机制直接决定了国民收入分配的格局。其他的社会经济机制包括劳动力市场制度、金融系统、人力资本投资和教育系统、社会保障、歧视等。这些制度机制首先在静态意义上作用于从个体异质到收入分配结果的映射过程;其次是影响个体的长期动态选择,进而影响收入分配结果;最后是各种经济机制相互之间作用影响。

除以上两个视角的研究外,还有两个相关领域:一是对收入分配状态的测度;二是对收入分配状态的福利评价。围绕帕累托关于不平等测度的问题,产生了一系列研究如何衡量和测度不平等程度的文献。这些文献主要研究如何通过一些指标来精确地衡量一个社会的经济不平等程度。现有文献中不平等指标体系的研究方法主要分为四类:第一类不平等测度指标体系是通过一种先验的选择性过程来界定的不平等,比如基尼系数和方差就属于这一类指标。第二类不平等测度指标体系是通过公理性方法推导出来的,广义熵测度族和 Theil 指数就属于这类指标。第三类不平等测度指标体系是在福利经济学理论的基础上发展得出的,这类指标统称为 Atkinson 指数。第四类指标是使用"极化"来描述收入分配的状态。对收入分配状态的福利评价是指引入某种价值标准对不同的收入分配格局和结果进行比较和评价,其中 Sen(1977)做出了突破性工作,他通过放松 Arrow 在"投票悖论"中基本假设,认为若存在比个人效用函数更多的关于社会偏好的信息,就可能得到社会福利函数,进而可以对收入分配格局进行福利分析。

(1)个体异质性与收入分配

社会经济中的个体差异被认为是导致经济不平等和收入分配差异的根本性原因。Moore(1911)和 Roy(1950)把收入处理为个体能力的直接结果,由于个体异质性来源于各种随机因素,根据中心极限定理则收入分配结果服从正态分布。Champernowne(1953)和 Rutherford(1955)进一步假设收入过程是马尔可夫链,证明整体收入分布状态会趋近稳定均衡分布。Klein(1962)证明这个稳定均衡分布是对数正态分布。Rutherford(1955)从生命周期角度说明如果收入过程受到随机冲击,当经济个体是无限生命时,收入分布的方差会趋于无穷大。这些早期理论的缺陷在于没有考虑经济行为和经济制度。经济增长理论的发展为解决上述缺陷提供了方便,个体异质性可以放在内生增长的理论框架中来研究。Stiglitz(1969)和 Bourguignon(1981)在 Solow 模型中讨论存在初始财富不平等时收入分配格局的动态问题。Laitner(1979a,1979b)在代际模型中证明了收入分布均衡的存在性、唯一性和稳定性。在生命周期理论中考虑储蓄行为,个人收入和财富水平将随着年龄而变动;遗产机制产生的代际联系将会使得这种差异产生持续性影响,并最终影响收入分配的均衡结果(Atkinson,1971;Huggett,1996;Quadrini,1999;De Nardi,2004 等)。这些研究表明,如果在纯粹市场中,遗产机制可能最终消除初始不平等的影响。在无限生命周期理论框架中,Lucas(1992)考虑了五种机制下财富分配不平等的动态演化过程:自给自足的经济、冲击为完全信息下中央计划者最有效配置经济、纯货币经济、纯信用经济和冲击为私人信息下中央计划者最有效配置经济。他的研究表明:即便个体差异只体现在偏好的情况下,由此产生的收入分配差异也可以是巨大的。收入不平等可能是社会经济的常态,而各种社会经济制度的作用只是在此基础上放大或缩小。Chatterjee(1994)在 Ramsey 模型中表明,如果每个人都有一个最低消费极限,那么收入和财富分配不平等会趋于收敛。Caselli 和 Venture(2000)在禀赋差异的假设下,分析了个人消费、财富和收入不平等的动态演化特征,但是并没有一般性的结论。

从个体差异性来研究收入分配问题实际上是在 20 世纪中后期经历的一大转折。由于个人收入来源倾向于多元化,社会阶层的流动性也大大增加。以前在古典经济学直接按要素收入来源划分收入阶层的分配格局已不明显,而且各种社会经济制度比较稳定和完善,因此个人之间的异质性成为一个新的研究视角。这一类文献的优点在于:首先提供了稳固的微观基础。在经济增长模型工具的帮助下,收入分配问题研究可以基于经济主体的行为选择进行探讨分析。其次在标准的增长模型框架中能够很好地分析收入分配动态演化路径和收敛性条件。但缺点是过分强调演化路径以及收入分配均衡状态的稳定性、唯一性和收敛性研究。在没有考虑差异性变化以及社会经济制度约束和制度变迁时,个人异质性是分析收入分配现象的基点,但是外部的社会经济机制可能是需要考察的重点。从功能性收入的角度更能清楚分析外部机制的作用途径。如果脱离了功能性收入来单纯讨论规模性收入分配,可能无法全面解释收入分配格局变化的根源。因此在以下部分中回顾收入机制与功能性收入分配研究。

(2)收入机制与功能性分配

大多数的古典政治经济学家都是从功能性收入比例的视角来研究收入分配问题,主要是研究工资、利润、地租之间的分配关系。亚当·斯密认为自从资本积累和土地私有发生之后,劳动者就必须和资本家、地主分享劳动产品。工资只是劳动产品中的一部分,其他部分要作为利润、地租被资本家和地主占有。随着社会生产分工的发展,对劳动的需求会增加,工资会上涨,涨的幅度取决于资本积累水平。[①] 在李嘉图看来,"确立支配这种分配的法则,乃是政治经济学的主要问题"[②]。李嘉图认为,土地的边际生产力是递减的,从而社会总产品的增速也是递减的。然而,每亩地的地租和每个工人的工资都是固定的。因此社会总产品中地租性收入和劳动性收入所占比例越来越大,而利润所占的比例越来越小,最后甚至为零,经济发展停滞。马克思认为,资本家为了获得超额利润而提高生产技术,这就导致了资本家把大量资本作为不变资本用来购买机器设备,而用于给工人发工资的可变资本所占的部分就越来越小,所以工资性收入占国民收入的比例会越来越低,工人阶级陷入了相对贫困,甚至绝对贫困的境地。正因为如此,马克思把资

① 亚当·斯密.国民财富的性质和原因的研究.郭大力,王亚南,译.北京:商务印书馆,1972.

② 李嘉图.政治经济学及赋税原理.郭大力,王亚南译.北京:商务印书馆,1981.

本积累过程称为两极的积累:资本家在积累财富,而工人阶级在积累贫困。[①]
在李嘉图和马克思之后,关于工资性收入在国民收入中所占比例的研究便
成了当时的经济学家们研究的热点。克拉克在 19 世纪末提出边际生产率论
来说明分配问题。在其他生产要素数量不变的情况下,任一要素每增加一
单位所带来的产品增量将是递减的,最后增加的一单位生产要素的生产率
最低,这一最低生产率被称之为边际生产率,由它来决定各种生产要素所获
得的报酬。[②] 马歇尔在克拉克理论的基础上,从均衡价格论出发,把提供生
产要素视若提供商品,把提供生产要素而获得的"报酬"也视为一种让渡价
格;而作为一种价格,它既取决于边际生产率之类的需求方面的因素,也取
决于供给成本之类的供给方面的因素。这样就用生产要素价格论取代了收
入分配理论,成为西方经济学中经典的要素收入分配理论。[③]

与新古典学派以市场为基础的收入分配理论不同,凯恩斯主义学派认
为完全依靠市场解决不了收入分配问题,要结合国家干预的方式来建立调
节个体收入差异的经济制度。凯恩斯认为分配不公会造成有效需求不足,
而有效需求不足是资本主义经济的常态,利息是人们放弃流动性偏好的报
酬。投资和储蓄是不同经济主体的不同动机的经济行为,由于利润存在下
降的刚性,所以投资决定储蓄。凯恩斯将工资分成货币工资和实际工资,同
时提出货币工资刚性理论。要想实现充分就业式的均衡,就必须解决分配
不公的问题。[④] 琼·罗宾逊则摒弃了新古典经济学的研究方法,把有效需求
理论用于经济系统的长期分析。她认为,消费品与投资品之间的比例决定
了工资性收入和利润性收入之间的比例:投资率越高,利润占国民收入的比
例越大,工资性收入所占比例就越小。[⑤]

后续关于功能性分配的研究主要集中在要素间收入份额的演变中。
Kaldor(1957,1961)提出了关于稳态经济增长的几个特征"事实":增长率稳
定、资本产出比率稳定、资本收入占 GDP 比重稳定、实际利率稳定等。其中
有两个与要素分配份额有关:其一,对单个经济而言,要素分配份额在长期
内保持不变;其二,对多个经济而言,资本收入份额越高的经济,投资率越
高。当时大多数经济学将要素收入份额视为"像'光速'一样恒常不变的东
西"(Solow,1958)。随后围绕上述两个关于要素分配份额事实的论断,进行

① 卡尔·马克思.资本论.郭大力、王亚南译.上海:上海三联出版社,2009.
② 克拉克.财富的分配.陈福生、陈振骅译.北京:商务印书馆有限公司,2014.
③ 马歇尔.经济学原理.朱志泰、陈良璧译.北京:商务印书馆有限公司,2014.
④ 凯恩斯.就业、利息和货币通论.高鸿业译.北京:商务印书馆(第 1 版),1999.
⑤ 罗宾逊·琼.不完全竞争经济学.王翼龙译.北京:华夏出版社,2012.

了许多理论和经验的研究。Blanchard(1997)利用 OECD 企业部门数据计算劳动收入份额时发现该值至少在中期内不是一个常数。自 20 世纪 80 年代开始,西班牙、意大利、法国和德国四国的劳动收入份额呈现下降趋势。Poterba(1997)也得到了类似的结果。Joseph 和 Dipendra(1999)发现,澳大利亚的工资比重与失业率、产能利用率和 GDP 增长率呈负相关,与价格的变化呈正相关。Hofman(2001)发现拉美国家劳动收入份额在过去五十年间呈下降趋势。Bentolila 和 Saint-Paul(2003)发现 13 个 OECD 国家从 1970 到 1993 年的劳动收入份额,除了英国比较稳定外,各国的劳动收入份额变化情况各不相同。Kyyra 和 Maliranta(2006)发现,虽然许多欧洲国家宏观水平的劳动收入分配比重是下降的,但微观水平的劳动收入分配比重相当稳定。Diwan(1999)发现金融危机会降低劳动收入份额。Harrison(2002)则发现要素分配份额还受国际化程度的影响。要素分配份额在各国间没有明显差异(Gollin,2002;Bernanke 和 Gürkaynak,2002)。Rodríguez 和 Ortega(2006)发现资本收入份额与人均收入呈负相关。

在导致要素收入份额变化的原因方面,Blanchard 和 Giavazzi(2003)从劳动与资本谈判机制角度分析,发现劳动力份额的变化方向由纳什谈判权重和原要素份额的相对水平决定。Jaumotte 和 Tytell(2007)则认为发达国家国民收入中劳动收入比重下降主要是因为技术进步和全球化。Lawless 和 Whelan(2007)认为,欧洲劳动收入比重下降的关键因素是技术和劳动市场的发展。Jayadev(2007)认为,资本账户的开放度与国民收入中劳动收入比重呈负相关。Bruno and Paul(2008)认为 FDI 占 GDP 的比重与制造业的劳动收入比重呈"U"形曲线关系。Bentolina 和 Saint-Paul(2003))使用常替代弹性(CES)形式的生产函数,说明要素收入份额的变化取决于劳动与资本的替代弹性。

功能性分配与规模性分配有着密切联系(Atkinson,2009;周明海等,2012)。要素分配份额的变化对规模性收入分配有直接影响,部门或者个人的收入状况受到不同收入来源的作用。Lerman 和 Yitzhaki(1985)指出资本收入分配的不平等程度是收入差距的主因。Davies and Shorrocks(2000)的研究表明发达国家收入分配的基尼系数在 0.3~0.4,但是财富分配的基尼系数则在 0.5~0.9。Atkinson(2000)发现高收入群体以资产性收入为主;而低收入群体主要是获得劳动报酬。实证研究发现劳动分配份额越高的经济体,收入差距也越小(Daudey 和 Penalosa,2007;Giovannoni,2010)。郭庆旺和吕冰洋(2012)用中国数据证明了劳动收入占比下降是居民收入差距扩大的主因。

2.3.2　金融发展与收入分配

各种社会经济机制在从收入凭借到收入结果的过程中起关键作用。随着经济金融化的加速,金融机制对分配结果的影响日渐重要。20 世纪 90 年代以前的金融发展理论研究重点主要放在金融与经济增长相互关系上。但一些金融发展模型也对此问题有涉及。在 M-S 模型中,McKinnon(1973)和 Shaw(1973)认为金融抑制使得信贷发放有不同的对象差异,从而导致经济二元结构和收入不平等。发展中国家的金融抑制、信贷配给,放慢了经济增长,加重了社会收入分配不均的情况。McKinnon(1973)提出导管效应,即使金融机构不提供信用给低收入群体,只要金融机构为他们的储蓄提供一些金融机会对提高收入也是有利的。Galbis(1977)使用两部门金融发展模型说明融资限制对收入分配存在负面影响。进入 20 世纪 90 年代,对金融发展与收入差距、贫困的研究开始明显增加。综合他们的观点主要有以下几种:金融发展会缩小收入分配差距、金融发展扩大收入差距、金融发展与收入分配非线性关系论。Levine(2008)综述了关于金融发展与收入分配关系的理论研究文献和经验研究文献。下面就主要的三种观点及其研究进行更全面和具体的介绍。

(1)金融发展会降低收入差距的文献

金融发展会降低收入差距的基本逻辑是在金融市场不发达的情况下,经济个体和整个经济活动对初始财富具有依赖性。高初始财富的人凭借初始财富的优势,或者是获得低的借贷利息优势,或者是获得高报酬的自主创业机会,或者是获得更好的教育和训练机会。因此富人会凭借其初始财富的优势,获得更高的回报率和收入水平,并能给下一代留下更多的财富。那些初始财富水平低的人,由于对其选择机会的限制,只能获得低报酬和低收入,并使得其后代同样只有低的初始财富水平。初始财富水平的差异就会不断持续下去。因此金融发展的效果将使得金融资源配置约束变弱,那么初始财富分布的影响就会降低,收入分配状况会因此改善。Galor 和 Zeira (1993)从金融中介的成本角度说明金融发展可以通过降低金融成本、帮助低收入群体获得更高收入,从而减少贫困、缩小收入差距。Gaytan 和 Ranciere(2004)则认为这是财富效应的一种表现形式。Galor 和 Zeir(1993)引入了技术分类,要实现对高技术的投资必须进行人力资本投资。由于金融市场不完全,人力资本投资将局限于拥有足够财富的个体,这样将造成贫富两极分化。反之,消除市场不完全使得更多人可以借到足够的资金进行人力资本投资,降低贫富差距。Banerjee 和 Newman(1993)模型显示了个人职业选择、企业家创业与财富分配的相互作用。金融发展可以降低创业门槛，从而减少收入差距。Ghatak和Jiang(2002)用更简单的模型说明消除金融市场不完全会降低投资的门槛，使更多的人成为企业家，增加对劳动力的需求，推动工资上升，从而缩小企业家和工人之间的差距。在实证分析方面，Li等(1997)发现金融深度以有利于较低不平等的方式显著地影响并且提高了80%低收入人口的平均收入。Holden和Prokopenko(2001)研究认为金融发展促进了经济增长，从而推进了贫困的减少。Clarke等(2003)运用全球91个国家1960—1995年的数据进行研究表明金融发展会显著降低一国收入分配差距的结论。Mookherjee和Ray(2003)发现只要存在人力资本的金融外部性，即一个人的人力资本投资决策会影响到其他人的人力资本投资决策，那么，当金融市场是不完美时，初始的财富分配会影响经济绩效和稳定状态的收入分配。Jeanneney和Kpodar(2005)采用M2/GDP和银行信贷/GDP等方式度量金融发展水平，验证了金融发展促进经济增长，缩小了贫富差距的结论。Ray(2006)研究了金融发展与持续收入分配的转型动态问题。得到类似结论的实证研究还有Dollar和Kraay(2000)、Jalilian和Kirkpatrick(2001)、Honohan(2004)和Beck等(2004)。

(2)金融发展会扩大收入差距的文献

De Gregorio(1996)假设个人的学习能力是不同的，且只有进行人力资本投资的人才能变成企业家。金融发展可以使学习能力强的人进行人力资本投资，成为企业家；而学习能力低的人不进行人力资本投资，成为一般劳动者。这样，金融发展会扩大收入分配差距，但是社会福利水平没有下降，反而得到提高。相似地，Cagetti和De Nardi(2006)说明由于存在信贷约束，企业家的初始财富决定了投资规模。金融发展会使得更多人选择成为企业家，同时企业家会扩大其投资规模。这样，金融发展在促进经济发展的同时也扩大了收入不平等。Benabou(1996)较早通过经验分析说明金融发展与收入分配之间存在相关性。Fishlow(1996)在考虑资本市场后考察了金融发展对收入分配的负面效应。Lee等(2000)以韩国为例说明在金融不发达的情况下高收入家庭掌握了大部分金融资产，而金融资产的高收益也都流入这些家庭，导致更大的贫富差距。Jeong和Townsend(2007)发现金融机构在经济增长和收入不平等方面有不可忽视的放大作用。

(3)金融发展与收入分配格局的非线性关系

与上述这些模型认为金融发展和收入分配呈单调关系不同，一些文献指出金融发展和收入分配呈非线性关系。Greenwood和Jovanovic(1990)在一个动态模型中证明：在经济发展初期，收入分配不平等状况会加剧；而在长期,随着经济增长和金融中介发展,收入差距逐渐缩小,直至收敛到平等水平;即金融发展和收入分配的关系服从倒 U 形的轨迹。因此,GJ 模型是库兹涅茨假说的一种扩展形式。Levine(1993)引入了固定的进入费或固定的交易成本,借以说明金融机构和金融市场是如何随着人均收入和人均财富的增加而发展的。Murphy 等(1989)从经济增长的市场规模和产业升级角度说明了金融发展与收入差距之间的作用机制,认为随着传统农业部门萎缩,劳动力转移到现代产业部门,收入差距将加大直到完成工业化。Banerjee 和 Newman(1993)将其概括为收入差距的产业发展效应。Aghion 和 Bolton(1997)、Piketty(1997)从信贷市场均衡利率角度研究了收入分配的动态演化,并试图找出平等稳定状态的条件。随着富人投资增加,资本边际生产率不断下降,其投资需求也不断下降,他们最终成为贷款人;而穷人的边际生产率较高,他们最终成为借款人。富人的财富积累使得利率下降,从而将穷人推出贫困陷阱。Matsuyama(2000)认为金融发展水平较低的经济中存在长期不平等现象,富人靠剥削穷人得以维持其相对优势;而生产效率或金融发展水平较高的经济收敛于完全平等状态,其经济增长类似 Kuznets 倒 U 形模式。Chakraborty 和 Ray(2007)提出了收入分配与金融发展的相互关系,在经济落后阶段,由于只有一部分人能够借到资本,因此,金融发展可能会扩大收入分配。随着经济的发展,很多人都可以借到资本。此时,金融发展有利于缩小收入分配差距。

在经验研究方面,Hossein 和 Kirkpatrick(2003)使用与金融发展相关性较高的中级学校教育当作工具变量,验证了金融发展促进人力资本投资,从而进一步影响收入不平等的机制,并且发现当金融发展水平超过 40%,金融的任何进一步的发展都可能减少不平等。Townsend 和 Ueda(2001)在改进的 GJ 模型的基础上进行模拟检验,他们应用泰国 1976—1996 年的微观数据分析了不同参数对模型的影响;发现伴随着金融发展的是高经济增长率和收入不平等现象的增长。Iyigun 和 Owen(2004)通过比较发达国家与发展中国家后发现,金融发展和收入分配之间也呈现出库兹涅茨效应特征。Jeong 和 Townsend(2008)利用泰国的数据进一步验证 Greenwood 和 Jovanovic(1990)对现实的解释力。

(4)金融发展对要素收入分配的影响

Elsa(2008)认为随着金融市场开放度的提高,实际汇率降低而劳动份额提高,这会侵蚀企业利润并最终引发金融危机,而产出的下降往往伴随着劳动份额的降低。Kabaca(2009)基于反周期的利率影响流动资本,而流动资本对劳动收入的波动有直接而重要的影响,并且他认为新兴市场国家的劳动收入份额存在顺周期性。白重恩和钱震杰(2010)用银行部门的扩张程度作为衡量金融深度变量和其他变量一起考察对劳动收入占比的影响,发现1996年以后银行部门的扩张使劳动收入份额下降。在白重恩和钱震杰(2009b)中也得出金融系统资源配置能力提高,资本收入份额逐渐提高,即劳动收入份额下降的结论。罗长远和陈琳(2012)利用微观企业数据研究融资约束与劳动收入份额的关系,得出私人企业的负债资产比(融资约束的代理变量)与劳动收入份额显著负相关。汪伟等(2013)的模型中中小企业面临信贷融资约束,这使得企业不得不进行内源融资,从而减少对居民部门的利润分配,降低家庭劳动收入的份额。

2.3.3 对我国收入分配问题的研究

收入分配问题在我国受到了长时间的关注,比如关于社会主义市场经济下微观层面收入分配的系统研究(姚先国,1992),关于"工资侵蚀利润"的讨论(戴圆晨等,1988;杨瑞龙等,1998)等。我国在短时间内从改革起点的平均主义迅速演变为贫富悬殊、收入分配差距过大(基尼系数已超过国际警戒线0.4),引发了更多的争论(姚先国,1989;李实等,2007)。自2008年金融危机以来,随着扩大内需保增长的政策出台,改变国民收入分配格局的话题再一次被推到了政策讨论的前沿(白重恩和钱震杰,2009a)。近年来,从要素收入分配角度的文献也逐渐增多。本书将从规模性分配和功能性分配两个角度对这些文献进行综述。

(1)我国规模性收入分配的研究

对我国收入分配问题的研究长时间以来集中在人际、地区和城乡等多个维度。这些文献主要对改革开放后我国农村内部、城镇内部、城乡之间以及地区之间居民收入不平等的测度、因素分解等进行了大量的经验分析。主要使用统计和计量的分析工具对我国的收入不平等程度进行量化(郭继强等,2011)。运用多种解释变量,如公共支出、社会歧视、教育投入等来寻找加剧收入不平等的外在因素以及分解影响的程度(李实和赵人伟,1997;李实,2000;王小鲁和樊纲,2004;姚先国和李晓华,2007)等。这方面的文献综述可参考李实(2003)和万广华(2006)。在城乡居民收入差距方面,近年发现我国的这类问题在发展中国家也比较突出(Eastwood 和 Liption,2004;Maddison,2007 等)。李实(1999)利用调查数据发现劳动力流动可以改善城乡收入差距。白雪梅(2004)发现教育与收入不平等存在显著关系,平均受教育年限的增加加剧了收入的不平等。周云波(2009)指出城市化的加速可以延缓收入差距的增速。但是蔡昉和王美艳(2009)从政策梳理和统计推断的角度质疑了城乡收入差距的程度。Liu 和 Zou(2011)从人力资本差异和人口规模的视角指出城镇部门更快的技术进步和转型发展是城乡收入差距的原因之一。Li 和 Zhao(2011)认为地方政府的经济干预是造成城乡差距的主因。

地区间收入差距是研究我国收入分配现象的另一重要视角。林毅夫和刘培林(2003)认为中国超前的发展战略和违背比较优势是地区间收入不平等的根源。王小鲁和樊纲(2004)指出 FDI 的空间配置偏向造成了地区发展差距。使用因素分解的技术可以找到地理位置、资本存量和教育水平等是影响地区间收入不平等的原因(Wan,2004;Lu,2008;Yu 等,2011)。另外,自然禀赋、地区性政策、经济转型等也显著影响我国地区间收入差距(Demurger 等,2002;Kanbur 和 Zhang,2005;Wang,2007)。对于我国行业间收入差距的研究主要集中在垄断和技术进步方面(蔡昉,1996;信卫平,2004;王军和张蕴萍,2005)。罗楚亮和李实(2007)指出企业的福利补贴在人均工资的基础上加大了收入不均。傅娟(2008)则发现垄断行业具有压倒性的收入优势。陈钊等(2010)发现垄断行业收入增速加快,这使得我国城镇居民内部收入差距主要表现为行业间收入差距。洪兴建(2010)提出了基于 S 基尼系数变化的分解模型对我国行业收入差距进行因素分解。

(2)中国要素间收入份额的演变

由于我国在很长一段时间内都遵循按劳分配制度,忽视按要素分配,因此对要素分配份额问题缺乏足够的关注。李扬(1992)计算了新中国成立后到 1990 年间的劳动收入份额,发现改革开放前劳动收入份额被抑制在较低的水平,而改革开放后劳动收入份额逐渐增加。国家计委综合司课题组(1999)对 1992—1998 年我国宏观分配的总体格局进行测算,发现居民所得比例经历了一个先降后升的过程,总体上趋于稳定,原因在于占居民收入主要部分的劳动者报酬收入的增长经历了一个由上升转向回落的过程。向书坚(1997)、杨少华和徐学清(2000)等对 1978—1995 年间要素分配份额的研究,也得到了类似的结果。卓勇良(2007)的研究表明劳动所得比重大幅下降,资本所得比重大幅上升。Bai 等(2006)的研究发现,自 20 世纪 90 年代中期以来资本收入份额持续增加。李扬和殷剑峰(2007)利用资金流量表,计算了居民部门的劳动报酬和财产收入在 GDP 中的比重,发现两者在近年来同时下降。武小欣(2007)通过分析我国历年收入法的 GDP 构成和资金流量表,发现宏观收入分配结构中劳动者报酬不断下降的变化趋势。白重恩等(2009)利用 GDP 收入法核算数据,计算了 1978 年以来我国国民收入中的劳动收入份额,发现其在 1978—1995 年的十多年间基本保持不变。但自 1995 年以来却下降了约 10 个百分点。由核算方法或统计口径变化导致的下降为 6.3%,占 1995—2004 年劳动收入份额减幅的 59%。罗长远和张军(2009)也得到了类似的结论。吕冰洋和郭庆旺(2012)利用最新测算的历史年份的"资金流量表"和相关数据测算全国税前和税后要素收入分配方法,发现 1983 年以后,全国税前和税后劳动分配份额呈长期下降趋势。

从要素分配比重的演变规律,尤其是近年来中国要素间收入分配变化的原因来看,大致可以分为经济发展阶段、政府干预、全球化和技术进步等几个研究方向。第一是从经济发展阶段的视角,梁东黎(2008)认为经济发展水平较低时,劳动报酬份额会下降;经济发展水平较高时,劳动报酬份额会上升。李稻葵等(2009)则认为可以用初次分配中劳动份额变化趋势呈现 U 形规律来解释我国目前的要素收入比例。王振中(2003)发现发达国家资本收入占 30%,而劳动收入高达 70%,与我国形成鲜明对比。闻潜(2007)也认为,与发达国家相比,中国的劳动者报酬在初次分配中的比重过低。姜磊等(2008)使用二元经济模型解释了劳动收入份额下降的原因。龚刚等(2009)使用具有凯恩斯主义特征的宏观模型分析了我国要素收入分配的变动,并进行了数值模拟。方文全(2011)发现产业结构变化对劳动收入份额的影响总体上并不显著,财政政策对劳动收入份额有内在的负面作用。范从来和张中锦(2012)认为稳定维持第一产业劳动收入份额和努力增加第三产业增加值占国民经济的比重对提升总体劳动收入份额至关重要。张杰等(2012)认为中国制造业部门中劳动报酬比重过低的典型事实,是造成中国宏观层面的劳动报酬占 GDP 比重持续降低的重要因素。

第二是从政府干预的视角。王诚(2005)认为,企业特别是垄断企业利润和政府财政收入在国民收入中比重的增加、利润侵蚀工资和财富向政府倾斜的现象导致居民实际工资在国民收入中的份额下降。卓勇良(2007)认为,劳动所得比重下降与资本所得比重上升的主要原因在于投资机会和剩余劳动力较多,长期低汇率锁定了国内企业的高利润率,各级政府重资轻劳。白重恩等(2008)建立了中国工业部门要素份额的计量模型,实证结果表明,工业部门要素分配份额变化的主要原因是产品市场垄断增加和国有部门改制引起劳动力市场环境改变。肖红叶(2009)发现以国际经验来看中国初次分配中劳动份额偏低,政府介入初次分配的程度很高。

第三是从全球化和国际贸易角度的解读。张斌等(2006)在一个贸易品和非贸易品两部门模型中,发现在保持名义有效汇率固定与国内物价水平稳定的货币政策组合下,市场经济体制改革所带来的贸易品部门相对非贸易品部门会有更快的全要素生产率进步。这所带来的不仅是经济增长,同时还会造成工资下降与利润率上升,恶化收入分配。肖文等(2010)则从国际贸易方式的角度使用分行业数据进行了经验分析,认为贸易模式的转变是要素分配份额变化的原因。唐东波和王洁华(2011)利用1995—2007年中国工业行业数据,实证研究了贸易开放等变量对劳动收入份额的影响。第四是从技术进步的视角。赵俊康(2006)认为,劳动分配比例下降的主要原因是技术进步,资本对劳动的相对价格下降,市场需求不足。刘丽(2008)通过实证分析指出,我国工资分配比重下降是技术进步偏向于使用资本节约劳动造成的。黄先海和徐圣(2009)也验证了同样的观点。戴天仕和徐现祥(2010)利用推导的度量技术进步方向的方法,测算中国样本期内的技术进步方向,发现中国技术进步总体是偏向资本的,同时也发现中国劳动与资本的替代弹性显著小于1。张莉等(2012)结合国际贸易和技术进步两个角度来解释劳动收入份额,并提出一个新的观点:国际贸易影响技术进步偏向,并经由这一渠道影响要素收入份额的变化。陈宇峰等(2013)构建了一个综合考虑技术偏向、垄断利润等因素的生产决策模型,与黄先海和徐圣(2009)结论不同的是,他们认为技术的资本偏向性是劳动收入份额低位运行的主要原因,但并不是劳动收入份额短期变动的主要原因,他们认为垄断利润率的变动是单个行业劳动份额短期变动的主要原因。

(3)金融视角下的中国收入分配研究

虽然中国经历了30多年的金融市场化改革,经济货币化和经济金融化比例已经很高,但不可否认的是中国的金融发展仍处于金融抑制状态(郑泽华,2001),金融抑制还是导致我国金融体系最主要的特征之一(尹希果等,2007)。在研究金融自由化和收入分配的关系问题时,发现金融抑制是导致我国收入分配不均的重要因素(陈志刚,2006)。已经有大量的从金融视角对我国收入分配问题进行讨论的研究。章奇等(2003)用银行信贷占GDP的比例衡量各省金融中介发展水平,利用一般动态矩估计方法(GMM)研究发现金融中介发展显著拉大了城乡收入差距。温涛等(2005)用金融发展与经济增长的正向作用关系直接替代金融发展与农民收入增长的关系,对中国整体金融发展、农村金融发展与农民收入增长的关系进行了实证研究。结果显示:中国金融发展对农民收入增长具有显著的负效应。姚耀军(2005)对以银行信贷占GDP比重所衡量的金融发展水平与城乡收入差距的关系进行研究,发现我国金融发展显著拉大城乡收入差距。张立军(2005)对以M2/GDP所衡量的金融发展水平与城镇居民收入分配的关系进行分析,证明了我国金融发展可能扩大城镇居民收入分配差距。杨俊,李晓羽,张宗益(2006)认为我国金融发展显著扩大了全国、农村以及城乡居民收入不平等程度。杨俊等(2008)利用向量自回归(VAR)方法分析发现,在短期,中国金融发展对贫困状况的缓解具有促进作用,但是从长期的角度看,中国金融发展加深了中国贫困程度。白重恩、钱震杰(2010)用银行部门的扩张程度作为衡量金融深度变量和其他变量一起考察对劳动收入占比的影响,发现1996年以后银行部门的扩张使劳动收入份额下降。在白重恩、钱震杰(2009)中也得出金融系统资源配置能力提高,资本收入份额逐渐提高,即劳动收入份额下降的结论。叶志强等(2011)利用中国1978—2006年的各省面板数据检验发现金融发展显著扩大了城乡收入差距。罗长远、陈琳(2012)利用微观企业数据研究融资约束与劳动收入份额的关系,得出私人企业的负债资产比(融资约束的代理变量)与劳动收入份额显著负相关。汪伟等(2013)认为中小企业面临信贷融资约束,使得企业不得不进行内源融资,从而减少了对居民部门的利润分配,降低了我国家庭劳动收入的份额。

2.3.4　小结

从以上的文献综述来看,关于分配现象的研究已经形成非常庞大的体系。目前的研究特点是规模性分配视角与功能性分配视角的交叉和并重。而这一现状的条件和可行是经济金融化的加速。经济主体收入来源和形式的多元化使得规模性分配视角与功能性分配视角交叉非常必要。而目前分配理论的研究还没有充分开展。已有的金融视角的分配理论研究还没有完成交叉融合的任务。而从金融视角对我国分配现象的研究多数停留在经验分析的层面,缺少整体和系统的理论分析框架。综合来看,现有工作对复杂的分配现象解释力不足。原因首先是研究视角单一,已有理论模型多以纯粹市场制度为前提,没有考虑经济转型中的制度调整;多从收入或财富单一角度考察分配现象,缺少整体、动态分享过程的考虑。尽管马丁·威茨曼(1984)和李炳炎(2009)引入了分享的视角,但没有说明分享的一般逻辑和全面的分享形式。其次是微观基础需要拓宽,已有工作多数延续了劳动与资本的二分法,没有从组合角度揭示多种收入和财富渠道的内在联系,无法对金融功能支持下的产权结合进而动态分享进行完整展现。再次是实证研究缺少统一视角,缺少宏观分析和微观分析的连贯性。事实上,Merton和Bodie(1995)提出了完整的金融功能概念,为构建转型中的利益分享机制理论框架创造了条件。

3 | 利益分享、金融功能与分配关系演化

　　分配结果和增长表现都是经济内在运行的具体表现。分配结果包含相对经济增长更多的信息量，因为经济增长是经济的一阶矩问题（比如个体收入的均值，即人均 GDP），而收入分配反映了经济运行的二阶矩问题（比如个体收入的方差）。要讨论更为错综复杂的分配问题更需要全面把握经济活动的差异性微观运行机制。在现代市场制度环境中，这种微观运行机制的差异性更多的是来自不均匀的金融功能服务，尤其是在经济活动金融化越来越明显的情况下。比如：首先是收入流量和财富存量都出现了货币化的形式；其次是各种经济资源在企业中或者是经济合约网络中逐步资本化；再次是为了优化权利和风险的组合，经济合约关系需要实现证券化。在这样经济金融化的大背景下，经济主体的储蓄、投资和消费行为选择越来越需要金融系统提供流动性、风险管理、资产定价等金融功能的支持。因此金融系统在资源配置、生产循环和利益分享中的核心作用日益凸显。如果处在完美的金融条件下，短期视角下的分配结果更多会反映禀赋的差异。从初始财富分布不均等的起点出发，经济主体通过公平竞争会出现主要基于人的能力、偏好异质性所决定的利益分配格局。从更长的时间视角来看，足够发达的金融功能有可能消除人力资本的差异，实现人的普遍发展，最终实现机会和结果的平等。即便是当期的生产活动和跨期的财富传递仍然带来了显著的收入和财富分配差距，如果在时间和风险维度配置资源的金融能力是普适的，那么通过消费金融仍然能够弥合收入分配和消费分配的差异、缩小消费差距，使得低收入群体可以分享经济成果。如果金融系统的功能供给与社会经济的金融功能需求的缺口过大，那么公共部门有可能会通过公共服务的形式来提供社会保障、风险投资等金融功能，使得社会成员能够依靠公共资源的配置实现利益分享。但是现实中的金融系统普遍存在功能不足和服务偏向。不同的经济主体面临不同的金融功能支持，这往往会放大禀赋差异，最终影响经济增长方式和分配结果。本章的主要工作就是建立利

益分享理论来讨论从金融功能到分配结果的作用机理,其中包括生产性分享、消费性分享和公共分享三大部分。

上一章的特征事实已经表明,我国金融系统从计划体制下金融体系演变以来,虽然经历了迅速的发展,但仍然是以间接融资为主;尤其是高度垄断的银行业主导了金融资源配置和金融功能供给。这种金融系统的特征符合 Mckinnon(1973)和 Shaw(1973)定义的金融抑制状态,主要包括价格管制和准入管制等。由此产生的金融功能不足和功能偏向是造成我国分配关系失衡的重要原因。本章将从含义更丰富的利益分享角度出发,建立包含金融功能的利益分享理论,讨论金融功能对利益分享过程和分配结果的多种影响形式。本章建立的利益分享的分析框架和基准模型可以深入探讨我国转型期的金融改革、利益分配以及经济增长之间的互动关系,这是后续章节的理论基础。希望通过本章的研究工作能够对我国经济转型中收入关系失衡问题做出准确判断,并且能进一步推测我国金融体制的改革前景和方向选择。

3.1　利益分享机制与金融功能

利益分享表现为经济个体通过直接和间接的形式获得经济发展成果、提高福利水平。直接的分享过程主要从生产和消费两个渠道进行。生产性分享是指经济个体通过投资形成资本,并在经济活动的横截面凭借资本投入生产并分配收入。消费性分享是在时间维度上进行储蓄与投资的跨期决策,进而可以优化调整消费并增加效用。以直接分享为基础,公共部门通过公共资源配置帮助经济个体进行间接分享,比如通过税收调节收入、基础教育投入、社会与医疗保障、生活救济以及直接设立企业等方法来改变个体的资本存量或者是消费水平等。利益分享机制既决定了财富与收入分配的结果,又通过投资的激励效应影响增长的动力。如果有适宜的金融功能支持分享机制,那么资本投入者可以获得合理的回报,并承担相应的风险,以此保证各种经济资源向高效率部门聚集。反之,则会出现经济结构失衡现象。

3.1.1　生产性分享

生产性利益分享表现为经济个体在微观经济活动中通过拥有的经济资源参与经济活动,获得合意的经济成果。经济资源的种类是多样的,大致可以分为人力资本、物质资本、土地和知识等。在早期经济条件下,经济资源分布的极端不均匀为理论抽象提供了可能,即一般会将经济个体简化为单一要素提供者的身份,比如劳动者、地主、企业家等概念。将劳动要素拥有者的特征推衍到极致就是"无产阶级"的概念。在 20 世纪 50 年代之前的分配问题研究基本上是以要素收入分配为重点,尤其是古典经济学家。比如李嘉图主要讨论了经济成果在土地、(物质)资本、劳动三大要素之间的分割,马克思则揭示了资本与劳动之间的分配关系演变。Piketty(2014)的数据支持了马克思的推测:19 世纪的工业革命使以工业资本为代表的财富逐步往少数人集中,资本与劳动的对立日益明显。这个趋势在 1914 年的第一次世界大战之前也就是第一轮全球化结束之前达到顶峰[①]。欧洲当时 90% 以上的物质资本归属于社会中最富有的 10% 群体。占人口 50% 的社会底层和 40% 的社会中层分别拥有不到 5% 的资本,根本不存在所谓的"中产阶级"。之后,由于战争暴力的冲击和经济社会的改良发展改变了资本极端不均的分布。根据 Piketty(2014)的数据,在"一战"前,欧洲最富有的 1% 群体的财富占全社会财富的 65%,但在经历两次世界大战并走出战争创伤后的 1970 年,他们的财富占比下降到 20%。美国也出现了类似的转变,即社会财富集中度大大下降,资本要素向社会中低阶层释放,使得中低阶层也有了可观的资产性收入。这使得分配研究的视角从功能性分配转入到规模性分配,即以经济个体为对象,衡量整体收入不平等的程度并对个体间的收入差距进行收入来源、个体特征等角度的分解。开创性的文章如 Kuznets(1955)提出随着经济不断发展,个体间收入差距会先恶化再改善,即倒"U"型关系。尽管 Lindet(2000)、Gottschalk 和 Smeeding(2000)等文献已经说明经济增长与分配关系的演变关系远没有这么简单,但是 Kuznets(1955)等文章所采用的规模性分配视角研究能够更全面揭示分配关系的演变,从而开启了以经济主体为中心、以收入来源为重点的研究阶段。

本书延续经济个体的研究出发点,抓住现代市场经济中越来越明显的现象即经济个体或多或少成为多种经济资源的拥有者。经济个体既可以提供劳动,又可以提供储蓄,因此可以同时凭借多种经济资源建立经济关系,通过多元的途径分享经济成果。比如发达经济体中出现的"中产阶级"概念,即指既有较高劳动报酬、又拥有可观资产数量的群体。中产阶级的多少甚至被认为是影响社会稳定、民主政治等诸多社会问题的关键因素之一。这是分配问题研究在 20 世纪中期由功能性分配转入人际间分配的重要原因。此时社会无法纯粹依靠个体拥有的经济资源类型来划分人们的经济地

---

① 第一次全球化是指在工业革命中后期到第一次世界大战之间,随着蒸汽机在交通工具尤其是轮船上的应用,在全球范围第一次能够开展大规模的国际交往、国际贸易等社会、政治和经济活动。

位,因此仅讨论功能性分配已经脱离了现实背景。收入分配的研究视角从要素功能到经济主体的转变带来了诸多研究工作的深化效应。首先,收入来源的分类与综合不是简单将收入来源进行叠加,而是需要考虑不同收入来源的相互关系和整体效应。其次,分配结果的差异不仅是起点条件,更重要的是生产性分享过程。这一过程包括分享广度、分享深度和动态分享等多个层面。即便是拥有总量相同、类型相同的经济资源,在下一期的收入流量和财富存量也会有巨大落差。其中的重要原因就在于多层面的生产性分享过程需要多种金融功能的支持;当金融功能出现差异时,会有不同的利益分享过程和分配结果。

3.1.1.1 利益分享的广度

分享广度是指经济主体在生产性分享中,可以基于自有经济资源建立分享关系的范围。分享广度越大,意味着经济资源的流动性越好,经济主体的配置效率就越高。经济主体拥有多种形式的经济资源,可以用 L 表示人力资产,K_i 表示拥有的第 i 种其他类型的非人力资产,比如设备、土地、建筑、专利等。那么 $wL + r_1 K_1 + r_2 K_2 + \cdots + r_n K_n$ 就表示经济个体在单期中根据各种资产获得的收入总额,其中 w 特指劳动报酬率,r_i 可以是租金率、利率、使用费等,或者统一称为产出率。经济主体拥有的总财富可以表示为 $L + K_1 + K_2 + \cdots + K_n = W$。总财富是产生收入的来源,是获得收入的凭证;收入是建立在财富存量基础上的流量部分。如果利益分享广度没有打开,那么经济主体只能自己使用这些经济资源。比如在小农经济中,农户使用自有土地,劳动力和农耕工具进行自耕自种,甚至自产自用。这种生产性分享关系非常单纯,自有的经济资源没有跟外界产生联系。由于没有发生交换,收入和财富只表现为自然属性或者是物质属性。收入在扣除消费后,可以用于弥补经济资源的折旧,或者通过投资的形式增加财富总量。但是自有收入的种类和数量很难满足自身消费需要,因此各方主体都有动力进行交易。在此交易的推动下,收入逐步获得流动性,最终货币化。各方主体也有交易存量经济资源的动力。原因在于自身的生产机会有限,经济资源需要配置到其他生产机会,或者通过合作来发挥规模经济或范围经济,才能获得更高的产出率,分享更多的经济收益。因此经济资源的可交易范围不断拓宽,其流动性不断增加,最终也实现了货币化。在完全货币化后,收入和财富的状态和性质被彻底改变,进一步获得了价值属性或社会属性。最重要的是财富脱离了物质属性的束缚,可以在价值形态上进行转换,大大扩展了利益分享的广度。

从图 3.1 可以看到,扩展利益分享的广度可以使得经济主体的处境得到明显改善。图 3.1 中的 A 曲线表示分享机会可行性边界。可行性边界上的点表示一个分享机会能够提供的收益和风险,或者是可以持有的一种资产形式。风险承担越多,需要的收益补偿越大。在技术水平给定的情况下,投资收益递减,因此可行性边界呈弯曲向下的形态。在市场经济发展早期阶段,金融系统较为薄弱,对分享活动需要的流动性、合约治理和资产定价等金融功能缺少供给。这首先导致企业创业的难度较大,生产性分享机会没有被完全开发。其次是资本结合的范围非常狭窄,分割的分享机会无法提供选择的连续集。可以用图 3.1 中 A 曲线的离散程度表示经济主体的分享广度受到限制的程度。与此同时,金融系统的风险管理能力不足,导致资本难以深入结合,进入企业的资本无法推进资本异质性和分享深度,因此可供分享的剩余较少,表现为图 3.1 的 A 曲线偏向右下角。在金融功能足够健全的情况下,经济主体的利益分享广度得到充分拓展,就可以在空间截面上直接对财富存量的数量和类型进行边际调整,表现为图 3.1 的分享机会可行性边界从 A 优化为连续的 A'。经济主体在 A' 上可以获得明显占优于 A 的分享机会,此时的生产性分享选择是 C_2,它在收益和风险两方面都要优于 C_1。经济主体在金融支持下甚至可以买空或者是卖空一项资产,比如为了投资人力资本而进行融资。这意味着此时经济主体持有的总财富中有部分资产的头寸 K_i 处于负值状态。在图 3.1 中,可以用 F 表示无风险资产,通过卖空 F 可以为持有 C 而融资,即可以从 F 点出发做 C 点的切线,那么经济主体可以找到 C' 的选择。C' 中包括了空头的 F 和多头的 C,其中具体的头寸比例由经济主体的风险偏好所决定。

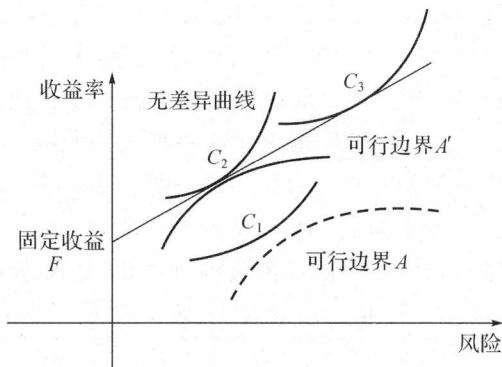

图 3.1 金融功能与利益分享广度

利益分享广度扩展对应的就是货币化过程,对金融功能的需求重点是流动性支持。经济货币化程度越高,个体就能够在更大范围内调整收入流量和收入流类型,争取收入流的最大化。最大化收入流的折现构成了财富现值的价值基础,这就是费雪意义上的折现(Fisher,1933)。货币化不仅使得经济主体的预算约束从净收入拓展到财富现值,而且为消费性分享和投资性分享的分离提供了条件。可以观察到:一方面,经济主体会在横截面追逐基于异质性的资源结合带来的更多可供分享的经济剩余,即对生产性分享的追求;另一方面,经济主体在时间轴上对收入和财富进行双向移动,实现对消费性分享的追求。在这两个动力的助力下,可以清楚发现经济转型发展过程中经济金融化、经济主体不断拓展分享广度的趋势,表现为 n 的扩大或者 K_i 取值的变化。人类历史上最明显的利益分享广度拓展发生在 18 世纪末到 19 世纪,即人类社会从农业文明向工业文明的转变时期。在工业革命前后逐步建立的市场经济制度实际上是塑造了基于经济资源的权利结构,对应的就是利益分享的广度拓展。经济资源在明晰产权和缔约成交的循环往复中,源源不断地进入到市场经济体系,并逐步获得流动性。经济主体可以凭借多种经济资源、并通过多种形式和渠道分享经济成果。在这一历史阶段,财富载体以土地为主,影响分配关系的主线是围绕土地资源的利益分享,从金融功能角度来看就是土地资源的货币化。当时的社会和经济学者主要担心土地分配不均会使社会出现悬殊的贫富差距。"均地权"在这样的环境下是很有号召力的社会目标。在那时期的李嘉图看来,随着人口和产出的双增长,土地只会变得更加稀缺,土地价格和租金收益只会越来越高;如果土地的权利实现非常不平等,那么社会收入的分配结构也会变得越来越不平等。实际上我国目前部分的分配现象也在一定程度上重复了这一历史问题。我国在启动经济改革之后通过打开利益分享广度实现了经济高速增长,但是部分群体的收入增速滞后于经济增速,主要是因为其经济资源货币化受阻。最典型的例子就是农民的土地资源难以转让、严格限制用途、难以抵押等,其分享广度被明显压缩。这使得农民收入和财富大打折扣。因此可以发现经济转型同时也是金融系统发展完善的过程,金融功能的供给分布不可避免会有不均匀性。在经济资源相同的条件下,得到更多流动性支持的经济主体可以将更多的经济资源货币化,从而享有更高的收入流量和更大的财富现值。这是经济转型早期收入不平等上升的重要原因之一。

3.1.1.2 利益分享的深度

参与经济活动本身就有深度问题,比如:是一次性合作还是长期固定合作;是投入通用性的经济资源,还是形成专用性的资本品;是获得确定性的回报,还是接受莫测的结果。这种参与深度首先决定了经济剩余的大小,即合作各方所实施的经济活动带来的总收入超过所有成员保留收入的部分。一般来说,合作各方的参与度越深,那么经济产出效率就越高,经济剩余就越大。其次是决定了参与者通过收入流量和财富存量等渠道分享经济剩余的形式,也决定了分享的结果。而深化合作的动力就来自合理、准确的分享关系和分享结果,主要包括受益顺序、报酬形式、权利的分配和风险的分割等几方面内容。这些内容构成了参与者在合作关系中的分享深度结构。合理的分享深度结构可以准确衡量合作参与者凭借其资源对经济剩余的贡献,从而激励合作参与者面向合作关系持续积累资本和深化资本异质性,进而加深合作的深度。提高资本异质性是合作深化的重要特征,即指出于合作分工的需要,资本之间尽量提高类型差异以及类型内部存在的功能差异。基于资本异质性的分工是产生合作剩余的关键。比如在人力资本方面就存在明显差异。舒尔茨(1960)从外在表现角度列举了五种具有经济价值的人力资本:①学习能力;②完成任务能力;③娱乐的能力;④创造力;⑤应付非均衡的能力。本书为了分析方便,仅区分经济活动中的生产能力和企业家才能。生产能力是指在已有的生产方式下将投入转化为产出的行为能力。对于企业家才能的理解也有多个角度,比如有熊彼特意义上的创新能力(Schumpeter,1926),科斯定义的发现相对价格和组织能力(Coase,1937),或者是奈特提出的在不确定性下经营决策能力(Knight,1921)。本书侧重于经济转型中经济资源在不同生产函数中的表现,强调的是相同资源在企业家才能控制下能够得到更多的产出,效率的提升在于企业家才能配置资源带来的规模效应、专业分工等好处,因此采用的是科斯意义上的企业家定义。

具有企业家才能的主体(即企业家)往往需要控制和使用超过禀赋的物质资本和人力资本,因此企业家在市场条件下的合作关系中会扮演中心签约人的角色。首先是建立一个生产性分享机会,然后通过分别签约使得其他主体让渡资源的使用权以分割利益分享机会。人力资本提供者通过劳动力市场、物质资本提供者通过金融市场分别去挑选企业家和利益分享机会。如果这个分享机会表现为一次性的合约关系,那么合作剩余相对较小,并主要会以利润的形式赋予企业家,作为其处理不确定性的回报。其他参与者提供的是市场通用型资本,资本异质性较低、风险承担较少,所获相当于保留收入,因此对合作剩余的分享非常有限。但所有的合作方都不会满足于此,因为把合约长期化、资源资本化、合作组织化会带来更多的剩余。此时的合约集合就是企业;对应的企业剩余包含了要素租金和企业利润(郭继强,2005)。企业剩余里包含了要素租金是因为合约长期化的基础需要建立在稳定的生产要素之上。这些稳定的生产要素构成了企业合约的专用资本，比如企业专用的生产设备、技术等。经济主体如果要通过租金形式深入分享剩余，就需要把经济资源固化为异质性资本。在经济转型的早期过程中，经济主体将原来自给自足状态下的经济资源转化为面向市场的资本，从而获得分享广度。但是当经济主体只是拥有市场通用型资本时，由于可替代性较高，市场的供给弹性较大，因此租金收入较少。如果经济主体追求更多的剩余分享，可以在此基础上进一步形成面向特定产业的资本，提高租金收入。如果要充分分享特定企业的经济剩余，必须提高资本异质性，形成企业专用资本。在满足企业需要的条件下提高资本异质性，可以增强资本在企业中的相对地位，因为异质性不仅提高了合作分工的效率，还减少了资本的可替代性。资本提供者因此有理由要求获得更多的控制权、决策权，进而要求提高分享比例。但是另一方面，资本异质性的提高伴随着更高的退出障碍和更多的风险承担，比如靠后的分享顺序以及不确定的分享结果。换句话说，只有足够吸引人的分享深度结构才会让经济资源提供者放弃流动性，形成企业专用资本。在实践中可以发现企业的合约联结中会以股权合约来稳定长期物质资本投入，在债务合约中加入可转换、利率浮动等条款来吸引债权投资人，用清晰的职业规划、奖金提成、期权计划来激励企业专用型人力资本投资。

完善的金融系统可以提供创业融资、合约设计、信息咨询等金融功能来支持企业家建立企业集合；通过资产定价和公司治理等功能来支持利益分享深度的实施；通过风险管理、保险等功能降低经济主体提高分享深度的顾虑；甚至是通过促进人力资本投资来奠定分享深度的基础。这些金融功能的发挥对实际分享深度的运行有着可观察的影响。可以用图 3.2 中的可行边界 B 表示在特定技术和制度环境下企业提供的分享机会。在金融功能的支持下，有更多的企业家能够站出来创业，提供更多的收益更高的分享机会。企业合约集合可以促进异质性资本积累，因此曲线 B 能够提供收益更高的分享机会。但与此同时资本异质性带来了较大的选择风险，以及叠加了更多的市场变化和竞争因素，因此可行边界 B 上的分享机会相对包含了更大的风险，表现为曲线 B 相对于曲线 A' 处于更东北向的区域。企业提供的分享机会内部，不同类型的企业参与者根据不同的分享深度获得相应的分享结果。以 B 曲线上一个典型的企业分享机会 E 点为例。比如普通的劳动者如果拥有较少的人力资本，风险承受能力较弱，那么会在保留收入 F 的基础上分担一部分 E 点机会的风险并获取不确定的收益。现实中大部分劳动者的工资构成都表现为保底工资加上奖金或者是业务提成。这种工资结

构正说明了他们的 C_1 无差异曲线切到 F 和 E 之间的情况。而企业家具有较强的风险处理能力,在垫付劳动者保底工资后,获得更高比例的 E 点提供的不确定收益,可以表示为无差异曲线 C_2 切在 E 点的东北向区域。如果金融系统没有提供给社会群体普遍的风险管理功能,那么获取金融功能不足的群体将削弱在企业中分享深度的风险承受能力,具体表现为 C_1 无差异曲线向 F 点靠近。结果是普通劳动者不能或者不愿进行更深入的异质性人力资本积累。尽管承担了较少的风险,但分享剩余的比例也相应较少,收入接近于保留收入,即分享深度没有推进。

人类历史上大规模提高利益分享深度的阶段是在 19 世纪后半期,即随着工业革命的深化,经济活动主要通过企业组织完成,多种经济资源进入企业中形成资本并不断积累。拥有厂房、机器设备等工业资本的群体通过不断投资来占有越来越高的分享比例。此时企业资本(尤其是工业资本)的经济重要性超过了土地资本。工业资本的分配结构成为分配关系的决定性因素,其分布的不均匀成为分配不平等的主要根源。企业在竞争的驱动下不断积累物质资本,并有可能越来越向少数企业家手中集中。马克思认为竞争还会使得企业中的资本有机构成(也即以固定资产为形式的不变资本相对于支付工人工资的可变资本的比例)不断提高,这会降低劳动收入占总产出的比例。在这种情况下,普通劳动者既缺少工业资本来分享资本收入,又要面临劳动收入作为主要收入来源被压缩的窘境,对经济成果的分享程度只会越来越低。马克思由此认为普通劳动者会走向长期贫困成为无产阶级,最终成为"资本主义的掘墓人"。我国目前的功能性收入或者说要素收入分配比例失衡并受到广泛关注,这实际上反映了利益分享深度拓展过程中分配矛盾的相同逻辑。在物质资本分布不均匀的条件下,利益分享的矛盾主要表现为企业合约中不同资本要素拥有者分享关系的矛盾。物质资本与人力资本在现代金融体系中仍然面临金融功能支持的差异。这种差异在利益分享截面和分享动态中又放大了两种资本所有群体的分享矛盾。

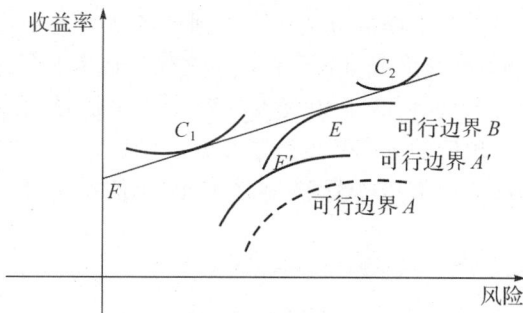

图 3.2　金融功能与利益分享深度

3.1.1.3 利益分享的动态

利益分享不仅涉及经济截面的广度和深度,还包含了动态调整过程。经济长期运行中会出现利益分享的微观条件和宏观环境变化。利益分享动态过程的含义就是随条件转换进行调整,以保证资本投入的持续性。从微观条件的层面来看,企业长期有效运行会使企业专用资本的异质性与互补性越来越强化,尤其是企业中人力资本的深入结合,会形成默契、企业文化、协同创新等超越单独个体范畴的整体竞争优势。这种能持续提高效率的整体优势对企业来说就是一种整体性竞争力或者说是组织资本,会带来更多的企业剩余。但由于资本整体性、社会性和组织性的增强,企业剩余很难按照企业参与者的边际贡献通过收入流量的形式进行分配。根据资本结合的状态转变,利益分享动态需要把分享途径从收入流量调整到财富存量。即企业重要的参与者拥有了正式的企业整体剩余的索取比例。最明显的就是企业中的核心人员分享剩余的合约形式会越来越标准和正式,比如从股票期权、员工持股甚至到 MBO(管理层收购)等。根据阿里巴巴公司披露的SEC 文件,该公司自 1999 年以来开始实施股票期权和其他激励奖励,现任和前任阿里巴巴员工共持有该公司 26.7% 股权。在阿里巴巴上市后,全部两万多名员工中将有近万人分享近 700 亿美元的市值。[1] 这个例子充分反映了动态过程中利益分享途径从收入流量向财富存量的转变。

分享方式的动态调整也改变了资本定价的思路,产生相应的激励效应。比如,如果凭借人力资本获得了企业股权,那么对人力资本的价值评估不仅会着眼于当期表现,还会包括对未来效果的预期。这无论对企业中的物质资本还是人力资本的积累和发挥都有正面的激励作用,因为即便投入资本和使用资本在当期没有产生收益,但是只要是有利于企业长远发展,那么资本拥有者也可以通过财富存量的增值获得认可。这种资本定价机制和财富信号依赖于市场交易,即企业的剩余索取权可以经过标准化进入金融市场,从而获得金融流动性的支持。金融市场交易给利益分享带来两大好处。首先是可以充分交换对企业外来发展的预期,评价企业资本合作的长期效果,进而揭示出企业的公允市场价值。一个受到市场认可的企业可以享有大于1 的托宾 Q 值(企业市场价值与其重置成本之比),或者是超过净资产的市值溢价。这个溢价越大,说明企业中资本的合作效果越好、合作价值越大,企业参与者通过财富现值的分享程度就越充分。比如 2014 年阿里巴巴公司在美国纽交所上市后的市值超过了 2500 亿美元,市值排名进入世界前十大行

---

[1] http://money.163.com/api/14/0919/13/A6GRFC2T00253G87.html.

列。① 如此巨额的企业市值显然不是因为阿里巴巴拥有了多少土地、多少固定资产,而是反映了市场对企业资本结合的竞争效率和长远发展预期。这种预期在市场交易中将收入索取权实现货币化,形成的财富信号是对企业资本表现的评价,也能够引导后续异质性资本的投入和积累。

金融市场交易可以带来的另外一个好处是实现了财富证券化,从而能更有效地解决资本异质性带来的风险暴露问题。提高资本异质性可以带来更多经济剩余,但由于对企业的依赖而面临"套牢"问题。如果没有可信的分享深度和合理的风险承担,资本提供者会把资本退变为产业专用、甚至是市场专用型。财富资本化意味着资本投入者将财富属性从具体的、物质意义的经济资本转变为虚拟的、价值意义的金融资本;财富证券化则进一步提高了财富的流动性,使得经济资本的结合与金融资本的结合彻底分离。金融资本比土地和工业资本具有更加快速、更加低成本的流动性。一旦发现高收益预期的投资机会、创业机会,金融资本可以比土地资本、工业资本更轻松地将资本投于其中,能更快更多地赚取数倍的投资回报,也能轻易地跨越国界流动。在更好的流动性支撑下,经济个体按照剩余最大化的原则寻求最优的分享广度和分享深度,获得金融资本组合;然后在保持要素结合不变的情况下通过证券交易对金融资本组合进行边际调整,从而达到对冲经济动态中各种特有风险的目的。利益分享动态对金融功能提出了非常高的要求,不仅需要完美的金融流动性支持,而且需要完善的公司治理机制解决两种资本结合分离后的搭便车行为。

如果金融系统提供的公司治理和流动性功能足够完善,经济个体利用财富证券化甚至可以将特有风险完全对冲,仅保留系统性风险。以一个代表性的经济主体为例,假设其通过各种经济资本获得了 n 个利益分享机会。可以用 R_i 表示分享机会的收益,用标准差 σ_i 表示分享机会的风险大小,并且考虑不同分享机会之间的相互关系,即协方差 σ_{ij}。那么可以用式(3.1)表示各种分享机会带来的整体收益:

$$\bar{R} = E\left(\sum_{i}^{n} a_i R_i\right) \tag{3.1}$$

其中 a_i 表示对于一个利益分享机会的资本配置比例。利益分享的整体性风险可以表示为式(3.2):

$$Var\left(\sum_{i}^{n} a_i R_i\right) = \sum_{i} \sum_{j} a_i a_j \sigma_{ij} \tag{3.2}$$

展开以后可以得到式(3.3),

---

① http://tech.sina.com.cn/i/2014-10-29/04349741562.shtml.

$$\sum_{i=1}^{n} a_i^2 \sigma_i^2 + \sum_{\substack{i=1 \\ i \neq j}}^{n} \sum_{j=1}^{n} a_i a_j \, \mathrm{cov}\,(r_i, r_j) \tag{3.3}$$

假定在金融功能支持下财富证券化的程度足够大,即 n 可以根据需要进行扩大。当 n 大到一定程度,头寸 a_i 的差异并不明显,那么可以直接假设等权重,即 $a_i = 1/n$。可以将式(3.3)改写为式(3.4):

$$\sum_{1}^{n} \frac{1}{n^2} \sigma_i^2 + \sum_{\substack{i=1 \\ i \neq j}}^{n} \sum_{j=1}^{n} \frac{1}{n^2} \mathrm{cov}(r_i, r_j) \tag{3.4}$$

同理,如果利益分享的广度用 n 来刻画,当 n 足够大的时候,每一个分享机会以及分享机会之间的联系可以用同质性假设,那么可以令 $\sigma_i = \sigma$,则 $\mathrm{cov}(r_i, r_j) = \rho\sigma^2$。式(3.4)可以简化为下式(3.5)。

$$\frac{\sigma^2}{n} + \frac{(n-1)}{n} \rho\sigma^2 \tag{3.5}$$

如果金融系统非常完美地提供流动性和合约治理等功能,那么财富证券化的程度可以大幅提高,利益分享的广度得以拓展,即 n 可以足够大,使得式(3.5)中仅保留 $\rho\sigma^2$。这首先可以说明财富证券化使得经济主体能够通过扩展利益分享广度来对冲风险,尤其是有效降低了利益分享整体的特有风险,仅保留了 $\rho\sigma^2$ 所代表的系统性风险。其次财富证券化降低风险的性质不能简单等同于一般的利益分享广度拓展,因为这里实现了经济资本配置与金融资本配置的分离。在金融功能的支持下,经济主体可以在对金融资本进行边际调整的同时不影响经济资本的配置效率,即式(3.5)中降低风险的效果并不影响式(3.1)中的收益水平。

在利益动态分享中主要需要金融系统实现财富证券化。在现实中,这种金融功能对于不同主体的支持程度存在较大差异。这种差异会有微观和宏观两种分配效应。对微观主体,谁能够将财富证券化,谁就能以财富存量的渠道分享更多的剩余。这会造成严重的财富分配不均,并进一步影响下一期的收入分配。美联社与伊奎勒公司联合进行的薪酬调查显示,在标准普尔 500 指数成分股公司中,首席执行官年收入的中位数达到创纪录的1050 万美元,较 2012 年的约 960 万美元增长了 8.8%。这些收入其实大部分是以股权或者股票期权的形式获得的。比如《纽约时报》报道称,甲骨文公司 CEO 拉里·埃里森(Larry Ellison)是 2013 年美国薪酬最高的公司CEO,总收入为 7840 万美元。他的工资收入是象征性的 1 美元,绝大部分的构成是股票期权。[①] 这相当于将个人的人力资本证券化,而无法人力资本证

---

① http://www.forbeschina.com/review/201404/0032587.shtml.

券化的普通劳动者收入增速就相形见绌。美国劳工统计局表示,2013年美国劳动者的平均周薪只上涨了1.3%。如今,首席执行官的收入是普通员工平均工资的257倍左右,这一数字较2009年的181倍涨幅明显。中国金融市场中直接金融的比例开始逐步上升,证券化带来的财富效应也已经出现。在胡润百富榜单中,中国大陆排名前100名的富豪有93位是因为其拥有股权的企业上市后,通过市场价格显示了财富价值。[①] 但是由于中国证券市场的总量不足、层次性欠缺,大部分的中小企业没有享受资产证券化的好处。这使得大部分资本拥有者还停留在收入流量的分享形式,并且无法使用证券化来分散风险。这是居民内部分配差距拉大的一个重要原因。

长期来看,系统性风险主要来自宏观环境的改变和经济发展阶段性的表现。不同的经济发展阶段对应不同的比较优势,从而决定了最优的产业结构。当经济阶段变动时会带动资本相对价格变动,经济主体会根据价格信号及时调整自己的金融资本组合结构,带动经济资本的重新配置,趋近于利益分享的最优路径。但是如果市场机制受到干扰,尤其是金融系统功能不足,那么经济个体的微观投资行为就偏离了阶段最优性;在宏观上就会出现人力资本结构与物质资本结构整体性错配。产业结构脱离比较优势导致利益分享整体不足,或者出现功能性分配、规模性分配等多种形式的分配不平等。因此,金融系统有效运作的长期价值就在于提高金融市场的流动性,发挥定价功能和配置功能,管理利益分享的非系统风险和避免系统性风险。

3.1.2 消费性分享

经济个体的福利水平或效用直接来自于消费,而不是收入或者财富本身。正如中国有句俗话所说,钱财"生不带来,死不带去",这说明经济个体的利益分享最终追求的并不是财富积累。获得收入和积累财富最终是为了保证消费支持、提高福利水平。因此生产性分享是消费性分享的条件和基础,但是消费性分享即通过消费来实现效用的满足和经济成果的分享才是利益分享的最终落脚点。从这个意义上来说,财富分配或者收入分配甚至不是分配问题的关键,更为关键的是消费分配。而决定财富与收入的生产性分享与决定消费分配的消费性分析具有不同的运行机制,会产生不同的分配结果。事实上,财富、收入与消费三者的分配状态在经济发展历程中呈现出越来越分离的局面。在市场经济之前,特别是早期的原始社会时期,由于地广人稀,自然资源唾手可得,还没有通过产权制度来界定财富的具体归

---

① http://www.hurun.net/CN/HuList.aspx.

属。所以此时只有劳动收入，没有资产性收入。同时，因为生产力低下，剩余较少，没有市场交换，收入以食物为主要形式并基本用于消费。此时的收入分配结果与消费分配结果几乎一致。到了传统的农业社会，多数时期生产为自给自足，大多数经济资源没有充分货币化，虽然财富分配、收入分配和消费分配三者开始分离，但三者之间的差异没有特别显著。尤其是收入差距和消费差距基本一致，研究财富差距、收入差距基本等同于研究消费差距。进入到了现代市场经济，由于生产性分享的广度和深度得到拓展，经济个体获得收入和创造财富的机会与能力大幅提高，但是在禀赋和金融功能支持的差异影响下，财富分配和收入分配会很不均匀。比如当货币化促进利益分享的广度时，拥有土地的群体通过土地租金和土地财富的变现能够获得更有利的分享地位。当资本化促进利益分享的深度时，拥有企业资本或者工业资本的群体会占有越来越高的国民收入份额。当证券化促进利益分享的动态时，拥有金融资本的群体会有更多的分享优势。随着生产性利益分享不断演进，财富分配有可能集中，收入差距可能会拉大，但是消费性分享并不一定会恶化，消费分配并不一定拉大。这里有经济个体的生理性因素限制，比如一个亿万富翁不会因为有钱而消费更多的食物和衣服。另外一个原因是金融功能支持了消费性分享，使得消费分配能够相对均匀。Meyer和Sullivan(2013)发现，从2000年到2011年底，美国最富的10%与最穷的10%的收入比累计增加了19%，原来前者的收入为后者的5.3倍，最近上升到6.4倍，也就是收入差距拉大了近五分之一；可是，最富的10%人的消费跟最穷的10%人的消费比同期下降了，2000年时前者的消费为后者的4.2倍，最近下降到3.9倍。这种财富、收入分配与消费分配的背离主要原因在于金融系统可以发挥时间和风险两个维度的管理功能来促进消费性分享，缩小了消费分配。

金融系统可以给予经济个体普适的在时间维度配置资源的功能，从而使得生产性分享能够更好地服务于消费性分享，即经济主体可以在资本存量和收入流量的支撑下优化消费的跨期分布。图3.3考虑了假定经济主体存续两期的消费与投资配置。假设当期拥有禀赋E。EE'曲线表示禀赋扣除当期消费后用于投资，下一期能够带来的回报。如果禀赋E全部用于投资，资本投入会根据分享深度下期增值到E'。在没有金融交易功能的情况下，当期消费量不能超过当期禀赋或收入，下一期的消费也不能超过E'。经济主体只能在EE'曲线上进行跨期消费权衡。一个代表性主体的无差异曲线IC_1可以在EE'上找到最优的切点。比如无差异曲线IC_1与EE'相切，此时消费量为C_1，投资量为$E-C_1$。如果存在金融市场可以交换两期的收入流,就会形成不同时点收入流的交换比率,即利率线 RR'。有了利率信号,微观主体首先可以根据利率信号选择投资水平,即由利率线和投资曲线的切点所决定,在图 3.3 中最优投资量表示为 $E-C$。此时的利率线包含了最优生产性分享的安排,市场参与者可以在此基础上根据自己的时间偏好重新调整消费支出的分布,提高福利水平。比如代表性经济主体在利率线上可以实现的无差异曲线是 IC_1'。在图 3.3 中可以看到消费性分享脱离了投资曲线的约束,无差异曲线 IC_1' 对应的福利水平明显高于 IC_1。对于更偏好当前期的代表性经济主体,可以通过 IC_2 与 IC_2' 的比较得到相同的结论。消费性分享的关键是金融系统能够提供普惠的低风险利率,使得所有经济主体都能够顺畅地在时间维度进行资源重新配置。如果金融系统的功能使用是有门槛的,原因可能来自于交易成本或者是金融抑制,那么不同群体的消费性分享获得金融支持的程度就有了差异性。比如富裕群体的当期收入或者已有财富很可能已经足以维持当期消费支出,在金融系统的支持下会将大部分储蓄投入到未来增值的生产性分享机会中。而低收入群体是最需要金融手段来优化消费支出的时间分布,但是往往因为达不到正规金融服务的门槛而无法为当期消费进行融资。因此如果金融系统的门槛过高,那么低收入群体的消费性分享就会被限制,财富与收入的分配差距就会映射在消费差距上。

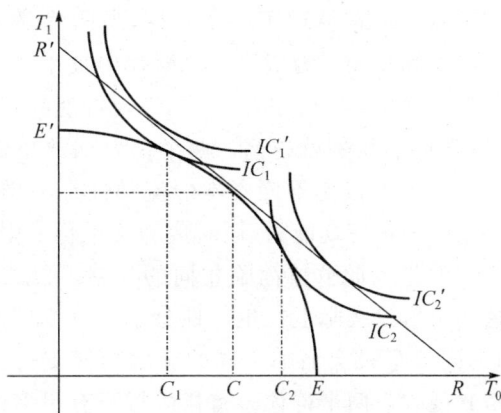

图 3.3　金融功能与消费性分享

传统消费理论在隐含的金融功能完善的假设下,会得到消费分配和收入分配、财富分配直接的比例关系。比如 Friedman(1956)提出消费支出水平是基于财富现值(即对持久性收入的预期)的比例。可以用一个包含生命周期的跨期模型扩展(见图 3.3)的基本逻辑考虑一个生命周期为 T 的经济个体,可以在当期 t 到 T 的周期中最优化消费支出。经济个体在每一期获得收入 y_t,可以进行消费 c_t 实现效用 $U(c_t)$,也可以用储蓄进行投资形成资产 A_{t+1}。金融市场提供实际利率为 r。可以用主观贴现率 $\beta \in (0,1)$,对消费获得的效用进行折现,用 $E_t[.]$ 表示在 t 期的条件期望。那么代表性经济个体的消费选择问题表示为:

$$\max \{c_k\}_{k=t}^{T} E_t \sum_{k=0}^{T-t} \beta^k u(c_{t+k})$$

约束条件:$A_{t+1} = (1+r)(A_t + y_t - c_t)$

如果考虑有限生命周期,即生命长度为 $T-t$,再假设代表性经济个体会在生命周期中消费掉所有的财富,即可以设定 $A_{t+1} = 0$。通过解上述消费选择问题,可以得到消费函数:

$$c_t = \frac{r}{(1+r) - (1+r)^{-(T-t)}} \left[A_t + \sum_{k=0}^{T-t} \left(\frac{1}{1+r} \right)^k E_t(y_{t+k}) \right] = 0$$

$$(3.6)$$

如果考虑无限生命周期的经济主体,加上非蓬齐条件 $\lim_{t \to \infty} \left(\frac{1}{1+r} \right)^t A_t = 0$,就可以防止经济主体以债养债。此时可以得到消费函数为:

$$c_t = \frac{r}{1+r} \left[A_t + \sum_{k=0}^{\infty} \left(\frac{1}{1+r} \right)^k E_t(y_{t+k}) \right] = 0 \tag{3.7}$$

消费函数(3.6)和(3.7)都体现了一个结论,当期消费支出取决于总财富,即当期物质资本 A_t 和总的人力资本。总财富中被用来消费的比例依赖于利率 r 和生命周期长度 T。实际利率 r 越高,则折现的程度越高,总财富的现值越小,而消费支出的比例就越高。两个消费函数也都隐含了两个相同的金融功能假设。一个假设是不同资本的流动性是一样完美的,人力资本和物质资本具有相同的可变现能力,同时成为货币化的财富,可以提供消费支出。另外一个假设是不同群体面临相同的利率,可以无限制地进行资源跨期再配置。这两个假设实际上在生产性分享的分享广度中已经进行了讨论,不同群体和不同分享机会面临不同的金融功能支持。可以将经济个体简单划分为富裕和低收入两个群体。富裕阶层享有更多的经济资源货币化、资本化和证券化的机会,因此可供消费的财富总量就更多。富裕阶层还有更方便的利率工具,可以获得较低的融资成本,那么财富货币化的现值就比较大。因此富裕阶层的消费性分享是充分的,可以更接近消费函数(3.6)或(3.7)。低收入群体由于金融系统的门槛效应,融资成本较高,将未来收入变现的能力较弱,甚至无法预支未来的收入。制约消费支出的另外一个金融功能限制就是其经济资源的流行性较差,尤其是人力资本很难获得证券化的机会。这就使得其财富的现值缩水,消费性分享就不够充分。随着现代金融系统的改进和创新,金融服务的门槛在不断降低。比如住房按揭、汽车按揭、信用卡等消费金融的发展,使得中低收入群体可以突破现有收入预算的约束,改善消费性分享,进而缩短了消费分配差距。

风险管理功能是另外一个支持消费性分享的金融手段。风险和不确定性不仅会影响收入和财富的价值,而且会增加额外的消费支出,比如天灾人祸等。收入和财富可以因风险事件而大起大落,但风险管理可以使得消费支出保持平稳,进而可以在收入和财富分配可能非常不平均的情况下,人际消费差距相对较小。金融功能和金融合约具有各种强大的分离作用。比如货币化可以将经济资源的自然属性和价值属性分离,从而促进了利益分享的广度。资本化可以将分享机会的风险和收益进行分离,从而促进了利益分享的深度。证券化可以将经济资本的配置和金融资本的配置进行分离,从而促进了利益分享的动态。金融系统的风险管理功能可以将消费支出的时间配置和外部不确定性冲击进行分离,达到平滑消费、促进消费性分享的效果。现代金融部门提供了各种保险、退休养老基金以及其他多种形式的投资基金等金融产品来实现风险管理。比如经济个体一旦感染上一种病毒就需要花费 100 万元才能治好,而每个人每年有百万分之一的概率感染上。如果没有针对这种疾病的医疗保险,对于个人而言,需要储蓄 100 万元才能完全防范这一风险事件,否则一旦感染上这种疾病,就会大大冲击家庭或个人的收入和财富,改变财富分配和收入分配。对于富裕阶层,这可能不会影响当期消费支出,因为依靠其收入或财富足以应付。但是对于低收入群体,即便在当期没有感染,但是由于存在这个风险事件的预期,消费支出也会相应向下调整。如果金融系统针对这种病毒设计了医疗保险产品,那么,每人只要支付几元钱的保费就能防范该风险事件。这是富裕阶层和低收入群体都能承受的保费,其好处是把消费支出与风险冲击隔离开来。由此可见,19世纪以来不断丰富的金融产品以及下文提到的现代公共服务部门提供的社保体系,真正使消费分配与财富分配、收入分配分离,后者可以越来越往少数人手里集中,但消费分配照样能保持稳定、甚至变得更加平等。如果消费性分享受到足够的支持,消费分配比较均匀,不是那么极端,即便财富分配非常集中,也不会造成严重的社会经济问题。在金融功能的帮助下,通过消费性分享可以将消费分配与生产性分享带来的收入差距和贫富鸿沟进行分离。

3.1.3 公共分享

在现代社会中,经济主体除了直接的生产性分享和消费性分享之外,还可以通过社会公共服务部门和公共服务进行相对间接的公共分享。公共分享意味着社会大众或者是符合标准的群体可以以低于价值甚至是免费的方式获得经济资源或者服务。以公共分享的途径获得社会经济发展成果的标准并不是个性化的投入、努力或者是资本积累,而是基于更加共性的特征,比如年龄、收入水平以及健康等。这种公共服务部门既可以是政府部门,也可以是社会、民间自治组织,甚至可以是宗族血缘网络。具体的服务主体结构与民间组织的发育程度、公共事务治理方式以及公共权力的分享程度有密切的关系。如果民间活动的自组织程度较高、公共事务治理方式更多样以及公共权力得到充分分享,那么实现公共分享的服务主体结构会更加多元化。

公共分享具有不同的社会经济作用,既有消费性也有生产性。消费性的公共分享主要是基于人道主义,给社会中的弱势群体提供至少可以维持基本生活的保障。比如政府部门通过社会救助,对因自然灾害或其他经济、社会原因而无法维持最低生活水平的社会成员给予救助。通过社会保险,使社会成员在年老、患病、伤残、生育和失业时,能够从公共部门获得物质帮助。通过社会福利为所有社会成员普遍提供旨在保证一定生活水平和尽可能提高生活质量的物资和服务。政府主导的消费性公共分享主要通过国民收入的再分配来完成,表面上看是一个财政行为,但实际上是以一个公共服务部门通过普惠的方式发挥了金融功能,尤其是风险管理的功能。比如社会生活保障相当于给予社会成员的消费支出提供了保险,尤其是给社会中潜在的企业家提供了最后一道防护线和生活安全网,大大降低了创业的风险,刺激了生产性投入。所以公共分享的消费性和生产性并不是绝对分开的。由政府部门提供的公共分享的主要形式是转移支付。以我国 2012 年为例,居民部门获得的经常性转移收入为 37959.7 亿元,其中包括社会保险福利 23930.7 亿元、社会补助 8708.3 亿元、其他转移收入 5320.7 亿元。而转移性支出为 36022.9 亿元,其中包括所得税和财产税等 6163.6 亿元、社会保险缴款 25061.6 亿元、其他转移支出 4797.7 亿元。净转移收入仅为 1936.8 亿元,占当年居民总可支配收入的 1%。而 2007 年的净转移收入竟然为负,净流出 246.7 亿元。这说明我国以政府部门主导的消费性公共分享极为薄弱。

公共资源被大量投入到生产性公共分享。更加明确的生产性公共分享是指公共组织提供公共资本,以公共品或者低价资本品的形式服务社会经济生产活动。这种公共资本可以分为有形的基础设施,比如交通运输系统、水电公共设施等,这样可以弥补商业私人资本的空白,增加社会经济整体的运行效率;也可以是无形的公共资本,比如立法执法制度、国防、公共安全等,使得社会中的经济活动有安全保障,分享安全稳定的好处。另外,公共组织还会在一些情况下直接替代金融组织或者金融活动,进行更有生产性的投资行为,直接提高经济个体的分享能力。比如政府部门提供公共资金进行基础教育投入,甚至是增加高等教育投入,提升社会整体的人力资本存量。根据《2012 年全国教育经费执行情况统计公告》,我国 2012 年国家财政性教育经费投入占到了当年 GDP 的 4.28%。根据联合国教科文组织发布的《世界教育报告 2000》报告,20 世纪全球的公共教育支出占 GDP 的平均水平就已经达到 4.7%。政府还会将公共资金投入到基础性科学研究、引导性的技术研发革新等领域,提升科技水平。根据《2013 年全国科技经费投入统计公报》,2013 年我国国家财政科学技术经费支出为 6184.9 亿元,占当年国家财政支出的 4.41%。在公共部门深入参与经济活动的情况下,政府甚至会投资形成经济生产组织,直接提供生产性的分享机会。比如我国存在的庞大的国有企业。李扬等(2013)的数据显示,我国在 2011 年年底国家拥有的公共资本总量(含负债)为 546.5 万亿元。同年底,国家拥有的以企业为主要形式的经营性资本为 81.4 万亿元,其中非金融企业国有总资本为 70.3 万亿元,金融企业国有总资本为 11.1 万亿元。

公共资本,尤其是经营性的公共资本,可以弥补私人资本的空缺。这样既能够增加资本服务的辐射面,直接提供生产性分享机会给社会成员,拓宽经济个体的分享广度,比如我国国有企业部门解决了 6365 万的城镇就业;又能够发挥公共品的作用,促进利益分享深度和动态的推进。但是公共资本需要更有效的公共治理,现实中往往会面临经营不善的局面,并且会以公共之名享受经济竞争中的垄断优势,其中就包括对金融资源的垄断。在公共治理不完善的情况下,如果公共分享的结构不合理,也会引起分享机制的扭曲,造成功能性和规模性分配结果的不均。我国公共分享的结构存在重生产性公共分享、轻消费性公共分享的问题。我国基础性的消费性公共分享并不发达,社会保障体系远不够完善。比如占我国人口大多数的农村人口和农村进城务工人员没有得到养老、医疗、失业以及教育保障的有效覆盖,同时对商业保险的需求也没有得到满足。在缺少消费性公共分享的情况下,多数农村人口仅靠自身的物质资本和人力资本难以推进分享广度。对于进城务工人员来说,在城市获得的工作仅仅包含了微薄的工资收入,没有获得完整的城镇人口的公共分享权利,无法推进分享深度,也难以完成立足于现代经济的资本积累,因此其中多数人口以回乡为退路。另一方面,我国公共资源和公共资本过多投入生产性公共分享的渠道。特别是政府部门或者是国有企业部门占有了过多的公共资源。其中一些资源如果释放给民间部门,可能会更有效率,更能够促进经济个体的利益分享。生产性公共分享的过度活跃也挤占了过多的金融资源,削弱了金融系统对其他部门,尤其是对弱势群体的金融服务能力。长期来看,在公共部门的金融需求主导下,金融系统的创新演化会更多体现政府部门的需求特征,更加会抬高金融服务的门槛,不利于改善中低收入群体的分享能力。

我国公共分享机制中还存在的一个问题是公共分享的组织主体比较单一。发挥这种公共分享的功能的不仅是政府部门,还可以是非政府部门,即各种社会组织提供的公共管理和公共服务。这些社会组织可以在一定程度上发挥类似政府部门的公共分享功能,尤其是在最低生活保障、社会安全等方面,甚至可以弥补政府部门的空白。比如托米·本特森等(2007)表明,在19世纪后期,中国农村地区的土地分配和收入不均的程度远低于日本、瑞典、比利时和意大利的乡村。按照一般的逻辑,日本和这些西欧国家更有可能发生农民革命或其他社会动荡。但实际情况恰恰相反,反而是当时的中国发生了许多动乱。一个重要原因可能是,西欧的教会渗透面以及其他民间自治组织提供的社会福利远大于中国。这样就起到重要的调节风险事件冲击的作用,强化了公共分享的消费属性。所以,那些国家的消费分配不完全取决于收入分配和财富分配,尤其是社会底层的消费得到来自教会或民间慈善组织的福利补贴较多。在中国,除了宗族血缘网络内的互助救济外,其他民间救济有限。一旦政府主导的公共分享出现结构偏向或者整体缺少,弱势群体的收入差距更容易变成消费差距,进而更容易激发社会动荡。

3.2 转型经济中的利益分享:模型分析

3.2.1 基准模型

利益分享的首要作用是发挥合理的评价机制,给予资源提供者足够的激励。只有这样,经济个体才会愿意积累资本,才会愿意持续投资于异质性的资本,带来更多的组织剩余和社会剩余。从利益分享的角度来看,无论起点是传统经济,还是命令经济,扩大分享广度、加强分享深度都是市场导向经济转型的应有之意。中国改革开放30多年来经历了利益分享方式的重大转变。以下的模型分析说明经济转型中的利益分配格局演变路径,其中制度变革不确定性带来的分享方式和分享程度差异,可能会导致收敛停滞甚至出现贫富分化。可以考虑一个简单的技术外生增长模型。假设经济中由

[0,1]闭集表示的经济个体组成,不考虑人口增长。每个人的劳动禀赋 $l_i = 1$。无限寿命的当事人具有终身效用函数 $\int_0^\infty e^{-\rho t} \ln C \mathrm{d}t$。其中,$\ln C$ 为瞬时效用函数,ρ 为时间偏好率。经济中只有一种产品,既可以消费也可以用于投资。在传统经济中[①],每个当事人既是生产者,又是消费者、储蓄者,资源没有结合的问题,每个经济个体的物质资本只与自己的人力资本结合。假设生产函数为柯布—道格拉斯生产函数,则个体产量为 $k_i^a l_i^{1-a}$,总体产量为

$$Y = \int_0^1 k_i^a l_i^{1-a} \mathrm{d}i = \int_0^1 k_i^a \mathrm{d}i \qquad (3.8)$$

假设生产函数是凹的,而且具有规模报酬不变的性质以及满足稻田条件,为分析方便不考虑折旧。令 y_i 表示人均产出,k_i 表示资本—劳动比率,则有

$$y_i = f(k_i), f'(k_i) > 0, f''(k_i) < 0 \qquad (3.9)$$

令 w 表示工资,r 表示利率,则有,$r_i = f'(k_i)$,$w_i = f(k_i) - k_i f'(k_i)$。由于在非市场经济中没有横向的资源配置活动,所以利率与工资的含义只用于考虑经济个体的时间维度的投资、消费选择。个体的预算约束为:

$$\dot{k}_i = f(k_i) - c_i = r_i k_i + w_i - c_i \qquad (3.10)$$

在平衡增长路径上的稳态物质存量由 $\dot{c}(t)/c(t) = f'(k_i) - \rho = 0$ 所决定,用 k^* 表示,见图 3.4。

消费函数可以具体表示为[②]:$c(t) = (1-\theta)f[k(t)] + F$。对应的储蓄函数为:$s(t) = \theta f[k(t)] - F$。其中 $1-\theta$ 表示边际消费倾向,θ 表示边际储蓄倾向。F 大于 0,表示在当期收入为 0 时的消费。在 Stigliz(1969)的消费函数中直接采取凯恩斯形式,固定项没有具体含义;在王弟海(2011)中消费函数中的固定项被定义为未来工资收入所决定的部分。本书考察的是经济转型中的利益分享状态。转型意味着部分群体没有得到充分的利益分享支持,对于这一部分没有充分分享经济成果的群体而言,最低消费支出是不得不考虑的问题,所以 F 可以表示必需的生活成本或与转型联系的个人支出。这个约束对动态的分享广度及深度都有重要影响。本书的消费与储蓄函数并不是完全意义上的凯恩斯形式,因为正如下文分析中所提到的,在这里,

---

① 中国改革开放前既包括传统经济,也包括命令经济。两者的分享广度都受到限制,也都仅获得较低的经济剩余。本书为了分析方便仅讨论起点为传统经济的经济转型,并不影响基本结论。

② 关于消费函数与储蓄函数形式的设定说明见附录 2。

模型处理中 F 尽管没有完全的时变性,但是和经济发展阶段还是有所联系。

在经济转型之前由于经济资源货币化程度较低,金融系统欠发达,整个经济体的利益分享广度没有打开,尤其是企业家才能无法充分发挥。此时在最低消费支出的约束下资本积累较慢,进而导致资本异质性无法提高,分享缺乏深度,经济增长处于非常缓慢的路径。当经济体开始进入市场化的经济转型过程,资源开始围绕企业家进行组合,此时主要由于资源组合方式的改进和企业家才能的发挥提高了生产效率,比如在企业家安排下的专业化分工。可以用以下生产函数表示生产效率为 $y_M = Af(k)$,其中 A 为固定大于 1 的效率系数。但是启动市场化进程需要投入资源,这些投入既体现在与市场相匹配的制度性基础的投资上,也体现在劳动者从传统经济向市场制度转变的人力资本投资上。从期限来看这种市场化的投入包含一次性的,比如宣传、示范等;也有长期性的,比如产权制度的保护、构建金融制度基础设施等。为了方便分析,在人均水平上可以将转型中的生产函数改写为如下形式,$y'_M = Af(k) - B$。其中 B 大于 0,表示为进入市场经济的人均投入。对市场中的个体而言,从传统经济向市场经济转型的临界点由下面的等式决定,$f(k) = Af(k) - B$,解出转型临界点所对应的人均资本为 k_T,满足 $f(k_T) = B/(A-1)$。所以对传统经济而言,当市场经济的制度知识成为已知的情况下,是否改变资源配置方式成为可实施的决策比较。在每个时间点上,人均资本超过 k_T 的经济个体,就会进入市场经济,获得基于资本异质性结合带来的好处,即 A 所代表的生产效率提高。假设此时间点有 T 的人进入了市场经济,则总体生产函数式表示为:$Y = \int_0^T k_i^\alpha l_i^{1-\alpha} di + \int_T^1 (Ak_i^\alpha l_i^{1-\alpha} - B) di$。随着人均资本不断积累,当所有人都进入市场经济后,则整体经济完全由生产函数 $y'_M = Af(k) - B$,$s = \theta y'_M - F$ 所刻画,稳态资本存量由 $Af'(k) - \rho = 0$ 决定,用 k^{**} 表示。

正如艾尔弗雷德·马歇尔所说,"自然界没有飞跃"。经济运行方式的转型和社会经济制度的建立也不是一蹴而就的。对于经济活动中的不同群体而言,由于处于经济转型的位置和实现市场经济制度的程度不同,以及面临金融功能支持程度的差异,各个群体利益分享的广度存在很大的差距。这直接造成经济转型过程中利益分配格局的复杂变化。对于首先进入市场经济的群体而言,不仅创造出更多的经济剩余,而且利益分享的广度和深度都得到大幅提升,因而相对于仍旧处于传统经济中的群体,其收入和财富水平都要高出一截。比如在我国改革开放初期,东南沿海省份领风气之先,商业活动活跃,民间金融发达,逐渐与中西部地区首先拉开了收入差距,并吸引内陆剩余劳动力向沿海转移。对于已经进入市场经济的群体而言,在转型过程中的利益格局演变有多种差异。

进入市场经济后,资本积累方程为:$s = \theta y'_M - F = \theta(rk + w) - F$,其中 $r = Af'(k)$,$w = y'_M - kAf'(k)$。或者写成,$\dot{k}/k = (\theta w - F)/k + \theta r$。对于每个时间点都有一个代表性个体的 $\dot{k}_i/k_i = 0$,此时他拥有的资本为 $k'_i = (F - \theta w)/\theta r$。当 $F - \theta w = 0$ 时,可以解出 k_F,其由 $\theta[y'_M - k_F Af'(k_F)] = F$ 决定。也即当 $k_i < k_F$ 时,k'_i 是处于正值状态。此时转型条件 k_T 并不必然满足 $k_T > k'_i$。那么进入市场经济的群体中,有部分人的人均资本无法超越 k'_i,因此会减少资本积累。而超过 k'_i 的个体将不断积累资本,直到达到稳态路径的资本存量 k^{**}。此时尽管总体的资本积累在继续,经济能够保持增长,但是必然会出现两个群体的贫富分化。如果退出市场的群体所占人口比例过高,还可能会导致经济增长提前终止。当 $k_i > k_F$ 时,所有群体都将增加资本积累,直到稳态。此时出现的收入差距和财富差距会随着经济转型的进程和资本积累而逐渐弥合,正如 Kuznets(1955)所描述的倒 U 形趋势。如图 3.4 所示,在经济转型初期会出现从 k_T 到 k_F 的特殊区域,即"转型区间"。经济转型成功与否的关键不仅在于能否进入到市场经济的合约网络中,而且在于能否使大多数的经济个体跨越 k_F。此时利益分配的重点是经济个体的分享广度,即经济个体的经济资源能否货币化,能否通过金融系统和金融制度安排实现重新配置,进而能够追求更可观的分享深度。在此基础上,公共分享需要在较少的公共资源条件下既建立转型期的社会保障体系,通过消费性公共分享补贴那些在经济转型大潮中的失意者,又要通过投资公共资本,降低经济个体的经济转型成本 B。而公共部门落实公共分享更重要的任务是对制度性的公共资本投入,尤其是建立基础性的产权制度,重

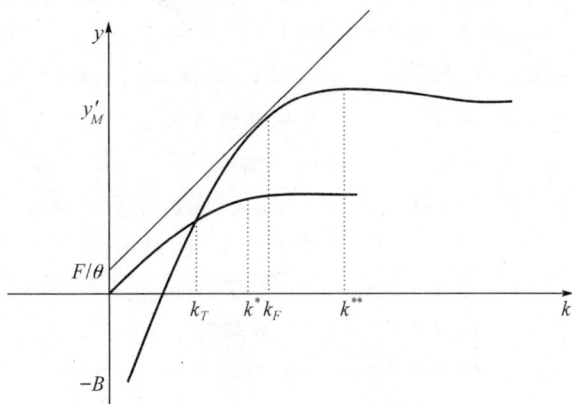

图 3.4 利益分享与"转型区间"

新赋予重要经济资源以流动性、恢复金融属性。

3.2.2　制度性公共资本与利益分享广度

从利益分享广度的角度来看,如果经济资源的货币化程度不够,或者金融系统提供的流动性不足,那么就会导致一部分群体无法通过切换财富状态来分享经济剩余。这直接体现在经济个体在传统经济中所拥有的经济资源能否获得较完整的产权,进而实现货币化或者改变使用用途。如果制度性公共资本不足,尤其是产权制度不完善或金融合约设计受到限制,从而导致重要的经济资源不能货币化或者转变为面向市场的资本类型,那么这一群体更多是以劳动力的身份进入了市场经济,并几乎就是"无产者";因为其原有经济资源的分享广度还收缩在传统经济状态,回报率仍然停留在较低的传统经济的边际产出。在经济转型早期的金融系统显然还无法充分支持人力资本到达分享动态时的资本化阶段,所以主要依靠劳动收入来进行资本积累。此时在没有到达 k_F 之前,仅仅依靠劳动收入是很难保证人均实际资本存量大于 k'_i 的。在我国经济转型中,农民群体因为制度性公共资本不足,就挣扎在这个"转型区间"之中。我国农村人口收入较低,但是作为一个整体,其拥有庞大的经济资源:农村和城市郊区的土地。

我国土地所有制分成城市和农村二元结构。在宪法层面已经确定了城市土地全部归为国有。在 1982 年通过的《宪法》中第 10 条明文规定了"城市的土地属于国家所有"。农村土地产权制度变革的历史和现状更为复杂。1950 年通过的第一部关于土地的重要法律《土地改革法》曾经明确承认农民的私人土地权利,其中第 30 条规定"土地改革完成后,由人民政府发给土地所有证,并承认一切土地所有者自由经营、买卖及出租其土地的权利"。1962 年中共中央通过了《农村人民公社工作条例修正草案》,第 21 条明文规定"生产队范围内的土地,都归生产队所有。生产队所有的土地,包括社员的自留地、自留山、宅基地等等,一律不准出租和买卖"。由此,生产资料的耕地和私有的生活资料宅基地全部被集体化,且"一律不准出租和买卖"。1987 年的《中华人民共和国民法通则》规定"集体所有土地依照法律属于村农民集体所有",将"集体"这个主体从生产队(村民组)变更为行政村。农村土地的集体所有制使得个人或者是农户基于土地资源的分享关系极为模糊,而其他法律规定实际上也切断了大部分农民基于土地的分享途径。1982 年《宪法》第 10 条,"任何组织或者个人不得侵占、买卖、出租或者以其他形式非法转让土地"。1988 年全国人大通过了对《宪法》第 10 条的修正案:"任何组织或者个人不得侵占、买卖或者以其他形式非法转让土地,土地的使用权可以依照法律的规定转让"。国务院于1990年颁布了《城镇国有土地使用权出让和转让暂行条例》,只为"城镇国有土地的转让"提供了法律根据,并没有涉及农村集体土地的出让和转让。因此,目前我国合法的土地流转市场以国有土地为既定前提:唯有国有土地,才能合法进入市场流转。农村居民尽管名义上拥有农村土地,但是实际上"想卖不能卖",因为没有自主转让土地所有权的法律权利;而在一种情况下反而"不卖也不行",因为政府以公共名义的征地行为是有法律依据的。《宪法》第10条规定"国家为了公共利益的需要,可以依照法律规定对土地实行征收或者征用并给予补偿"。在保有农村土地所有权的情况下,其分享广度也非常狭窄。首先,土地的使用用途不能自主改变,1998年全国人大修订《土地管理法》,对农地和非农地实行严格的用途管制。在保证"18亿亩耕地红线"的限制下,农户很难从低收入的农业用途退出转而投向更高产出的商业用途或者工业用途。其次,农业土地的承包权可以转让,但是还是限定在农业用途。再次,宅基地上的住宅可以出租,但是不能买卖。实际发生的买卖会被冠以"小产权"房的名义,在法律上得不到保护。最后,即便是打算从事农业生产,在家庭联产承包制,还要面临重新根据人口进行调整的不确定性。[①] 2002年全国人大通过的《中华人民共和国农村土地承包法》,在第27条明确"承包期间,发包方不得调整承包地",即不得以农户人口变动为由调整承包权。但是过了30年承包期,发包方还是有权调整承包地。至于再发包时会不会以当时集体中各个农户的人口状况重新划定人地比例,这部全国性的法律没有明确规定。在现实操作层面,农户遵循村民自治的村委会组织法,通过村民的民主讨论决定、由村委会办理的任何一种"土地承包经营方案",其中包括承包年限,也包括调整不调整土地、按何种准则调地等等。这就存在更大的不确定性。

在这种土地产权制度下,金融功能在农户基于土地的分享过程中难以发挥。首先,因为这种土地产权制度给金融交易设置了很多障碍。农户表面上有地、有房,但在正式制度框架下没有建立清晰和直接的产权控制,在实际运行中无法排除产权变动的不确定性;因此转手和定价的成本高昂,资产的金融功能薄弱,不能有效开展金融交易,比如租赁、担保、抵押、入股或者其他形式的证券化。1982年的《征地条例》在很大程度上表现出了"城镇国有偏向":第一,除了规定国家有权征用农村集体土地以外,再没有给集体土地的其他转让方式留下合法空间,因为《征地条例》不但明确规定"任何组

---

① 2004年中国总理公开表示"长期不变就是永远不变",2008年中共十七届三中全会的决议里出现了"长久不变"的表述。

织或者个人不得侵占、买卖、出租或者以其他形式非法转让土地",还要求"农村社队不得以土地入股的形式参与任何企业、事业的经营"。1986年通过的《中华人民共和国土地管理法》把过去的行政法规升格为国家法律。不过从内容看,以往征地法例的内容,基本装进了新的《土地管理法》。

其次,因为我国正规金融体系没有真正将金融服务延伸到广大农村和农户。我国金融部门本身处在被垄断控制的状态,其服务重点被牵向了政府、企业和城市。在农户手中的土地资源体现不出经济价值,自然吸引不了金融部门的兴趣。所以在农村的正规金融活动较少,空白部分被民间借贷、民间金融等非正规金融形式填补。目前以服务农户为导向的基于农村土地的金融创新,基本上都是草根性的,零散且游走在法律边缘。制度性公共资本不到位,导致民间金融交易不确定性很大,民间利率包含了很高的风险溢价,推高了借贷利率,甚至导致"高利贷"盛行。农户无论是作为个体还是集体都无法将手中的土地资源盘活,无法将土地投入到更高收益的用途中,也无法将土地财富按照市场价值变现。失去土地这个财富基础,再失去金融部门的功能支持,农户也就几乎失去了改善分享的金融机会:无法为新的创业融资,无法为农业生产做大融资,无法为进入城市安家落户融资,无法为子女教育融资。在这种受到各种限制并且极为模糊的土地产权制度下,农户连基本的分享广度都无法拓展,分享深度自然也就无从谈起。再加上生产型政府对公共分享的投入偏向,农村人口的社保、医疗和基础性教育都不到位,农户的消费性分享也被弱化。最终是农村居民部门的分配地位下降,福利水平低下。

城镇居民虽然没有土地所有权,但是可以享受更发达的金融服务,比如能够按揭买房,可以方便地进行房屋抵押贷款、房屋租赁等。在更完善的金融功能支持下,城镇居民更容易创业或是形成资本,能够更灵活和方便地分享经济增长的成果。地方政府更愿意增加城市中的基础设施投入,城镇中的公共产品的数量和质量更高,因此城镇居民的公共分享程度更高,福利水平也跟着提高。地方政府在1987年开始、1988年合法的"国有土地市场化"之后,手中掌握的征地权就显得威力无比。只要把土地国有化就可以作价转让,那么"可预期的土地未来收益"就可以货币化,金融功能就有了发挥的舞台。在实际征地操作上,地方政府利用对金融部门的影响和控制,再加上金融部门本身的逐利性,就可以调动市场庞大的外资、内资特别是巨量的银行资金,为征地提供融资和金融服务。征地规模再也不受政府财力和预算的硬约束。地方部门用土地做抵押,通过融资平台公司从银行或者更隐蔽的"影子银行"获取贷款。"只有国有土地才能出让",也赋予了地方政府供应土地的垄断权。而在 1998 年住房体制改革时,住房市场化已经先行一步,商品房成为主要形式。在我国户籍制度和劳动力市场分割、公共产品地区分布不均的情况下,住房需求不具备流动性。城镇居民在金融按揭的帮助下,形成巨大的刚性住房需求。一边是供给垄断,一边是刚性需求,这必然使得土地价格大幅上升。2002 年出台的"招拍挂"使得土地的财富价值得以充分揭示①。地方政府不仅可以将土地价值放大,而且可以直接获得土地增值的收入,即土地出让金。图 3.5 显示从 1999 年到 2013 年土地出让金不断扩大。1999 年只有 514 亿元,到 2003 年扩大到 5400 亿元,再到近年来的 4 万亿元左右。巨额的土地出让金几乎全部归地方政府所有,形成地方政府的制度外收入②。2001—2010 年,全国土地出让收入由 0.13 万亿元增长到 2.7 万亿元,增长了 19.9 倍。但是农民通过征地拆迁补助和失地补助两项,仅获得土地出让收入的 37%(夏斌,2013)。土地出让金占地方政府财政收入的比重不断上升,目前占财政收入的比例高达 80%。除了土地出让金外,再加上与土地相关的其他税费收入,如城镇土地使用税、土地增值税、耕地占用税、房地产税和契税,构成了地方政府的"土地财政"。在此过程中,金融资源的协助作用不断加强,地方政府以土地为基础获得的贷款占据了全国各级政府总债务的主体。国家审计署 2013 年第 32 号公告公布的《全国政府性债务审计结果》中显示,截至 2013 年 6 月底,地方政府承担偿还责任的债务达到 10.9 万亿元,占政府性直接债务总额的 53%;地方政府的直接债务和或有债务之和为 18 万亿元,占比为 60%;其中主要部分是所谓的"土地金融"。土地财政加上土地金融,实际上相当于把经济个体的直接分享转换为间接的公共分享。而在下一章的研究中可以发现,我国公共分享以生产性分享为主,即将大量公共资源投入物质性基础设施或者垄断性的国有企业中去。这不但没有降低转型成本 B,反而成为"劫贫济富"的宏观装置。

对于农村人口来说,在土地资源的分享广度被压缩后,更多会依赖另外一个重要且特殊的经济资源:人力资本。但是事实上,在我国向市场经济转型的过程中,农村人口人力资本的分享广度也处于一个缓慢和艰难的扩展历程中。人力资本的载体,即人本身,都没有一个完整的空间迁徙的权利。1954 年我国第一部《宪法》是规定了公民的自由迁徙权的,但是在实际执行

---

① 国土资源部颁布《招标拍卖挂牌出让国有土地使用权规定》,地方政府出让经营性土地全部实行"招拍挂"方式。

② 1994 年分税制规定土地出让金作为地方预算外收入不参与中央和地方分成。1998 年《土地管理法》第 55 条规定,新增建设用地的土地有偿使用费在中央和地方之间三七分成。

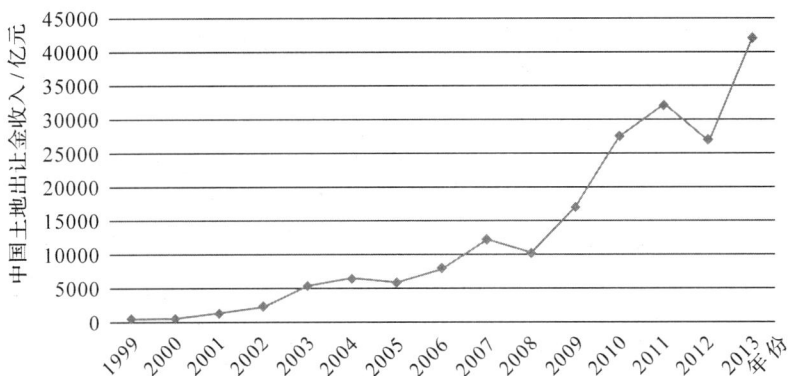

图 3.5　中国土地出让金收入:1999—2013

数据来源:Wind 资讯。

中很快打了折扣。1953 年,当时的政务院发布了"关于劝止农民盲目流入城市的指示"。1975 年修改《宪法》,干脆剔除了该项权利,直到今天也没有恢复。直到 1984 年颁布的《关于一九八四年农村工作的通知》规定了"各省、自治区、直辖市可选若干集镇进行试点,允许务工、经商、办服务业的农民自理口粮到集镇落户",才算打开了人力资本分享广度的口子。从此农民大规模进城镇务工、经商、落户,并成为潮流。但是基于人力资本的利益分享广度还是没有完全打开。根据中国卫生计生委公布的《2013 年中国流动人口发展报告》,我国 2013 年的流动人口达到 2.36 亿人。全部流动人口中,八成以上是农村户籍人口。按 90% 算,总数 2 亿的农村人口常年离开他们的户籍所在地。再看户籍统计,农村户籍人口总数在 9 亿以上,减去这 2 亿流动出去的,农村还有 7 亿左右的人口。"流动"实际上意味着人力资本分享的难度。每年"春运"居然有几十亿人次在城乡之间大搬迁,就是一个例证。而留在农村的 7 亿人口,说明我国人力资本分享广度的打开仍然处于缓慢的过程中。对于进城务工的群体,尽管可以依赖人力资本获得收入,但是这个渠道的分享深度由于人力资本价格的压低也大打折扣。从以上的模型分析可以看到 $w = Af(k) - kAf'(k) - B$,即人力资本价格或者说劳动报酬承担了大部分的转型成本。如果转型成本过高,或者公共分享不足,这部分群体的人均资本很可能会在"转型区间"中向低位收敛,直到低于 k_T。此时他们会选择退出市场经济。在这种情况下,跨过 k_F 的人口可能会在短期内拉高经济总量,但是由于进入市场人口的退减以及对消费需求的压缩,整个经济无法维持内生性的增长。这个时候应该发挥公共部门的公共分享机制,尤其是做好制度性公共资本的建设,给予重要的经济资源有效的产权保护。在此基础上,通过进一步提高经济金融化程度,逐步提高经济资源的流动性,恢复其金融属性,便于拓展利益分享的广度和深度。在理顺生产性分享的同时,公共部门还应将公共资源向消费性公共分享,减轻弱势群体的转型负担。这样才有利于跨越"转型区间"。但是在现实中由于对增长速度的单一追求或者由于"后发优势"的诱惑,发展中的经济体往往没有协调好生产性分享、消费性分享和公共分享的关系,没有构建更普惠的金融系统来促进利益分享。反而是过分扩大公共资源的范围、过多将公共资源投入生产性公共资本中。这不仅直接挤占了其他部门的资源,而且影响了金融市场体系的层次和结构,以及金融功能的内容侧重和服务导向,使得我国各群体的利益分享机制被进一步扭曲。

3.2.3　我国的金融转型与市场结构问题

中国金融改革随着中国经济规模总量的扩大和经济结构的深层次调整而逐步推进、不断深化。1978 年改革开放以后,非国有部门迅速发展,经济的市场化程度大大提高,但原有的行政性金融体制无法支持实体经济的快速发展。这种矛盾促使中国金融开始脱离集中统一的国家银行体制。这一转变带来了我国金融系统的快速发展。根据上一章的数据,我国经济货币化的比率已经接近 3,资产金融化的比率接近 2。

可以从金融抑制、金融约束再到金融控制的发展脉络来理解中国的金融系统。而更底层的中国金融系统的发展动力机制需要从中国的分权式的制度体系来解读。在中国的制度系统架构中,中央政府是高度集权的,但是在集权的同时还会向地方政府分权,中央政府集中控制政治、人事和多数金融资源,对能源资源进行垄断式保护。分权表现为除了行政、金融和能源外的其他经济控制权向地方政府和企业分权。其中包括土地资源和房地产。在这样的制度架构中,中国金融系统目前并不是纯粹的自由竞争的金融模式,也不是完全中央控制的金融系统,而是混合的、威权制下的初级金融系统。而在中央保护租金的努力和地方争取金融资源的强烈动机下,我国金融系统表现出双层的金融控制状态。因此可以发现,在我国金融市场取得巨大发展的同时,政策性控制仍然比较严格。主要表现在金融准入管制、发行制度等方面。无论是银行业还是证券业,对于民营资本的市场准入机制都缺少可操作性。民营资本进入金融业常常遭遇多种阻碍,例如要取得金融机构控股地位非常难以获得批准。在全部 5600 余家银行类金融机构中,多数商业银行是政府控股,5000 家农村合作金融机构产权模糊,真正意义上的民营商业银行为数不多。在股票发行中虽然施行了保荐人制度,但仍然存在行政行为的不确定性。监管部门往往以金融波动为由,在公司已经获得保荐和发行审核委员会批准的情况下宣布暂停发行股票。新开设的创业板的发行制度也离注册制相去甚远。债券市场中的发行控制更加严厉,而且没有统一的规范。财政部管理国债发行;发改委握有企业债发行的审批权;央行负责金融债、短期融资券、中期票据的发行;银监会负责金融次级债、混合资本债及资产证券化品种在银行间债券市场的发行;证监会负责审批以公司债名义发行的企业债和在交易所发行的资产证券化品种。这种没有必要的限制与分割导致我国资本市场层次性严重失衡。

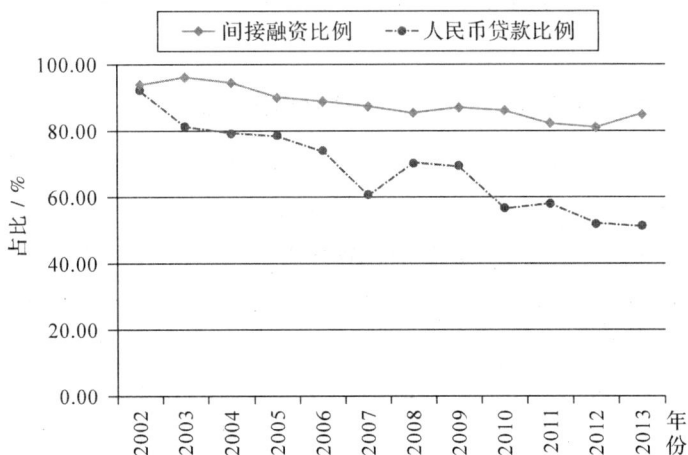

图 3.6　我国非金融部门各种融资方式比例
数据来源:中国人民银行统计数据。

我国金融系统的第一个层次的失衡表现在图 3.6 演示的间接金融比例过高,银行新增贷款主导了金融资源的配置方式和分享机制。在 2009 年之前对于中国非金融部门(不包括政府)而言,直接融资和间接融资比例为2∶8。发达经济体的这一比例普遍为6∶4。即便是以间接融资为主的日本和德国,这一比例也在4∶6左右。从图 3.7 中可以发现,我国银行业的资产和负债规模都过于庞大。以 2013 年为例,我国银行业的总资产为 151 万亿元人民币,是当年 GDP 的 3 倍。第二大金融业态是信托业,同期资产规模为10.91 万亿元。[①] 中国保监会披露的同期保险业规模为 8.29 万亿元。两者都无法与银行业相提并论。并且信托业的资产配置往往可以看作银行信贷的变相操作,即"影子银行"。另外一方面,银行业的总体负债达到了 141 万

---

① 　数据来源:《中国信托业发展报告(2013—2014)》。

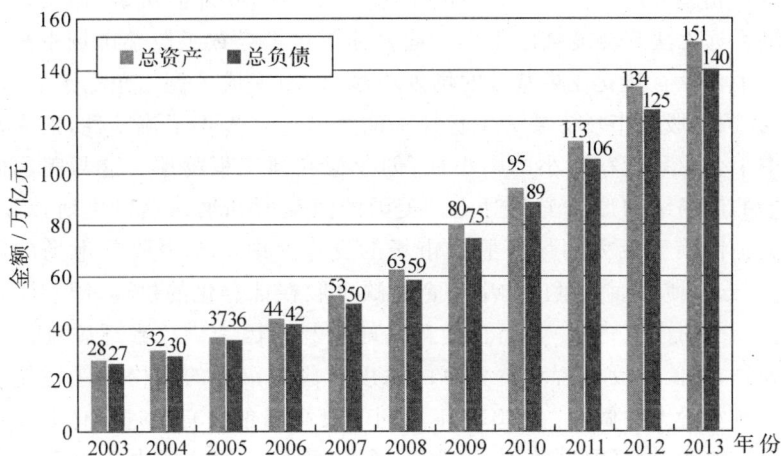

图 3.7 中国银行业资产与负债

数据来源：中国银监会网站。

亿元，这其中多数是居民部门的存款。在利率市场化不完善的情况下，这使得社会大众整体的资本分享深度受到极大限制。从另外一个侧面来看，这是我国金融约束的结果，即我国居民部门的金融资源被集中在间接金融的渠道，过分抬高了银行部门的杠杆。这首先可以放大银行机构的收益，也是我国银行业效率低下但是仍能获得盈利快速增长的主要原因。但是过高的杠杆也使得银行业风险暴露较大，在经济下行时有破产的可能性。

我国金融系统第二个层面的失衡是债券市场在直接金融中过于狭小。在 2014 年底我国 A 股股票市场总市值为 37 万亿元，是当年 GDP 的 58%。而 2014 年的我国债券市场（包括银行间市场、柜台市场和交易所市场）全部的债券余额为 35.9 万亿元，是当年 GDP 的 56.4%。美国的股票市值与 GDP 的比值一般在 1 左右，而债券余额一般是 GDP 的两倍。相比之下，我国的这两个比例都偏低，但是债券余额与 GDP 的比例更低。我国股票市场经历了二十多年的曲折发展，各种金融功能有所完善。截至 2014 年 12 月底，我国 A 股共有上市公司 2635 家，总市值仅次于美国和日本，形成了主板、中小板、创业板的市场体系，提供了股指期货、ETF 等金融交易工具。但是整个股票市场没有建立在多层次的股票市场体系的架构中，股票市场几乎只有交易所市场，缺少场外交易平台。官方的三板市场主要是用于解决历史遗留问题，并无融资功能。试点的中关村股权代办系统规模微乎其微，其中挂牌和已经通过备案的企业为 90 家，挂牌企业股权转让累计仅成交 3187 笔。更多的产权交易市场或产权交易所因为无法"拆细"和连续交易离规范运作相去甚远。而"新三板"的推进直到 2014 年才有突破,但实际的市场容量远远无法支持庞大的中小企业群体。这都导致了股票市场中高端的交易所平台没有建立在更基础的场外市场之上,形成了倒三角的形态,见图 3.8。我国的股票市场主要为主板挂牌的大型公司提供了流动性,而为数众多的中小企业只能在狭小的中小板、创业板和新三板腾挪。这与美国的金字塔形的市场结构形成鲜明对比。美国的纽交所和纳斯达克之所以发达,实际上是依赖于庞大的场外股票市场的支撑。中国缺少股票市场的层次性,这一方面使得面大量广的中小企业缺少股权证券化的机会,限制了投资者利益分享的广度;另一方面也使得高端交易所因为供应缺乏弹性而使得股价虚高,降低了投资者利益分享的深度。股票市场的结构问题还使得每年发行融资量无法做大,在 2010 年达到的最高峰也没有超过万亿元。我国股票总市值比上 GDP 回落到 0.56,流通市值比上 GDP 仅为 0.497,这说明资产证券化程度并不理想,大量企业剩余没有通过证券化显示价格,严重影响了分享深度提升和分享动态调整。尽管股票市场发展滞后,但是债券市场的发展相对更加缓慢。从存量来看就是债券余额与 GDP 的比例远低于平均水平,从流量来看是央行公布的社会融资规模中,债券融资占社会融资总规模的比例在 2002 年只有 1.8%,在 2014 年也只达到了 14%。

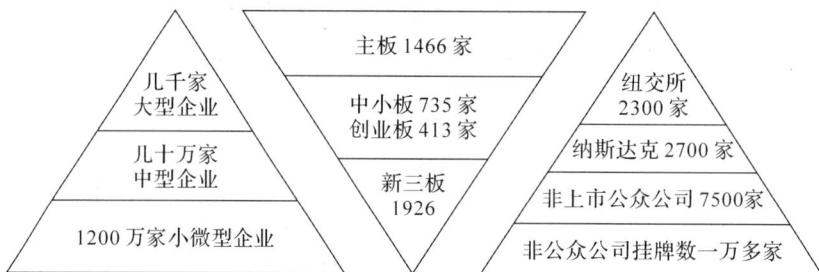

图 3.8　中国与美国股票市场结构对比

数据来源:Wind 资讯。

债券市场如此之小,其根本原因是金融约束下对债券市场的限制,目的是保证银行部门的行业租金,达到金融资源在银行业的集中。这就表现为我国金融系统的第三个层面失衡,即企业债市场规模太小导致债券市场比例较低。2014 年我国债券市场存量总额是 35.9 万亿元,在这个已经很低的债券存量中,其中为政府服务的国债和地方政府债占 31.12%,为金融部门自我服务的金融债券占 33.66%,剩下 35.22% 的份额才是针对企业的债券品种。其中短期融资券为 4.91%,2008 年才推出的中期票据为 9.44%。再考虑到大型国企发行企业债的优势,我国债券市场为实体经济服务的比例就更低了。通过表3.1可以看出,我国企业债的余额分布明显向大型企业和国有企业倾向。真正服务于民营企业或者中小企业的比例长年在5%以下。考虑到能够发债的企业基本上都是大型企业,那么民营中小型企业几乎连这5%都无法触及。

表3.1　我国企业债余额分布

	2002	2003	2004	2005	2006	2007	2008	2009	2010	2011	2012
央企和铁道部	83	81	83	74	66	64	71	66	62	57	50
地方国企	15	17	16	24	31	32	27	32	35	38	43
民营企业	2	2	1	2	3	4	2	2	3	5	7

数据来源:Wind资讯。

表3.2　民间利率与正规部门利率

	2004	2005	2006	2007	2008	2009	2010	2011	2012	2013
全国金融机构贷款加权平均年利率(%)	6.75	5.58	6.12	7.93	6.23	5.25	6.34	7.8	6.78	7.14
浙江金融机构贷款加权平均年利率(%)	6.35	6.7	6.8	7.6	6.84	5.92	6.32	7.57	7.16	—
浙江民间借贷利率(%)	14.5	12.4	12.2	—	15.88	15.01	17.96	24.3	21.33	19.91

数据来源:《浙江省金融运行报告》和《中国货币政策执行报告》。

这就是我国金融系统的三个层面失衡。在这三大失衡的金融环境中,形成偏向政府部门和大企业部门的金融功能结构,而中小企业和居民部门得到的金融支持非常薄弱。根据西南财经大学发布的《中国家庭金融调查报告》的数据,在全国约5800万家小微企业中,25.8%的小微企业有正规借贷需求。然而,在这些企业中,只有46%的企业获得贷款,11.6%的企业申请被拒,还有42.4%未申请。综合银行贷款、股票融资、债券融资三种正规金融渠道来看,中小企业每年从中获得的金融资源份额估计只在20%左右。中小企业的金融资源缺口只能依赖内源融资、非正规金融或者远程金融等几个渠道来解决。后两者是中小企业外部融资的无奈之选。非正规金融处在灰色地带。由于受法律保护程度不够,通过民间借贷或地下钱庄的融资行为包含了较高的交易成本。表3.2表明代表性的浙江民间借贷利率明显高于正规金融中介的利率水平。远程金融涉及跨境交易和不同的监管模式、会计制度,对大部分的中小企业门槛较高。而显示原理可以看出,成本如此之高的非正规金融和远程金融都成为中小企业或民营经济的选择,那么同样作为可选项的国内体制内金融,其交易成本之巨,可想而知。金融控制造成民间利率与正规金融利率有一个价差。这部分租金收益要么在各方争夺中耗散,要么通过"漏损"的方式从国有经济中转移到非国有部门(卢峰等,2004)。比如,从正规金融便利的国有企业可以将银行划拨给指定项目的贷款用于其他用途或通过三角债的形式投资到私人企业。一直以来,内陆省份的银行贷款以各种方式流向沿海省份。因为内陆省份的国有企业较多,沿海省份的私有经济部门相对发达。这种资金漏损的情形同样也发生在由国有企业主导的股票市场。在经济上并无效率的国有企业只是因为要改制脱困,以行政性手段获得股票融资的机会,而募集资金常常被挪用。当这种"漏损"机制不畅时就会出现投资主体的错位,即效率高的企业并不主导投资决策,与行政权力接近的企业或部门反而成为投资的主角。在金融价格扭曲下获得大量廉价资金的主体,往往会违背我国的比较优势,转而投资于资本密集型产业。所以我们会看到劳动力资源丰富的中西部地区在产业资本密集程度上竟然超过了沿海;我国经济虽然高速增长,但投资偏向却造成就业的贡献率不断降低,形成"没有就业的增长"。结合我国常年高投资的背景,微观层面的投资结构错位最终会形成宏观经济的大问题。

微观上的歧视性差异造成投资主体错位,使得投资结构偏离比较优势。这种偏离在经济上的不适宜进而累积为宏观上储蓄转化投资中的障碍,导致目前我国储蓄大于投资的局面。我国国民储蓄率近年都在40%以上,2008年更是高达51.3%,一直都大于投资率。多余的储蓄要靠出口来吸收,因此产生大量外贸结余,而在汇率管制的情况下则以"流动性过剩"的形式造成复杂的经济问题,抬高经济运行成本。中央银行的强制结汇对外是快速增加外汇储备,对内则是被动地发行货币。最终产生了一个吊诡的局面:中国作为发展中国家,人均GDP为0.25万美元,本身尚处于资本稀缺阶段,但却用高企的外汇储备为发达国家融资。以债权形式出去的外汇,在国际金融市场中转变为股权基金,又通过各种渠道回流到中国来赚取汇兑差价和资本利得。央行不得不再次用央行票据对冲涌进来的外币。这种方法只是扬汤止沸,无法进入实体经济的流动性只能在国内资产市场中"快进快出",造成房地产价格和股票价格虚高。我国面临的"双顺差""人民币对外升值、对内贬值""国富民穷"等现实与理论相矛盾的谜团,都与此不无关系。所以从1998年亚洲金融危机后,金融系统与实体经济的"脱节"使得中国经济必须消耗大量资源来维持表面的平衡,这也成为宏观经济运行的隐患。

处在贬值风险下的巨额外汇储备提醒我们,如果金融系统不继续市场化转型,其积累的风险必将爆发出来。

我国金融结构上的偏差不仅威胁着我国经济增长的可持续性,同时扭曲了利益分享机制,恶化了我国收入分配状况。失衡的金融系统主要是为政府服务和金融业的自我服务,形成的利率结构并不能完全反映实体经济的资金需求。银行存款成为大众物质财富的主要分享渠道,其实质是通过银行的贷款组合来实现分享广度,但是存贷款利率又被长期控制在低水平的位置,利率管制使得这种形式的分享深度非常有限。这种局面首先直接降低了居民户的资产性收入,因为在间接融资为主的情况下利息收入是资产收入的主要形式,居民部门同时是储蓄的主体。金融抑制实际上在迫使储蓄部门变相补贴产业部门,把利息收入转变为企业收益。根据白重恩等(2009)测算,在1996—2005年期间,金融抑制导致居民部门的资产性收入占比下降了3个百分点。所以对于我国多数储蓄者而言在物质资本渠道的分享过程中遭受了巨大的租金损失。换个角度来看,这个损失是对受益方的利益倾斜:一方面主要以利差的形式转化为金融机构的盈利,另一方面由于我国金融体制的惯性和经营特点,会把这块租金转化为特定部门的低融资成本。金融资源偏向性配置一方面诱致国有部门出现资本偏向性技术选择,使得资本收入比例上升;另一方面民营经济在金融资源不足的情况下较难进行产业升级,在利润微薄的约束下只能压低工资水平,强化了劳资矛盾,并出现了劳动收入占比不断下降的现象。在中国经济货币化进程不断深化的情况下,金融抑制对收入分配的影响势必加大。我国金融系统的层次性问题使经济转型的利益格局偏离最优路径,甚至进入漫长复杂的"中等收入陷阱"。

3.3　金融结构扭曲与利益分享失衡

可以在上述基准模型的基础上分析我国金融结构扭曲带来的利益分享失衡。目前多数转型经济体虽然已经放弃了计划性质的、政府直接主导的发展战略,但仍然会以增长或稳定的名义,采取行政干预措施,形成上述金融控制的局面,实际扭曲了分享机制。我国的典型例子就是对金融市场的管制,即对金融行业准入、金融机构业务范围、金融产品定价等进行直接干预,形成目前资本市场层次性不足的局面。在扭曲的相对价格信号下,受益的国有或大中型企业、甚至地方政府会违背比较优势做出脱离发展阶段的投资决策,即引入不合适的、资本偏向的生产函数。可以观察的就是在我国劳动力剩余的基本背景下,出现资本迅速深化的现象。按照图3.9来看,受益方在压低的资本价格的诱致下,选择了物质资本偏向型的生产函数。以柯布－道格拉斯生产函数表示:

$$y_D = Ak_i^{a'}l_i^{1-a'} - B'$$

其中 $a' > a$ 表示对资本的偏向。对受益方而言这是经济可行的,但是从经济全局来看存在较大的社会成本。受益方并不是市场挑选出来的企业家,经济效率本身不高,而且违背了比较优势,存在更大的效率损失。因此这样的技术选择导致人均承担了更大的转型代价 $-B' > -B$ 。此时整体的生产函数为

$$Y = \int_0^T k_i^a l_i^{1-a}\,di + \int_T^D (Ak_i^a l_i^{1-a} - B)\,di + \int_D^1 (Ak_i^{a'}l_i^{1-a'} - B')\,di$$

其中 T 表示尚未进入市场的人口,$1-D$ 表示进入到资本偏向生产函数的人口。对于进入资本偏向型生产函数的群体而言,虽然资本边际产出是较高的 $a'Ak_i^{a'-1}$,但是实际回报率只有管制的存款利率 r_D 。所以由于从物质资本获得的租金直接被转移了 $(a'Ak_D^{a'-1} - r_D)k_D$,其中 k_D 为资本偏向型生产函数中用到的人均资本水平。从人力资本角度的分享深度表面上看提高了,如图3.9所示的较高的人力资本价格 w_D 。但是由于资本偏向型生产函数容纳的就业较少,使得获得高人力资本价格的群体较小;而且正如前面分析的,更大的变动成本 $-B'$ 主要是靠劳动报酬承担。另外在新的生产函数下需要更长时间的积累才能跨越"转型区间",因为对应的 k'_T 大于 k_T 。更关键的是,在层次性不足的资本市场中,企业无法按照自身需要通过金融市场揭示出企业的组织资本所对应的企业剩余。这使得人力资本证券化的机会降低,以财富分享剩余的途径受阻。因此很难吸引人力资本持续进行异质化以增加组织资本。所以可以观察到外资企业比国内企业更能留住高端人才。资本偏向型生产函数的引进对其他群体的负面影响更大。由于资本市场的层次性问题使得更多的物质资本进入到缺少企业家才能的资本偏向型,首先是直接占用了 y_M 代表的劳动密集型产业的物质资本资源,其次是使得真正的企业家无法发挥企业家才能。这两者的后果就是使得 y_M 所能容纳的劳动力变少,从而压低了一般劳动力的工资。这在现实中造成了大量劳动力资源没有被充分利用,比如我国大学生的就业问题和外出务工人员的"返乡潮"等。

从功能性分配的角度来看,在 y_D 生产函数中由于 $a' > a$,所以物质资本的收入占比会上升,而劳动收入占比会下降。在 y_M 生产函数中,由于劳动力价格被压低,同样表现出劳动收入占比下降。如果是符合比较优势的产业升级、资本深化,则各个群体通过利益分享都会受益。但是如果在利益分

享扭曲下的功能性收入比例变动,那么意味着是牺牲部分群体的利益来拔高产业资本密集程度。这样虽然可以短期获得增长效果和出现收入相对比较高的群体,但代价是企业家才能的抑制、更多人力资源的低水平锁定和人力资本结构与物质资本结构严重错配。弱势群体遭受多重损失。第一是如上所述的通过资本收入流和财富现值分享受阻,这可以解释为何我国居民的资产性收入太低。第二是低劳动力价格人口比例过大,从人力资本渠道分享不足。第三是会导致更大的经济转型临界点 k'_T,从而进入了更漫长的"中等收入陷阱"。这些可能是我国目前劳动收入占比下降引起广泛关注的深层次原因。

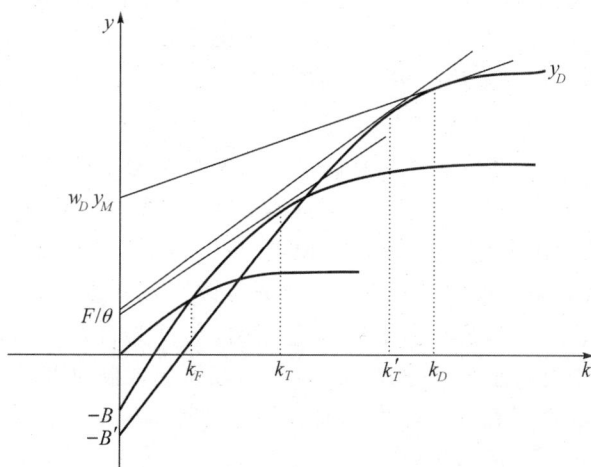

图 3.9　分享干预与"中等收入陷阱"

3.4　总结与政策含义

本章主要是构建了包含金融功能的利益分享理论框架。这一框架包括了生产性分享、消费性分享和公共分享三大部分。生产性分享集中讨论了利益分享的广度、深度和分享动态,大致可以从金融功能的角度对应为货币化、资本化和证券化的不同过程。在此基础上构建了消费分享以及包含消费性和生产性两种定位的公共分享机制。结合我国转型中的制度环境,尤其是中央—地方集权和分权的体制框架,就可以对经济个体的土地、物质资本和人力资本等分享渠道进行综合分析。本章的主要工作就是建立利益分享理论来讨论从金融功能到分配结果的作用机理。利益分享是观察经济改革转型的一个重要线索,因为市场化同时也是扩展分享广度和提升分享深度的过程。所以和谐的利益分享关系与转型中的经济增长可以良性互动，并不矛盾。比如日本、韩国在经济转型中保持了较低的基尼系数，分别越过了"中等收入陷阱"，目前人均收入都在世界前列。我国台湾地区在1952—1982年的平均经济增长率为8.7%，人均GDP从1130美元上升到3669美元；同时基尼系数从20世纪50年代的0.5下降到70年代的0.27，被西方经济学界称之为公平增长的典型(Fields,1984)。利益分享机制是转型经济顺利跨越"转型区间"的关键保证。而在现代经济中，金融市场尤其是资本市场是保证利益分享机制有效运行的基本平台。符合市场精神的层次性丰富的资本市场是对分享广度、深度以及分享动态的根本保障。而如果限制资本市场的层次结构会对利益分享形成干预，那么经济增长的持续性就会打上问号。过往我国坚持的"增长主义"已经带来了种种难以回避的矛盾，利益失衡构成了和谐发展的根本障碍(姚先国,2009)。这也提醒我们，经济发展的核心应该坚持以人为本，只有作为经济个体充分分享经济发展的成果，这样的经济发展才具备了应有的意义。坚持金融市场改革，弥补资本市场层次性不足的问题是实现分享、可持续发展经济的内在要求。

对于发展中国家，尤其是我国来说，应该坚持"富民"的指导思想。改进与完善分享机制是目前的当务之急。首先是改变现有金融法律法规中对待民间金融的指导思想，核心在于从"严防死守"转变为合理疏通。其中《证券法》《公司法》中对资金募集方式和证券交易场所的限制以及《证券投资基金法》中对私募的忽视都到了破题之时。二是将投融资决策权在金融系统中下移，可以考虑在合适地区进行地方性资本市场试点。比如沿海省份民间资金充裕，产业转型也到了关键时刻，有现实需要建立区域性资本市场来架通资金与产业间的桥梁。三是结束证券市场，尤其是债券市场的分割状态，建立市场的互联互通。这不仅能保证金融价格有效传导，更重要的是提高直接融资的合理容量。在农村土地集体所有制下，我国农民的土地，除由法律规定属于国家所有的以外，属于集体所有。但是农民个人无法通过土地货币化来变卖土地或者改变土地用途，或者是土地征用制度使农民没有真正分享到土地的市场价值。所以在我国资本市场体系中缺失了一块以土地为基础的金融资源，导致农民群体无法直接通过土地进入金融市场，既不能直接分享，也不能转换财富以提高人力资本。相比之下，城镇人口虽然没有土地所有权，但是拥有对城镇房产比较完整的权利。不仅可以通过房产收取租金收入或者享有房产增值，而且可以为了更好的投资机会而变卖房产。所以我国城乡差距在收入流量层面来看确实比较大，但城乡更大的鸿沟在于分享广度不同造成的在"转型区间"中的相对资本存量位置。

4 金融发展与宏观分配格局变化

4.1 引 言

宏观分配格局是指收入通过初次分配和再分配进入到政府、企业和居民三大部门。其中政府包括中央政府和各级地方政府,企业包括金融企业和非金融企业,居民包括城镇和农村中的家庭和个人。这三大部门在经济运行中的利益分享方式、权利空间和行为逻辑上都有明显差异。三者之间的收入分配比例反映了各自的分享地位和权利内容;而分配结果又可以通过部门消费、储蓄和投资等行为选择反作用于宏观经济运行。因此对宏观分配格局的观察不仅是理解宏观经济的一个关键,也是研究我国收入分配问题的重要切入点。近年来我国宏观分配格局出现了明显的演变趋势,即居民部门收入占比逐年下降,企业和政府部门的收入比例不断上升(见图4.1)。其中居民部门收入占比从 1992 年的 68.39% 一路下滑到 2008 年的57.22%,下降了近十个百分点。为什么在经济高速增长的同时,居民部门收入占比持续下降?有的研究认为是政府在挤占居民部门的收入;有的研究认为是企业利润在侵蚀劳动报酬;也有的研究认为这是产业结构变化的正常结果,众说纷纭。这一问题之所以引起广泛的关注和争论,背后主要有三个原因。第一是其与中国经济结构失衡有密切关系。Kuijs(2005),Aziz和 Dunaway(2007),李扬和殷剑峰(2007),徐忠等(2010)已经指出,宏观分配结构不合理造成了中国内需不足。居民部门的消费倾向较高,而企业和政府部门的储蓄倾向较高,所以居民部门与其他两个部门收入比例的此消彼长直接压制了国内消费需求,相反提高了资本形成率。那些无法被国内消费和投资所吸纳的过剩储蓄又转化为净出口。图 4.2 显示中国 GDP 支出法构成的变化与上述逻辑相吻合:随着居民收入占比持续下降,消费需求从1992 年的 62.4% 滑落到 2012 年的 49.5%;中国经济增长进一步依赖投资和出口,结构性矛盾日益突出。

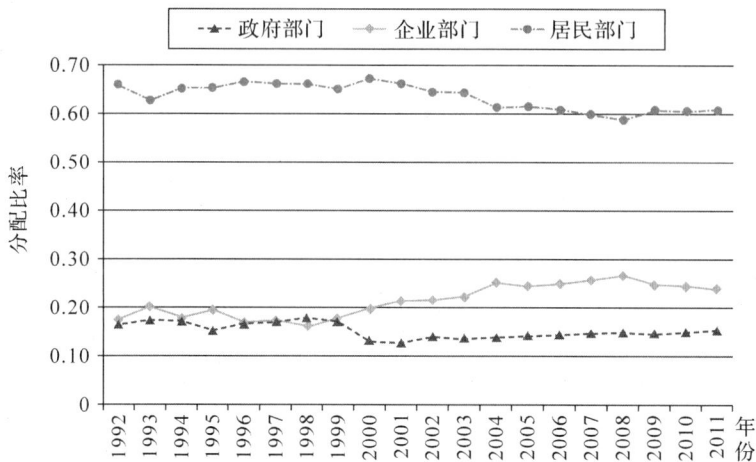

图 4.1 中国三大部门初次分配比例:1992—2011
数据来源:历年《中国统计年鉴》中的"资金流量表"。

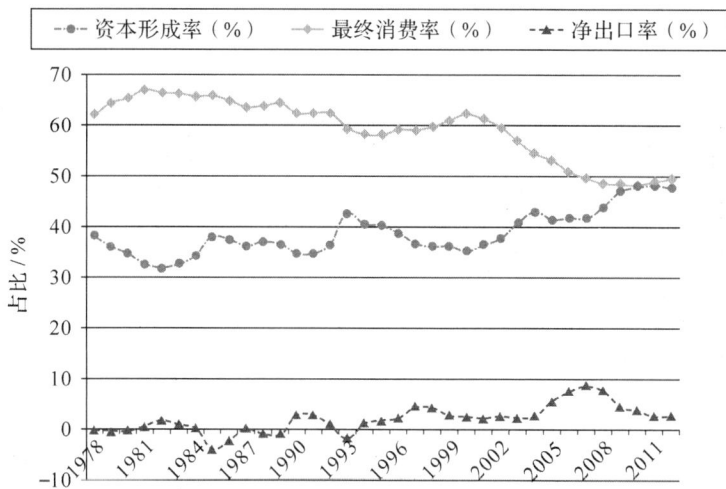

图 4.2 中国 GDP 支出法构成:1978—2012
数据来源:《中国统计年鉴》。

第二个原因是在上述情况催生了高储蓄率与高投资并存的局面,但是对内、对外的投资效率都不高。对于追赶型经济体而言,内源性的高储蓄难能可贵,是资本形成和经济提速的关键保障,因此并不是经济失衡的症结所在。真正的问题是我国金融系统在将储蓄转化为投资的过程中对内、对外的投资效率都不高,并且扭曲了利益分享机制。对内投资低效表现在国内金融资源配置的垄断和金融资源定价的歧视。储蓄作为宝贵的金融资源被过度配置给大型企业、国资背景企业和地方政府(含其融资平台)等垄断型部门,而更有活力的中小企业、民营企业没有得到足够的金融支持。由于投资偏好和金融诱致,垄断型部门侧重投资于资本密集型产业,这显然违背了我国经济目前的比较优势。最终要么出现产能过剩,比如钢铁业等;要么出现资产价格泡沫,比如房地产行业等。相反,那些更能带动就业、为民造富的劳动密集型产业、服务业等由于缺少金融部门的有效帮助,发展滞后。在金融资源被垄断的情况下,金融资源的定价不可避免地会出现偏向。垄断型部门得到廉价的资金,成为被补贴的对象;而居民部门虽然提供了储蓄,但无法充分分享利益。此时的金融发展反而成为恶化宏观分配格局的推手。对外投资低效表现为一部分储蓄转化为每年以千亿美元计的新增外汇储备,但却成为国外投资者的套利工具。近年来积累的大量外汇投向年收益率仅为 2% 左右的国外政府债券。与此同时,国外热钱在中国国内更高基准利率以及人民币升值预期的吸引下大量涌入。这样的一进一出不仅造成我国整体社会福利的无谓损失,而且压缩了宏观经济调控的空间。其中我国金融系统的功能扭曲是投资低效的直接原因,也为研究我国宏观分配格局失衡提供了线索。

最后也是最根本的原因是居民收入占比和消费比例本身关系着民生大计,反应了社会福利水平。居民收入占比和消费比例没有跟上经济增长的步伐,反而严重滞后,必然会引起社会大众对经济增长意义的质疑。中国社科院发布的《2014 年中国蓝皮书》显示"收入差距过大,贫富分化"已经取代了往年的物价、房价、就业等问题,成为最受关注的社会问题。改革、转型、发展的最终目标是扩大公民的权利,提高社会大众的福利水平,而不仅仅是为了追求经济增长的靓丽数据。只有与社会大众的福利相一致的社会经济发展模式才是可持续的。无论是中国早期的改革还是世界历史上其他经济体的改革经验都表明,成功的社会经济发展改革依赖于社会大众的广泛参与和推动。而要广泛参与,必然意味着社会大众全面分享经济成果和各项权利。如果利益分配格局长期得不到明显改善的话,经济增长反而会成为加深社会矛盾的动力,这是社会大众持续关注宏观分配格局的根本原因。

宏观分配格局的失衡已经引发了大量学术讨论。已有的研究工作主要从结构视角进行了多维度探索。首先,利用直观的统计数据展示三大部门收入结构变动的情况,比如李扬与殷剑锋(2007)、白重恩与钱震杰(2009)、国家发改委社会发展研究所课题组(2012)等都指出了我国居民部门收入占比不断下降的事实。结论是居民部门收入占比下降主要发生在初次分配阶段,主要原因是居民部门的劳动收入占比和财产收入占比同时下降。相应的,企业部门和政府部门的收入份额处于上升状态。至于说是企业还是政府构成了挤占居民部门收入占比的主因,由于数据来源和数据处理的差异,这个问题尚无定论。其次,对于宏观分配结构变化深层次解读的线索是挖掘其他社会经济结构因素。比如,Feenstra 等(1999)认为中国人口结构变化以及社会保险的低覆盖率造成了居民部门收入占比下降和高储蓄率。姚洋(2011)认为中国从九十年代初期开始经历了劳动人口占比增加和农村人口向城市转移的过程,大幅度增加了劳动力供给,从而压低了工资相对水平,进而抬高了企业利润、降低了居民收入占比。Wei 和 Zhang(2011)认为中国较高的性别比(男性/女性)加强了男性在婚姻市场上的竞争,从而导致男性及其家庭储蓄率的提高。李稻葵等(2009)、龚刚和杨光(2010)等则从中国工业化进程和产业结构调整角度来解释收入分配变动。工业化的一般规律是:农业占比持续下降,工业占比先上升后下降,服务业占比持续上升。所以我国工业化过程中可能会出现劳动报酬占 GDP 比例随时间呈现出 U 形变化。而劳动报酬是我国居民部门的主要收入来源,因此相应地也会出现类似变化。目前我国居民收入占比下降正是因为处于 U 形的下降阶段。再次,从经济制度扭曲的角度给出了解释。Huang 和 Tao(2010)认为,中国商品市场基本实现了市场化,但是要素市场(包括劳动、资本、土地、环境、能源)存在很大程度的价格扭曲,从而大大降低了企业的生产成本,并最终导致了中国经济失衡。Song 等(2011)认为中国金融体系存在严重的所有制偏好,国有企业虽然效率低于民营企业,但他们可以更方便地得到银行信贷等金融资源,从而使利益分享比例更高。徐建炜和姚洋(2010)以美国金融系统为参照,认为中国确实存在金融比较劣势,并且可以此解释 1990 年以来中国对主要欧美国家贸易盈余的 17%。Kuijs(2005)、Aziz 和 Dunaway(2007)等从实证角度说明金融市场不完备是中国企业利润与储蓄快速上升的重要原因。

已有的研究工作既有分歧、也互相验证、互为补充。这些成果虽然都有一定的解释力,但是又各有欠缺之处。从结构视角做出解释很有启发,因为中国的经济和社会处处都存在结构性问题。然而从本质上看,结构转变应该是经济发展和经济转型的结果,而非其原因。用一种结构因素直接去解释另外一种结构变化可能会迷失问题的根源。而且作为解释变量的我国产业结构变动本身也存在失衡问题,比如服务业发展严重滞后等[①]。因此将宏观分配格局转变归结为经济结构变迁的说法并不令人信服,其政策含义也比较模糊。要素价格扭曲的研究视角已经触及我国宏观分配格局变化的深层次原因,但是无法推导出企业和政府收入占比持续上升的结论,其微观基础也不明确。总体来看,现有的研究工作系统性不足且不够深入。当前我国宏观分配格局的现状特征与演变趋势很可能反映了我国经济运行方式中的深层次矛盾。本书认为中国经济转型的一条主线是重塑产权制度。这里面有两点因素对宏观分配格局有重要影响:一是政府部门在经济转型中的参与;二是土地资源产权制度的变化。中国幅员辽阔、人口众多,容易形成中央与地方之间分权—集权架构的威权主义体制(许成钢,2013)。中央政府采用了地区间经济竞争的方式解决对地方政府的激励和约束问题,从而出现了地方政府基于 GDP 增长速度展开竞争的局面(周黎安,2004,2007;Xu,2011)。在 GDP 竞争压力下,地方政府逐步演变为生产型政府,并在产权制度重塑中形成了自己的行为逻辑(张军等,2007;方红生与张军,2009)。在考核周期较短的经济竞争压力下,地方政府只有不断追加投资才能提高获胜概率。这就导致地方政府需要直接控制更多经济资源,并通过金融系统间接放大资源投入。在经济发展早期,土地是关键性的经济资源。土地产权的界定和变化以及与金融杠杆的配合会释放巨大的财富效应。地方政府对金融系统的控制会产生类似发展经济体普遍存在的金融抑制现象(McKinnon,1973;Shaw,1973),比如利率管制和资本账户管制等(Bai 等,1999)。Garnaut 等(2001)的研究表明,中国官方利率至少比平均市场利率低 50%～100%。浙江等民间金融比较发达的省份已经开始通过官方渠道公布民间利率数据,也证实了这一结论(见表 4.1)。被压低的管制利率加上对金融资源配置的严格控制实际上形成了净储蓄部门补贴净融资部门的情况。这显然不利于作为净储蓄主要提供者的居民部门,而有利于企业和政府两大融资部门。图 4.3 描述了一年期存款真实利率和居民收入占国民收入比重的关系。不难看出中国居民收入占比与真实利率高度正相关:在1993—1995 年期间,中国存款真实利率为负,居民收入占比也相对较低;在1996—1998 年期间,居民存款真实利率稳步回升,居民收入占比也相对较高;1999 年以来,存款利率再次被持续压低,居民收入占比也不断下降。由此可见,金融控制可能成为中国国民收入分配结构快速转变的重要原因。

　　[①] 《新兴经济体蓝皮书:金砖国家发展报告(2013)》指出,中国是金砖国家中唯一的服务业占比不足 50%的国家。

与此同时,地方政府活动的土地出让金逐年上升。这也暗示金融控制在中国的具体内容有着特殊的背景,即政府部门在经济转型中的参与可能会对金融功能和利益分享产生影响。这种高度重合的走势背后正是本书要重点讨论的发生机制和行为逻辑。但是本书讨论的金融功能扭曲不仅包括金融控制,还包括金融功能对分享广度、深度等更广泛的影响,以及相应的多种分享扭曲效应。

表 4.1　民间利率与正规部门利率:2004—2013

年份	2004	2005	2006	2007	2008	2009	2010	2011	2012	2013
全国金融机构贷款加权平均年利率(%)	6.75	5.58	6.12	7.93	6.23	5.25	6.34	7.8	6.78	7.14
浙江金融机构贷款加权平均年利率(%)	6.35	6.7	6.8	7.6	6.84	5.92	6.32	7.57	7.16	—
浙江民间借贷利率(%)	14.5	12.4	12.2	—	15.88	15.01	17.96	24.3	21.33	19.91

数据来源:《浙江省金融运行报告》和《中国货币政策执行报告》。

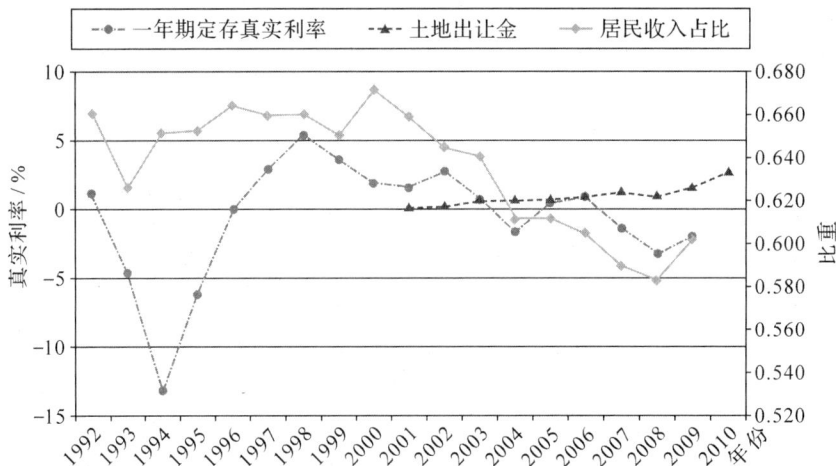

图 4.3　我国近年的真实利率、土地出让金和居民收入占比

数据来源:《中国统计年鉴》。

本章将延续上一章的利益分享理论框架,从包含金融功能的利益分享视角对我国宏观分配格局失衡问题进行系统性研究。这里讨论的金融控制结合了土地财政和土地金融现象。相对于传统的金融抑制而言,其对宏观

分配格局的影响更为全面和深远。可以在一个世代交叠模型中考虑上述制度环境约束,重点讨论地方政府凭借土地资源放大了金融控制的分配效应。主要结论是在现有政府体制结构下,地方政府的增长冲动引发了对主要经济资源的控制权争夺,在公共分享中过于侧重生产性分享。在金融控制的配合下,地方政府不仅获得直接补贴,而且通过土地资源放大了金融杠杆,获得了更多的收入份额。在上述机制中,金融越发展,居民部门收入占比越小。本章的研究工作吸收了已有的研究成果,但是又有所区别。首先,Lu 和 Yao(2009)等文献从经济增长的角度对金融控制的影响进行了较多探讨,但对金融控制与收入分配的关系则关注甚少,这正是本书研究的重点。其次,本书讨论的金融功能不足或者是金融功能扭曲,其发生的机理不单纯等同于 Greenwood 和 Jovanovic(1990)、Banerjee 和 Newman(1993)、Aghion 和 Bolton(1997)、Townsend 和 Ueda(2006)等经典文献所强调的交易成本、信息不对称等市场不完备现象。抑制的更主要因素来自于政府部门干预所产生的金融垄断力量。我国一直存在对金融部门的行政干预和对金融资源的垄断分割,并且随着中央政府和地方政府的双层互动和博弈而更加严重。这是对我国金融部门功能实现的最主要障碍。再次,本书认为改革开放以来政府部门对金融资源垄断和干预的动机区别于陈斌开与林毅夫(2012)所强调的重工业发展战略,而是来自于我国向中央与地方之间分权—集权架构的威权主义体制(许成钢,2013)。地方政府在这种架构下展开基于 GDP 增长速度的竞争,并且获得对金融和土地等重要资源的控制权。由此带来了对金融部门和利益分享机制的干扰作用。第四,在这种竞争压力下政府部门会采用多种对金融资源的控制和垄断形式来满足自身的目标诉求。这些干预形式不仅包括柳庆刚与姚洋(2012)等文献所模型化的金融控制,还包括更广泛的对分享的金融功能的破坏,尤其是土地等关键性经济资源金融功能的扭曲。最后,分配格局的形成涉及初次分配和再分配后的可支配收入,其中再分配主要反映的是财政因素,与公共分享相关,与本书侧重研究的金融因素有所联系但也有所区别。另外,许宪春(2002),李扬、殷剑峰(2007)以及白重恩、钱震杰(2009)等主要的研究结论表明居民部门收入占比下降主要发生在初次分配阶段。因此本节研究重点放在金融功能差异对初次分配阶段的利益分享机制的影响上。本章其余内容安排如下:第二部分是对我国宏观分配格局演变趋势的测算;第三部分是理论模型分析;第四部分是实证分析;第五部分是总结。

4.2　我国宏观分配格局的测算

4.2.1　基于资金流量表的分配比例

　　研究宏观分配格局变化及背后原因的前提是测算居民、企业和政府三个部门可支配收入总额。从全国层面来看,国家统计局公布的资金流量表实物部分(以下简称"资金流量表")是唯一直接报告这三个部门收入比例的数据来源。截至目前,已经公布了 1992—2011 年共 20 张资金流量表。资金流量表采用矩阵结构,主栏列出交易项目,宾栏列出各机构部门,而每个机构部门下再列出两个分栏,分别反映该机构部门的资金流入和流出,称为"来源"(source)和"运用"(use)。[①] 通过这种结构,资金流量表一方面记录了各机构部门以增加值为起点,经过初次分配,形成初次分配总收入,之后经过再分配形成可支配收入的过程;另一方面还反映了初次分配中各种要素收入,以及再分配阶段各种转移支付项目在部门间的分配情况,故可用来分析国民收入份额分配格局及其变化原因。对一个部门而言,初次分配包括两方面内容:一方面是因向其他机构提供生产要素而取得劳动者报酬或财产收入等要素报酬,或按法律规定取得生产税净额;另一方面是各机构以其增加值为起点,向为其提供生产要素的其他机构支付劳动者报酬或财产收入等要素成本,并按规定在生产过程中缴纳生产税和取得生产性补贴。因此,各机构的初次分配收入包括两部分内容:一是增加值剔除向其他机构支付的要素成本以及缴纳生产税净额后的余额(在本书中将其称为"经营性留存");二是该机构凭借其向其他机构提供要素而取得的要素收入,或者按规定收取的生产税净额。在资金流量表中,各机构增加值以及初次分配中各项支出或收入都加总记录在所属部门的对应项目中,由于不同部门的经济活动特点不同,各部门的初次分配收入实际上由劳动者报酬、生产税净额、财产收入和经营性留存中的一项或几项构成。表 4.2 给出了各部门在初次分配过程中的收入来源及计算方法。

　　[①]　参见国家统计局国民经济核算司:《中国经济普查年度资金流量表编制方法》。

表 4.2 初次分配过程中的收入来源及计算方法

收入来源	居民部门	企业部门	政府部门
劳动报酬	从企业、政府和本部门获得的劳动者报酬	无	无
生产税净额	无	无	企业、居民和本部门增加值中的生产税净额
财产收入	存款和持有非股票证券取得的利息—持有股权取得的红利	存款和持有非股票证券取得的利息—持有股权取得的红利	存款和持有非股票证券取得的利息—持有股权取得的红利＋土地租金
经营性留存	增加值—向本部门支付的劳动者报酬—向政府部门缴纳的生产税净额—由贷款产生的利息	增加值—向居民部门支付的劳动者报酬—向政府部门缴纳的生产税净额—由贷款和企业债产生的利息—企业分红	增加值—向居民部门支付的劳动者报酬—向本部门缴纳的生产税净额—由贷款和国债产生的利息

资料来源：本表根据国家统计局 2007 年出版的《中国经济普查年度资金流量表编制方法》编制。

注：企业部门包括非金融企业部门和金融机构部门；企业部门和住户部门的财产收入还包括投保人取得的保险投资收益；企业部门经营性留存还剔除了金融机构向投保人的投资分红，其数值相对较小，未在表中列出。

企业部门包括非金融企业和金融机构部门。非金融企业部门的初次分配收入有两项内容：一是财产收入，包括其存款和持有其他证券带来的利息收入，以及从上市公司红利中取得的分红；二是增加值中剔除生产成本（包括劳动者报酬和财产性支出）和生产税净额后的余额，这是企业部门从其创造的增加值中取得的收入，即"经营性留存"。金融机构和非金融企业的初次分配收入来源类似，本书将它们合并为"企业部门"。值得注意的是，金融机构的利息收入和支出主要来自金融中介活动，仅有极少部分是金融部门自有财产收支，如果将中介活动发生的利息也记在金融部门的财产收入中，不仅会错误估计金融部门的初次分配收入来源的构成，也会错误估计财产性收入在国民收入中所占的比例，因此金融机构的财产收入项目需要进行专门的调整。政府部门的初次分配收入包括三项内容：生产税净额，财产收入（包括存款利息收入和国家持有的 A 股不可流通股本产生的红利＋土地租金），以及其增加值剔除劳动者报酬、生产税净额以及贷款利息和国债利息等支出的余项,即政府部门的"经营性留存"。居民部门初次分配收入包括三项内容:一是劳动者报酬,分别来自企业和政府部门向居民支付的劳动报酬,以及居民部门内部的劳务关系产生的劳动报酬,例如个体经营者向其雇员支付的劳动报酬;二是财产收入,主要是居民存款和持有国债取得的利息,以及按其持有的 A 股流通股比例取得的红利;三是居民部门增加值中剔除劳动者报酬、生产税净额和贷款产生的利息支出的余额,即为居民部门的"经营性留存"。从收入来源的角度,根据历年的资金流量表,可以得到表4.3。根据表 4.3 可以发现,居民部门收入占比在 2000 年到达最高点67.1%后就一路下降,近年来跌破 60%。政府部门收入出现了较大起伏,在1999 年之前都在 17%左右,到了 21 世纪后急剧下降到 13.1%,然后稳步上升到14%左右。企业部门的收入占比一直处于上升阶段。从收入来源来看居民部门以劳动报酬为主,一直高达 80%以上,而财产收入偏少,基本在 5%以下,经营性收入在 10%以上。企业部门的收入来源稳定,表现为"二八"分布,经营性收入占 80%,剩下 20%是财产性收入。政府部门的收入有多元化的趋势,本应以生产税净额为主,但是该比例在下降。

表 4.3　宏观部门的收入来源结构分解(1992—2011 年)

年份	企业部门			政府部门				居民部门			
	收入占比 A_2	财产收入 B_{2c}	经营性留存 B_{2d}	收入占比 A_3	财产收入 B_{3c}	经营性留存 B_{3d}	生产税净额 B_{3b}	收入占比 A_1	财产收入 B_{1c}	经营性留存 B_{1d}	劳动者报酬 B_{1a}
1992	0.174	0.210	0.790	0.166	0.018	0.107	0.876	0.661	0.067	0.107	0.826
1993	0.201	0.193	0.807	0.173	0.020	0.075	0.905	0.626	0.081	0.095	0.823
1994	0.178	0.228	0.772	0.171	0.023	0.065	0.912	0.651	0.088	0.107	0.804
1995	0.195	0.160	0.840	0.152	0.017	0.049	0.934	0.652	0.076	0.102	0.822
1996	0.169	0.186	0.814	0.166	0.015	0.068	0.917	0.664	0.079	0.126	0.796
1997	0.169	0.190	0.810	0.171	0.011	0.066	0.923	0.660	0.065	0.122	0.813
1998	0.162	0.212	0.788	0.177	0.017	0.043	0.940	0.660	0.065	0.122	0.808
1999	0.179	0.126	0.874	0.171	0.026	0.012	0.962	0.650	0.052	0.128	0.820
2000	0.198	0.171	0.829	0.132	0.039	0.034	0.927	0.670	0.046	0.160	0.794
2001	0.215	0.133	0.867	0.127	0.055	0.001	0.944	0.658	0.040	0.152	0.808
2002	0.217	0.135	0.865	0.140	0.071	0.042	0.887	0.644	0.038	0.122	0.840
2003	0.224	0.145	0.855	0.136	0.046	0.004	0.950	0.640	0.036	0.134	0.830
2004	0.252	0.127	0.873	0.138	0.048	0.014	0.938	0.610	0.037	0.132	0.831

年份	企业部门			政府部门				居民部门			
	收入占比 A_2	财产收入 B_{2c}	经营性留存 B_{2d}	收入占比 A_3	财产收入 B_{3c}	经营性留存 B_{3d}	生产税净额 B_{3b}	收入占比 A_1	财产收入 B_{1c}	经营性留存 B_{1d}	劳动者报酬 B_{1a}
2005	0.248	0.151	0.849	0.142	0.057	0.037	0.906	0.610	0.037	0.133	0.830
2006	0.253	0.180	0.820	0.145	0.090	0.031	0.879	0.602	0.050	0.135	0.815
2007	0.267	0.191	0.809	0.147	0.087	0.017	0.895	0.586	0.051	0.134	0.814
2008	0.274	0.204	0.796	0.147	0.118	0.037	0.845	0.579	0.057	0.126	0.817
2009	0.256	0.198	0.802	0.146	0.125	0.034	0.841	0.598	0.048	0.138	0.814
2010	0.257	0.209	0.791	0.151	0.118	0.008	0.873	0.601	0.047	0.158	0.794
2011	0.251	0.228	0.772	0.155	0.150	−0.007	0.857	0.603	0.060	0.152	0.787

资金流量表一方面给出了各部门初次分配收入的来源；另一方面也反映了初次分配中各要素收入（包括劳动者报酬、生产税净额、财产收入和经营性留存，其中后两项为资本收入）在各机构间的分配情况。若用 i 表示收入类别（$i=a$ 劳动者报酬、b 生产税净额、c 财产收入、d 经营性留存），j 表示部门类型（$j=1$ 住户、2 企业、3 政府）。则部门 j 在初次分配总收入中的占比（用 A_j 表示）等于 j 部门在各类收入中的占比（B_{ij}）的加权平均，权重为各类收入在全国初次分配总收入中的占比（用 C_i 表示）。而部门 j 的收入来源可以用 Bji 来表示，即在第 j 部门中，第 i 类收入的比例。于是，企业部门、政府部门、住户部门的初次分配收入占比，可以分别用 A_1、A_2 和 A_3 表示：

$$A_1 = C_c \times B_{c1} + C_d \times B_{d1} + C_a \times B_{a1}$$
$$A_2 = C_c \times B_{c2} + C_d \times B_{d2}$$
$$A_3 = C_c \times B_{c3} + C_d \times B_{d3} + C_b \times B_{b3}$$

其中 $B_{c3} = A_3 \times B_{3c} / (A_1 \times B_{1c} + A_2 \times B_{2c} + A_3 \times B_{3c})$，其他依次类推，得到表 4.4。

表 4.4 功能性收入的部门结构分解（1992—2011 年）

年份	劳动者报酬		生产税净额		财产收入				经营留存			
	C_a	住户 B_{a1}	C_b	政府 B_{b3}	C_c	政府 B_{c3}	企业 B_{c2}	住户 B_{c1}	C_d	政府 B_{d3}	企业 B_{d2}	住户 B_{d1}
1992	0.546	100%	0.145	100%	0.084	0.035	0.436	0.528	0.226	0.078	0.608	0.314
1993	0.515	100%	0.157	100%	0.093	0.038	0.416	0.546	0.235	0.055	0.691	0.254

续表

年份	劳动者报酬		生产税净额		财产收入				经营留存			
	C_a	住户 B_{a1}	C_b	政府 B_{b3}	C_c	政府 B_{c3}	企业 B_{c2}	住户 B_{c1}	C_d	政府 B_{d3}	企业 B_{d2}	住户 B_{d1}
1994	0.524	100%	0.156	100%	0.102	0.039	0.396	0.565	0.218	0.051	0.629	0.320
1995	0.536	100%	0.142	100%	0.084	0.032	0.374	0.594	0.238	0.031	0.690	0.279
1996	0.529	100%	0.153	100%	0.086	0.029	0.365	0.606	0.233	0.048	0.593	0.359
1997	0.536	100%	0.158	100%	0.077	0.024	0.419	0.556	0.229	0.049	0.599	0.352
1998	0.534	100%	0.167	100%	0.081	0.037	0.426	0.536	0.219	0.035	0.584	0.381
1999	0.533	100%	0.165	100%	0.058	0.033	0.384	0.583	0.244	0.019	0.640	0.341
2000	0.532	100%	0.122	100%	0.069	0.073	0.487	0.440	0.276	0.016	0.595	0.389
2001	0.532	100%	0.120	100%	0.062	0.112	0.459	0.428	0.286	0.000	0.651	0.349
2002	0.541	100%	0.124	100%	0.064	0.156	0.460	0.385	0.272	0.021	0.690	0.289
2003	0.531	100%	0.130	100%	0.062	0.101	0.524	0.375	0.278	0.002	0.689	0.309
2004	0.507	100%	0.129	100%	0.061	0.108	0.522	0.371	0.303	0.006	0.728	0.265
2005	0.506	100%	0.129	100%	0.068	0.119	0.549	0.332	0.297	0.018	0.708	0.274
2006	0.490	100%	0.127	100%	0.089	0.147	0.513	0.340	0.293	0.015	0.708	0.276
2007	0.477	100%	0.132	100%	0.094	0.137	0.542	0.321	0.297	0.009	0.726	0.265
2008	0.473	100%	0.124	100%	0.107	0.164	0.526	0.311	0.296	0.018	0.736	0.246
2009	0.487	100%	0.122	100%	0.098	0.187	0.519	0.294	0.293	0.017	0.702	0.281
2010	0.477	100%	0.132	100%	0.100	0.179	0.538	0.283	0.300	0.004	0.678	0.318
2011	0.475	100%	0.133	100%	0.117	0.199	0.490	0.310	0.285	−0.004	0.681	0.323

通过表4.4可以发现,作为居民部门主要收入来源的劳动报酬,其占比一直处于下降趋势中,从2006年开始下降到50%以下,即通俗所称的"强资本,弱劳动"。其背后的原因已经引起了学界的注意,比如(白重恩等,2009;罗长远等,2009;黄先海等,2009;李稻葵等,2009)分别从统计口径变化、技术偏向、发展阶段等维度进行了解读。在第六章将劳动报酬占比作为功能性分配的重要研究角度进行深入研究。居民部门的另外两个来源的收入占比也表现为逐年下降的态势,其中居民获得整体财产收入的比例从20世纪的50%以上,下降到目前的略高于30%,而政府部门和企业部门对财产收入分得的比例分别快速增加了将近十个百分点。这反映了金融系统在分配财产收入的差异性功能。另外一个是居民部门获得经营留存的比例也有明显的缩小变动,已经落在30%的下方。而企业部门的经营留存比例上升到70%以上。由于居民部门的经营留存主要是个体户的经营所得,因此经营

留存分配的比例变化可以从金融系统基于服务对象规模的偏向性得到解释，或者是目前我国金融系统偏爱大企业的直接反映。政府部门的主要收入来源是生产税净额，其在整体收入的比例呈下降趋势，这里可能主要是税收政策的调整以及统计数据调整的结果。

4.2.2　宏观分配格局测算的调整修正

（1）资金流量表的数据调整

官方公布的资金流量表本身会进行回溯式调整。比如《2012年中国统计年鉴》对2000—2008年的9张资金流量表进行了数据修正，并且修正幅度非常大。以2008年的资金流量表为例。在《2010年中国统计年鉴》中，可以看到表4.5。

表 4.5　2008 年我国资金流量表(局部,2010 版)　　　　单位:亿元

交易项目	合计	
	运用	来源
1.净出口		−24229.0
2.增加值		314045.4
3.劳动者报酬	150701.8	150701.8
（1）工资及工资性收入		
（2）单位社会保险付款		
4.生产税净额	50609.5	50609.5
（1）生产税		
（2）生产补贴		
5.财产收入	54548.2	54548.2
（1）利息	42824.4	42824.4
（2）红利	10646.2	10646.2
（3）土地租金	3.2	3.2
（4）其他	1074.3	1074.3
6.初次分配总收入		316228.8
7.经常转移	51729.5	51729.5
（1）收入税	14897.8	14897.8
（2）社会保险缴款	13696.1	13696.1
（3）社会保险福利	9925.1	9925.1
（4）社会补助	2146.9	2146.9
（5）其他经常转移	11063.6	11063.6
8.可支配总收入		319409.6

在 2012 年的修正后的年鉴中,如表 4.6 所示:

表 4.6　2008 年我国资金流量表(局部,2012 版)　　　　　单位:亿元

交易项目	合计	
	运用	来源
1.净出口		−24227.0
2.增加值		314045.4
3.劳动者报酬	150701.8	150701.7
(1)工资及工资性收入		
(2)单位社会保险付款		
4.生产税净额	50609.5	39556.3
(1)生产税		
(2)生产补贴		
5.财产收入	54548.2	62165.1
(1)利息	42824.4	43538.2
(2)红利	10646.2	15231.4
(3)土地租金	3.2	1337.1
(4)其他	1074.3	2058.5
6.初次分配总收入		316030.3
7.经常转移	51729.5	53137.8
(1)收入税	14897.8	14897.9
(2)社会保险缴款	13696.1	13696.1
(3)社会保险福利	9925.1	9925.1
(4)社会补助	2146.9	5156.9
(5)其他经常转移	11063.6	9460.8
8.可支配总收入		319027.5

最主要的变化是生产税净额从 50609.5 亿元下调为 39556.3 亿元,超过上万亿元的调整幅度。相应调高的是财产收入,从 54548.2 亿元上调为 62165.1 亿元,其中"红利""土地租金"和"其他"这三项上调明显。对宏观分配格局测算的影响在于,由于生产税净额百分之百归于政府部门,而财产收入占政府部门初次分配中的比例只有 7% 左右,政府部门的财产收入占整个

财产收入的比例只有10％左右,因此对于政府部门而言,财产收入向上修正的效果难以抵消生产税净额大幅向下修正的效果。企业部门占据了财产收入的55％左右。综合来看,最新一次修正的统计结果表现为政府部门的收入占比比照以往公布的数据计算结果下降了四个百分点,而企业部门的收入占比相应增加了四个百分点左右。最直接的结论是企业部门的收入占比一直高于政府部门,其收入占比的上升挤占了居民部门的收入。这与直接使用旧版资金流量表数据的李扬、殷剑峰(2007)的结论正好相反,他们认为政府部门收入占比上升是居民收入占比下降的主因。由此可见不能轻易直接使用资金流量表数据做出判断。

　　综合来看,资金流量表的局限性表现在以下方面:首先,资金流量表的更新不及时,通常滞后三四年;而利用国家统计局公布的其他数据,可以取得最近两年的资料。其次,受资金流量表编制过程中部分假设的影响和数据资料的限制,资金流量表在初次分配中的要素分配份额并不准确。比如资金流量表中的生产税净额数据在2003年之前的趋势与财政年鉴数据比较一致,但数据上存在差异。资金流量表中的劳动者报酬数据,以普查年份的数据为基数,以人均可支配收入的增长率为劳动者报酬的增长率,推算非普查年份的劳动者报酬。但是居民人均可支配收入不仅包括劳动者报酬,还有财产收入和其他经营性留存。1995年以来,GDP中劳动收入份额下降较快,但构成居民可支配收入的其他组成部分下降的幅度则相对较小或没有下降,因此国家统计局的方法高估了非普查年份的劳动者报酬。正因为如此,我们看到资金流量表数据得到的劳动收入份额总是高于省际收入法GDP数据。这些问题影响了分配格局测算的准确性。对于生产税净额的问题,在最新一次资金流量表修订中已经根据财政年鉴在趋势一致的基础上调整了绝对数字。针对以上两个问题,本书在白重恩、钱震杰(2009)的方法基础上进行了两步调整。

　　第一步调整是结合省级面板数据进行权重调整。尽管地方级的统计数据质量被认为不如国家级的数据质量(吕冰洋、郭庆旺,2012),但是在劳动报酬这个统计数据上国家级的资金流量表数据明显劣于地方级的收入法劳动报酬数据。假设 B_{ij} 不受 C_i 的影响,我们考虑用较为准确的收入法中的要素分配份额数据 C_i 去替换原资金流量表中的 C_i;再用原资金流量表中的 B_{ij} 重新计算企业、政府和住户部门在初次分配收入中的占比。计算结果如表4.7:

表 4.7　第一步调整

年份	劳动者报酬		生产税净额		财产收入				经营留存			
	C_a	住户 B_{a1}	C_b	政府 B_{b3}	C_c	政府 B_{c3}	企业 B_{c2}	住户 B_{c1}	C_d	政府 B_{d3}	企业 B_{d2}	住户 B_{d1}
1992	0.501	100%	0.129	100%	0.100	0.035	0.436	0.528	0.270	0.078	0.608	0.314
1993	0.496	100%	0.140	100%	0.104	0.038	0.416	0.546	0.260	0.055	0.691	0.254
1994	0.505	100%	0.138	100%	0.113	0.039	0.396	0.565	0.243	0.051	0.629	0.320
1995	0.517	100%	0.130	100%	0.092	0.032	0.374	0.594	0.261	0.031	0.690	0.279
1996	0.516	100%	0.127	100%	0.096	0.029	0.365	0.606	0.260	0.048	0.593	0.359
1997	0.515	100%	0.130	100%	0.089	0.024	0.419	0.556	0.266	0.049	0.599	0.352
1998	0.514	100%	0.132	100%	0.095	0.037	0.426	0.536	0.258	0.035	0.584	0.381
1999	0.506	100%	0.134	100%	0.069	0.033	0.384	0.583	0.290	0.019	0.640	0.341
2000	0.494	100%	0.141	100%	0.073	0.073	0.487	0.440	0.292	0.016	0.595	0.389
2001	0.490	100%	0.139	100%	0.066	0.112	0.459	0.428	0.305	0.000	0.651	0.349
2002	0.487	100%	0.138	100%	0.071	0.156	0.460	0.385	0.304	0.021	0.690	0.289
2003	0.471	100%	0.139	100%	0.071	0.101	0.524	0.375	0.319	0.002	0.689	0.309
2004	0.424	100%	0.141	100%	0.073	0.108	0.522	0.371	0.361	0.006	0.728	0.265
2005	0.423	100%	0.142	100%	0.081	0.119	0.549	0.332	0.354	0.018	0.708	0.274
2006	0.414	100%	0.144	100%	0.103	0.147	0.513	0.340	0.340	0.015	0.708	0.276
2007	0.405	100%	0.151	100%	0.106	0.137	0.542	0.321	0.337	0.009	0.726	0.265
2008	0.439	100%	0.156	100%	0.107	0.164	0.526	0.311	0.298	0.018	0.736	0.246
2009	0.466	100%	0.152	100%	0.096	0.187	0.519	0.294	0.286	0.017	0.702	0.281
2010	0.450	100%	0.152	100%	0.099	0.179	0.538	0.283	0.298	0.004	0.678	0.318
2011	0.449	100%	0.156	100%	0.115	0.199	0.490	0.310	0.280	−0.004	0.681	0.323

　　第二步调整是在第一步调整的基础上利用《中国财政年鉴》的数据重新计算得到了生产税净额的代理值。在第一步调整中,收入法的生产税净额项没有包括政府收入的非税收入部分,会低估政府部分的收入占比。生产税净额由《中国财政年鉴》公布的"各项税收",加上财政主要收入项目表中的"各项税收",中央和地方财政主要收入项目中的"排污费和城市水资源费收入""教育附加费收入"和"其他收入"及预算外收入,而不考虑制度外收入;再减去个人所得税、企业所得税和企业亏损补贴得到生产税净额的代理值。由于《中国财政年鉴》中可查的个人所得税数据只有 1990 年、1995 年及1999 年之后的数据,其他缺失年份的数据本书通过居民部门初次分配总收入估算附近年份的平均个人所得税率再乘以对应的居民初次分配总收入得

到,估算得到的 1995 年的个人所得税为 137.44 亿元与官方公布的 131.3 亿元的数据较为接近,说明其他缺失年份数据的估算结果具有一定的可信度。另外,考虑到 1994 年分税制改革前后政府部门的税收收入可能有较大的变动,因而本书的调整时间自分税制改革开始,且以上所有 2001 年之前的数据来自《中国财政年鉴》,2002—2011 年的数据来自《中国统计年鉴》。

表 4.8 个人所得税收入缺失值补充

	财政收入中个人所得税收入(亿元)	个人所得税收入/初次分配总收入	比值下降速度	住户部门初次分配总收入(亿元)
1994 年缺失	73.81	0.0024		31341.13
1995 年官方	131.30	0.0034		39024.80
1995 年缺失	137.44	0.0035		39024.80
1996 年缺失	164.22	0.0035		46628.82
1997 年缺失	259.30	0.0050		51537.56
1998 年缺失	275.96	0.0050		54850.04
1999 年	413.66	0.0072	0.717	57553.42
2000 年	659.64	0.0100	0.718	65811.00
2001 年	995.26	0.0140	0.885	71248.72
2002 年	1211.78	0.0158	0.963	76801.57
2003 年	1418.03	0.0164	0.920	86512.46
2004 年	1737.06	0.0178	0.957	97489.67
2005 年	2094.91	0.0186	0.995	112517.06
2006 年	2453.71	0.0187	0.933	131114.93
2007 年	3185.58	0.0201	0.999	158805.28
2008 年	3722.31	0.0201	1.050	185395.44
2009 年	3949.35	0.0191	0.956	206544.03
2010 年	4837.27	0.0200	0.939	241864.51
2011 年	6054.11	0.0213		284282.94

表 4.9　第二步调整

年份	劳动者报酬		生产税净额		财产收入				经营留存			
	C_a	住户 B_{a1}	C_b	政府 B_{b3}	C_c	政府 B_{c3}	企业 B_{c2}	住户 B_{c1}	C_d	政府 B_{d3}	企业 B_{d2}	住户 B_{d1}
1994	0.507	100%	0.135	100%	0.114	0.039	0.396	0.565	0.244	0.051	0.629	0.320
1995	0.516	100%	0.131	100%	0.092	0.032	0.374	0.594	0.261	0.031	0.690	0.279
1996	0.503	100%	0.149	100%	0.094	0.029	0.365	0.606	0.254	0.048	0.593	0.359
1997	0.513	100%	0.133	100%	0.089	0.024	0.419	0.556	0.265	0.049	0.599	0.352
1998	0.509	100%	0.141	100%	0.094	0.037	0.426	0.536	0.256	0.035	0.584	0.381
1999	0.496	100%	0.153	100%	0.068	0.033	0.384	0.583	0.284	0.019	0.640	0.341
2000	0.484	100%	0.158	100%	0.072	0.058	0.495	0.447	0.286	0.016	0.595	0.389
2001	0.481	100%	0.156	100%	0.065	0.097	0.467	0.436	0.299	0.000	0.651	0.349
2002	0.475	100%	0.158	100%	0.070	0.139	0.469	0.392	0.297	0.021	0.690	0.289
2003	0.461	100%	0.158	100%	0.069	0.079	0.537	0.384	0.312	0.002	0.689	0.309
2004	0.419	100%	0.151	100%	0.072	0.086	0.534	0.380	0.357	0.006	0.728	0.265
2005	0.419	100%	0.150	100%	0.081	0.092	0.566	0.343	0.351	0.017	0.708	0.274
2006	0.409	100%	0.154	100%	0.102	0.098	0.542	0.360	0.336	0.015	0.708	0.276
2007	0.404	100%	0.154	100%	0.106	0.082	0.577	0.342	0.336	0.009	0.726	0.265
2008	0.358	100%	0.311	100%	0.088	0.110	0.559	0.331	0.243	0.020	0.736	0.246
2009	0.466	100%	0.152	100%	0.096	0.122	0.561	0.318	0.286	0.017	0.702	0.281
2010	0.451	100%	0.151	100%	0.099	0.101	0.589	0.310	0.298	0.004	0.678	0.318
2011	0.451	100%	0.153	100%	0.115	0.129	0.533	0.338	0.281	-0.004	0.681	0.323

　　根据两步调整的结果,可以进行综合比较。图 4.4、图 4.5 和图 4.6 分别将三大部门的初次收入占比进行了调整前后的对比。观察可知,政府部门的官方统计数据低估了其收入比例,调整后的比例应该比调整前的高两个百分点。调整后的数据更加稳定,排除了原有数据口径变化的因素干扰。居民部门的收入占比的下降趋势被低估,调整后的收入占比变化趋势更加明显。尤其是在加入 WTO 后的十年中,有一个快速下降的过程。而这一下降空白分别被企业部门和政府部门填补。近年来企业部门的收入占比较少体现出调整的差异性,并且表现出平稳态势。背后原因是人口红利消失后的劳资关系缓和还是企业在"新常态"转型期下的困顿,还需要进一步分析。另外,对于地方政府来说,土地出让收入在 2007 年才因政府颁布《国务院关于加强土地调控有关问题的通知》开始"全额纳入地方政府预算,实行收支两条线管理",在 2007 年前既不列入预算内,又未列入预算外管理,成为游离

于监管之外的主要非预算收入。在 1994 年实行分税制后，土地出让金作为地方政府的固定收入全部划归地方所有，不进入地方财政预算的土地出让金逐渐成为地方政府的"第二财政"。土地在我国经济转型中的利益分享广度得到不断扩展，土地出让金是其货币化的财富表现。其规模根据前文数据显示已经达到 4 万亿元之巨。虽然这部分收入由于统计口径问题并没有在以上测算中考虑，但无论在分享的理论框架中，还是现实社会经济活动中，它都对分配格局有巨大影响。本书的实证分析将在两步调整的基础上再把土地出让金考虑进来，侧重讨论在利益分享广度拓展的条件下，金融功能的支持偏向对宏观分配格局的作用机制。

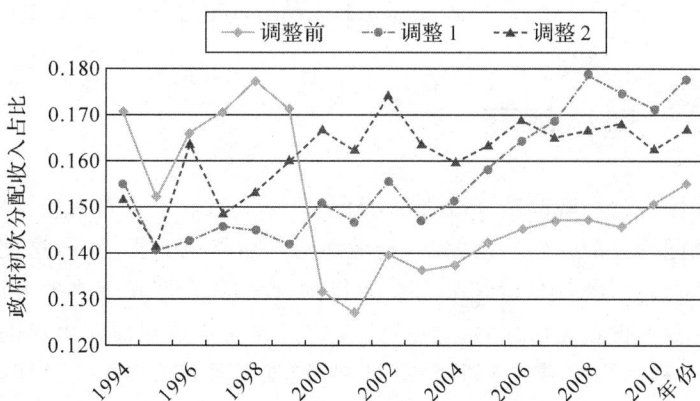

图 4.4　政府初次分配收入占比调整比较

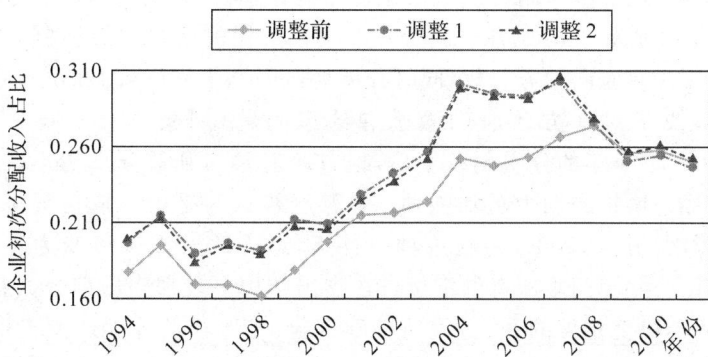

图 4.5　企业初次分配收入占比调整比较

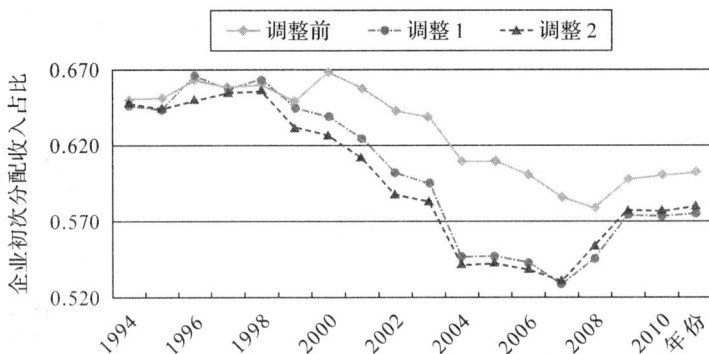

图 4.6 居民初次分配收入占比调整比较

4.3 理论解释

在我国启动经济改革开放之前,无论是物质资本还是人力资本的形成、使用以及配置等都受到严格控制,金融部门的功能也非常单一,这使得利益分享的广度和深度都难以拓展。企业作为分享关系的节点缺少灵活性,导致异质性资本投资无法深入。改革开放的大方向是重塑面向市场的产权制度,这一过程逐步完善了利益分享机制,增加了经济产出(邹至庄,2005)。政府部门在改革转型中提供公共分享机制比较多元,既要增加生产性公共分享,提供面向经济的公共资本,又要完善消费性公共分享,提供面向社会的公共资本,还要引导制度改革来完善利益分享机制。我国幅员辽阔、人口众多,容易形成中央与地方之间分权—集权架构的威权主义体制(许成钢,2013)。中央政府向地方分权,同时开展地区间基于 GDP 的经济竞赛,这样有效地解决了对地方政府的激励和约束问题(周黎安,2004,2007;Xu,2011)。在 1994 年的分税制改革后,地方政府参与利益分享的形式更加明确,推动经济增长的动力更加强劲。这甚至被认为是中国取得经济奇迹的主要原因(张五常,2009)。在这种条件下,地方政府逐步演变为生产型政府,偏离了公共部门本应有的定位。在支出结构上表现为压缩公共福利、社会保障等与民生相关的开支,偏向基础设施、土地开发等生产型投资(张军等,2007;方红生与张军,2009)。增加生产型公共投资会提高企业的边际产出,而民生型支出的缩减则削弱了居民的宏观分享,增加了居民部门的负担。这会导致企业收入增速快于居民部门。在经济竞赛的驱动下,地方政府需要不断追加投资来提高获胜概率。土地财政和土地金融成为其突破预算约束的有效工具。本节将在一个世代交叠模型中具体分析上述机理,讨论其对金融功能的破坏以及对利益分享机制的扭曲;最终结果是提高了政府和企业部门的收入比例,同时侵蚀了居民部门增加收入的能力。

4.3.1　模型的基本架构

考虑一个由实体经济部门、政府和金融部门构成的、没有人口增长的世代交叠模型。在实体经济部门中存在两种类型的群体:第一种类型群体不具备企业家才能,他们可以选择自我雇佣的生产方式,比如家庭式农业生产,或者是进入到企业部门参与大规模生产活动;该类型群体中的个体数量为 N,在本书中被定义为居民部门。第二种类型群体具有科斯意义上的企业家才能,他们可以发现生产机会并募集资金、雇佣第一类型的个体以组成企业(Coase,1937)。这种企业家类型的人力资本可以代际传递。该类型个体数量简化为 1,在本书中被定义为企业部门。两种类型的任意个体存活两期。在第一期提供一单位劳动,然后将劳动收入和其他禀赋收入分成消费和储蓄。第二期的消费则为上一期储蓄所形成的本金和收益。所有个体都具有同样的效用函数,具体如下:

$$U = \frac{(c_t)^{1-\frac{1}{\theta}} - 1}{1 - \frac{1}{\theta}} + \beta \times \frac{(c_{t+1})^{1-\frac{1}{\theta}} - 1}{1 - \frac{1}{\theta}}$$

其中 β 为折现因子,θ 为跨期替代弹性,并假设 $\theta > 1$ 以保证个体储蓄是储蓄回报率的非递减函数。以代表性个体为例,c_t 代表个体在第一期时的消费水平,c_{t+1} 代表该个体在第二期时的消费水平。当经济还停留在传统经济时,经济主体的分享广度被极度限制。无论是居民部门还是企业部门都只能选择自我雇佣的生产方式,对应的生产函数为 $y_H = G_t^\gamma n_{Ht}$。其中 G_t 代表政府部门提供的支持经济活动的公共品,或者被称为"公共投资"。公共投资既包括物质性资本投入,比如农业水利设施、城市基础建设等,也包括制度性资本投入,比如法律法规的市场化调整、市场制度的完善等。在本书中由于地方政府的投资倾向,G_t 特指物质性资本投入。n_{Ht} 为劳动投入,并假设 $\lambda, \gamma \in (0,1)$。由于这种生产方式是自我雇佣,所以 $n_{Ht}=1$,即 $y_H = G_t^\gamma$。此时没有发挥企业家才能,没有合作分工,没有私人部门的大规模资本投资,经济产出处于低水平。

经济转型打开了经济活动的分享广度,居民部门中的劳动力可以与企业家结合形成企业,同时居民储蓄可以进入企业形成资本,获得分享深度。市场经济的大规模生产方式就此诞生,对应的生产函数为 $y_F = G_t^\gamma k_{Ft}^\alpha n_{Ft}^{1-\alpha}$。大规模生产方式可供分享的经济剩余越多,被卷入的经济资源就越多,因此这两个变量成为居民部门的选择性变量。传统经济中的劳动力会逐步退出

生产函数 Y_{Ht}，进入到企业关系中，成为企业的劳动力 n_{Ft}。居民储蓄不断积累形成企业部门物质资本 k_{Ft} 的主要来源，并获得资产性收入。在本书中假设私人资本 K 的折旧率为零，这样方便讨论并且不会影响本书的结论。设定 $0<\lambda<1$，表明分享广度提高后出现的大规模生产方式对公共投资 G_t 的依赖性更高。需要指出的是，尽管这里假设 n_{Ht} 和 n_{Ft} 是可以自由选择的内生变量，但我国实际情况中分享广度的拓展是一个渐进的过程。比如 n_{Ft} 代表了人力资本的分享广度，但是我国无论在正式制度还是实际操作层面对此还存在明显的限制。我国第一部宪法"五四宪法"中曾经写入了"迁徙自由权"；在 1975 年修改宪法时删除了这一条。时至今日，在目前的宪法中仍然没有公民的"迁徙自由权"这一规定。在实际操作层面的限制就是户籍制度。2012 年 2 月国务院发布的《关于积极稳妥推进户籍管理制度改革的通知》仍然对地级市的落户设置了较高门槛，而对直辖市、副省级市和其他大城市等则更为严格。这导致我国现有的 2 亿多和每年新增 1000 多万的农民工无法在城市真正落脚。而农村户籍人口总数在 9 亿以上，也就是说还有 7 亿人口仍然被束缚在生产函数 $y_H = G_t^{\lambda\gamma} n_{Ht}$ 中。

在经济转型中另外一种重要经济资源是土地，其对利益分享的影响不可忽视。转型过程伴随经济起飞和人口的城市化，这两者对土地资源形成了巨大需求。而土地又天然地缺乏供给弹性，因此其分享地位迅速上升，并释放出惊人的财富价值。本书用 L 表示每年土地增值的部分，用公共资本品 G_t 的增加代表对经济转型的推动，所以 L 可表示为 G_t 的增函数。如果分享机制顺畅，那么土地增值会通过市场交易和宏观分享的方式相对均匀的分散在社会大众中。但是，如上一章介绍的，我国土地产权制度的混乱不仅影响了土地资源的价值实现，也干扰了基于土地的利益分享。不同部门在分享土地增值过程中面临迥异的金融功能支持，形成实际的分配差异，进而影响到动态的投资、储蓄和消费行为。这是我国最终累积成宏观分配格局失衡的重要原因之一。在本书模型中，假设居民部门中的劳动者获得土地增值的收入为 L。但是由于我国政府，尤其是地方政府对经济活动有直接介入程度的较深，所以地方政府可以直接获得增值部分的一部分，甚至是一大部分。本书用 ϕ 表示政府获得的土地增值部分，而 $1-\phi$ 则为居民部门保留的部分[①]。2001—2010 年，全国土地出让收入由 0.13 万亿元增长到 2.7 万亿元，增长了 19.9 倍。但是农民通过征地拆迁补助和失地补助两项，仅获得

---

① 这个保留部分并不多，1999 年前的《土地管理法》甚至规定政府征地给予的补偿，"不超过土地原用途三年平均所得的二十倍"。一般包括土地、青苗、附着物补偿费和人员安置补助费等。

土地出让收入的 37%（夏斌，2013）。因此地方政府每一期除了获得税收 τY_t，还有 ϕL_t 贡献的所谓"土地财政"，以及在土地收入基础上获得的融资，即"土地金融"。

　　居民部门的代表性个体在生命期的第一阶段提供劳动力。如果在传统部门，那么获得劳动收入 $(1-\tau)y_{Ht}$。如果进入企业工作，将获得工资收入 w_t。在人力资本的分享广度没有充分打开并且人口大部分还滞留在传统生产技术的发展早期，进入到现代生产部门的劳动力不可能获得超过 $(1-\tau)y_{Ht}$ 的真实工资收入，即两种分享深度是一样的，都有 $w_t=(1-\tau)y_{Ht}$。这也符合刘易斯阐述的劳动力无限供给阶段的人力资本分享逻辑。同时居民部门还有土地的增值收入 L_t。假设土地增值 L_t 在每一期都属于居民部门中当期劳动的一代，或者说是年轻的一代。获得劳动回报后个体可以将其一部分用于当期消费 C_{t1}^W，其余部分 S_t^W 储存在银行或其他金融机构并获得固定的总回报率 R，所以代表性劳动者的跨期预算约束为 $C_{t1}^W+C_{t2}^W/R=W_t^W$，而 $W_t^W=(1-\tau)y_{Ht}+(1-\phi)L_t$。具有企业家才能的个体在第一期以企业经理的角色参与企业生产，提供企业家才能并获得回报 $mt=\varphi\Pi_t$，其中 Π_t 为该企业在当期的生产利润（总产出扣除税收部分以及雇佣的劳动报酬部分），φ 为企业经理获得的利润占比（$\varphi<1$），$1-\varphi$ 的利润比例归上一代企业家所有。这个假设说明具备较高人力资本的群体分享深度不同于一般劳动力，也保证了企业经理和企业所有者目标一致。年轻企业家在第一期末的储蓄 s_t^E 既可以存储在银行也可以投资于所在企业的资本形成，另外该企业家还可以从银行获得贷款 $l^E t$，两者之和即为下一期该企业的总资本量 $k_t^E+1=s_t^E+l_t^E$。

　　银行等代表性金融机构（以下简称银行）从居民部门或者年轻企业家手中获得储蓄，并贷给三大部门。本书假设银行业是垄断的，存贷款利率都被控制在 R，并在贷款对象上具有选择性。具体来说，在本书模型中银行不会贷款给居民部门，因为其不具有生产机会；也不会完全满足企业家的贷款需求，而是根据企业资本按比例划定贷款上限，即满足 $R_{lt}\leqslant\varphi tK_t$。参数 φ_t 被理解为政府部门对金融资源配置的控制程度。地方政府会通过压低 φ_t 来争夺更多的金融资源。这种控制动机来自地方政府面临的地区间 GDP 竞赛的压力和激励。如果在经济竞赛中胜出，地方官员会在政治上得到奖励（比如升迁），这就构成了地方政府目标函数的一个部分。在这个目标驱动下，地方政府会偏向物质性的公共投资，比如高速公路、产业园区等，即上文定义的 G_t。因为这样在短期内能够直接增加经济总量并可能有乘数放大效应。相比之下，制度性的公共投资（比如法制效率、市场环境、金融系统等）

需要更长的时间周期才能体现作用,这个作用在本书地方政府短期的决策过程中就没有体现。另外一个进入目标函数的变量是公共部门必须承担的公共消费,比如社会保障、医保等。具体可以考虑一个两地区竞争模型,多地区竞争模型情形与此类似,不会改变本书的主要结论。地方官员有两期的任期,在第一期 t 期有权做出公共消费 C_t 和公共投资 G_t 的决策。在 $t+1$ 期,上一期的公共投资会进入当期的生产函数,并决定土地增值的程度。因此 G_t 决定了下一期经济总量,进而影响地方经济竞争的获胜概率。如果胜出,那么地方官员将获得政治奖励 V_{t+1},得到晋升;如果没有胜出,将正常退出政治舞台,或者是寻求腐败机会(盛宇明,2000;Goel 等,2014)。地方政府的预算约束包括税收和土地增值部分,还有以土地增值为基础的银行贷款。在 t 期的贷款由下一任官员在 $t+1$ 期负责偿还。另外假设政治奖励会以外生的速率加强,即满足 $V_{t+1}=(1+\mu)V_t$。用 G_t 代表 t 期时地区内的公共投资水平,p_t 代表在 t 期的政治锦标赛中的胜出概率,ρ 表示主观贴现率,η 表示基于土地价值的金融杠杆系数。则代表性地区政府的最优化问题为:

$$\max\left[c_t + p_{t+1}V_{t+1}/(1+\rho)\right]$$
$$\mathrm{s.\,t.\,:} c_t + G_t = \tau Y_t + \phi L_t + \eta L_t - R\eta L_{t-1}$$
$$Y_t = (N-n)Y_{Ht} + Y_{Ft}$$

4.3.2　模型求解和主要命题

对于居民部门,在收入约束下结合式(4.1)便可以得到一般居民的最优储蓄函数 $S_t^w = \zeta^w W_t^w$,其中 $\zeta^w = (1 + \beta^{-\theta}R^{1-\theta})^{-1}$(证明见附录2)。其中 R 代表从金融机构获得的投资回报率。在 t 期居民部门的整体收入为 $N(1-\tau)y_{Ht} + N(1-\phi)L(G_t) + RD_{t-1}$。其中 D_{t-1} 表示居民部门在上一期的总储蓄额。企业部门会在给定企业资本总量 k_t 的条件下通过选择工资率 w_t 和雇佣工人数 n_{Ft} 来使利润最大化。在居民部门的劳动力还滞留在传统部门的情况下,企业不会开出高于 $(1-\tau)G_t^{\lambda\gamma}$ 的工资,同时也不能开出低于 $(1-\tau)G_t^{\lambda\gamma}$ 的工资,所以最终均衡工资为 $w_t = (1-\tau)G_t^{\lambda\gamma}$。企业在当期的最优化问题可以写成:

$$\Pi_t(k_t) = \max_{n_t}\left[(1-\tau)G_t^\gamma k_t^\alpha n_t^{1-\alpha} - w_t n_t\right]$$
$$\mathrm{s.\,t.\,:} w_t = (1-\tau)G_t^{\lambda\gamma} \tag{4.1}$$

根据最优条件可以解得:

$$n_t = k_t G_t^{(1-\lambda)\gamma/\alpha}(1-\alpha)^{1/\alpha} \tag{4.2}$$

把上式带入到企业家的生产函数中,可得

$$y_{Ft} = k_{Ft} G_t^{(1-\lambda+\alpha\lambda)\gamma/\alpha}(1-\alpha)^{(1-\alpha)\alpha} \tag{4.3}$$

此时可以得到利润函数为式(4.4)：

$$\Pi(k_{Ft}) = (1-\tau)[y_{Ft} - (1-\alpha)y_{Ft}] = \alpha(1-\tau)y_{Ft} = \rho_t k_t \quad (4.4)$$

其中 $\rho_t = \alpha(1-\tau)(1-\alpha)^{(1-\alpha)/\alpha}G_t^{(1-\lambda+\alpha)\gamma/\alpha}$ 可以看成是企业部门的整体投资回报率。

企业的单期利润中要拿出一部分给年轻一代的企业经理，即 $m_t = \varphi\rho_t k_t$，所以老一代企业主可得利润是 $(1-\varphi)\rho_t k_t$。如果金融市场能够提供完善的流行性功能使得资本可以随时变现，那么老一代的企业主就可以"全身而退"，在 t 期获得可支配收入 $(1-\varphi)\rho_t k_t + k_t$。其中有一部分 RL_{t-1} 要还贷给银行。所以回到 $t-1$ 期考虑，企业经理现在每一块钱的储蓄都可以在 t 期给自己带来 $(1-\varphi)\rho_t + 1$ 的回报率。所以只有当 $(1-\varphi)\rho_t + 1 \geqslant R$ 时，企业经理才会继续企业投资。根据(4.4)式可知存在 $\underline{G}$，当 $G_{t+1} > \underline{G}$ 时有 $(1-\varphi)\rho_t + 1 \geqslant R$。在本书模型中，$G_t$ 的大小和地方政府面临的激励 V_t 相关。在 V_t 足够大的情况下必然满足 $G_t > \underline{G}$。在这种情形下，企业经理就不会将储蓄放在银行，而是将自身储蓄连同追加贷款一起形成资本 k。那么下一期该企业家的收入即为 $[(1-\varphi)\rho_t + 1](s+l) - Rl$，或者是 $[(1-\varphi)\rho_t + 1]k - Rl$。分期的消费量表示为 $c_1 = m + l - k$ 和 $c_2 = xk - Rl$。在确定了资本投入量与利润回报的数量关系后，企业选择每一期的最优投资水平来最大化效用函数：

$$U_t = \frac{(C_{1t})^{1-1/\theta}-1}{1-1/\theta} + \beta \times \frac{(C_{2t})^{1-1/\theta}-1}{1-1/\theta} = \frac{(m+l-k)^{1-1/\theta}-1}{1-1/\theta} + \beta$$
$$\times \frac{(xk-Rl)^{1-1/\theta}-1}{1-1/\theta}$$

在金融抑制的情况下，贷款 L 是投资 K 的函数，表示为 $L = \varphi k$，即相当于以 k 作为抵押品，乘以折扣系数。那么直接带入效用函数中对 k 求一阶倒数，得到企业家的储蓄倾向为(证明见附录3)：

$$k/m = \{1-\varphi + [\beta/(1-\varphi)]^{-\theta}(x-R\varphi)^{1-\theta}\}^{-1} \quad (4.5)$$

其中 x 就是 $\rho_t = \alpha(1-\tau)(1-\alpha)^{(1-\alpha)/\alpha}G_t^{(1-\lambda+\alpha)\gamma/\alpha}$，是 G 的增函数。因此随着政府公共投资的扩大，企业会相应地增加资本投入。政府公共投资相当于通过提供公共资本品节约了本来由企业承担的资本投入，表现在公共投资越大，私人投资的边际产出越大，因此企业的资本存量会增加。企业部门的收入比例为 $(1-\tau)y_{Ft} - n(1-\tau)y_{Ht} - RD_{1t-1}$。其中 D_{1t-1} 是企业部门在上一期获得的贷款额，也即 φk。企业的收入比例也是 G 的增函数。对于政府部门，每一任地方官员的最优化问题的一阶条件为 $dP_{t+1}/dG_t = (1+\rho)/V_{t+1}$。地方官员通过生产性公共支出来提高经济竞赛的获胜概率。这种投资的边际效果主要和经济竞赛的激烈程度即 V_{t+1} 有关。此时政府部门的收入可以表示为 $\tau Y_t + \varphi NL(G_t) - RD_{2t-1}$。其中 D_{2t-1} 表示政府部门上一期的贷款额，即 ηL_{t-1}。至此我们可以得到以下三个命题：

命题1：随着经济增长，经济竞赛的奖励 V_t 会不断增加，地方政府面临的竞争激烈程度会因此加剧。地方政府为了提高经济竞赛的胜率需要不断追加生产性公共支出，即 G_t 会持续增加。公共投资直接提高了企业边际产出，因此会刺激企业形成资本和增加雇工，最终实现了经济转型。

经济增长会使得地方政府之间经济竞赛的激励水涨船高，因为经济总量的扩张使得地方政府的经济权利相应扩大，竞赛得失的激励效果会更加显著。因此随着竞争激烈程度加剧，政治激励 V_{t+1} 会不断攀升。而根据公共投资决策的最优条件，V_{t+1} 的增加会导致公共投资边际投入可以提高获胜概率的边际效果越来越差。或者说要想维持在 GDP 竞赛中的竞争优势，必须提高公共投资的边际投入。从另外一个角度来看，追赶型经济的增长动力不是技术创新，在现有生产技术条件下，政府公共投资的边际产出递减。地方政府需要追加更多的投入来保持相同的产出水平。对于企业而言，公共投资直接进入了生产函数。公式(4.4)说明企业利润是公共投资的增函数。所以只要融资成本被压制并低于企业的边际投资回报率，企业就有持续的动力进行企业投资和增加雇工。物资资本和劳动力逐步从传统部门向现代经济部门转移。这种竞争激励—公共投资—企业扩张—经济增长再到激励升级的往复相互作用构成了中国改革开放后的经济增长动力机制。但是在竞争激励不断增强的同时，地方政府的公共投资却显得力不从心。这就迫使地方政府去控制更多的经济资源。命题2说明了地方政府借助土地财政和金融杠杆的行为逻辑。

命题2：随着经济总量的扩张，地方政府的公共投资会随之放大。地方政府为了维持公共投资，需要借助更多的金融资源。地方政府一方面直接利用土地财政获得制度外收入；另一方面会利用土地金融来撬动金融资源，同时对金融部门增加控制力。在这种情况下，金融部门的发展越来越偏向地方政府、偏离实体经济。

地方政府为了维持不断攀升的公共投资支出，不得不依赖四种方式来解决这一问题。首先是降低公共消费支出比例。在资源有限的情况下，政府支出决策必然有所取舍。公共消费支出不能够在短期增加 GDP，所以会被压缩。其后果相当于增加了居民部门的开支，降低了居民部门的储蓄，减少了居民部门的资产性收入。第二种方法是增加税收收入。中国在1994年进行了分税制改革，地方政府依赖的主要税种成为中央和地方的分享税种，并且是中央获得主要部分。比如增值税中，中央占 75%，地方占 25%。在实行分税制后,地方政府有动力扩大税基,通过建立工业园区、招商引资的方式做大 GDP。第三是在 2002 年国有经营性土地使用权实行"招拍挂"后,地方政府可以一次性收取 70 年的土地使用费,即土地出让金。这是地方政府的预算外收入,不参与中央—地方分成。因此地方政府更倾向通过"征地—卖地"的形式获得土地出让金。土地出让金收入已经达到地方政府财政收入的 60% 左右,形成所谓的"土地财政"。最后,地方政府还可以通过土地撬动更多的金融资源。为了增加土地金融的杠杆作用,地方政府会加强对金融部门的控制力,使得金融发展路径从实体经济导向型转变为政府需求导向型。地方政府的经济参与度越高,对金融系统的依赖就越大;金融发展越偏向政府部门。最终不仅会形成宏观分配格局失衡,而且会酝酿系统性风险。

命题 3:我国金融部门规模越大,对宏观分配格局的扭曲效应就越明显。其中居民收入占比会随之走低,企业部门和政府部门的收入比例会随之走高。

根据上文理论探讨在 t 期居民部门整体收入为 $N(1-\tau)y_{Ht} + N(1-\phi)L(G_t) + RD_{t-1}$,$D_{t-1}$ 表示居民部门在上一期的总储蓄额。企业的收入比例是 $(1-\tau)y_{Ft} - n(1-\tau)y_{Ht} - RD_{1t-1}$。政府部门的收入就可以表示为 $\tau Y_t + \phi NL(G_t) - RD_{2t-1}$。其中 D_{2t-1} 表示政府部门上一期的贷款额,即 ηL_{t-1}。可以发现三大部门的收入规模都会随着公共投资的增加而增加,但是增加比例存在差异。其中居民部门的收入占比为 $\dfrac{N(1-\tau)y_{Ht} + N(1-\phi)L(G_t) + RD_{t-1}}{Ny_{Ht} + y_F + NL(G_t)}$。观察这个比例可以发现居民部门的主要收入来源都存在"类债"的固定收入性质。劳动收入在经济转型过程中,由于传统部门就业人口的牵制,只能得到固定工资 $w_t = (1-\tau)y_{Ht}$。资产收入由于金融抑制,只能获得固定资产收益率 R,且 R 低于企业部门的收益率。土地收入本应可以弥补居民部门的收入差距,但是由于地方政府对土地财政的依赖,使得居民部门的分享比例 $1-\phi$ 被严重压低。在这种情况下,经济增长加速,居民部门的收入增加,但是居民收入占比会下降。金融规模越大,政府公共投资的资金越充足,经济增长就越快。但是居民部门的主要收入来源都只能维持固定回报率,可以按比例分享的土地收益比例太小。

4.4 实证分析

本书将使用全国数据和省级数据,分别使用时间序列方法和面板数据方法来验证上述核心命题,特别是分析各设定变量对居民部门和政府部门收入占比的影响。在全国层面上,我们将从两个方面进行验证:首先通过单位根检验判断变量的平稳性;其次通过协整分析和格兰杰因果关系检验各变量之间的长期稳定和因果关系。分析时间序列数据使用的软件是Eviews6.0。对于省级面板数据,我们将建立静态面板数据模型和动态面板数据模型,在Stata12 中通过固定效应、随机效应、差分矩估计和系统矩估计四种方法得到回归结果。

4.4.1 时间序列分析

在使用时间序列数据研究金融发展对各部门收入占比的影响时,分别定义 RI2 为居民部门收入占比,EI2 为企业部门收入占比,GI2 为政府部门收入占比。数据首先都使用第二部分中调整 2 的结果。金融发展水平分别用反应金融整体发展程度的金融化 F 和以广义货币 M2 与 GDP 的比值计算得到的货币化水平 M 两个指标来衡量,其中金融化水平以债券余额、本币存款、M2、M0 与保费收入之和与 GDP 的比值来测算。根据 AIC,SC 信息准则,本书确定的最佳滞后阶数为 3。

(1)ADF 单位根检验

在对时间序列数据进行实证分析前需要先对各变量水平值和一阶差分项进行平稳性检验,表 4.10 给出了 ADF 单位根检验的结果。从各变量水平值的检验结果来看,调整 2 的居民部门收入占比(RI2)和货币化(M)未能通过 ADF 单位根检验,企业收入占比(EI2)、政府收入占比(GI2)和金融化(F)都能在 5% 的显著性水平下拒绝存在单位根的原假设。一阶差分后的货币化水平(M)通过了 5% 显著性水平的单位根检验,其他变量的一阶差分值也都通过了 1% 水平的 ADF 单位根检验,由此所有变量都可被看作是一阶单整的,接下来我们可以通过对各变量作协整分析以判断变量间是否存在长期均衡关系。

表 4.10　单位根检验

变量	水平值检验结果			变量	一阶差分值检验结果		
	检验形式(C,T,L)	ADF 值	P 值		检验形式(C,T,L)	ADF 值	P 值
RI_2	$(1,1,3)$	-2.770000	0.2287	$\Delta RI2$	$(0,0,0)$	-3.089667^{***}	0.0043
EI_2	$(1,1,0)$	-3.821846^{**}	0.0431	$\Delta EI2$	$(0,0,0)$	-3.972363^{***}	0.0006
GI_2	$(1,1,0)$	-3.917982^{**}	0.0348	$\Delta GI2$	$(0,0,0)$	-7.857624^{***}	0.0000

续表

变量	水平值检验结果			变量	一阶差分值检验结果		
	检验形式(C,T,L)	ADF 值	P 值		检验形式(C,T,L)	ADF 值	P 值
F	(1,1,0)	−4.198741**	0.0212	ΔF	(1,0,0)	−4.999222***	0.0015
M	(1,1,0)	−1.864594	0.6282	ΔM	(1,0,1)	−3.625860**	0.0176

注:ΔRI2 表示 RI2 的一阶差分项,其他变量类似;C,T,L 分别表示常数项、趋势项和滞后阶数,C=1 表示含有常数项,否则为不含常数项,其他项以此类推,滞后阶数根据 AIC 信息准则确定;**,*** 表示在 5% 和 1% 水平下显著。

（2）协整检验

ADF 单位根检验结果说明居民部门收入占比和货币化两个变量的水平值存在单位根,但所有变量的一阶差分项至少在 5% 水平是平稳的。接下来本书将在单位根检验的基础上通过 Johansen 协整的方法分别对居民、企业和政府部门的收入占比与金融发展水平之间是否存在长期均衡关系进行检验,检验结果如表 4.11。

表 4.11　居民收入占比与金融化、货币化之间的 Johansen 协整检验结果

迹检验

原假设的协整方程个数	特征根	迹统计量	5%临界值	概率**
无*	0.898787	50.71385	29.79707	0.0001
至多1个*	0.556249	16.35589	15.49471	0.037
至多2个*	0.242628	4.168519	3.841466	0.0412

最大特征根检验

原假设的协整方程个数	特征根	最大特征根统计量	5%临界值	概率**
无*	0.898787	34.35797	21.13162	0.0004
至多1个*	0.556249	12.18737	14.2646	0.1038
至多2个*	0.242628	4.168519	3.841466	0.0412

* 表示在 5% 的显著性水平下拒绝原假设

表 4.11 给出了居民收入占比与以金融化和货币化衡量的金融发展水平之间协作检验的结果,迹检验结果表明在 5% 显著性水平下变量之间至少存在 3 个协整方程,最大特征根检验下三者之间至少存在 1 个协整关系,因此

我们可以判断居民收入占比和金融化、货币化存在 Johansen 协整关系。

表 4.12　企业收入占比 EI2 与金融化 F、货币化 M 之间的 Johansen 协整检验结果

迹检验

原假设的协整方程个数	特征根	迹统计量	5%临界值	概率**
无*	0.882483	46.90101	29.79707	0.0002
至多 1 个*	0.596443	14.78347	15.49471	0.0638
至多 2 个*	0.075154	1.171917	3.841466	0.279

最大特征根检验

原假设的协整方程个数	特征根	最大特征根统计量	5%临界值	概率**
无*	0.882483	32.11754	21.13162	0.001
至多 1 个*	0.596443	13.61155	14.2646	0.0632
至多 2 个*	0.075154	1.171917	3.841466	0.279

* 表示在 5%的显著性水平下拒绝原假设

从表 4.12 的结果来看,在迹检验和最大特征根检验下我们有 95%的把握认为企业收入占比与金融化和货币化之间至少存在 1 个 Johansen 协整关系。

表 4.13　政府收入占比 GI2 与金融化 F、货币化 M 之间的 Johansen 协整检验结果

迹检验

原假设的协整方程个数	特征根	迹统计量	5%临界值	概率**
无*	0.903584	42.30444	29.79707	0.0011
至多 1 个*	0.373923	7.21825	15.49471	0.5524
至多 2 个*	0.012851	0.194013	3.841466	0.6596

最大特征根检验

原假设的协整方程个数	特征根	最大特征根统计量	5%临界值	概率**
无*	0.903584	35.08619	21.13162	0.0003
至多 1 个*	0.373923	7.024238	14.2646	0.4863
至多 2 个*	0.012851	0.194013	3.841466	0.6596

* 表示在 5%的显著性水平下拒绝原假设

与表 4.13 的结果相似,政府收入占比与金融发展水平之间至少存在一个协整方程,且这一结论在迹检验和最大特征根检验中均成立。因此,我们认为三大部门收入占比与以金融化(F)和货币化(M)衡量的金融发展水平之间是存在长期均衡关系的,因此可以对它们之间的逻辑关系作进一步的分析。

(3)格兰杰检验

由于格兰杰因果检验要求各变量是平稳的,直接对差分后的平稳序列进行格兰杰检验可能会丢失重要信息,失去变量的经济意义。鉴于居民收入占比和货币化两个变量的水平值是非平稳的,本书先建立 VEC 模型并在此基础上对各变量进行格兰杰因果检验以判断金融发展是否是居民、企业和政府部门收入占比变化的原因。

表 4.14　Granger 因果检验—居民收入占比

Dependent variable:D(RI2)

Excluded	χ^2	df	Prob.
D(F)	7.164365	2	0.0278
D(M)	5.425183	2	0.0664
All	12.64556	4	0.0131

从表 4.14 的检验结果看,单独考虑金融化这一变量时,其在 5% 显著性水平上可以看作是居民收入占比变化的格兰杰原因;用货币化来解释居民收入占比的变化也能够在 10% 的水平上显著;同时考虑金融化和货币化两个变量,它们对居民收入占比变化的解释力度更大;因而我们推测以金融化和货币化测度的金融发展水平是居民收入占比下降的重要原因。

表 4.15　Granger 因果检验—企业收入占比

Dependent variable:D(EI2)

Excluded	Chi-sq	df	Prob.
D(F)	4.697844	2	0.0955
D(M)	5.077811	2	0.079
All	12.38173	4	0.0147

表 4.15 的格兰杰因果检验结果说明金融化和货币化两个指标分别都能在 10% 的显著性水平上解释企业收入占比的变化,同时考虑两者对企业收

入占比的影响时,其显著性逼近 1‰;因此,调整 2 下的企业收入占比的变化在一定程度上也可以由金融发展水平来解释。

表 4.16　Granger 因果检验—政府收入占比

Dependent variable:D(GI2)

Excluded	Chi-sq	df	Prob.
D(F)	3.995578	2	0.1356
D(M)	3.258989	2	0.196
All	4.395583	4	0.3551

表 4.16 的结果并不能够有力地证明金融化和货币化是政府部门收入占比变化的格兰杰原因,但也不能完全断定金融发展对政府收入占比的变化不存在影响,因为有可能是全国的数据没能体现出各省市地方政府收入变化的特征,或者是没有包含土地财政和土地金融的因素,因此有必要使用省级数据对其进行深入分析。通过以上分析,我们大致可以判断金融发展在一定程度上会提高企业收入占比,恶化居民收入占比,但以金融化和货币化衡量的金融发展水平对政府部门收入占比的影响方向尚不确定,我们将在后面章节通过面板数据分析进一步讨论可能影响三大部门收入占比的因素。

4.4.2　面板数据分析

上一节我们使用全国的数据通过时间序列方法分析了以金融化和货币化测度的金融发展水平对居民、企业和政府部门收入占比的影响,并得到了初步结果。但全国的数据容易掩盖各省份数据的特点,另考虑到之前所使用的时间序列分析方法相对简单,本节将通过构建静态和动态面板模型,使用不同数据集进行多次回归分析来研究各变量对三大部门收入占比的影响。具体做法是分别将土地财政和土地金融,土地财政和金融发展水平作为核心解释变量依次纳入模型考虑它们对居民、企业和政府部门收入占比单一的和共同的影响,在重点分析以上主要变量对三大部门收入占比的影响的同时,我们在模型中也加入了其他可能对因变元造成影响的控制变量以使回归结果更具说服力。与时间序列分析中不同的是我们对每一组数据集都使用了固定效应模型、随机效应模型、差分矩估计和系统矩估计这四种面板数据分析中常用的方法,并做了相关的检验,且在分析政府收入占比时考虑了政策的时间效应。从面板数据分析的结果来看,我们得到的结论并没有与时间序列方法下的结论相悖,且恰是前者的补充。

表 4.17   变量说明

变量名称	变量符号	测算方法
居民部门收入占比	lnpdi	ln(居民总收入/GDP)
政府部门收入占比 1	lngdi1	ln((地方政府财政收入＋土地出让收入)/GDP)
政府部门收入占比 2	lngdi2	ln((地方政府财政收入)/GDP)
企业部门收入占比	lnedi	ln(1－居民部门收入占比－政府部门收入占比 2)
土地财政	lnldf	ln(国有土地出让收入＋土地相关税收)
土地金融	lnldfin	ln(土地抵押贷款金额)
整体金融	lnfed	ln(金融机构年末存款余额/GDP)
城市化水平	lncity	ln(非农人口/总人口)
人力资本	lnhr1	ln(高等院校毕业生人数/总人数)
工资水平	lnw	ln(职工平均工资)
经济发展水平	lnpgdp	ln(人均 GDP)
外贸依存度	lnopen	ln(进出口总额/GDP)

(1)被解释变量

由于政府出让的土地部分主要通过征收农民土地获得,因此假定土地出让收入只涉及居民和政府两个部门。本书在使用面板数据分析各部门收入占比影响因素的问题时,分别考虑居民和政府两个部门及居民、企业和政府三个部门两类数据集。其中,居民部门收入占比(lnpdi)用各省居民总收入与当地 GDP 之比测算,居民总收入为城镇居民人均可支配收入乘以非农人口数(考虑到部分省份城镇人口连年波动过大,此处用非农人口数替代城镇人口)加上农村居民人均纯收入乘以农业人口数;两部门中的政府收入占比(lngdi1)用地方政府财政收入与土地出让收入之和比上 GDP[①] 计算;加入企业部门后,政府收入不考虑土地出让部分,政府收入占比(lngdi2)只通过地方政府财政收入比上 GDP 计算获得;鉴于我们可以得到的各省企业收入方面的数据有限,这里的企业收入占比经扣除居民和政府部门收入占比简单计算得到。

(2)核心解释变量

1994 年后地方政府财权弱化而事权不减,这使得地方政府开始通过预算外收入来弥补预算收入的不足,而土地资源成为其获得收入的主要来源。

---

① 研究两部门收入占比的变化情况及其影响因素时,仅将 GDP 视作分母为计算居民和政府部门收入占比提供一个基准,不侧重强调其经济意义,因而将土地出让收入也作为分子加入到政府收入占比的计算中去,即使土地出让行为本身在经济活动中并没有增加新的产出。

本书以地方政府当年获得的土地出让金及地方财政收入中的耕地占用税收入、城镇土地使用税收入、房产税收入、契税收入与土地增值税收入之和作为衡量土地财政收入(lnldf)的指标。地方政府除了通过出让土地和收取土地税直接获得土地财政收入外,还可以以土地作为抵押物获得贷款收入。北京和上海在 2006—2008 年间的土地抵押金均已超过地方 GDP 的 50%,尤其是上海在 2007 年的土地抵押金已超过上海市当年的 GDP 水平,鉴于数据的可得性,本书仅以土地抵押贷款来度量各省市的土地金融水平(lnldfin)。最后,以银行为主的金融机构存款余额是政府贷款的主要来源,其亦可作为衡量金融发展的指标,参照一般文献中的做法,将以金融机构存款余额与地区生产总值之比测度的金融发展水平(lnfed)作为核心解释变量纳入模型。

(3)控制变量

为增加实证模型的可信度和合理性,我们选取了可能影响政府和居民部门收入占比的产业结构(Ind2)、城市化水平(lncity)、人力资本(lnhr)和工资水平(lnw)作为控制变量。其中,经济结构为第二产业对地区 GDP 的贡献率;城市化水平用各省非农人口数占总人口数的比重替代;人力资本以高等院校毕业生人数占总人数的比重计算;工资水平用职工平均工资来表示。需要说明的是本书把以人均 GDP 衡量的经济发展水平(lnpgdp)和以进出口贸易总额占 GDP 比重计算的外贸依存度(lnopen)视为严格外生变量,只在进行广义矩估计时将其作为工具变量纳入模型而不在结果中列出。

本节数据样本涉及中国大陆 31 个省市,样本 1(主要研究土地财政和土地金融对各部门收入占比的影响)的时间跨度为 2003—2008 年,样本 2(主要研究土地财政和金融发展水平对各部门收入占比的影响)的时间跨度为1999—2011 年。《中国国土资源统计年鉴》从 2000 年开始公布各省土地出让情况的数据,2004 年起可查土地抵押贷款数据,但该数据只统计了 5 年,因而在分析土地金融这一变量对各部门收入的影响时,将所有数据的时间区间统一为 2003—2008 年,其他所有变量指标的时间段均可扩展为 1999—2011 年。城镇居民人均可支配收入、农村居民人均纯收入、农业人口、非农人口和总人口数据来自 2000—2012 年《中国统计年鉴》,部分缺失数据根据各省统计年鉴补齐;金融机构年末存款余额和进出口总额的数据来源为《新中国六十年统计资料汇编》及 2000—2012 年各省统计年鉴;地方政府财政收入和各项土地税收收入来自 2000—2012 年《中国财政年鉴》;高等院校毕业生人数和职工平均工资数据来源于 Wind 数据库。以上所有指标均已进行对数化处理,另为保证实证部分回归结果的系数在一般合理的范围内,本书对部分绝对变量的单位进行调整以使得所有指标在对数化前就能处于相同或相近数量级,如职工工资水平和人均 GDP 均以万元为单位。

从 1999—2011 年各省居民部门、企业部门及两部门和三部门中的政府收入占比变化情况,可以看出 31 个省份的居民收入占比(lngdi)均有不同程度的下降,尤以内蒙古、宁夏、青海和天津为著,甘肃和福建的居民收入比重在 1999—2011 年间略有波动但整体上仍表现出下降趋势。这表明根据扣除居民和政府收入占比计算的绝大多数企业收入占比都有不同程度的上调,广西、贵州、湖南、江西、内蒙古、宁夏和青海上升尤为明显,甘肃省亦在波动中上升;北京和上海两个直辖市的企业收入比重表现出轻微的下降;黑龙江、海南、江苏和辽宁 4 个省份的企业收入占比在研究年限内基本保持不变;西藏地区的企业收入比例变化较为特殊,2006 年之前一直处于上升状态,之后开始缓慢下降。比较考虑土地出让收入的两部门政府收入占比(lngdi_II)和未考虑土地出让收入的三部门政府收入占比(lngdi_III),虽然两种测算方法下的政府收入比重都呈上升趋势,但两部门政府收入占比变化的趋势线明显更陡峭且是在波动中上升,而三部门政府收入比重变动趋势线相对平滑,这说明土地出让收入在政府财政总收入中所占的比例还是可观的且连年变化起伏较大。

(4)模型设定

本节在使用面板数据分析居民、企业和政府收入占比的影响因素时,在构建经典面板数据模型和动态面板数据模型的基础上分别尝试使用了固定效应和随机效应,差分矩估计和广义矩估计的方法。经典面板数据模型如下:

$$\ln y_{i,t} = \beta_1 \ln ldf_{i,t} + \beta_2 \ln ldfin_{i,t} + \sum_{k=3}^{n} \beta_k ctrl_{i,t} + \alpha_i + \varepsilon_{i,t} \tag{4.6}$$

$$\ln y_{i,t} = \beta_1 \ln ldf_{i,t} + \beta_2 \ln fed_{i,t} + \sum_{k=3}^{n} \beta_k ctrl_{i,t} + \alpha_i + \varepsilon_{i,t} \tag{4.7}$$

式(4.6)和式(4.7)分别为考虑了土地金融和金融发展两个变量时的传统面板模型,下标 i、t 表示省份和时间,$\ln y_{it}$ 表示某部门收入占比,$ctrl_{it}$ 代表控制变量,α_i 为个体效应或随机效应,$\varepsilon_{i,t}$ 是扰动项。在传统面板模型的估计中,本书使用了固定效应模型(FE)和随机效应模型(RE)两种方法,并进行 Hausman 检验确定基准分析。在经典面板数据分析的基础上,考虑到两部门收入占比会受前期变化的影响,且模型中选择的变量之间可能存在内生性问题,因而我们在模型(4.6)和模型(4.7)的基础上加入滞后一期的反应变量作为解释变量构建了如下动态面板模型:

$$\ln y_{i,t} = \beta_1 \ln y_{i,t-1} + \beta_2 \ln ldf_{i,t} + \beta_3 \ln ldfin_{i,t} + \sum_{k=4}^{n} \beta_k ctrl_{i,t} + \tau_t + \varepsilon_{i,t} \tag{4.8}$$

$$\ln y_{i,t} = \beta_1 \ln y_{i,t-1} + \beta_2 \ln ldf_{i,t} + \beta_3 \ln fed_{i,t} + \sum_{k=4}^{n} \beta_k ctrl_{i,t} + \tau_t + \varepsilon_{i,t} \quad (4.9)$$

式(4.8)和式(4.9)中,$\ln y_{i,t}$ 和 $\ln y_{i,t-1}$ 分别表示当期和滞后一期的某部门收入占比,$ctrl_{i,t}$ 代表控制变量,τ_t 表示可能存在的时间效应的影响,$\varepsilon_{i,t}$ 为模型的扰动项。对于动态面板模型,本书同时使用差分广义矩估计方法(Difference-GMM)和系统广义矩估计方法(System-GMM)进行估计,矩估计方法在使用时不要求因变量是严格外生的且能够控制随机误差项存在的异方差性,适用于动态面板模型且恰好是对传统模型不足的补充。差分 GMM 最先由 Arellano 和 Bond(1991)提出用于解决模型的内生性问题,之后,Arellano 和 Bover (1995)及 Blundell 和 Bond(1998)又提出系统 GMM 改善差分 GMM 估计中存在的弱工具变量问题。矩估计对样本横截面数量的要求较高,本书使用省级面板数据时已将样本量扩大到最高值,另外对于常见的工具变量问题,我们将通过 Hansen 检验的方法对工具变量的有效性进行检验。

(5)实证结果分析

在对各部门收入占比的影响因素进行实证分析时,我们首先分别使用样本1和样本2的数据对土地财政和土地金融在居民收入占比与政府收入占比中的作用通过传统静态面板模型和动态面板模型进行分析;之后用样本2的数据以金融发展水平替换土地金融这一变量,再加入企业部门,并在计算政府收入占比时剔除土地出让收入这一块,最后重新分析了三大部门收入占比的影响因素。需要说明的是考虑到政府收入可能会受到政府政策制定的影响,因而在分析各变量对政府收入占比的影响时加入了时间因素,而在对居民和企业部门的收入占比进行分析时没有特别考虑这一要素。

第一部分使用样本1的数据研究土地财政与土地金融对居民和政府部门收入占比的影响。表4.18 和表4.19 分别报告了以 2003—2008 年为时间样本区间,居民收入占比和政府收入占比为因变元的实证分析结果,表中(1)—(4)列是以土地财政为核心解释变量来构建模型,中间四列主要分析了土地金融对各部门收入占比的影响,最后四列同时将土地财政和土地金融两个变量纳入回归模型。从表4.18 可以看出三次回归结果中固定效应和随机效应下土地财政和土地金融对居民收入占比存在负向影响但并不显著,矩估计没有给出一致的结果,但在动态回归模型中居民部门收入占比显著存在正向的滞后作用。城市化水平在所有回归结果中都对居民收入占比存在正向影响,人力资本对居民收入的占比的影响是负向的,但只有在固定效应模型下两者的回归结果才都是显著的,而且三次 hausman 检验的结果都拒绝原假设,因此固定效应模型的结果相对可以作为基准分析。固定效应和随机效应下职工的工资水平对居民收入的影响是负向的且在5%水平下显著,而系统广义矩估计的结果恰与之相反,说明工资对居民收入占比的影响可能并不明确。综上所述,以样本1为研究对象时,土地财政和土地金融对居民收入占比的影响并不显著,需要进一步分析。

表4.18中(1)—(4)列仅考虑土地财政和其他控制变量时,固定效应、随机效应、差分GMM和广义GMM方法下土地财政的增加会提高政府部门收入占比,且在使用前三种方法时这种正向作用均在1%水平下显著;只有土地金融作为核心解释变量时,其对政府部门收入占比的影响仍为正,但只有在随机效应模型和差分GMM下才显著;最后四列的回归结果同时考虑了土地财政和土地金融对政府收入占比的影响,此时土地财政对政府收入占比的影响与单独将土地财政纳入模型时的结果是相似的,但土地金融对政府收入占比的影响不再显著且出现了反向的结果。因此,我们可以有把握地说土地财政是政府部门收入占比增加的一大动力,但土地金融对政府收入占比的影响仅在不考虑土地财政的情况下才是正向的,这可能是由本书土地金融的测算不够全面造成的。控制变量中城市化水平和人力资本对政府收入占比的影响不确定,职工工资水平会在一定程度上增加政府收入占比,但这种正向作用从整体上来看并不显著。所有广义矩估计均通过Hansen检验,我们所选择的工具变量在同方差的条件下不存在过度识别问题,AR(2)检验也说明变量差分后的残差项不存在二阶自相关。

第二部分是使用样本2的数据研究土地财政与金融发展水平对居民和政府部门收入占比的影响。为了解决样本1中土地金融变量(lnldfin)测算不准确的问题,我们在这一部分用金融发展水平(lnfed)对其进行替换,并将样本时间区间扩展为1999—2011年来分析土地财政和金融发展对居民与政府部门收入占比的影响,具体实证结果如表4.20和表4.21所示。核心解释变量仅考虑土地财政时,在固定效应模型、随机效应模型和差分GMM下其会恶化居民收入占比且至少在10%的水平下显著,虽然系统GMM方法的结果与之相反,但回归的系数较小且不显著;表4.20中(5)—(8)列的结果表明金融发展会增加居民收入占比,且随机效应和系统矩估计下这种正向影响并不显著;同时把土地财政和金融发展水平作为核心变量放入模型时,结果相似。控制变量的回归结果与表4.18类似,城市化水平的提高会增加居民收入占比且只有在传统面板数据模型下才显著,人力资本对居民收入占比的影响是负向的,但与表4.18中不同的是此处的负向影响在所有模型中都是显著的,职工工资的作用效果不确定。人力资本的负向影响可能是因为人力资本还处于投入阶段,居民部门此时未能享受到人力资本投资带来的收益。总体来说,土地财政会恶化居民收入占比但金融发展对居民收入比重的影响有待推敲。

　　表4.21给出了影响政府收入占比的因素的分析结果。政府收入占比受前一期的影响仍为正,把土地财政或者金融发展作为唯一核心解释变量放入模型中时,二者均能在1%水平上显著提高政府收入占比;同时将两个变量纳入模型时,土地财政的正向作用仍能在1%的水平上显著,但金融发展对政府收入占比的影响在差分GMM下不再显著。表4.21中人力资本在12次回归结果中均对政府收入占比表现为负向作用,且在使用传统面板模型和差分GMM方法中加入土地财政变量时,这种负向作用在1%水平下显著;城市化和职工工资水平对政府收入占比的影响在各回归模型中结果不一致。Hausman检验除第5列的回归结果未能拒绝原假设,(1)、(2)、(9)、(10)列的固定效应和随机效应的回归结果都以固定效应模型作为基准分析,但这并不影响土地财政和金融发展对政府收入占比的正向作用,Hansen检验表明矩估计所使用的工具变量是合理的,AR(2)检验也说明残差项不存在二阶自相关。

　　第三部分在第一和第二部分的基础上加入了企业部门,此时土地出让收入从政府部门收入中剔除,居民收入占比的测算与表4.20相同,因此表4.22的回归结果与表4.20一致。从表4.22的结果可以看出政府收入占比仍在1%的水平受过去一期收入占比的影响,但在剔除土地收入后金融发展和土地财政对政府部门收入占比均不再是显著为正的了,与表4.21的结果进行对比,我们可以推断土地财政对考察期内政府收入占比的增加有不可忽视的作用。表4.24中企业收入占比也显著地受到上一期收入比例的正向影响,土地财政对企业收入占比的影响并不显著,但以金融机构年末存款余额测算的金融发展水平会抑制企业收入占比,且这种负向作用在使用固定效应模型、随机效应模型与差分矩估计方法单独考虑金融发展水平和同时将土地财政和金融发展水平纳入模型进行估算时均至少在10%水平上显著。与对居民收入占比的影响不同,三个回归模型中城市化的推进更可能会降低企业收入占比,特别是在固定效应下这种作用在5%水平上显著;人力资本会显著增加企业收入占比,这与其对居民收入占比和政府收入占比的影响截然不同,可能是因为人力资本作为一种隐形的要素投入带来的收益要远高于企业支付的成本,企业最先受到人力资本投资带来的效益;职工工资增加会降低企业收入占比是理所当然的,只是回归结果中这种关系只在系统GMM方法下才是显著的。表4.24中3个回归模型的Hausman检验结果均以固定效应结果为基准分析,广义矩估计的工具变量均通过Hansen检验,差分后的残差项也不存在二阶自相关。

表 4.18　金融:居民+政府,分子为地方财政收入+土地出让金,分母为 GDP

VARIABLES	(1) FE lnpdi	(2) RE lnpdi	(3) diff-GMM lnpdi	(4) sys-GMM lnpdi	(5) FE lnpdi	(6) RE lnpdi	(7) diff-GMM lnpdi	(8) sys-GMM lnpdi	(9) FE lnpdi	(10) RE lnpdi	(11) diff-GMM lnpdi	(12) sys-GMM lnpdi
L. lnpdi			0.874***	1.085***			0.719	1.071***			0.852*	1.078***
			(0.379)	(0.0670)			(0.447)	(0.0653)			(0.418)	(0.0672)
lnldf	-0.0247	-0.0184	0.0277	0.0143*					-0.0222	-0.0139	0.0243	0.0348***
	(0.0221)	(0.0174)	(0.0177)	(0.00730)					(0.0221)	(0.0177)	(0.0221)	(0.0113)
lnldfin					-0.00805	-0.00997	0.00817	0.00607	-0.00580	-0.00750	0.00279	-0.0145*
					(0.00623)	(0.00685)	(0.0157)	(0.00412)	(0.00509)	(0.00576)	(0.0163)	(0.00843)
lncity	0.445***	0.206	0.392*	0.0475	0.433***	0.196	0.320	0.0307	0.444***	0.207	0.388	0.0379
	(0.0916)	(0.131)	(0.211)	(0.0316)	(0.0960)	(0.131)	(0.281)	(0.0353)	(0.0897)	(0.130)	(0.231)	(0.0325)
lnhr	-0.149***	-0.135***	-0.0627	-0.0350	-0.156***	-0.139***	-0.0783	-0.0113	-0.146***	-0.132***	-0.0661	-0.0311
	(0.0420)	(0.0433)	(0.0745)	(0.0320)	(0.0423)	(0.0428)	(0.0960)	(0.0225)	(0.0418)	(0.0431)	(0.0890)	(0.0288)
lnw	-0.124**	-0.128**	-0.0166	0.0914**	-0.137**	-0.129**	-0.0126	0.0660**	-0.118**	-0.122**	-0.0202	0.0912**
	(0.0535)	(0.0578)	(0.107)	(0.0388)	(0.0602)	(0.0616)	(0.125)	(0.0262)	(0.0539)	(0.0581)	(0.112)	(0.0355)
Constant	-0.706***	-0.936***		0.0507	-0.647***	-0.912***		0.0277	-0.717***	-0.942***		0.0723
	(0.125)	(0.150)		(0.0970)	(0.101)	(0.142)		(0.0953)	(0.126)	(0.149)		(0.0857)
R-squared	0.758	0.732			0.755	0.729			0.759	0.734		
Hausman-test	36.29				35.13				36.28			
Hansen-test			15.01	28.40			14.85	26.01			15.8	28.59
AR(2) p-value			0.239	0.350			0.167	0.340			0.239	0.340
Obs.	186	186	124	155	186	186	124	155	186	186	124	155
No. of pro	31	31	31	31	31	31	31	31	31	31	31	31

注:***,** 和* 分别表示在 1%,5% 和 10% 水平下显著,括号内为稳健性标准差。

表 4.19　金融:居民＋政府,分子为地方财政收入＋土地出让金,分母为 GDP

VARIABLES	(1) FE lngdi1	(2) RE lngdi1	(3) diff-GMM lngdi1	(4) sys-GMM lngdi1	(5) FE lngdi1	(6) RE lngdi1	(7) diff-GMM lngdi1	(8) sys-GMM lngdi1	(9) FE lngdi1	(10) RE lngdi1	(11) diff-GMM lngdi1	(12) sys-GMM lngdi1
L. lngdi1			−0.0737	0.523***			−0.211	0.496***			−0.136	0.575***
			(0.0969)	(0.141)			(0.172)	(0.167)			(0.0848)	(0.142)
lnldf	0.345***	0.274***	0.376***	0.0407					0.347***	0.274***	0.334***	0.0630
	(0.0310)	(0.0315)	(0.0378)	(0.0341)					(0.0307)	(0.0307)	(0.0391)	(0.0455)
lnldfin					0.0151	0.0391**	0.156**	0.0169	−0.00683	−0.0157	0.0407	−0.0296
					(0.0157)	(0.0179)	(0.0735)	(0.0261)	(0.0113)	(0.0113)	(0.0320)	(0.0336)
lncity	−0.202*	−0.122	0.287	0.223	−0.0731	0.0713	0.0688	0.258*	−0.205*	−0.109	0.194	0.249*
	(0.104)	(0.0817)	(0.573)	(0.172)	(0.101)	(0.123)	(0.708)	(0.150)	(0.104)	(0.0830)	(0.383)	(0.134)
lnhr	−0.0182	−0.0229	−0.0178	−0.0521	0.0278	0.0855	0.0123	−0.0361	−0.0197	−0.0233	−0.0244	−0.0596
	(0.0565)	(0.0550)	(0.0968)	(0.101)	(0.119)	(0.0839)	(0.250)	(0.0828)	(0.0541)	(0.0527)	(0.0788)	(0.0788)
lnw	0.159	0.175	0.718*	0.0693	0.0626	0.0792	1.654*	0.0855	0.147	0.166	0.828***	0.0828
	(0.131)	(0.122)	(0.399)	(0.130)	(0.268)	(0.150)	(0.937)	(0.139)	(0.134)	(0.123)	(0.347)	(0.110)
year	−0.0455***	−0.0318**	−0.113*	0.0113	0.0269	0.00352	−0.184	0.0109	−0.0422**	−0.0263*	−0.124*	0.0129
	(0.0156)	(0.0149)	(0.0539)	(0.0182)	(0.0419)	(0.0165)	(0.135)	(0.0134)	(0.0166)	(0.0154)	(0.0490)	(0.0149)
Constant	90.00***	62.38**	−23.36		−56.26	−9.010		−22.67	83.36**	51.33*		−26.58
	(31.26)	(29.97)	(36.60)		(84.00)	(33.15)		(26.72)	(33.23)	(31.00)		(29.95)
R-squared	0.743	0.7321			0.308	0.292			0.743	0.729		
Hausman-test	34.21				7.83				39.55			
Hansen-test			13.34	25.71			21.78	27.10			13.89	28.22
AR(2) p-value			0.929	0.238			0.056	0.186			0.978	0.264
Observations	186	186	124	155	186	186	124	155	186	186	124	155
Number of pro	31	31	31	31	31	31	31	31	31	31	31	31

注:*、**和***分别表示在1%、5%和10%水平下显著,括号内为稳健性标准差。year 表示时间效应。

表 4.20　财政：只考虑居民＋政府，分子为地方财政收入＋土地出让金，分母为 GDP

VARIABLES	(1) FE lnpdi	(2) RE lnpdi	(3) diff-GMM lnpdi	(4) sys-GMM lnpdi	(5) FE lnpdi	(6) RE lnpdi	(7) diff-GMM lnpdi	(8) sys-GMM lnpdi	(9) FE lnpdi	(10) RE lnpdi	(11) diff-GMM lnpdi	(12) sys-GMM lnpdi
L.lnpdi			0.437***	0.949***			0.474***	0.967***			0.426***	0.957***
			(0.116)	(0.0370)			(0.105)	(0.0313)			(0.0988)	(0.0311)
lnldf	-0.0337***	-0.0286***	-0.0203*	0.00133					-0.0444***	-0.0331***	-0.0417***	0.00264
	(0.0116)	(0.0101)	(0.0101)	(0.00397)					(0.0122)	(0.0105)	(0.0107)	(0.00376)
lnfed					0.167**	0.101	0.109*	0.0156	0.210**	0.127	0.203***	0.0138
					(0.0802)	(0.0784)	(0.0570)	(0.0159)	(0.0815)	(0.0786)	(0.0532)	(0.0182)
lncity	0.363***	0.221**	0.220*	0.00442	0.360***	0.210**	0.140	0.00919	0.367***	0.227**	0.184	0.00308
	(0.0975)	(0.0925)	(0.126)	(0.0214)	(0.101)	(0.0947)	(0.126)	(0.0198)	(0.0956)	(0.0931)	(0.137)	(0.0222)
lnhr	-0.130***	-0.119***	-0.0784***	-0.0215*	-0.158***	-0.144***	-0.0851***	-0.0185*	-0.124***	-0.118***	-0.0617***	-0.0214*
	(0.0282)	(0.0273)	(0.0222)	(0.0113)	(0.0313)	(0.0305)	(0.0234)	(0.0105)	(0.0277)	(0.0269)	(0.0215)	(0.0112)
lnw	-0.0614	-0.0652	-0.0347	0.0106	-0.143**	-0.124**	-0.0713	0.0123	-0.0766	-0.0778	-0.0259	0.00672
	(0.0560)	(0.0522)	(0.0590)	(0.0149)	(0.0520)	(0.0501)	(0.0463)	(0.0155)	(0.0567)	(0.0547)	(0.0512)	(0.0153)
Constant	-0.854***	-0.983***		-0.109**	-0.766***	-0.913***		-0.0926**	-0.945***	-1.027***		-0.0991**
	(0.118)	(0.127)		(0.0516)	(0.114)	(0.123)		(0.0426)	(0.118)	(0.128)		(0.0444)
R-squared	0.803	0.796			0.806	0.796			0.820	0.811		
Hausman-test	52.46				60.72				67.39			
Hansen-test			30.81	29.41			28.85	28.23			29.47	28.9
AR(2) p-value			0.726	0.764			0.744	0.767			0.703	0.763
Obs.	403	403	341	372	403	403	341	372	403	403	341	372
No. of pro	31	31	31	31	31	31	31	31	31	31	31	31

注：*，**和***分别表示在 1%，5%和 10%水平下显著；括号内为稳健性标准差。

129

表 4.21 只考虑居民＋政府，分子为地方政府财政收入＋土地出让金，分母为 GDP

VARIABLES	(1) FE lngdi1	(2) RE lngdi1	(3) diff-GMM lngdi1	(4) sys-GMM lngdi1	(5) FE lngdi1	(6) RE lngdi1	(7) diff-GMM lngdi1	(8) sys-GMM lngdi1	(9) FE lngdi1	(10) RE lngdi1	(11) diff-GMM lngdi1	(12) sys-GMM lngdi1
L. lngdi1			0.136 (0.106)	0.685*** (0.0941)			0.362*** (0.0837)	0.707*** (0.0791)			0.136 (0.112)	0.459*** (0.0820)
lnldf	0.242*** (0.0464)	0.217*** (0.0421)	0.195*** (0.0446)	0.560*** (0.0166)					0.233*** (0.0445)	0.191*** (0.0355)	0.200*** (0.0542)	0.0765*** (0.0191)
lnfed					0.380*** (0.126)	0.420*** (0.104)	0.440*** (0.134)	0.228*** (0.0617)	0.195* (0.0966)	0.327*** (0.0859)	0.0627 (0.139)	0.386*** (0.0995)
lncity	-0.0117 (0.106)	0.0177 (0.0923)	0.200 (0.225)	0.112 (0.0721)	0.0487 (0.133)	0.113 (0.108)	0.208 (0.197)	0.110* (0.0632)	-0.00892 (0.101)	0.0260 (0.0809)	0.138 (0.173)	0.0760 (0.0820)
lnhr	-0.120*** (0.0377)	-0.109*** (0.0368)	-0.204*** (0.0434)	-0.0786 (0.0487)	-0.00903 (0.0555)	-0.00528 (0.0491)	-0.0825* (0.0471)	-0.0164 (0.0379)	-0.113*** (0.0375)	-0.0985*** (0.0361)	-0.175*** (0.0353)	-0.0838 (0.0588)
lnw	0.0617 (0.105)	0.0942 (0.0852)	0.163 (0.159)	0.121 (0.0888)	0.0923 (0.117)	0.381 (0.101)	0.0777 (0.135)	-0.0845 (0.0621)	0.0585 (0.0981)	0.0709 (0.0773)	0.0464 (0.119)	-0.0796 (0.0833)
year	0.00344 (0.0219)	0.00530 (0.0179)	0.0112 (0.0204)	0.00393 (0.00923)	0.0511*** (0.0159)	0.0541*** (0.0118)	0.0386*** (0.0167)	0.0278*** (0.00688)	0.00153 (0.0217)	0.00789 (0.0149)	0.0170 (0.0170)	0.0288*** (0.00893)
Constant	-8.344 (43.97)	-12.14 (36.09)		-8.356 (18.46)	-104.8*** (31.87)	-110.9*** (23.66)		-56.19*** (13.83)	-4.590 (43.56)	-17.50 (29.87)		-58.78*** (17.87)
R-squared	0.890	0.1844			0.808	0.461			0.893	0.428		
Hausman-test	24.88				6.19				39.06			
Hansen-test			28.53	30.6			26.58	28.73			25.08	28.70
AR(2) p-value			0.951	0.634			0.336	0.521			0.995	0.671
Obs.	403	403	341	372	403	403	341	372	403	403	341	372
No. of pro	31	31	31	31	31	31	31	31	31	31	31	31

注：*、** 和*** 分别表示在 1%、5% 和 10% 水平下显著，括号内为稳健性标准差，year 表示时间效应。

表 4.22　财政:居民+企业+政府,分子为地方财政收入,分母为 GDP

VARIABLES	(1) FE lnpdi	(2) RE Lnpdi	(3) diff-GMM lnpdi	(4) sys-GMM lnpdi	(5) FE lnpdi	(6) RE lnpdi	(7) diff-GMM lnpdi	(8) sys-GMM lnpdi	(9) FE lnpdi	(10) RE lnpdi	(11) diff-GMM lnpdi	(12) sys-GMM lnpdi
L.lnpdi			0.437***	0.949***			0.474***	0.967***			0.426***	0.957***
			(0.116)	(0.0370)			(0.105)	(0.0313)			(0.0988)	(0.0311)
lnldf	−0.0337***	−0.0286***	−0.0203*	0.00133					−0.0444***	−0.0331***	−0.0417***	0.00264
	(0.0116)	(0.0101)	(0.0101)	(0.00397)					(0.0122)	(0.0105)	(0.0107)	(0.00376)
lnfed					0.167**	0.101	0.109*	0.0156	0.210**	0.127	0.203***	0.0138
					(0.0802)	(0.0784)	(0.0570)	(0.0159)	(0.0815)	(0.0786)	(0.0532)	(0.0182)
lncity	0.363***	0.221**	0.220*	0.00442	0.360***	0.210**	0.140	0.00919	0.367***	0.227**	0.184	0.00308
	(0.0975)	(0.0925)	(0.126)	(0.0214)	(0.101)	(0.0947)	(0.126)	(0.0198)	(0.0956)	(0.0931)	(0.137)	(0.0222)
lnhr	−0.130***	−0.119***	−0.0784***	−0.0215*	−0.158***	−0.144***	−0.0851***	−0.0185*	−0.124***	−0.118***	−0.0617***	−0.0214*
	(0.0282)	(0.0273)	(0.0222)	(0.0113)	(0.0313)	(0.0305)	(0.0234)	(0.0105)	(0.0277)	(0.0269)	(0.0215)	(0.0112)
lnw	−0.0614	−0.0652	−0.0347	0.0106	−0.143***	−0.124**	−0.0713	0.0123	−0.0766	−0.0778	−0.0259	0.00672
	(0.0560)	(0.0522)	(0.0590)	(0.0149)	(0.0520)	(0.0501)	(0.0463)	(0.0155)	(0.0567)	(0.0547)	(0.0512)	(0.0153)
Constant	−0.854***	−0.983***		−0.109**	−0.766***	−0.913***		−0.0926**	−0.945***	−1.027***		−0.0991**
	(0.118)	(0.127)		(0.0516)	(0.114)	(0.123)		(0.0426)	(0.118)	(0.128)		(0.0444)
R-squared	0.803	0.796			0.806	0.796			0.820	0.811		
Hausman-test	52.46				60.72				67.39			
Hansen-test			30.81	29.41			28.85	28.23			29.47	28.9
AR(2) p-value			0.726	0.764			0.744	0.767			0.703	0.763
Obs.	403	403	341	372	403	403	341	372	403	403	341	372
No. of pro	31	31	31	31	31	31	31	31	31	31	31	31

注:***、**和*分别表示在 1%、5%和 10%水平下显著,括号内为稳健性标准差。

表 4.23 财政:居民＋企业＋政府,分子为地方财政收入,分母为 GDP

VARIABLES	(1) FE lngdi2	(2) RE lngdi2	(3) diff-GMM lngdi2	(4) sys-GMM lngdi2	(5) FE lngdi2	(6) RE lngdi2	(7) diff-GMM lngdi2	(8) sys-GMM lngdi2	(9) FE lngdi2	(10) RE lngdi2	(11) diff-GMM lngdi2	(12) sys-GMM lngdi2
L. lngdi2			0.551***	0.958***			0.467***	0.934***			0.486***	0.935***
			(0.147)	(0.0375)			(0.156)	(0.0460)			(0.146)	(0.0480)
lnldf	0.00442	0.00832	-0.0371*	0.00212					-0.00169	0.00399	-0.0129	-0.000398
	(0.0200)	(0.0179)	(0.0211)	(0.0491)					(0.0219)	(0.0162)	(0.0200)	(0.00587)
lnfed					0.132	0.266**	-0.234***	0.0382	0.133	0.269**	-0.182**	0.0325
					(0.104)	(0.104)	(0.0814)	(0.0431)	(0.110)	(0.106)	(0.0733)	(0.0434)
lncity	-0.122	-0.0313	-0.155	0.0388	-0.120	0.0260	0.0476	0.0585*	-0.120	0.0292	-0.113	0.0441
	(0.133)	(0.115)	(0.139)	(0.0329)	(0.129)	(0.101)	(0.212)	(0.0334)	(0.131)	(0.101)	(0.147)	(0.0342)
lnhr	-0.112**	-0.109***	-0.0718**	-0.00482	-0.108**	-0.102**	-0.133**	-0.0147	-0.107**	-0.104**	-0.0944***	-0.00400
	(0.0463)	(0.0419)	(0.0323)	(0.0192)	(0.0470)	(0.0398)	(0.0297)	(0.0179)	(0.0465)	(0.0396)	(0.0315)	(0.0166)
lnw	-0.0109	0.0167	-0.0375	-0.0236	-0.0133	0.00439	-0.0845	-0.0365	-0.0131	0.00495	-0.118	-0.0302
	(0.107)	(0.108)	(0.141)	(0.0326)	(0.102)	(0.101)	(0.157)	(0.0270)	(0.101)	(0.101)	(0.149)	(0.0252)
year	0.0615***	0.0546***	0.0550***	0.00947**	0.0598***	0.0507***	0.0615***	0.0130***	0.0602***	0.0495***	0.0646***	0.0109**
	(0.0153)	(0.0132)	(0.0168)	(0.00431)	(0.0130)	(0.0112)	(0.0177)	(0.00437)	(0.0150)	(0.0121)	(0.0183)	(0.00402)
Constant	-126.2***	-112.2***		-19.00**	-122.9***	-104.5***		-26.20***	-123.6***	-102.0***		-22.00***
	(30.68)	(26.37)		(8.680)	(26.05)	(22.47)		(8.818)	(30.08)	(24.18)		(8.129)
R-squared	0.714	0.711			0.718	0.708			0.718	0.707		
Hausman-test	18.15				37.32				40.35			
Hansen-test			29.49	30.33			29.50	28.38			29.68	28.69
AR(2) p-value			0.144	0.117			0.169	0.122			0.139	0.121
Obs.	403	403	341	372	403	403	341	372	403	403	341	372
No. of pro	31	31	31	31	31	31	31	31	31	31	31	31

注:*、**和***分别表示在1%、5%和10%水平下显著;括号内为稳健性标准差。

表 4.24　财政:居民＋企业＋政府,分子为地方财政收入,分母为 GDP

VARIABLES	(1) FE lnedi	(2) RE lnedi	(3) diff-GMM Lnedi	(4) sys-GMM lnedi	(5) FE lnedi	(6) RE lnedi	(7) diff-GMM lnedi	(8) sys-GMM lnedi	(9) FE lnedi	(10) RE lnedi	(11) diff-GMM lnedi	(12) sys-GMM lnedi
L. lnedi			0.724***	0.945***			0.722***	0.945***			0.722***	0.936***
			(0.110)	(0.243)			(0.107)	(0.0298)			(0.108)	(0.0244)
lnldf	0.0127	0.00741	0.00184	-0.00232					0.0191	0.0101	0.0124	-0.00193
	(0.0113)	(0.00971)	(0.0128)	(0.00313)					(0.0134)	(0.0103)	(0.0108)	(0.00282)
lnfed					-0.108*	-0.0845*	-0.0582*	-0.00282	-0.126*	-0.0909*	-0.0954***	-0.00529
					(0.0585)	(0.0450)	(0.0288)	(0.0145)	(0.0664)	(0.0469)	(0.0317)	(0.0148)
lncity	-0.176**	-0.0997	-0.00138	-0.0283***	-0.176**	-0.0934	-0.0153	-0.0322*	-0.179**	-0.0984	0.0165	-0.0270
	(0.0812)	(0.0716)	(0.0952)	(0.0119)	(0.0809)	(0.0710)	(0.0927)	(0.0171)	(0.0800)	(0.0724)	(0.0892)	(0.0171)
lnhr	0.152***	0.143***	0.0480*	0.0180*	0.163***	0.150***	0.0570**	0.0152	0.149***	0.142***	0.0394	0.0173*
	(0.0287)	(0.0275)	(0.0281)	(0.00935)	(0.0260)	(0.0253)	(0.0280)	(0.00901)	(0.0282)	(0.0270)	(0.0264)	(0.0101)
lnw	-0.0646	-0.0490	-0.0506	-0.0270***	-0.0268	-0.0252	-0.0481*	-0.0276*	-0.0555	-0.0396	-0.0560	-0.0238*
	(0.0519)	(0.0477)	(0.0516)	(0.00963)	(0.0442)	(0.0426)	(0.0242)	(0.0145)	(0.0499)	(0.0474)	(0.0346)	(0.0134)
Constant	-0.535***	-0.490***		-0.0186	-0.558***	-0.489***		-0.0162	-0.481***	-0.454***		-0.0221
	(0.112)	(0.0933)		(0.0158)	(0.107)	(0.0956)		(0.0163)	(0.113)	(0.0966)		(0.0140)
R-squared	0.623	0.620			0.630	0.625			0.634	0.629		
Hausman-test	18.60				20.28				22.57			
Hansen-test			28.85	28.97			27.07	24.08			25.54	29.95
AR(2) p-value			0.956	0.957			0.947	0.947			0.932	0.953
Obs.	403	403	341	372	403	403	341	372	403	403	341	372
No. of pro	31	31	31	31	31	31	31	31	31	31	31	31

注:*,**和***分别表示在 1%、5%和 10%水平下显著,括号内为稳健性标准差。

4.5 总结与政策启示

我国存在居民部门收入占比持续下降、政府部门收入越来越依赖土地财政和土地金融的基本事实。本书从地方政府经济竞赛的政治体制出发,构建了一个由实体经济部门、政府和金融部门构成的世代交叠模型。在引入土地财政和土地金融变量之后,模型分析了地方政府在竞争压力下通过公共投资影响宏观分配格局的具体机制。基本结论是:随着经济增长,经济竞赛的奖励 V_t 会不断增加,地方政府面临的竞争激烈程度会因此加剧。地方政府为了提高经济竞赛的胜率需要不断追加生产性公共支出,即 G_t 会持续增加。公共投资直接提高了企业边际产出,因此会刺激企业形成资本和增加雇工,最终实现了经济增长。随着经济总量的扩张,地方政府的公共投资会随之放大。地方政府为了维持公共投资,需要借助更多的金融资源。地方政府一方面直接利用土地财政获得制度外收入;另一方面会利用土地金融来撬动金融资源,同时对金融部门增加控制力。在这种情况下,金融部门的发展越来越偏向地方政府、偏离实体经济,政府部门收入占比因此提高,而居民部门因为得不到金融功能支持,收入占比会随之走低。我国金融部门规模越大,对宏观分配格局的扭曲效应就越明显。

中国现有的威权主义政治结构以及地方政府基于 GDP 的经济竞赛,可以有效解决对地方政府的激励问题。但是在分权的大背景下,更要重视的是如何解决对地方政府的约束问题。在经济制度不完善,尤其是重要的经济资源(土地和金融资源)面向市场的产权制度没有有效建立的时候,地方政府会在竞赛的压力下极力提高经济资源,尤其是土地的价值实现的占有比例,而且会加强对金融系统的控制力以撬动更多的金融资源。这种行为逻辑首先破坏了政府的公共分享重点。在经济转型中,政府承担的公共分享具有多重功能,主要是提供社会资本服务于消费性公共分享,提供经济资本服务于生产性公共分享,提供制度资本服务于经济转型。但是在现有体制架构下,中央政府没有做到公共分享均等化,并以国有大型企业的形式保持对经济活动的直接参与,而地方政府则过分将资源投入到生产性的公共资本积累,相对忽视了消费性公共资本的投入。根据国家统计局数据,我国居民部门的可支配收入中仅有 1% 来自政府的转移支付,这说明政府将更多的公共资源配置到了公共投资上。这样的局面首先降低了社会大众对重要经济资源的分享程度。尤其是土地资源在分享广度打开后,会有巨大的增值空间。而地方政府在现有的制度环境和决策偏好中,切断了社会大众直接分享的渠道。异化成政府部门、房地产商、少数近郊农民的少数人的盛宴。而地方政府在获得土地增值收益后没有强化消费性的公共分享,而是投入到基础设施建设中,这样更利于企业的生产性分享。在这一过程中,地方政府加强了金融控制,希望通过更多的金融杠杆来分享土地收益。这导致金融功能的服务偏向。有限的金融资源和金融功能配置给了大企业和政府部门,小企业融资困难,普通居民的分享广度和深度受到极大限制。尤其是低收入群体和外出务工群体,缺少公共分享提供的社会保障,也缺少金融部门提供的风险管理,很可能会退出经济转型的过程。

这种发展模式是不可持续的,利益分享机制的扭曲不仅恶化了分配结果,侵蚀了经济增长的潜力,更加破坏了经济转型的进程。要改变这种局面,首先需要让政府理顺公共分享的合理结构和供给重点。中央政府应该提供普适的、保障民生的公共分享水准或者是社会保障的全国统一标准。只有这样才能解决公共资本的区域分割,尤其是户籍制度和养老、医疗、教育等社会基本保障。这些本应由中央政府提供的消费性公共分享保障目前变成了地方政府提供的区域性公共品,只能做到"省统筹"。义务教育、住房保障、失业救助、医疗养老大都是区域分割的,在各地存在着巨大的投入差距。而户籍制度给这些区域差异设置了流动限制。在上述决策逻辑下,地方政府对消费性公共分享整体投入不足,并存在向城市倾斜的现象,造成居民部门风险管理功能薄弱,消费分配无法与财富和收入分配适当分割,创新创业的保障不到位。另一方面,在公共分享区域分割的情况下,土地供给面临的是不具流动性的住房需求,容易出现上游垄断、下游高度竞赛的局面,进而抬高房价,也抬高了城镇化的成本。这里需要"顶层设计",恢复到公共部门本来的角色定位,公共开支需要从公共投资恢复到公共消费。这依赖于地方政府职能的转变。这需要推动政府体制改革,确保各级人大独立的立法权和对各级政府的监督权,改善公共分享的方式。中央政府应该利用现有的财力承担全国性的、无差异性的公共保障支出,进而推动建立全国统一的劳动力市场,增加人力资本分享的广度,形成对地方政府的"用脚投票"机制。而对地方政府而言,一是要将公共资源投入从政府主动的经济资本投入转向重点为社会提供消费性公共品。目前所关注的"营改增"、房产税等改革都集中在财政收入方面,而对于财政支出的约束则更为重要。而对土地出让金的收取和支出应该更加透明,尤其是应该将目前一次性征收转变为在土地使用期限内按时间段征收,这样才能克服地方政府寅吃卯粮的弊端,形成债务现金流的匹配机制。或者是将更多的土地权利还给经济主体,形成以直接分享为主、间接分享为辅的结构。土地增值既不能完全像孙中山主张的"涨价归公",也不能完全是市场化。本书认为应该由经济主体保留基本的转让权、收益权、抵押权等"私"权,以形成正常的利益分享渠道,而由公共部门通过税收和规划来行使对土地的"公权"。

最理想的公共品供给是采用"一事一议"的办法,这也是理论上被认为唯一不会造成扭曲的方式(布坎南,2009)。这无疑会导致巨大的决策成本,因此现实中更多的情况是打包处理。我国目前的公共品供应过于集中。本书认为公共分享的机制应该更加多元化。一揽子提供的公共品显然不可能满足所有人的需求。正如本书所区分的消费性和生产性公共分享一样,被笼统称呼的公共品实际上包含了公共服务、社会福利和社会保障等多个层面。由于公共分享的时空性,单一主体提供公共品不可能覆盖所有的空间细节。另外,公共分享的收入弹性又比较大,不同收入群体的公共分享重点具有差异性。随着人均收入的增长,居民部门对公共分享的要求越来越多样化,而且随着城镇化进程的加快,公共分享还会出现区域性和小规模的特征。可以预见,即便没有政府腐败现象,社会也会选择多样化的提供主体。首先,需要为社团、慈善基金会等社会民间组织的发展留下更多的空间。其次,规范政府采购,从公共品的生产主体多元化来推动提供主体的多元化。再次,政府逐步退出直接的基础设施投资,通过资产证券化、PPP(Public-Private-Partnership)等形式吸收社会资源的参与,从而将更多的公共资源配置到消费性公共分享上。

对于我国金融系统的改革,应该坚持金融市场化体制下的集中监管。首先需要顺应金融混业经营的趋势,重新设计金融监管框架和监管重点。将当前多头分散的监督管理体制转向集中统一的监管架构。监管的职能和重点需要从过往的准入审批、价格管制和微观业务干预转向维护市场公平公正和金融稳定。这样才能进行金融约束和金融控制,降低政府干预市场、制造风险的可能。集中的金融监管也能够斩断地方政府对金融资源分权的潜在可能,有助于形成规范的政府债券市场,用市场的力量评估和约束地方政府的负债决策。只有这样才能将金融系统的服务重点重新回归实体经济。金融系统的改革需要与财政体制改革相互协调,这毫无疑问需要"顶层设计"的整体推动。

5 金融控制、技术偏向与要素收入分配

5.1 引　言

我国经过改革开放三十多年的发展,经济总量已经跃居世界第二;并有金融机构预测,到 2027 年,中国经济总量将超越美国成世界第一[①]。拉动我国经济增长的主要动力之一就是打开国门之后积极利用劳动力的比较优势参与国际经济分工。根据国家统计局公布的数据,我国进出口额逐步上升,到 2013 年,我国出口额已经达到 13 万亿人民币,成为强有力的经济发动机。但与此同时,收入分配却没有因为劳动要素的比较优势而向其倾斜。我国劳动收入份额由 1990 年最高的 53.42% 下降到 2011 年的 45%。这一背离现象引起了社会公众的极大关注,首先是因为目前我国居民部门的收入来源主要是劳动报酬,通过物质资本进行利益分享的程度较低,即资产性收入较少。劳动收入份额下降直接拉低了居民部门的收入占比,从 1992 年的68.39% 一路下滑到 2011 年的 60%。居民收入占比本身关系着民生大计,反映了社会福利水平。居民收入占比没有跟上经济增长的步伐,反而严重滞后,必然会引起社会大众对经济增长意义的质疑。中国社科院发布的《2014 年中国蓝皮书》显示"收入差距过大,贫富分化"已经取代了往年物价、房价、就业等问题,成为最受关注的社会问题。另外,劳动要素与资本要素的收入分配失衡还使得居民部门内部的分配差距拉大。国家统计局公布的2003—2012 年十年的基尼系数均在 0.47 以上,高于国际警戒线 0.4。这不仅会侵蚀经济增长的长期动力,也会带来社会不稳定的隐忧。

"十八大"报告针对这一社会问题提出了"两个提高":提高居民收入在

---

① 　http://finance.ifeng.com/hwkzg/200803/0331_2180_469896.shtml.

国民收入分配中的比重,提高劳动报酬在初次分配中的比重。因此解决劳动收入份额下降的问题已经被提到党和政府重要而急迫的议程上来。学界对于这一问题也展开了多维度的研究讨论,大致可以分为以下三个方面:

第一方面是认为要素收入分配失衡是理解我国分配现象的关键之一。很多学者认为从人际收入分配的角度可以发现收入不平等扩大的事实,但是其背后的原因可能需要从要素收入分配视角才能找到答案。正如本书在利益分享理论框架中提出的财富公式 $wL+r_1K_1+r_2K_2+\cdots+r_nK_n$,经济主体是通过多要素实现生产性利益分享。因此只有掌握要素间收入分配的状况,才能真正深入分析人际收入分配的变动情况(Daudey 和 Garcia,2007;龚刚和杨光,2010;周明海等,2012)。事实上,张亚斌等(2011)与郭庆旺和吕冰洋(2012)均通过面板数据发现劳动收入份额的下降会显著影响收入差距。同时也有观点认为,要素收入分配中的劳动收入份额的降低是近年来消费低迷的原因(Kuijis,2006)。黄乾和魏下海(2010)发现提高劳动收入比重不仅有利于居民消费扩张,同时有利于促进经济增长。汪伟等(2013)通过构建理论模型及数值模拟发现,随着家庭收入份额的减少,理性消费者选择抑制消费。

第二方面是对要素收入分配的测算。Harrison(2002)证实近年来无论是发达国家还是发展中国家都曾先后经历了明显的劳动收入份额下降。吕冰洋和郭庆旺(2012)利用最新调整的"资金流量表"发现1983年以后我国税前和税后劳动分配份额呈长期下降趋势。

第三方面是反思 Kaldor"典型事实"[①],寻找劳动收入份额变化的原因。技术进步是一个重要视角。Solow(1958)用要素投入比例的变化和要素替代弹性来确定要素价格变化对要素分配份额的影响,认为技术进步在要素收入比重的变动中起了相当大的作用。Blanchard(1997)发现欧洲大陆国家劳动收入占比下降的原因之一在于资本增强型(Capital-Augmenting)技术进步。Acemoglu(2000)认为在均衡路径上技术进步是劳动增强型,此时劳动收入占比稳定;一旦进入转型路径,资本增强型技术进步就产生了,劳动收入占比将发生变化。Guscina(2006)用18个工业化国家1960—2000年间的数据支持了这一结论。Hernando 和 Andrew(2012)发现工资水平的上升和工业化进程的加深促使生产性企业进入劳动节约型的生产模式,生产部门的劳动收入占比一直在下降。黄先海和徐圣(2009)发现劳动节约型技术

---

① Kaldor(1961)提出劳动收入占比是常数,还包括人均实际 GDP 的增长率、资本产出比以及实际利率保持稳定等。

进步能够解释我国下降幅度的 60%～70%。戴天仕和徐现祥(2010)发现中国技术进步总体偏向资本,同时也发现中国劳动与资本的替代弹性显著小于 1。陈宇峰等(2013)认为技术的资本偏向性是劳动收入份额长期低位运行的主要原因,而垄断利润率的变动是单个行业劳动份额短期变动的主要原因。国际贸易和全球化是研究功能性收入分配的另外一个角度。Harrison(2002)发现全球化进程降低了劳动与资本的讨价还价能力,拉低了劳动收入比例。Arjun(2007)发现资本账户开放度和劳动收入占比显著负相关。Askenazy(2005)认为发展中国家廉价商品的竞争压力促使发达国家的劳动力向技术密集产业和服务业转移,发达国家的劳动收入份额可能由降转升。IMF(2007)通过比较发现技术进步对发达国家劳动收入比重下降的影响程度比全球化更大。唐东波(2011)全球化中的贸易扩张能够提高中国劳动收入占比,而 FDI 导致的地区间引资竞争更利于资本的议价。张莉等(2012)提出国际贸易影响技术进步的偏向,并经由这一渠道影响要素收入份额的变化。还有从产业结构调整的角度研究要素收入分配。罗长远和张军(2009b)测算出劳动收入占比的产业间与产业内效应,发现我国不同时期的劳动收入占比变化与产业结构变化有关。白重恩和钱震杰(2009)测算出在 1995—2003 年间我国劳动收入份额下降主要原因是产业结构转型。李稻葵和刘霖林(2009)通过数理模型推导出在农业向工业转移的过程中,劳动份额经历了一个先下降后上升的 U 形过程。方文全(2011)利用 1993—2006 年省级面板数据发现,产业结构变化对劳动收入份额的影响并不显著,而财政政策具有显著负面作用。张杰等(2012)认为制造业部门中劳动报酬比重过低是造成我国劳动报酬占比持续降低的重要因素。

已有的研究对于理解劳动收入占比下降这一复杂现象非常有启发,但是考虑的因素并不全面。本书认为我国处在经济转型期中,经济货币化和金融化的进程也在快速推进。金融系统对于企业组织的形成、企业合约的治理以及各种经济资源在企业合约中的定价都有着关键性的作用。而且不可否认的是,我国目前的金融系统还处于金融控制的状态,并存在类似 Mckinnon(1973)提出的"金融控制"的典型特征,即主要利率受到控制,资本流动受到管制,以银行业为主导的金融体制还没有改变。另外通过图5.1可以发现,我国金融系统的受控制程度和劳动收入份额下降处在同一个时期。因此,本书提出理论猜想:金融系统的受控制程度的加剧是导致我国要素分配比例失衡的重要原因之一。

从金融的角度对收入分配的研究也已经形成了大量文献。在理论分析方面主要讨论了金融发展的分配效应。Greenwood 和 Jovanovic(1990)在一

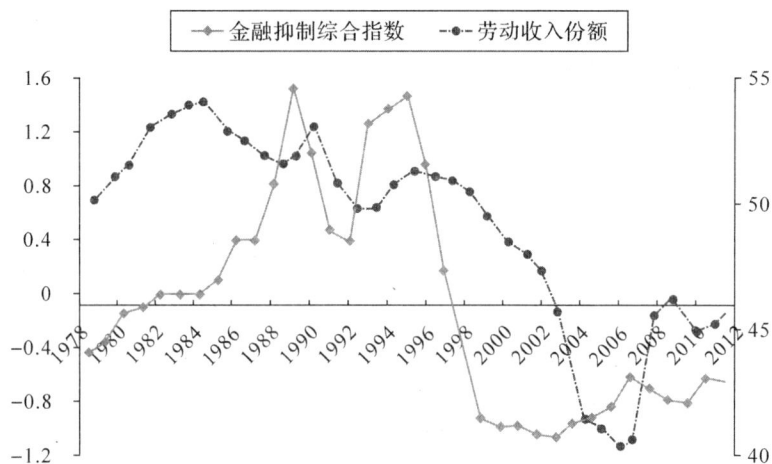

图 5.1　金融控制综合指数和劳动收入份额:1978—2012
数据来源:本书计算的结果。

个动态模型中从金融中介的视角论证了金融发展和收入分配的关系服从倒"U"形轨迹。Agihon 和 Bolton(1997)、Matsuyama(2000)、Townsend 和 Ueda(2003)通过类似的金融门槛效应证明了金融发展与收入分配会呈现库兹涅茨特征。在实证方面,Galor 和 Zeira(1993)、Banerjee 和 Newman(1993)的工作支持了金融发展降低收入分配差距的观点。后续的 Jeanneney 和 Kpodar(2005)、Beck 等(2007)、Jauch 和 Watzka(2011)等使用不同的样本得到了相似的结论。但是章奇等(2003)发现在 1989—1998 的时间段,我国金融中介增长对城乡收入分配具有负面作用。杨俊等(2008)发现从长期的角度看,中国金融发展加深了贫困程度。叶志强等(2011)发现金融发展显著扩大了城乡收入差距。

从金融控制角度直接研究要素收入分配的文献也开始增多。在理论模型分析方面,Elsa(2008)认金融市场和实际汇率降低会侵蚀企业利润并引发金融危机。Kabaca(2009)基于反周期利率和流动资本的角度解释新兴市场国家的劳动收入份额的顺周期性。陈斌开和林毅夫(2012)认为金融控制保护和促进了工业部门的发展、抑制了服务业,直接降低了居民收入在国民收入分配中所占的份额。王勋和 Johansson(2013)也认为金融控制阻碍了我国经济结构转型。汪伟等(2013)通过模型讨论了中小企业面临信贷融资约束的情况,从而减少了对居民部门的利润分配,降低了劳动收入的份额。在实证研究方面,白重恩和钱震杰(2010)发现 1996 年以后银行部门的扩张使我国劳动收入份额下降。在白重恩和钱震杰(2009b)中得出金融系统资源配置效率提高促进了资本收入份额上升。罗长远和陈琳(2012)利用微观企业数据得出融资约束使得劳动收入份额显著负相关。余玲铮和魏下海(2013)实证检验省级面板数据得出金融发展是我国劳动收入份额下降的重要因素之一。

以上文献为本书的研究奠定了良好的基础,也给后续研究留下了一些空间。首先,已有的实证分析缺少理论分析的指导,只是从现象层面抓住了金融控制和要素收入分配的联系。其次,已有的理论研究的视角比较单一。产业结构和国际贸易等视角不能解释世界范围内普遍出现的劳动收入占比下降现象,发达国家并没有与我国类似的产业结构、贸易结构和国有经济因素。本书认为全球范围内的技术偏向通过改变要素生产率进而改变要素收入分配结构,成为要素收入分配的主因,而我国的技术偏向有着金融控制的诱因。金融控制意味着有限的金融资源和金融功能进行了非市场化配置,对受益方和受损方都有一个利益分享的机制影响,这种影响机制既有直接的也有间接的。本章将从更全面的利益分享理论框架来分析金融控制对要素分配的影响。以下内容安排是第二节理论机理分析,主要从技术偏向和融资约束两个角度展开。第三节是实证分析,分别测算了金融控制、技术偏向的程度,并在全国和省级两个层面进行了经验研究。第四节是总结。

5.2 金融控制影响要素收入分配的理论分析

前文已经描述了金融控制下我国金融系统形成的三个层面失衡。这种失衡对经济主体在企业组织中的利益分享关系有着多重影响。从居民部门的角度来看,主要有两个渠道可以分享企业组织的剩余:一个是从物质资本的分享渠道,通过金融投资,将储蓄转化为企业中的物质资本;另外一个是从人力资本的分享渠道获得劳动报酬。金融控制导致的金融系统第一个层面失衡使得银行存款成为居民部门的主要分享渠道,比如储蓄存款是居民部门中低收入群体的主要财产性收入来源,而今天的储蓄存款总量已经超过30万亿。其实质是通过银行的贷款组合来实现分享广度,但是存贷款利率又被长期控制在低水平的位置,利率管制使得这种形式的分享深度非常有限。1996—2002年中国平均真实利率为2.93%,2003年至今,平均真实利率是-0.3%。其中有长达8年、96个月里有52个月处于负利率状态。金融控制实际上在迫使储蓄部门变相补贴企业部门,基层的居民家庭相当于在向企业和银行转移每年上万亿的利益。金融系统的第二和第三层面的失衡首先使得银行存款之外的分享渠道在容量上受到限制,其次是叠加了过多的行政干预风险。以股票投资为例,持有我国上市公司股票分享深度极低。1991—2011 年间上市公司共募集资金 4.34 万亿元,非发起人股东现金分红仅 0.43 万亿元,而发起人股东分红 0.8 万亿元。一般投资者或者说非发起人股东的现金回报率仅为 9.9%,而同期加权平均的一年前储蓄收益为 47.2%,即一般投资者的股票分红收益还不如银行储蓄存款,收益率仅为后者的 1/5。通过国际比较可以发现我国的现金分红也远低于世界其他市场。比如 2010 年,沪深 300 指数样本股现金分红率为 30.5%,同期美国、英国、法国、日本和中国香港的现金分红率分别为 60%、44.1%、57.6%、73% 和 37.3%。2001—2010 年中国上市公司平均股息率为 1.5%,同期美国和德国的资本市场股息率分别为 1.9% 和 2.6%。需要指出的是,上述时间段正是我国经济高速增长时期,这些上市公司均为行业领先者,业绩增长速度远高于同期世界其他主要市场的上市公司。这些分享渠道的限制直接降低了居民的资产性收入。根据国家统计局数据,我国居民部门的资产性收入占其可支配收入的比例不足 10%,而其中红利收入占居民资产收入的比例也不到 10%。

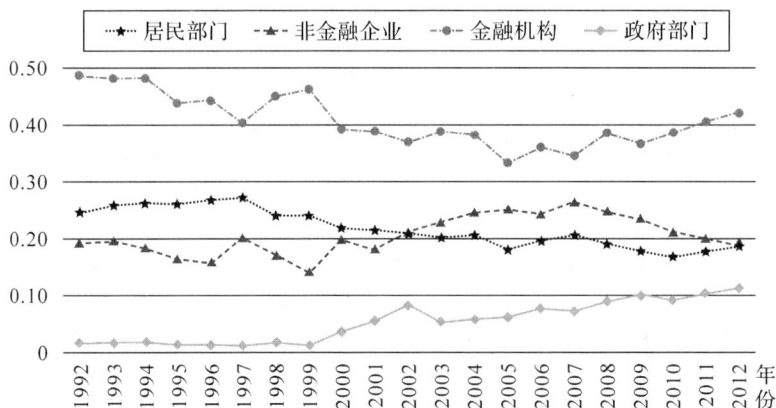

图 5.2　我国资产收入比例:1992—2012

数据来源:国家统计局。

换个角度来看,居民部门的利益损失就是对受益方的利益倾斜:一方面主要以利差的形式转化为金融机构的盈利;另一方面由于我国金融体制的惯性和经营特点,会把这块租金转化为特定部门的低融资成本。金融资源毕竟是有限的,金融控制导致的金融资源偏向性配置一方面诱致国有企业或者地方融资平台企业出现资本偏向性技术选择,使得资本收入比例上升。另一方面民营经济很难获得正规金融资源和金融功能支持,中小企业每年从中获得的金融资源份额估计只在 20% 左右。这首先使得潜在企业家创业困难,遏制了中小企业的活力;其次是已有的中小企业在金融资源不足的情况下出现融资约束,既难以进行产业升级,又容易出现流动资金不足。融资成本侵蚀了微薄利润,只能压低工资水平,从而强化了劳资矛盾。在金融控制的多重作用下,我国出现了劳动收入占比不断下降的现象。通过图 5.3 可以演示这些影响机制。

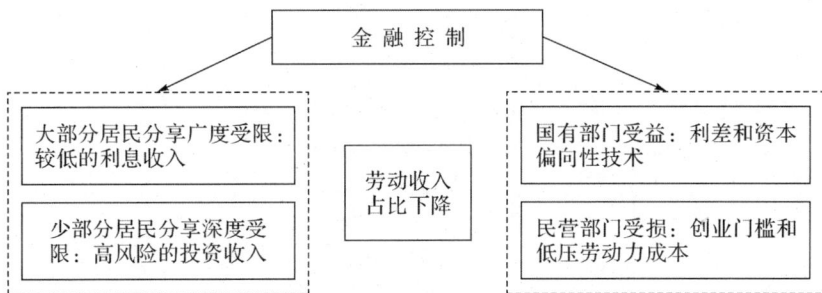

图 5.3　金融控制对要素收入分配的影响

本节将在图 5.3 的框架下,重点从两个角度展开金融控制影响劳动收入份额的理论逻辑。第一是从技术偏向的视角,借助要素投入比解释金融控制导致劳动收入份额下降的原因。基本的逻辑是金融控制使得部分企业面临被低估的资本价格,会使企业倾向于更多的使用物质资本。这会诱致产生资本偏向型技术进步,资本和劳动的要素投入比会发生变化,使得物质资本所有者的分享地位上升,相应使得劳动收入份额下降的原因。第二是从微观的角度,借助融资约束解释金融控制导致中小企业中劳动收入份额下降。在金融控制条件下,我国存款利率被压低、资本流动被限制、国有大中银行主导的金融体制带有很强的信贷偏向,中小企业面临严重的信贷约束,这使得中小企业不得不进行内源融资,从而减少了对劳动者的利润分成,使劳动者报酬降低,劳动收入份额下降。

5.2.1　金融控制与劳动收入占比下降:技术偏向视角

对于金融控制对劳动收入份额的影响,本书首先将从新古典要素分配理论当中寻找理论支持。根据新古典要素分配理论,在完全竞争条件下,要素相对价格变化对要素分配份额的影响表现在两个方面:一是要素投入比例发生变化;二是引致有偏技术创新。在前一种情况下,要素相对价格变化导致最优边际技术替代率发生变化,使企业更多地选用相对价格较低的要素,从而使要素投入比发生变化,要素分配份额的变化方向则由要素相对价格和要素投入比的变化共同决定。第二个方面的影响来自 Hicks(1939)的观点,他认为要素相对价格改变会诱使企业家进行技术创新,使用相对价格较低的要素,产生有偏技术进步(Biased technological progress)。Hicks(1939)的这一思想,到 20 世纪 60 年代,演变为诱致性技术创新理论(Induced technological progress)。

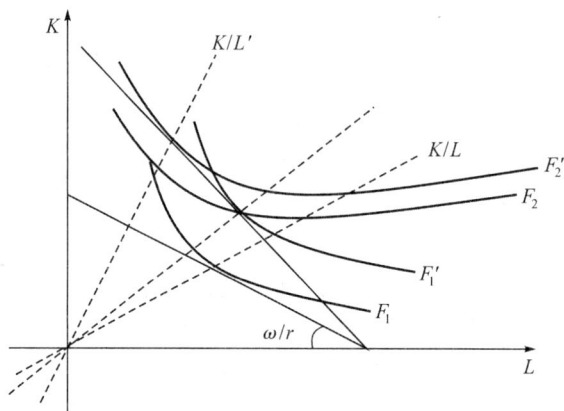

图 5.4　金融控制引致劳动收入份额下降的几何表达

由图 5.4 可知,当金融抑制使得资本价格 r 相对于劳动价格 w 下降时,企业生产面临的等成本线约束会向左上方倾斜。在新的等成本线约束下,生产的等产量线会从 F_1 上升到 F_1'。此时可以发现在沿用原有生产技术的情况下,在资本要素价格下降的时候,新的生产组合会在原有 K/L 的基础上提高。但是在此时的新的生产组合的点上,企业有进行重新选择技术的动力。假设技术选择的成本为零,则企业会从原有的生产技术 F_1' 变更为 F_2。这样的技术选择是符合 Hicks 定义的资本偏向型,因为此时的 K/L 不变,而 Y_K/Y_L 变大。这种技术偏向对于厂商而言是理性选择,因为在生产技术变更为 F_2 后,可以沿着等成本线,将等产量线提高到 F_2'。在相同的成本约束下,F_2' 的产出明显高于 F_2。而观察此时的生产组合我们会发现:第一,K/L 大大提高到 K/L';第二,劳动收入份额下降,因为 F_2' 对应的生产组合使用了更多的 K,更少的 L。在要素价格不变的情况下,此选择要小于 F_2 对应的劳动收入份额的生产组合。所以从这个角度再去解读图 5.4,我们可以知道我国在近年来出现资本深化的提速,不仅是要素相对价格变化的直接结果,也是技术偏向带来的间接结果。由图 5.4 的几何表达就能清楚看到资本深化和技术偏向的不同之处。在现实中这种技术偏向表现为产业类型趋向重工业化和产业内部选择劳动节约型技术。因此这里提出本书的理论假说:

金融抑制诱致了增强资本的技术偏向,资本偏向型技术进步导致了劳动收入份额下降。

可以通过数量模型进一步揭示其中的影响机理。定义总量生产函数为 $Y_t = F(L_t, K_t, A_t)$,劳动、资本与技术三个自变量下标的 t 表示这是一个动态生产函数。用 $P_i, i = L, K$ 表示要素边际产出;$A_i, i = L, K$ 表示资本或劳动偏向型技术。那么所谓的技术偏向就是指更有利于提高某一要素的边际产出,即 $d(P_i/P_j)/d(A_i/A_j) \geqslant 0$。具体可以将总量生产函数设定为满足不变要素替代弹性的 CES(Constant Elasticity of Substitution)函数:

$$Y_t = [\alpha(A_{Kt}K_t)^{-\rho} + (1-\alpha)(A_{Lt}L_t)^{-\rho}]^{-1/\rho} \tag{5.1}$$

式(5.1)中的 $\alpha \in (0,1)$ 是反映生产过程中两种要素的重要性的分配参数。ρ 表示反映两种生产要素相互可替代性的替代参数,可以定义为 $\rho = (1-\varepsilon)/\varepsilon$,其中 $\varepsilon \in (0,\infty)$ 为替代弹性。如果替代弹性 $\varepsilon = \infty$,则两种生产要素具有完全的替代性,此时的生产函数成为线性生产函数;如果替代弹性 $\varepsilon = 1$,则生产函数就变化为柯布·道格拉斯型(Cobb-Douglas)生产函数;如果替代弹性 $\varepsilon = 0$,则两种生产要素完全互补,则此生产函数就变化为里昂梯夫(Leontief)固定比例生产函数。采用 CES 生产函数的好处是经济系统在向稳态均衡路径收敛的过程中,可以通过技术偏向产生要素收入份额的变化(Acemoglu,2003)。

$$\pi_t = (1-\tau)[\alpha(A_{Kt}K_t)^{-\rho} + (1-\alpha)(A_{Lt}L_t)^{-\rho}]^{-1/\rho} - rK_t - \varphi_K A_{Kt}^{1+\gamma} -$$
$$wL_t - \varphi_L A_{Lt}^{1+\gamma} \tag{5.2}$$

假设企业的目标是利润最大化,不考虑物质资本的折旧,资本的租金率为 r,劳动的工资率为 w,生产过程中政府所征收的生产税税率为 τ。另外,企业可以依据技术创新利润选择技术创新类型,假定技术 A_{Kt} 和 A_{Lt} 生产满足成本函数 $C(A_{Kt}) = \varphi_K A_{Kt}^{1+\gamma}$ 和 $C(A_{Lt}) = \varphi_L A_{Lt}^{1+\gamma}$,其中 φ 和 γ 均为正值。这样,企业利润函数可以写为:

将利润函数式(5.2)分别对要素投入 K_t、L_t 和技术选择 A_{Kt} 和 A_{Lt} 求导,可以得到企业利润最大化的一阶条件。为了表达的方便,可以将时间下标 t 省略,得到以下结果。

$$\partial\pi/\partial K = (1-\tau)Y_K - r = 0 \tag{5.3}$$

$$\partial\pi/\partial L = (1-\tau)Y_L - w = 0 \tag{5.4}$$

$$\partial\pi/\partial A_K = (1-\tau)Y_{AK} - (1+\gamma)\varphi_K A_{Kt}^{\gamma} = 0 \tag{5.5}$$

$$\partial\pi/\partial A_L = (1-\tau)Y_{AL} - (1+\gamma)\varphi_L A_{Lt}^{\gamma} = 0 \tag{5.6}$$

在均衡条件下,资本市场和劳动力市场出清,由公式(5.3)和(5.4)可以得到资本深化(K/L)的均衡解为:

$$K^*/L^* = [\alpha/(1-\alpha)]^\varepsilon (w/r)^\varepsilon (A_K/A_L)^{\varepsilon-1} \tag{5.7}$$

由公式(5.7)可以看出最优的资本深化结果与资本价格比和技术偏向有关。只要 $\varepsilon > 0$，那么均衡条件下的资本深化与资本价格比成正比。具体来看，如果劳动力价格上升，那么会刺激资本深化的程度；而当资本价格下降时，也会出现进一步资本深化的结果。而当 $\varepsilon > 1$ 时，如果发生偏向资本的技术进步，即 A_{Kt}/A_L 变大，那么也会促进资本深化。当 $\varepsilon = 1$ 时，只有资本价格比有影响，技术偏向此时对资本深化是中性的。明显，如果在金融控制的情况下，部分群体会面临低于市场水平的资本价格 r，并会表现出超过均衡状态下的资本深化。同样根据均衡条件，由公式(5.5)和公式(5.6)可以得到技术选择的均衡解。

$$A_K^*/A_L^* = [\alpha/(1-\alpha)]^{\varepsilon/(1+\varepsilon\gamma)} (\varphi_K/\varphi_L)^{-\varepsilon/(1+\varepsilon\gamma)} (K/L)^{(\varepsilon-1)/(1+\varepsilon\gamma)} \tag{5.8}$$

这表明，企业会根据资本和劳动相对丰裕程度及技术创新成本来做技术进步类型的决策。当 $\varepsilon > 0$ 时，如果资本增强型技术进步的成本降低，那么就会增加偏向资本的技术投入，提升 A_K/A_L 的比值。当 $\varepsilon > 1$ 时，资本越加密集，那么越会诱致面向资本的技术进步，A_K/A_L 的比值就越大。根据上述定义，若技术进步更有利于提高某一要素的边际产出，则称技术进步偏向于该要素。而资本与劳动相对边际产出之比表示为：

$$P_K/P_L = [\alpha/(1-\alpha)](A_K/A_L)^{(\varepsilon-1)/\varepsilon} (K/L)^{-1/\varepsilon}$$

那么技术选择对资本和劳动相对边际产出的作用满足：

$$d(P_K/P_L)/d(A_K/A_L) = [(1-\varepsilon)\alpha/\varepsilon(1-\alpha)](A_K/A_L)^{-1/\varepsilon} (K/L)^{-1/\varepsilon} \tag{5.9}$$

由模型(5.9)可知，当资本和劳动替代弹性 $\varepsilon > 1$ 时，A_K/A_L 增大引致资本和劳动相对报酬 P_K/P_L 上升，从而产生偏向于资本的技术进步；当资本和劳动替代弹性 $\varepsilon < 1$ 时，A_K/A_L 增大引致资本和劳动相对报酬 P_K/P_L 下降，从而产生偏向于劳动的技术进步；当资本和劳动替代弹性 $\varepsilon = 1$ 时，技术进步是中性的。

在金融控制的状态下，不仅金融资源会在配置上有倾向性，金融功能的支持也会有差异性。这些有利于那些在金融控制中收益的部门的利益分享，不仅降低了融资成本，也降低了选择资本偏向型技术的成本。当 $\varepsilon > 1$ 时，资本深化与资本型的技术偏向会相互促进，资本密集程度会显著提升。在我国可以观察到，在金融系统中有优势的大型企业，尤其是大型国有企业，会集中在重化工业、房地产业等资本非常密集的产业中。而这种产业类型和技术选择的过度偏向会严重压低劳动收入占比。

由公式(5.3)和公式(5.4)可以知道，资本和劳动的报酬率分别等于用

生产税税率扣减后各自的边际产出。假设生产过程规模报酬不变,则由一次齐次性生产函数的欧拉定理可得:

$$Y = P_K K + P_L L \tag{5.10}$$

将公式(5.3)和公式(5.4)代入则可得出具有政府生产税税收参与分配的社会产出初次分配公式为:

$$Y = rK + wL + \tau Y \tag{5.11}$$

由公式(5.3)、公式(5.4)和公式(5.7)可以得到在社会最终产出中资本的收入份额和劳动的收入份额分别为:

$$sK = rK/Y = \alpha(1-\tau)A_K^{(\varepsilon-1)/\varepsilon}(Y/K)^{(1-\varepsilon)/\varepsilon} \tag{5.12}$$

$$sL = wL/Y = (1-\alpha)(1-\tau)A_L^{(\varepsilon-1)/\varepsilon}(Y/L)^{(1-\varepsilon)/\varepsilon} \tag{5.13}$$

由公式(5.12)和公式(5.13)可以看出,资本收入占比的变化取决于产出资本比和资本增强型技术进步。类似的,劳动收入占比的变化则取决于劳动生产率和劳动增强型技术进步。并且两者都与生产税税率负相关。用公式(5.12)除以公式(5.13)得到公式(5.14),这样可以消除政府部门的影响,集中考察功能性收入分配的变化。

$$sK/sL = [\alpha/(1-\alpha)](A_K/A_L)^{(\varepsilon-1)/\varepsilon}(K/L)^{(\varepsilon-1)/\varepsilon} \tag{5.14}$$

由公式(5.14)可以看出,资本相对于劳动的收入份额取决于资本深化的程度和技术偏向的程度,即资本增强型技术进步相对于劳动增强型技术进步的幅度。具体的影响结果需要根据要素替代弹性进行讨论:在要素替代弹性 $\varepsilon > 1$ 的情况下,资本相对于劳动的收入份额随着资本深化而下降,并随着资本增强型技术偏向的加深而上升;如果替代弹性 $\varepsilon < 1$,则资本相对于劳动的收入份额随着资本深化而上升,随着劳动增强型技术进步偏向的上升而下降;如果替代弹性 $\varepsilon = 1$,则劳动收入份额和资本收入份额均为常数,不仅资本积累是中性的,而且技术进步也是中性的,可以看作是 Kaldor "事实"的理论解释。

上述理论视角可以解释我国劳动收入占比下降的一部分。我国处于金融控制状态的金融系统在配置资源和金融服务上具有偏向性。大企业在间接金融的模式中具有天然优势(Allen 和 Gale,1999;Stein,2002;Cole 等,2004),而国有企业在我国政府主导的发展模式中具有垄断地位,因此大型企业尤其是国有大型企业在目前我国的金融系统中有更有利的分享地位。收益的企业部门会选择资本增强的技术偏向并加速资本深化。上述的理论分析表明在一定条件下资本深化会降低劳动收入占比。资本深化的程度可以根据现有的统计数据直接计算,而技术偏向的方向和幅度以及要素替代弹性则需要计量分析。这些在后面的实证研究中会进行验证。另外需要看到的是,在金融资源和金融服务有限的情况下,收益部门过度的分享地位会损失其他经济主体的利益分享。居民部门会有一个资产性收入的直接损失。而那些在数量众多的中小企业中就业的群体还会遭受间接的人力资本分享损失,因为中小企业在比较明显的融资约束下会压缩劳动报酬。这可以通过下文的模型分析进行讨论。

5.2.2　金融控制导致劳动收入份额下降:融资约束视角

企业是一个多种经济资源提供者长期合作的组织集合。在现代经济中,随着经济资源分享广度的提升,经济资源货币化的程度大幅提高,企业补充新资源的形式更多表现为融资问题。企业选择什么样的融资方式、融资工具及融资金额不仅取决于自身的条件、社会资金供给状况,而且还依赖金融系统的功能支持。如果金融系统比较发达,各种经济资源具有良好的分享广度,那么企业就可以不断地"吐故纳新",调整融资结构和分享深度,实现一个最优资本结构。在良好的分享广度支撑下,金融系统中的资金可以自由流动,那么"看不见的手"总能把社会闲置资金引导到分享深度和分享动态最合适的企业部门。不同的盈利水平与相应的风险程度相匹配,形成多种多样的筹资方式。只要资金是自由流动的,一个符合配置效率的均衡融资结构就会产生,它反映了社会的最优资本结构和分享结构。但是在金融控制的环境中,如果政府对金融市场进行不适当的干预,筹资方式就不是通过市场生成,而是按政府的意愿生成;资金价格也产生扭曲,无法引导资金流向分享深度合适的企业。金融系统因价格歧视而产生分割,资源流动受阻,所有这些都导致了均衡的融资结构是外力强制形成的,它不代表最优资本结构。受损的企业群体融资渠道遭遇阻滞,降低了分享广度;各种类型的资金价格被扭曲,扰乱了分享深度。这种企业就无法根据自身发展要求调整到最佳资本结构,并在利益分享中处于不利的地位。

在金融控制的环境中,弱势的企业群体会更多地寻求自我积累或者是内源融资。内源融资主要指企业留存收益和折旧。外源融资还分为直接融资和间接融资。直接融资主要有股票、债券等方式的融资;间接融资主要是银行信贷。通过比较受抑制的金融市场与不受抑制的金融市场上企业各自的融资结构,就能够粗略判定前者的低效率及其根源。在英、美等发达国家,企业融资方式多样,一般注重内源融资,而外源资金中很大一部分来自于资本市场,即股票、债券等;而发展中国家,融资方式比较单一,且偏重外源融资当中的银行信贷。这表明金融深化程度的国际差别。在发达的金融市场系统中,金融创新迅速,企业在选择融资方式时比较自由。随着金融衍生工具的不断创新,不同证券之间的界限已经模糊了,所以企业选择外源融资方式时,选择结构相对比较均匀。然而,发展中国家政府对金融市场的干预较大,金融控制或多或少存在着,金融创新迟缓,从而导致了企业对银行贷款的依赖。

我国存在金融控制的典型特征,利率受到管制、资金流动受到约束。金融控制对我国企业外源融资结构有明显的影响。表5.1用社会融资规模及主要融资渠道来表示外源融资。从表5.1的数据可以看出,虽然贷款比重有所下降,但贷款比重在2013年仍然占据社会融资规模的76.8%;而股票、债券等直接融资比重只占11.7%。这表明银行信贷依然是我国企业外部融资的主要方式。

表 5.1　2002—2013 年我国社会融资规模及主要融资渠道占比　单位:亿元

年份	社会融资规模	比重(%)		
		贷款	企业债券	股票
2002	20,112.00	92.90	1.80	3.10
2003	34,113.00	83.10	1.50	1.60
2004	28,629.00	90.10	1.60	2.40
2005	30,008.00	85.00	6.70	1.10
2006	42,696.00	82.00	5.40	3.60
2007	59,663.00	69.50	3.80	7.30
2008	69,802.00	80.90	7.90	4.80
2009	139,104.00	77.00	8.90	2.40
2010	140,191.00	65.70	7.90	4.10
2011	128,286.00	69.90	10.60	3.40
2012	157,631.00	68.30	14.30	1.60
2013	172,904.00	76.80	10.40	1.30

数据来源:Wind 数据库。这里贷款主要包括人民币贷款、委托贷款和信托贷款,因还包括其他融资方式,所以贷款、债券和股票三者比重之和小于100。

从企业的规模进行分类,可以发现中小企业在推动经济增长、解决劳动力就业等方面发挥了不可替代的作用。以2012年我国工业企业的情况为例(见表5.2),中小企业已经占到企业总数的97%,贡献了全部企业主营业务收入和利润总额的59%。中小企业与私营企业重合度很高,如果用私营企业和国有、集体企业比较可以发现,私营企业个数是国有、集体企业的16倍以上,创造的利润是国有、集体企业的 4.23 倍。然而,中国金融业是由计划经济体制下的金融体制转变而来,仍然以大型国资控股商业银行为主,高度垄断。国资银行和国资企业形成了中国的纵向信用体系。在计划经济时代,国有企业所需的资金,由国家统一拨款,不存在融资问题。1985 年,国家开始对国有企业实行"拨改贷",国有企业的资金全部改为由银行拨款,国有银行替代财政按照政府意愿向国有企业提供资金支持,国有银行的信贷投向带有很强的政府指导色彩。改革开放以来,国有银行改制成国资控股银行,开始商业化、企业化独立运作,但改制和上市后的国资商业银行在追求利润最大化的动机驱使下,信贷意愿降低,存在信贷偏向,倾向于对国资企业和实力雄厚且资金并不紧缺的大型民营企业发放贷款,而对那些急需资金运转和经营的中小企业进行信贷收缩甚至"抽贷",导致中小企业面临较强的融资约束。

表 5.2　中小企业和私营企业的贡献(2012)　　　　　　单位:亿元

	企业数(个)	资产总计	主营业务收入	利润总额
企业总计	343769	768421	929292	61910
中型企业	53866	184742	218357	15400
小型企业	280455	204061	326270	21340
中小企业合计	334321	388803	544627	36740
中小企业占比	0.97	0.51	0.59	0.59
国有、集体企业	11584	107701	88491	4777
私营企业	189289	152548	285621	20192
私营与国有集体的比值	16.34:1	1.42:1	3.23:1	4.23:1

数据来源:《中国统计年鉴(2013)》。

下表 5.3 表明中小企业对经济做出的贡献与他们从银行获得的信贷支持是不对称的。可以看到,大型企业当中的私营企业所获得的信贷只占贷款总额的 16%,其他绝大部分都被国有企业占据;在中型企业和小微型企业当中,私营企业的信贷比例约 50% 左右,然而总的私营企业获得的信贷只有 36%,也就是 1/3 多一点,如果去除掉大型企业当中的私营企业的话,这一比例只有 30%,还不到 1/3。这表明中小企业在控制性的金融体制下,存在严重的融资约束。

表 5.3　中小企业获得的信贷支持（2012）　　　　　　单位:亿元

企业规模和性质	大型企业	中型企业	小微型企业	总数
贷款总额	139275.28	141825.95	111728.68	392829.9
国有控股	98247.95	52694.45	35956.06	
集体控股	9205.39	17463.85	9720.57	
私人控股	22390.4	59647.35	60121.50	142159.3
其他	9431.54	12020.3	5930.55	
私人企业占贷款总额的比重	0.16	0.42	0.59	0.36

数据来源:《中国统计年鉴（2013）》。

在中小企业无法通过银行信贷解决融资需求的情况下,中小企业不得不通过利润留成进行内部投资（Riedel,2007;Dollar 和 Wei,2007;Song,2010）,也就是内源融资。从图 5.5 的企业固定资产投资的资金来源上可以看出,企业投资中的自筹和其他资金所占比重从 1992 年的 62.5% 上升到 2013 年 82.6%,而国内贷款的比重则从 27.4% 下降到 12%。应展宇（2004）结合统计数据和典型调查数据,验证了我国中小企业融资具有融资渠道狭窄、发展主要依靠自身内部积累（即中小企业内源融资比重过高、外源融资比重过低）的结论。

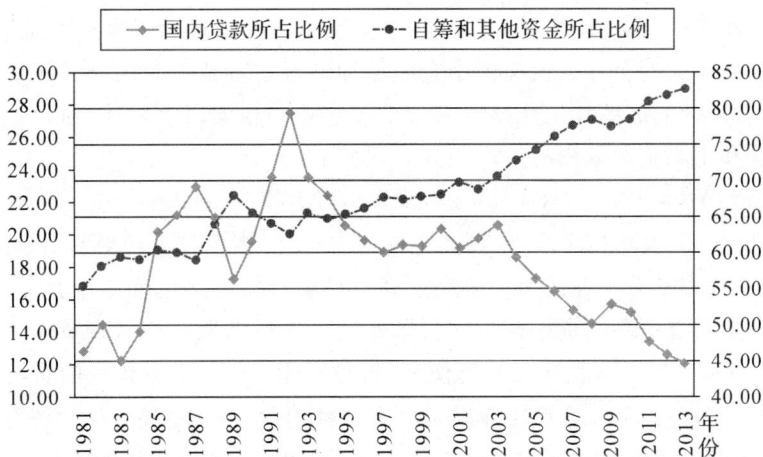

图 5.5　企业固定资产投资资金来源

数据来源:Wind 数据库。

上文已经分析了金融控制的存在导致企业融资结构倾向于银行信贷为主的间接融资,但中小或者私营企业(下文不做区分,统一为中小企业)又很难获得银行信贷支持,并且面临着较强的融资约束。企业的融资约束对劳动收入份额的影响主要有两个方面:一是中小企业在面临信贷约束时,主要依靠内部积累放松信贷约束,这导致劳动者从企业分享的剩余减少,劳动报酬形式的收入将会减少,从而使劳动收入份额下降。二是中小企业吸收了大量劳动力就业,而中小企业通过自有资金积累有限,主要通过银行信贷解决营运资金中工资支付和企业正常运营支出。融资约束迫使企业倾向于少使用劳动,减少劳动的雇佣或者压低工人的工资。这不仅影响了劳动力的分享广度,也限制了分享深度。由于我国的劳动力大部分分部在中小企业,所以中小企业劳动力收入的下降,是造成我国劳动收入份额下降的原因。

接下来本书将在汪伟等(2013)模型的基础上构建含有大型(或国有)企业和中小企业两类企业的动态一般均衡模型来讨论中小企业融资约束造成我国劳动收入份额下降的机理。中小企业需要通过银行贷款解决流动资金,包括用于工资支付和促进销售、生产的营运资金。银行对中小企业的信贷支持不足,导致无法满足企业正常运营的流动资金需求。中小企业不得不通过利润留成的方式解决企业日常运营和投资的融资问题。大型企业由于得到正规金融的支持基本上不存在这个问题。所以在模型分析中第一个基本假设是中小企业相对大型企业来说存在融资约束。另外,假设大型企业比中小企业的物质资本密集度要高,即大型企业的资本产出比和劳动产出比要高于中小企业。这显然比较符合现实情况。最后,假设中小企业的效率要高于大型企业。由于中小企业更加贴近市场或者是由于其组织成本较低,所以他们的劳动生产率要高于大型企业。根据以上所述,可以设定大型企业和中小企业采用的生产函数分别如下:

$$Y_t^s = (K_{t-1}^s)^{\alpha_s}(A_t L_t^s)^{1-\alpha_s}, \quad Y_t^p = (K_{t-1}^p)^{\alpha_p}(w A_t L_t^p)^{1-\alpha_p} \quad (5.15)$$

其中,A_t 表示技术水平,则 $g_{t+1} = A_{t+1}/A_t$ 可表示技术水平的增长速度。$w > 1$,代表私营企业的生产效率更高。且 $\alpha_s > \alpha_p$,表示和中小企业相比,大型企业具有更高的资本密集度。另外设存款利率为 r,则折现算子为 $\lambda = 1/(1+r)$。大型企业具有融资便利,贷款利率为 r_t^s,中小企业的贷款利率为,则 $r < r_t^s < r_t^p$。大型企业融资后有三种用途:第一是满足流动资金的需求,用于劳动报酬和营运费用的支付。第二是用于补充资本金的需求,用于长期项目投资。第三是进行证券投资。而中小企业存在融资约束,融资额还不足以支付第一和第二项用途。可以对证券投资收益率设定如下:设 $w_i(t)$ 为投资在第 i 种风险资产上的投资额占投资总额的比重,那么 $1 -$

$\sum_{i=1}^{n} w_i$ 为投资在无风险债券上的比重。则投资组合的收益率为：$R_p(t) = R_f(1 - \sum_{i=1}^{n} w_i) + \sum_{i=1}^{n} w_i R_i$。其中第 0 种为无风险债券，收益率为 R_f；其他 n 种为风险证券，收益率分别为 $R_i(t) = p_i(t+1)/p_i(t), i = 1, 2, \cdots, n$。那么大型企业第 $t+1$ 期的投资组合收益为 $I_{t+1} = \xi_t R_p(t)$，其中 ξ_t 为 t 期国企获得的贷款额。而私企用于发放工资的抵押贷款必须满足如下不等式：$(1 + r_t^p)W_t^p L_t^p \leqslant \xi(K_{t-1}^p)$。另外国企和私企的资本累积过程都为 $K_t = (1-\delta)K_{t-1} + I_t$，$\delta$ 为折旧率。

在中国经济中，中国政府仍然扮演着重要的角色：政府通常通过制定产业规划方式来影响银行的贷款行为，同样也影响了各个企业的投资趋势。在市场中，与中小企业相比而言，大型企业具有显著的政府导向性。因此，相较于中小企业，银行更倾向于把钱借给大型企业。也就是说，中小企业面临着融资约束的问题。简单起见，大型企业所面临的最优化问题可以理解为其在各个时期所获得利润经过折现后总和的最大化问题。可将其表现为如下模型：

$$\max \quad E_t \sum_{t=1}^{n} \lambda^t \pi_t^s = E_t \sum_{t=1}^{n} \lambda^t [Y_t^s - (1 + r_t^s)(1 - \mu_t^s)(W_t^s L_t^s + \xi_t)]$$

$$\text{s. t.} \quad I_{t+1}^s \geqslant \xi_t R_p(t), \quad K_t^s = (1-\delta)K_{t-1}^s + I_t^s \tag{5.16}$$

目标函数中，λ 为贴现因子，我们假定它是一个常数；π_t^s 为国有企业在 t 时期获得的利润；μ_t^s 为在 t 时期国企无法偿还贷款的可能性；W_t^s 为国企职工的工资。第一个约束条件中，I_{t+1}^s 表示其在 $t+1$ 时期所获得的投资收益，$R_p(t)$ 代表 t 的投资组合的组合收益率，式(5.16)表示国企会将它能得到的贷款额全部投资在证券市场中，而各个证券的收益率遵循上述模型假设。第二个约束条件中，K_t^s 表示资本量，δ 为折旧率。则整个式子表示 t 时期的资本量是上期资本折旧后与这期的投资收益的总和。求解上述最优化问题得到关于资本和劳动的最优一阶条件，分别如下：

$$(1 + r_{t-1}^s)(1 - \mu_{t-1}^s)/R_p(t-1) = \lambda E_t (1 + r_t^s)(1 - \mu_t^s)(1-\delta)/R_p(t)$$

$$(1 - \alpha_s)Y_t^s/L_t^s - (1 + r_t^s)(1 - \mu_t^s)W_t^s = 0$$

我们就能得到大型企业的劳动收入占比为：

$$LS_t^s = \frac{W_t^s L_t^s}{Y_t^s} = \frac{1 - \alpha_s}{(1 + r_t^s)(1 - \mu_t^s)} \tag{5.17}$$

式(5.7)表明，国有企业的资本密集度 α_s、贷款利率 r_t^s 以及不良贷款率 μ_t^s 都会对其劳动收入占比产生影响。且劳动收入占比会随着资本密集度的增大而变大,随贷款利率的增大而减小,随不良贷款率的增加而增加。根据白重恩、钱震杰(2010)和罗长远、张军(2009),由于大型企业或者是国企的资本密集度相对较高,因而我国大型企业的劳动收入份额占比一般要高于中小企业。

由于我国银行业在不断加强内部风险控制,虽然大幅降低了不良贷款率,但是和大型企业相比而言,中小企业的融资更为困难。中小企业的融资方式通常是内源融资,即中小企业的投资来源通常来自企业内部的利润或储蓄。类似的,中小企业的最优化问题可以表述如下:

$$\max \quad E_t \sum_{t=1}^{n} \lambda^t \pi_t^p = \quad E_t \sum_{t=1}^{n} \lambda^t [Y_t^p - (1 + r_t^p)(1 - \mu_t^p)W_t^p L_t^p - I_t^p]$$

$$s.t. \quad I_{t+1}^p = I_t^p R_p(t), K_t^p = (1 - \delta)K_{t-1}^p + I_t^p, (1 + r_t^p)W_t^p L_t^p \leqslant \xi(K_{t-1}^p)$$

$$(5.18)$$

其中,π_t^p 为中小企业在 t 时期的利润,r_t^p 为中小企业向银行贷款时的贷款利率,μ_t^p 为私营企业的不良贷款率,且 $\mu_t^p < \mu_t^s$;投资额 I_t^p 来源于企业内部融资。第一个约束条件表示投资收益过程;第二个约束条件表示其资本的累积过程;第三个约束条件表示中小企业向银行取得的抵押贷款是用于发放工资,且其金额不能超过 $\xi(K_{t-1}^p)$。则劳动投入的最优一阶条件为:

$$(1 - \alpha_p)Y_t^p / L_t^p - (1 + r_t^p)(1 - \mu_t^p + \mu_t)W_t^p = 0$$

μ_t 为拉格朗日乘数算子。同理,我们可得到私企的劳动收入占比为:

$$LS_t^p = \frac{W_t^p L_t^p}{Y_t^p} = \frac{1 - \alpha_p}{(1 + r_t^p)(1 - \mu_t^p + \mu_t)} \quad (5.19)$$

可知,中小企业的劳动份额占比会受资本密集度 α_p、贷款利率 r_t^p、不良贷款率 μ_t^p 以及信贷融资约束 μ_t 的影响。且其会随着资本密集度的增大而减小,随贷款利率的增大而变小,且与不良贷款率成正比,另外,信贷约束越紧,劳动收入占比也越低。比较式(5.17)和式(5.19)发现,如果存在信贷约束,则 $\mu_t > 0$,那么大型企业的劳动收入份额将大于存在信贷约束的中小企业的劳动收入份额。如果金融控制程度提高,那么中小企业的融资约束就越强,得到更大的 μ_t 和更低的劳动收入占比。通过技术偏向和融资约束两个角度,本书分析了金融控制对功能性收入分配的影响机制。基本的结论是:金融控制破坏了利益分享机制,对于受益的企业来说会选择资本深化和技术偏向,从而提高资本收入占比。受损的企业会因为可分享剩余的减少而压低人力资本的分享深度,从而降低劳动收入占比。下文需要通过实证分析,来验证这些结果。

5.3 金融控制影响劳动收入占比的实证分析

5.3.1 金融控制综合指数的测算

要研究金融控制对功能性收入分配的影响,首先需要量化金融控制的状态和程度。本书选用金融控制综合指数作为衡量金融控制程度的指标。范方志和赵明勋(2004)主要选择最低和最高活期储蓄存款利率、最低和最高固定资产贷款利率和法定存款准备金率这些利率手段而不考虑汇率、资本流动管制等因素,用主成分分析法构建了金融抑制的综合指标。仇娟东等(2011)则在上述指标结构的基础上加入汇率指标后,构成最低和最高活期存款利率、最低和最高存款年利率、最低和最高五年期存款利率、法定存款准备金率、汇率指标体系,用 KMO 检验与 Barlett 球形检验后,用主成分分析法衡量了中国 1978—2009 年之间的金融抑制的程度。后续还有一些指标调整和方法改进(邱崇明和李辉文,2011;王勋,2013)。Ang 和 Mckibbin (2007)选取优先部门贷款目标比、法定存款准备金率、商业银行流动性比例、优先部门最高贷款利率、最低贷款利率、最高贷款利率、最低存款利率、最高存款利率八个指标,采用主成分分析的方法构建了马来西亚的金融控制指标;Abiadetal(2008)选取七个方面的政策变量:信贷控制、利率控制、银行业限制、国有银行在银行业中的比重、金融行业的政府干预、资本项目管制、资本市场管制,将每个政策变量得分控制在 0~3 分之间,并将金融控制变量标准化为 0~1 分,从而衡量了 1975—2005 年 91 个国家的金融控制政策。本书考虑到金融控制的核心表现是对金融资产价格(即对利率、汇率)的管制,以及数据的可得性,将在 Ang 和 Mckibbin(2007)以及范方志和赵明勋(2004)的基础上,同时考虑前面的理论模型,选取五年以上贷款利率作为衡量企业固定资产投资成本的指标,最终选取最低一年期存款利率、最高一年期存款利率、最低五年期存款利率、最高五年期存款利率、最高五年期以上贷款利率、最低五年期以上贷款利率、法定存款准备金以及汇率(元/美元)等八个变量,用主成分分析法来构建金融控制综合指标,样本选择的区间为 1978—2012 年。数据主要选自《新中国 60 年统计资料汇编》、相关年份的《中国金融年鉴》以及 Wind 数据库。

在多变量时间序列中,可以利用主成分分析方法对多变量系统进行降维处理。采用的方法是将原来的时序变量变换到另一组变量,构成所谓的"主成分",然后选择其中重要的主成分作为新的时序变量进行建模,即多变量时序的主成分估计。设 $\hat{X}_t=\{\hat{X}_{1,t},\cdots,\hat{X}_{p,t}\}$ 为 p 变量的平稳随机时间序列；对 $\hat{X}_t$ 进行均值、根方差的标准化处理，得到新的数据序列：$X_t=\{X_{1,t},\cdots,X_{p,t}\}$。在主成分分析之前，需要对数据进行 KMO 检验以及 Barlett 球形检验，得 KMO 值=0.787＞0.5。通过主成分分析，得到两个主成分（见表 5.4）：累积贡献率为 85.411%＞85%，第一主成分的贡献率为 72.281%，赋予第一主成分权重为 72.281/85.411＝0.8463；第二个主成分的贡献率为 13.129%，赋予第二主成分权重为 13.129/85.411＝0.1537。金融控制综合指数（FRI）通过式（5.20）加总得到（见表 5.4）。

$$FRI=0.8463\times component1+0.1537\times component2 \qquad (5.20)$$

可以发现表 5.5 和图 5.6 拟合的金融控制综合指数数据动态和中国金融发展和金融体制改革历史大体相近。从 1978 年实行改革开放以来，我国逐渐摆脱"强财政，弱金融"格局，一系列改革在逐渐展开，经济增长不断加快。指数由负值变为正值，且处于一直上升态势。这表明改革开放的政策在不断改善金融体系中的抑制程度。1989 年以后指数突然急剧下降，表明抑制程度加深，这主要是由于 80 年代末，通货膨胀高，国家实行强有力的紧缩政策：金融市场的活动受到严格限制，信贷管理体制又回归到高度集权状态。1992 年金融控制程度开始有所放缓，这主要得益于邓小平南巡、党的十四大召开，提出建立中国特色社会主义市场经济体制。1994 年指数达到最高，这得益于这一年金融体系的改革以及分税制改革等一系列改革的展开。1997 年以后指数开始直线下滑，可能是因为外部金融环境恶劣。这一年爆发亚洲金融危机，中国不得不出台相应的紧缩政策，强化了金融控制程度。同时尹希果、许岩（2011）从财政收入和国企改革解释金融控制在 20 世纪 90 年代中期的存在：中央政府通过加强对金融体系的强控制，以低息贷款的形式向经济改革过程中的利益集团（大型企业，政府财政）提供补贴，以减小改革遇到的阻力。从表 5.5 中可看到 2000 年以后抑制指数虽然均为负值，但指数处在缓慢的上升通道之中，这表明抑制程度在逐渐减缓，这与我国进入 21 世纪后利率市场化进程紧密相连：2000 年放开外币贷款利率和大额外币存款利率，2004 年扩大金融机构贷款利率浮动区间并取消贷款上浮封顶等。

表 5.4　金融控制变量:总的方差贡献率

Component	Initial Eigenvalues			Extraction Sums of Squared Loadings		
	Total	% of Variance	Cumulative %	Total	% of Variance	Cumulative %
1	5. 7825195	72. 281493	72. 281493	5. 7825195	72. 281493	72. 281493
2	1. 0503641	13. 129551	85. 411044	1. 0503641	13. 129551	85. 411044
3	0. 8138808	10. 17351	95. 584554			
4	0. 1895566	2. 3694579	97. 954011			
5	0. 0824491	1. 0306137	98. 984625			
6	0. 0391772	0. 489715	99. 47434			
7	0. 0280136	0. 3501697	99. 82451			
8	0. 0140392	0. 1754901	100			

数据来源:主成分分析计算的估计结果。

简单的线性相关关系也可以初步验证本书的观点。将表 5.5 中的金融控制综合指数与劳动收入份额绘制到折线图上(见图 5.6)。从图中可以看出,我国劳动收入份额与金融控制综合指数高度正相关:1978 年改革开放之后,劳动收入份额逐渐在上升,对应的金融控制程度在减缓;80 年代末 90 年代初,劳动收入份额和进入抑制程度均有所波动,图形上呈现出 M 型;90 年代中期以后,二者开始处于下降通道之中;2000 年左右,劳动收入份额和金融控制指数又都有所上升。由此可见,金融控制可能是我国劳动收入份额下降的重要原因。

表 5.5　金融控制综合指数 FRI

年份	数值	年份	数值	年份	数值	年份	数值
1978	−0. 376	1987	0. 512	1996	1. 119	2005	−0. 903
1979	−0. 297	1988	0. 958	1997	0. 285	2006	−0. 795
1980	−0. 067	1989	1. 720	1998	−0. 300	2007	−0. 572
1981	−0. 011	1990	1. 215	1999	−0. 892	2008	−0. 670
1982	0. 080	1991	0. 595	2000	−0. 956	2009	−0. 757
1983	0. 080	1992	0. 513	2001	−0. 956	2010	−0. 783
1984	0. 081	1993	1. 443	2002	−1. 020	2011	−0. 580
1985	0. 194	1994	1. 555	2003	−1. 039	2012	−0. 611
1986	0. 508	1995	1. 654	2004	−0. 924		

注:正值代表抑制较松,负值表示抑制较紧。

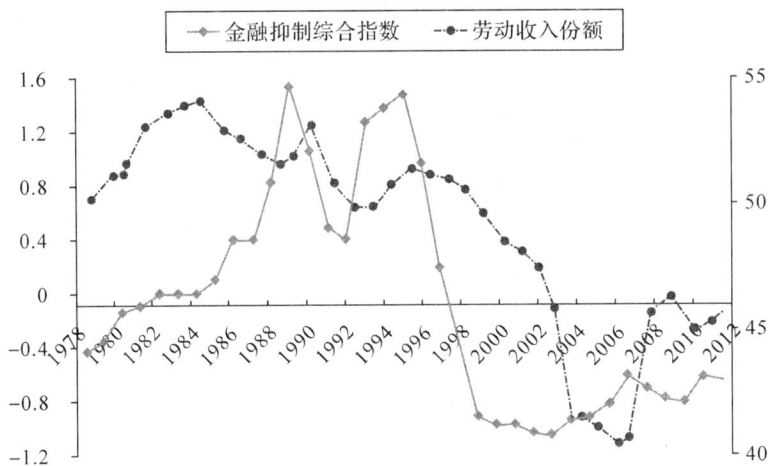

图 5.6　金融控制综合指数与劳动收入份额：1978—2012
数据来源：本书计算的结果。

5.3.2　金融控制与我国劳动收入份额的时间序列分析

（1）方法和变量说明

在测得金融控制综合指数 FRI 之后，本书将选择全国时间序列数据，采用向量自回归（VAR）模型分析金融控制和劳动收入份额之间的关系。其他变量选取情况如下：第一个是劳动收入份额。GDP 按收入法构成分为劳动者报酬、固定资产折旧、生产税净额和营业盈余。劳动者报酬为劳动的回报，为居民所得；固定资产折旧和营业盈余为资本的回报，为企业、单位所得；生产税净额为一定时期内企业应向政府缴纳的生产税减去生产补贴后的差额，为政府所得。在学术界，关于"劳动者报酬占 GDP 的份额"即"劳动收入份额"的公式还有争议，主要有两种公式，其中公式（5.22）是将生产税净额从 GDP 中消去，即生产税净额是政府对国民收入的一种分享，并不直接创造 GDP。其中，全国收入法 GDP 数据选自《新中国 60 年统计资料汇编》及其他年份的《中国统计年鉴》；省际收入法 GDP 数据中，1978—1992 年间数据选自《中国国内生产总值核算历史资料：1952—1995》，1993—2011 年间数据选自《中国国内生产总值核算历史资料：1952—2004》及其他年份的《中国统计年鉴》。

$$劳动收入份额 LS = \frac{劳动者报酬}{劳动者报酬＋营业盈余＋固定资产折旧＋生产税净额} \quad (5.21)$$

$$劳动收入份额 LS = \frac{劳动者报酬}{劳动者报酬＋营业盈余＋固定资产折旧} \quad (5.22)$$

第二个是资本产出比。资本产出比 KTY,取实际资本存量与实际 GDP 的比值。参照 Bentolila 和 Saint-Paul(2003)提出的方法,本书用资本产出比(KTY)控制要素投入比及要素相对价格变化的影响。其中全国及各省的资本存量数据来自单豪杰(2008),1978—2008 年资本存量数据直接取自于该文献,2009—2011 年的数据从人大经济论坛中得到。实际 GDP 以 1952 年价格为不变价格计算而得。

第三是经济发展水平。根据 Daudey 和 Garcia(2007)的研究,要素间收入差距显著提高会恶化人际收入分配格局,劳动收入差距越小,收入差距越大。李稻葵等(2009)从理论角度提出了经济发展水平和劳动收入份额之间的“U”型关系,并通过跨国面板数据证实了这一结论。如果“库茨涅茨曲线”存在,表明劳动收入占比在经济发展早期可能下降,达到某一阶段后会上升。本书取人均实际 GDP(1978 年价格)PERGDP 作为经济发展水平的衡量指标,考察它对劳动收入份额的影响,并引入人均实际 GDP 的平方项 $PERGDP^2$,考察“U”型关系是否存在。

第四是经济结构。经济结构用 GDP 中工业增加值与服务业增加值的比值 STRUCT 来衡量(王勋和 Anders Johansson,2013),金融控制使得政府将有限的资源优先投放到资本密集型的工业当中去,因此可能造成第二产业比值上升,第三产业比值下降,劳动收入份额也将下降。

第五是全球化。在全球化过程中,资本的谈判力量得到加强,降低了劳动与资本的讨价还价能力,不利于劳动收入份额的改善,本书用进出口总额占 GDP 的比重(RIMES)衡量贸易开放度,代表全球化。PERGDP、STRUCT、RIMES 指标数据主要选自《新中国 60 年统计资料汇编》《中国国内生产总值核算历史资料:1952—2004》以及相关年份的《中国统计年鉴》。由于本书的核心解释变量 FRI 存在负数,无法取对数,所以本书选用半对数模型,对解释变量 LS 取对数,控制变量中由于人均实际 GDP 数字比较大,所以取 PERGDP＝人均实际 GDP/1000,其他变量不变。

(2)单位根检验

下文将运用向量自回归(VAR)模型分析金融控制与劳动收入份额之间的关系。首先通过单位根检验判断变量的平稳性;其次通过协整分析和格兰杰因果关系检验各变量之间的长期稳定和因果关系。单一方程时间序列模型探讨的是单个变量的动态规律性,但在现实经济分析中,经常会面对由多个变量构成的系统,而这些变量之间通常具有关联性。因此,在一个经济系统中,一个变量的变化不仅会与其自身滞后值有关,还会与其他变量滞后值有关。这就需要把单变量自回归模型推广到多变量自回归模型,即 VAR

模型。向量自回归模型(Vector autoregressive model)是 Sims 在 1980 年提出的。这种模型采用多方程联立的形式,它不以经济理论为基础,在模型的每一个方程中,内生变量对模型的全部内生变量的滞后值进行回归,从而估计全部内生变量的动态关系。

滞后阶数为 p 的 VAR 模型表达式为:

$$y_t = A_1 y_{t-1} + A_2 y_{t-2} + \cdots + A_p y_{t-p} + B x_t + \mu_t \qquad (5.23)$$

其中,y_t 为 k 维内生变量向量;x_t 为 d 维外生变量向量,是待估系数矩阵;μ_t 是 k 维误差向量,它们之间可以同期相关,但不与自己的滞后值及等式右边的变量相关。由于选取的数据是时间序列数据,直接进行单方程回归可能会得出有偏且非一致的估计结果,所以本书采用 Dickey 和 Fuller(1974)提出的 ADF 检验方法对各变量进行单位根检验。由表 5.6 可知,各变量的时间序列在显著性水平为 5% 的 ADF 检验中存在单位根。取一阶差分后,所有变量的一阶差分均在 1% 的显著性水平下拒绝单位根假设,所以这些变量都是一阶单整序列 I(1),接下来可做协整分析。

表 5.6 单位根检验

变量	ADF 检验 t 值	检验类型	临界值 1%	结论
ls	−1.072272	含截距项	5%(−2.963972)	不平稳
$\triangle ls$	−3.269560	不含趋势项和截距项	1%(−2.647120)	平稳
fri	−2.478135	含趋势项和截距项	5%(−3.574244)	不平稳
$\triangle fri$	−3.535049	不含趋势项和截距项	1%(−2.650145)	平稳
$strcut$	−1.116016	含趋势项和截距项	5%(−3.568379)	不平稳
$\triangle strcut$	−3.924837	含截距项	1%(−3.679322)	平稳
kty	0.559835	含趋势项和截距项	5%(−3.580623)	不平稳
$\triangle kty$	−0.523976	不含趋势项和截距项	1%(−2.647120)	平稳
$rimes$	−2.058298	含趋势项和截距项	5%(−3.568379)	不平稳
$\triangle rimes$	−4.082082	含截距项	1%(−3.679322)	平稳
$pergdp$	1.628797	含截距项	5%(−2.991878)	不平稳
$\triangle pergdp$	−3.742840	含截距项	1%(−3.737853)	平稳

注:$\triangle ls$ 表示 ls 的一阶差分,其余类同。

(3)协整分析和格兰杰因果关系检验

为了说明变量之间的长期稳定关系,尤其是劳动收入份额 LS 与金融控制指数 FRI 等其他变量间的关系,本书采用 Johanson 在 1995 年提出的关于系数矩阵协整似然比(LR)检验法来分析各个变量的协整关系。在做协整之前,首先用赤池信息量准则(AIC)和施瓦茨(SC)准则确定最大滞后阶数,确定最佳滞后阶数为 3 期,协整结果见表 5.7。

表 5.7　Johansen 协整检验结果

协整向量个数的原假设	特征根	迹统计量	1%的临界值	p 值
$r^* = 0$	0.906348	185.7048	104.9615	0.0000
$r^* \leqslant 1$	0.828222	112.2917	77.81884	0.0000
$r^* \leqslant 2$	0.575353	57.68355	54.6815	0.0046
$r \leqslant 3$	0.440323	31.13216	35.45817	0.0349
$r \leqslant 4$	0.330992	13.13989	19.93711	0.1098
$r \leqslant 5$	0.02167	0.679171	6.634897	0.4099

注:* 表示在 1%的置信水平下成立。

从表 5.7 可得,在 1%的显著性水平下拒绝 $r \leqslant 2$ 的假设,表明变量之间存在 3 协整关系。由于一般关心的是被似然比确定的第一个协整关系,因此本书写出经标准化的第一个协整方程(括号中的数字表示 t 值,下同)

$$LNLS = 0.04\text{FRI} - 0.507\text{KTY} - 1.317\text{RIMES}$$
$$(8.5837) \quad (-10.2709) \quad (-17.0439)$$
$$-0.138\text{STRUCT} + 0.336\text{PERGDP} \tag{5.24}$$
$$(-4.3186) \quad\quad (11.0181)$$

从协整方程可以看出,在长期关系中,劳动收入份额与金融控制等变量存在稳定关系。其中 FRI 的系数为 0.04,初步验证了本书之前所做的假设,金融控制与劳动收入份额之间存在正相关。根据半对数模型系数含义可得:金融控制程度每加深 1%会造成劳动收入份额下降 4%。

KTY 对劳动收入份额的影响效应为负。KTY 的系数为负,表明资本和劳动之间的替代弹性 $\sigma > 1$,K/L 增加的幅度小于 w/r 增加的幅度,劳动收入份额将减少。其他几个影响因素的结果与国内外学者们得出的结果也基本一致:全球化不利于劳动收入份额的改善;工业比重上升,服务业比重下降,将恶化劳动收入份额。但代表经济发展水平的 PERGDP 与劳动收入份额的关系是正相关的,与罗长远、张军(2009)得出经济发展水平和劳动收入份额负相关的结论不一致,需要用更微观的数据进行验证。在方程中加入人均实际 GDP 的平方项 PERGDP^2,考察经济发展水平和劳动收入份额的"U"型关系是否存在。得到新的协整方程公式(5.25)。

$$LNLS=0.0012FRI-0.087KTY-0.1616RIMES$$
$$(2.8571)\quad(-10.4693)\quad(-27.8621)$$
$$-0.0422STRUCT-0.1223PERGDP+0.0535PERGDP^2$$
$$(-19.8122)\quad(-38.9490)\quad(102.8846)$$

(5.25)

加入 PERGDP^2 后,可以发现 PERGDP 的系数由正转向负,变成 -0.1223,PERGDP^2 的系数为正,表明经济发展水平和劳动收入份额之间确实存在"U"型关系。这一结论的逻辑在于:在经济发展水平较低时,农业和工业的比重此消彼长,此时农业占 GDP 的比重多于工业比重,农业劳动收入份额大于工业劳动收入份额,随着工业化的发展,引起整个经济劳动收入份额的下降;当经济发展到一定程度时,服务业的重要性体现出来,由于服务业劳动收入份额高于工业劳动收入份额,所以劳动收入份额将由下降转为上升。

协整方程给出了劳动收入份额与金融控制等变量之间的长期稳定关系,接下来本书用格兰杰因果关系检验来判定金融控制等变量与劳动收入份额的因果关系。格兰杰因果检验是专门用于判别时间序列 $\{x_t\}$ 是否为时间序列 $\{y_t\}$ 变动产生的原因的统计检验方法。格兰杰因果检验首先估计出当前 $\{y_t\}$ 的数值被滞后 k 期取值所解释的水平,然后验证序列 $\{x_t\}$ 的滞后值引入之后是否能够提高对于序列 $\{y_t\}$ 的解释水平及其具体程度。一般需要同时检验问题的另一方面 ,即辨析序列 $\{y_t\}$ 是否为序列 $\{x_t\}$ 的格兰杰原因。

通过格兰杰检验(见表 5.8),可以发现 FRI 不是 LS 的格兰杰原因的 p 值为 0.0636,在 10% 的显著性水平下,拒绝了原假设,说明金融控制程度是劳动收入份额的格兰杰原因。其他 PERGDP、RIMES、STRUCT 都通过了格兰杰因果关系检验,但 KTY 不是 LS 的格兰杰原因的 p 值是 0.4111,没有通过格兰杰检验,这需要通过技术偏向的渠道进行进一步研究。

表 5.8　格兰杰因果关系结果

原假设	样本观测值	F-统计量	p 值
FRI 不是 LS 的 Granger 原因	32	3.05643	0.0636
LS 不是 FRI 的 Granger 原因		0.98780	0.3855
PERGDP 不是 LS 的 Granger 原因	32	4.62320	0.0188
LS 不是 PERGDP 的 Granger 原因		1.47590	0.2464
RIMES 不是 LS 的 Granger 原因	32	2.81823	0.0773

原假设	样本观测值	F-统计量	p 值
LS 不是 RIMES 的 Granger 原因		3.72122	0.0374
STRUCT 不是 LS 的 Granger 原因	32	3.87580	0.0331
LS 不是 STRUCT 的 Granger 原因		0.70929	0.5009
KTY 不是 LS 的 Granger 原因	32	0.91880	0.4111
LS 不是 KTY 的 Granger 原因		8.96320	0.001

5.3.3 金融控制影响要素收入分配的影响机制：技术偏向

(1)资本估计、弹性和技术偏向的测算

在时间序列分析中已经发现金融因素是我国要素收入分配的影响因素。根据上文的理论分析，这种影响机制有两个渠道。其中之一是金融控制导致收益的企业部门发生资本增强型的技术偏向，即 $\mathrm{d}(P_K/P_L)/\mathrm{d}(A_K/A_L)>0$。而根据对公式(5.14)的讨论，可知资本相对于劳动的收入份额取决于资本深化的程度和技术偏向的程度，即资本增强型技术进步相对于劳动增强型技术进步的幅度。而具体的影响结果需要根据要素替代弹性进行讨论：在要素替代弹性 $\varepsilon>1$ 的情况下，资本相对于劳动的收入份额随着资本深化而下降，并随着资本增强型技术偏向的加深而上升；如果替代弹性 $\varepsilon<1$，则资本相对于劳动的收入份额随着资本深化而上升，随着劳动增强型技术进步偏向的上升而下降；如果替代弹性 $\varepsilon=1$，那么技术进步对要素收入分配是中性的。因此首先需要测算我国技术偏向的方向和程度，其次是计算资本深化的程度，再次是计量分析要素替代弹性。

资本深化的程度(K/L)可以根据现有的统计数据直接计算。其中的资本存量 K，因为中国的官方统计部门没有编制资产负债表[①]，也没有统计和公布全社会的资本存量数据。因此需要采用一定的方法对资本存量 K 进行估计。资本存量的估计通常使用永续盘存法(Perpetual Inventory Methed)，若用 I_t 表示第 t 年的固定资本投资，则第 t 年的资本存量就等于上一年的资本存量加上本年的投资再减去折旧，也就是式(5.26)：

$$K_t=(1-\delta)K_{t-1}+I_t \tag{5.26}$$

中国国家统计局每年公布的国民经济核算数据中都有每年的固定资本

---

① 李扬等(2013)测算了我国的"国家资产负债表"，但是数据跨度仅为2007—2011，难以进行计量分析。

形成总额数据,此数据就是每年全社会的新固定资本投资总额数据。如果给定初始年份的全社会固定资本存量数据,那么就可以使用上述永续盘存法的递推公式推算出各年的固定资本存量数据。当然,由于不同年份的固定资本形成总额的计算价格不同,所以为了消除价格变化的影响,还必须用固定资产投资价格指数将各年的固定资本形成总额换算成相同价格的固定资本形成总额数据。这里借鉴单豪杰(2008)、张军和章元(2003)和钱雪亚等(2009)等方法可以得到资本存量。再通过国家统计局公布的全国就业人口数据,就可以得到图5.7。观察可知我国资本深化在改革开放后呈递增态势,尤其是在1992年后加速上升。这里有一部分属于经济增长的正常现象,但是也可能存在金融诱致的成分。

资本深化(百万元)

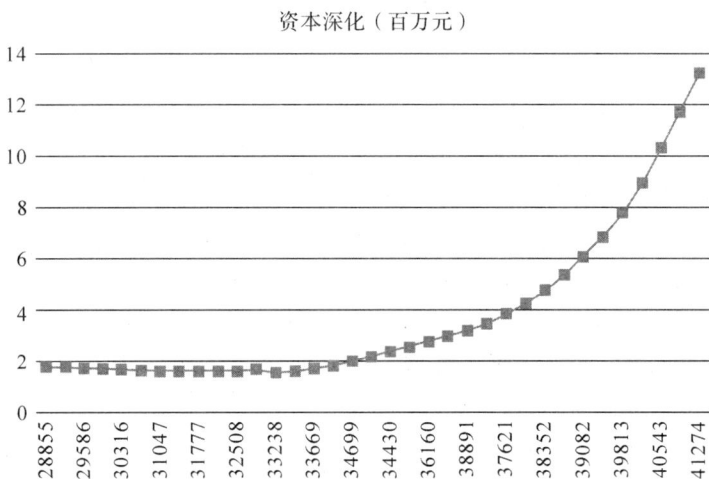

图 5.7　中国的资本深化 1978—2012

数据来源:《中国统计年鉴》。

对于资本与劳动的替代弹性的估计首先需要对 CES 生产函数进行线性化处理。可以将 CES 生产函数简化为以下形式:

$$Y_t = A[\alpha K_t^{-\rho} + (1-\alpha)L_t^{-\rho}]^{-1/\rho} \qquad (5.27)$$

对公式(5.27)两边取对数,可以得到:

$$\ln Y = \ln A - (1/\rho)\ln[\alpha K^{-\rho} + (1-\alpha)L^{-\rho}] \qquad (5.28)$$

由于式(5.28)还没有完全线性化,再在 $\rho = 0$ 处进行泰勒级数展开,取二阶线性部分,并舍去二阶以上高阶项,得到:

$$\ln Y = \ln A + \alpha \ln K + (1-\alpha)\ln L + 0.5\rho(1-\alpha)[\ln(K/L)]^2$$

$$(5.29)$$

此时,我们新的变量为 $\ln Y, \ln A, \ln K, \ln L$ 以及 $\ln(K/L)^2$,可以使用分

行业数据估计上述各参数值,进而使用公式 $\rho = (1-\varepsilon)/\varepsilon$ 计算出资本劳动替代弹性。

CES 函数弹性估计通常采用两种方法进行估计实验,然后依据经济背景确定最终值。这两种方法是贝叶斯(Bayesian)方法和广义最大熵(Generalized Maximum Entropy,GME)方法。GME 的基本思想是把所有未知参数变换为概率形式:首先把未知参数和误差重新参数化为离散型随机变量的凸组合,然后用新参数重写模型作为一致性约束条件,然后构造 GME 目标函数,结合正则化约束条件和一致性约束条件后,进行数值求解,参数的 GME 解是一致性约束的拉格朗日乘子、参数的支持空间和样本数据的函数(Zhang 等,2001)。其优点是在小样本情况下,GME 对未知参数和误差性同时估计比只估计参数更有效。因此本书采用 GME 方法进行估计。由于在金融控制的状态下,有受益的部门,也有受损的部门,而且在行业分布上有明显的差异性,所以采用了分行业数据。本书根据陈诗一(2011)的方法估算出中国工业分行业资本存量,采用国家统计局公布的劳动人数以及行业经济增加值作原始数据。计算结果如下表:

表 5.9　我国分行业资本与劳动弹性值估计结果

农业	采掘业	制造业	电热水	建筑业	交通仓储	通信软件	批发零售
0.589	2.253	1.696	2.407	0.567	2.305	0.469	0.506

金融业	房地产业	租赁服务	社会服务	教育业	卫生	文化	社会管理
1.452	2.336	0.481	0.679	0.675	0.642	1.058	0.740

可以发现大型企业尤其是国有大型企业集中的采掘业,金融业和房地产业,弹性值都大于 1。而中小企业或者民营企业集中的竞争性行业,比如建筑业、批发零售业等弹性值都小于 1。

(2)技术偏向的测算

技术偏向的测算有相对法和绝对法两种思路。第一种相对法,可以由 CES 型生产函数 $F(A_L L, A_K K) = [(A_L L)^{(\sigma-1)/\sigma} + (A_K K)^{(\sigma-1)/\sigma}]^{\sigma/(\sigma-1)}$ 定义 $\lambda = R^{-\sigma}\alpha^{\sigma-1}$,其中 λ 表示资本相对于劳动的需求,R 表示两种要素的相对回报率,α 就是技术偏向 A_K/A_L。可以对方程 $\ln R = (\ln\lambda)/\sigma + (\sigma-1)\alpha/\sigma$ 进行估计,得到技术偏向的信息。

第二种是绝对法,可以考虑生产函数 $Y = (K, L : t)$。在规模报酬不变的情况下,由欧拉定理可得 $Y = Y_L L + Y_K K$,其中 $Y_L = \partial Y/\partial L, Y_K = \partial Y/\partial K$。两边对 t 求导,可得:

$$(\partial Y/\partial t)/Y = (KY_K/Y)[(\partial Y_K/\partial t)/Y_K] + (LY_L/Y)[(\partial Y_L/\partial t)/Y_L]$$

令 $\alpha = LY_L/Y$，$\beta = KY_K/Y$，$A_K = (\partial Y_K/\partial t)/Y_K$，$A_L = (\partial Y_L/\partial t)/Y_L$，$A = (\partial Y/\partial t)/Y$，可以简化得到 $A = \alpha A_L + \beta A_K$。对 Y_L 求全导可得：

$$\mathrm{d}Y_L/\mathrm{d}t = (\partial Y_L/\partial L)(\mathrm{d}L/\mathrm{d}t) + (\partial Y_K/\partial K)(\mathrm{d}K/\mathrm{d}t) + \partial Y_L/\partial t$$

两边同除以 Y_L，并调整可得：

$$\frac{\mathrm{d}Y_L}{\mathrm{d}t}/Y_L = (\frac{L}{Y_L}\frac{\partial Y_L}{\partial L})(\frac{\mathrm{d}L}{\mathrm{d}t}/L) + (\frac{K}{Y_L}\frac{\partial Y_L}{\partial K})(\frac{\mathrm{d}K}{\mathrm{d}t}/K) + \frac{\partial Y_L}{\partial t}/Y_L$$

用 η_w，ε_{LL}，η_l，ε_{LK}，η_K 和 A_L 分别替代上式各项，就可以得到：

$$\eta_w = -\varepsilon_{LL}\eta_l + \varepsilon_{LK}\eta_K + A_L$$

再由欧拉方程可得，$\varepsilon_{LL} = \varepsilon_{LK}$。就可以将上式简化为 $A_L = \varepsilon_{LL}(\eta_L - \eta_K) + \eta_w$。同理可得 $A_K = \varepsilon_{KK}(\eta_K - \eta_L) + \eta_r$。那么技术偏向就可以表示为：

$$A_L - A_K = (\varepsilon_{LL} + \varepsilon_{KK})\eta_L - \eta_K + \eta_w - \eta_r \qquad (5.30)$$

这样可以根据历史经济数据直接算出式中各个变量，判断技术偏向和偏向程度；然后继续讨论技术偏向和要素间收入分配的关系。绝对法不仅能判断技术偏向的方向，也能衡量偏向的程度，比相对法更有优势。使用类似方法的有黄先海和徐圣（2009）。本书主要是通过式（5.31）进行经验分析。

$$\frac{\dot{share}}{share} = (\delta_{LL} - S_K)(\frac{\dot{K/L}}{K/L}) + A_L - A_K \qquad (5.31)$$

该文认为劳动节约型技术进步对劳动收入占比有主导性作用，能够解释其下降幅度的 $60\% \sim 70\%$。但是文中的论证方法可能在逻辑上值得商榷。式（5.31）的劳动收入占比变动是被解释变量，$A_L - A_K$ 是解释变量，应该是直接计算解释变量的数值来分析被解释变量。但是该文实际上是用被解释变量倒算出技术偏向。这样做在逻辑上有问题，而且会产生一个问题就是计算出来的技术偏向可能被高估，因为除了式（5.31）第一项的所有其他因素都被归为技术偏向。这使得计算结果承担了过多的信息量。所以本书直接通过公式（5.30）来测算技术偏向。

首先，可以测算国有部门的技术偏向。根据上文的分析，国有部门最有可能发生资本增强型技术偏向，而且国有企业集中的行业，在上文要素替代弹性计算结果显示都是大于 1。因此国有部门在替代弹性大于 1、持续发生资本深化的条件下，如果叠加了资本增强型的技术偏向，那么就会拉低劳动收入占比。测算国有工业企业技术偏向时，使用国有工业企业固定资产净值和行业全部从业人员平均人数作为资本和劳动投入（陈宇峰，2013），职工平均工资为劳动回报，鉴于数据可得，此处直接使用利润总额作为国有工业企业的资本回报。劳动和资本的回报使用 1978 年为基期的商品价格指数进行平减，资本投入使用固定资本形成总额价格指数及固定资产投资价格指数进行换算,指数的计算方法与在全国技术偏向中一致。国有工业企业技术偏向测算的数据来自《中国统计年鉴》和《中国工业经济统计年鉴》。

表 5.10　国有工业企业技术偏向

年份	1991	1992	1993	1994	1995	1996	1997
国有技术偏向	0.04	0.37	0.11	−0.25	−0.85	−0.35	−0.64
年份	1998	1999	2000	2001	2002	2003	2004
国有技术偏向	−1.06	−1.05	−0.75	−0.72	−0.57	−0.73	−0.56
年份	2005	2006	2007	2008	2009	2010	2011
国有技术偏向	−0.49	−0.78	−0.59	−0.18	−0.69	−0.28	−0.19

国有工业企业技术偏向

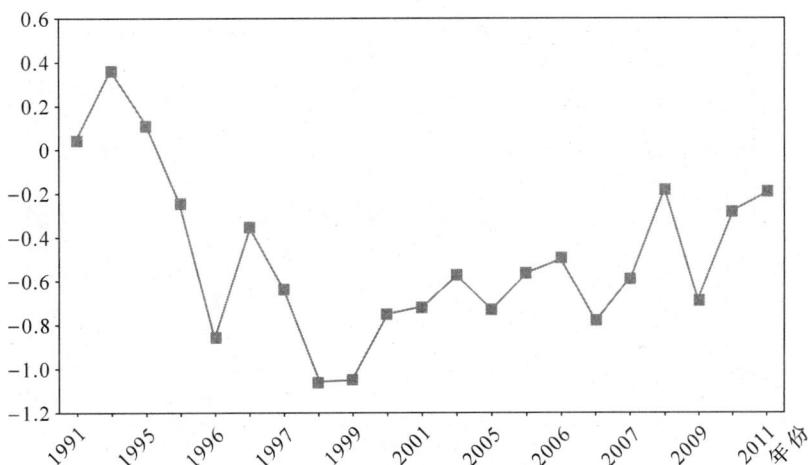

图 5.8　我国国有工业企业技术偏向:1991—2011

其次,可以计算全国层面的技术偏向,来分析其与全国金融控制的关系以及其对全国要素收入分配比例的影响。测算全国技术偏向的数据来源于各年资金流量表,参照陈宇峰(2013),将劳动者报酬作为劳动的回报(w),营业盈余与固定资产之和看作资本的回报(r),并以 1978 年为基期的商品价格指数分别对资本和劳动的回报进行平减计算得到实际值;资本和劳动的投入以各年固定资本形成总额和就业人数代替。其中固定资本形成额使用1978 年为基期的相应指数进行平减,1995 年之前的价格指数使用《中国国内生产总值核算历史资料:1952—1995》和《中国国内生产总值核算历史资料:1952—2004》公布的固定资本形成总额指数,之后缺省的数据使用《中国统计年鉴》公布的各年固定资产投资价格指数(单豪杰,2008)。此外,由于经济普查,2008 年的部分数据缺省,2008 年和 2009 年的数据使用近五年的均值补齐。测算结果见表 5.11 和图 5.9 所示:

表 5.11　全国技术偏向

年份	1991	1992	1993	1994	1995	1996	1997	1998
全国技术偏向	−0.69	−1.43	−3.69	−0.74	−0.56	−0.75	−0.35	−0.65
年份	1999	2000	2001	2002	2003	2004	2005	2006
全国技术偏向	−0.42	−0.85	−0.84	−2.34	−3.18	−1.33	−3.18	−4.44
年份	2007	2008	2009	2010	2011	2012		
全国技术偏向	−3.20	−3.07	−3.04	−4.01	−2.86	−2.45		

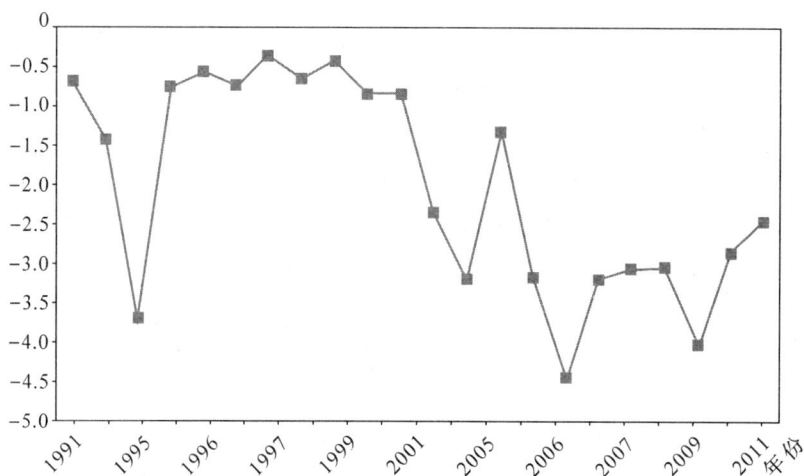

图 5-9　全国技术偏向

从上图中可以看到全国层面存在明显的资本增强型的技术偏向。尤其是在 2000 年后,经历了持续的资本增强型的技术偏向。这与我国金融控制状态的出现和加强的时间点正好吻合。可以通过时间序列分析来验证金融控制与技术偏向、要素收入分配变化是否存在相互作用关系。定义以下变量:金融抑制指标(fri);技术偏向(tech);劳动收入份额(lis)。首先进行单位根检验,结果如表 5.12 所示:

表 5.12　单位根检验

变量	(c, t, k)	t-statistic	1%临界值	5%临界值	10%临界值	是否平稳
fri	(c, 0, 1)	−3.9776***	−3.831511	−3.0300	−2.6552	平稳
tech	(c, t, 0)	−2.9055	−4.4983	−3.6584	−3.2690	非平稳
lis	(c, t, 0)	−2.2236	−4.4983	−3.6584	−3.2690	非平稳
dfri	(0, 0, 0)	−3.1998***	−2.6924	−1.9602	−1.6071	平稳
dtech	(0, 0, 1)	−5.0504***	−2.6998	−1.9614	−1.6066	平稳
dlis	(0, 0, 0)	−5.2301***	−2.6924	−1.9602	−1.6071	平稳

　　注:dfri, dtech 和 dlis 分别代表金融抑制、技术偏向及劳动收入份额的一阶差分项,** 和 *** 分别表示在 5% 与 1% 水平下显著。

　　根据 AIC 和 SC 信息准则确定最佳滞后阶数为 3,表 5.12 给出了 ADF 单位根检验的结果。金融抑制、技术偏向和劳动收入份额变量的一阶差分项在 1% 水平下显著平稳,可以对各变量进行协整检验。

表 5.13　Johansen 协整检验

迹检验			
协整方程个数	特征值	迹统计量	5%临界值	概率
--------------	--------	----------	----------	------
没有*	0.8873	54.8663	29.7971	0.0000
至多一个*	0.5042	15.5729	15.4947	0.0487
至多两个*	0.1508	2.9429	3.8415	0.0863

* 表示在 5% 的显著性水平上拒绝原假设

最大特征根检验			
协整方程个数	特征值	迹统计量	5%临界值	概率
--------------	--------	----------	----------	------
没有*	0.8873	39.2934	21.1316	0.0001
至多一个*	0.5042	12.6300	14.2646	0.0892
至多两个*	0.1508	2.9429	3.8415	0.0863

* 表示在 5% 的显著性水平上拒绝原假设

　　迹检验结果表明在 5% 的显著性水平上存在 2 个协整方程,最大特征根检验结果表明在 5% 的显著性水平上存在 1 个协整方程,三个变量之间存在长期均衡关系。

169

表 5.14　格兰杰因果检验

原假设	F 统计量	概率
LIS 不是 FRI 的格兰杰原因	0.3050	0.8213
FRI 不是 LIS 的格兰杰原因	0.5598	0.6525
TECH 不是 FRI 的格兰杰原因	0.4661	0.7118
FRI 不是 TECH 的格兰杰原因	4.3384	0.0301
TECH 不是 LIS 的格兰杰原因	4.9900	0.0200
LIS 不是 TECH 的格兰杰原因	0.9041	0.4701

格兰杰因果检验结果表明金融抑制是技术偏向的格兰杰原因,技术偏向是劳动收入占比变动的格兰杰原因,且均在 5% 水平下显著。因此,我国金融控制直接导致了大型或者国有部门出现技术偏向,加速了资本深化,并在要素替代弹性较大的部门拉低了劳动收入占比。这都可以反映出技术偏向,并与金融抑制和要素收入分配有着协整关系。

5.3.4　省级面板数据分析

通过全国时间序列数据的分析,本书发现金融控制的存在影响劳动收入份额,并且金融控制程度每加深 1% 会造成劳动收入份额下降 4%。接下来本书将采用面板数据验证金融控制与劳动收入份额之间的关系以及经济发展水平和劳动收入份额之间是否存在“U”型关系。

(1)模型、变量和数据

根据上文,本书构建回归模型如公式(5.32)所示。

$$LNLS_{i,t} = \beta_1 FRI_{i,t} + \beta_2 KTY_{i,t} + \beta_3 STRUCT_{i,t} + \beta_4 RIMES_{i,t} +$$
$$\beta_5 PERGDP + \beta_6 PERGDP^2 + \alpha_i + \eta_t + \varepsilon_{i,t} \quad (5.32)$$

其中,i 代表各省份,t 代表时期,$LNLS_{i,t}$ 为省份 i 在 t 期劳动收入份额的对数值,$FRI_{i,t}$、$KTY_{i,t}$、$STRUCT_{i,t}$、$RIMES_{i,t}$、$PERGDP_{i,t}$ 分别为省份 i 在 t 期的金融控制、资本产出比、产业结构、全球化、经济发展水平,$PERGDP^2$ 为 PERGDP 的平方项,其中金融控制作为核心解释变量,其他作为控制变量。α_i 为地区哑变量,代表不随时间变化的地区固定效应;η_t 为时间哑变量,代表不随地区变化的时间固定效应,用来考察特定时期对劳动收入份额的影响;$\varepsilon_{i,t}$ 为随机扰动项。表 5.15 为基础样本中各主要变量的定义和统计性质。

表 5.15 变量的定义和统计性质

变量	观测值	均值	方差	最小值	最大值
lnls	924	−0.6909	0.2031	−1.4812	−1.193
fri	924	0.0095	0.8117	−1.1104	1.4624
kty	924	2.0224	1.0832	0.2017	7.5341
struct	924	1.5048	0.5996	0.3035	4.8053
rimes	924	0.04663	0.1132	0	1.6709
pergdp	924	3.7559	5.9879	0.175	60.1049
pergdp2	924	49.9243	228.0691	0.0306	3612.607

本书的样本期间是 1978—2011 年,由于 2008 年很多省份的省级收入法数据缺失,所以剔除掉 2008 年数据;考虑到数据的可得性和一致性,剔除西藏,将重庆并入四川,海南并入广东,得 28 个省级行政单位。数据选自《中国国内生产总值核算历史资料:1952—1995》《新中国 60 年统计资料汇编》《中国国内生产总值核算历史资料:1952—2004》以及相关年份的《中国统计年鉴》。

(2)计量分析

首先考察在没有核心解释变量金融控制的情形下,其他控制变量和劳动收入份额之间的关系是否同其他学者的文献研究一致,为了验证在没有金融控制变量的情形下,经济发展水平和劳动收入份额之间是否存在"U"型关系,在解释变量中考虑人均实际 GDP 的平方项。使用混合估计(Pooled OLS)、固定效应估计(Fixed-Effects OLS)、随机效应(Ramdon-Effects OLS)三种方法估计。混合估计模型是指:如果从时间上看,不同个体之间不存在显著性差异;从截面上看,不同截面之间也不存在显著性差异,那么就可以直接把面板数据混合在一起用普通最小二乘法(OLS)估计参数。固定效应模型是指:如果对于不同的截面或不同的时间序列,模型的截距不同,则可以采用在模型中添加虚拟变量的方法估计回归参数。随机效应模型是指:如果固定效应模型中的截距项包括了截面随机误差项和时间随机误差项的平均效应,并且这两个随机误差项都服从正态分布,则固定效应模型就变成了随机效应模型。

通过三种方法的估计,本书发现变量 STRUCT、RIMES 和 LNLS 的关系和上一节利用全国时间序列数据中研究的结果一致,PERGDP 的系数为负,而 PERGDP^2 的系数显著为正,表明经济发展水平与劳动收入份额之间存在"U"形关系;但 KTY 的系数为正,与前面的结论不一致。Hausman 检验表明固定效应模型要优于随机效应模型(见表 5.16)。

表 5.16 没有 FRI 的基本模型

变量	(1)	(2)	(3)
lnls	ols	fe	re
kty	0.00694	0.0127	0.0112
	(1.5021)	(0.3629)	(0.5090)
pergdp	−0.0372***	−0.0271***	−0.0287***
	(−13.3333)	(−5.04655)	(−6.09342)
struct	−0.126***	−0.0510*	−0.0611**
	(−10.5)	(−1.99219)	(−2.22993)
rimes	−0.423***	−0.272***	−0.305***
	(−8.63265)	(−3.90805)	(−4.55904)
pergdp2	0.000645***	0.000579***	0.000592***
	(6.92803)	(4.28889)	(4.5191)
Constant	−0.388***	−0.554***	−0.529***
	(−17.7982)	(−7.63085)	(−9.32981)
Hausman		0.000	

注:***、**、* 分别表示在 0.01、0.05、0.1 的置信水平下显著,括号中为 t 值。

接下来在上述方程中加入核心解释变量金融控制,和其他控制变量一起解释劳动收入份额。由于数据可得性问题,省级层面像全国数据那样利用主成分分析法得到金融控制指数无法实现,Huang 和 Wang(2010)在研究金融控制和经济增长二者之间的关系时,利用省级层面数据验证,使用了全国层面的金融控制指数(FERP)来替代各省的金融控制程度。而且大多数金融控制的政策在同一时间内并不随省份而改变,因此本书直接利用本书综合计算所得的金融控制综合指数(FRI)作为解释省级金融控制的变量。

表 5.17 金融控制与劳动收入份额

VARIABLES	(1)	(2)	(3)
LNLS	fe	fe	Fgls
fri	0.0261***	0.0395***	0.0307***
	(3.75)	(4.9007)	(4.7969)

续表

VARIABLES	(1)	(2)	(3)
kty	0.0146	0.0145	0.0434 ***
	(0.428)	(0.439)	(17.7869)
struct	−0.0432 *	−0.0336	−0.0805 ***
	(−1.73494)	(−1.377)	(−24.174)
rimes	−0.277 ***	−0.263 ***	−0.0698 ***
	(−3.8687)	(−4.0649)	(−4.5621)
pergdp	−0.0236 ***	−0.0199 ***	−0.0120 ***
	(−4.2218)	(−3.4310)	(−9.1603)
pergdp2	0.000522 ***	0.000467 ***	0.000142 ***
	(3.92481)	(3.59231)	(4.98246)
Constant	−0.580 ***	−0.602 ***	−0.456 ***
	(−7.82726)	(−8.4314)	(−32.5714)
Hausman	0.0000	0.0000	
地区效应	YES	YES	YES
时间效应	NO	YES	YES

注：*** 、** 、* 分别表示在 0.01、0.05、0.1 的置信水平下显著，括号内为 t 值。

由于 Hausman 检验表明固定效应模型要优于随机效应模型，所以估计时选用固定效应模型。表 5.17 中列(1)、(2)给出了在考虑地区效应和同时考虑省份和年份哑变量后的结果。由于面板数据中截面序列和时间序列的维度相差不明显，$N=28$，$T=33$，所以需要考虑组内自相关的问题；同时本书选取的是省级面板数据，同期相邻省份之间的经济活动可能相互影响，且关于 FRI 数据省份之间不变，因此需要对组间的截面相关进行检验。

首先对组内自相关进行检验，结果是：$F(1, 27)=70.081$，Prob$>F=0.0000$，拒绝原假设，组内存在自相关；其次选用 Breusch-Pagan LM 检验(Greene，2003)，检验结果(chi2(378)=3940.142，Pr=0.0000)拒绝"无截面相关"的原假设，组间截面存在相关；最后进行组间异方差检验，结果是 chi2 (28)=754.60，Prob$>$chi2=0.0000，也拒绝了原假设。针对数据存在的组内自相关、截面相关和异方差问题，本书采用能处理组间相关和组间异方差的广义最小二乘法(FGLS)重新估计面板数据。结果显示在表 5.17 中列(3)。

在采用固定效应估计的列(1)、(2)中,FRI 的系数都显著为正,在同时考虑地区和时间效应的列(2)中,FRI 的系数为 0.0395,也显著为正,很接近全国数据 4％的结果。在考虑截面相关和异方差的 FGLS 估计结果中,FRI 的系数显著为正。从定性上来看金融控制与劳动收入份额显著正相关,除统计上的显著外,金融控制对劳动收入份额的影响在定量分析上也很客观,FGLS 估计得到 FRI 的系数是 0.0307,这表明,金融控制程度加深 1％,会造成劳动收入份额下降 3.07％,低于全国数据得出的 4％的结果。这表明利用省级面板数据,得出金融控制影响劳动收入份额的方向和利用全国数据的结果是一样的,但系数值要比全国数据的结果要小。

接下来其他变量只报告 FGLS 的估计结果:观察 PERGDP 和 PERGDP^2 的估计系数,可以发现 PERGDP 显著为负,而 PERGDP^2 显著为正,这表明在加入核心解释变量 FRI 之后,经济发展水平和劳动收入份额之间仍然存在“U”型关系,这也与利用全国数据得出的结果一致;代表全球化的变量 RIMES 都显著为负,也验证了全球化条件下,削弱了劳动与资本的谈判地位,不利于劳动收入份额的改善;代表经济结构的工业增加值/服务业增加值的 STRUCT 系数显著为负,表明工业产出份额的上升,服务业产出份额的下降,劳动收入份额将恶化;衡量技术进步的 KTY 的系数虽然显著,但为正,与全国数据结果不一样,此时劳动和资本的替代弹性小于 1,表明理论部分说明金融控制通过要素投入比作用于劳动收入份额的过程在省级层面的实证中也没有得到验证。

关于时间哑变量,这里做如下解释:由于金融控制综合指数 FRI 没有随省份而变化,考虑到共线性问题,这里不能将所有的年份变量放入到方程中,因此本书选择部分年份变量代替:D1(1989):东欧事变;D2(1992):邓小平南方谈话;D3(1994):金融体制改革;D4(1997—1999):亚洲金融危机;D5(2001):加入 WTO;D6(2007—2008):美国次贷危机。选择这几个年份作为年份哑变量,主要是因为金融控制指数(见图 5.5)在这些特定的年份所表现出的特殊走势以及变化。

(3)稳健性检验

为了验证面板数据结果的稳健性,本书进行了如下工作:首先是指标定义问题,使用从 GDP 中扣除生产税净额之后的新的劳动收入份额 LS2 作为被解释变量进行估计。其次是指标替换,采用衡量金融深化的银行信贷/GDP 替代金融控制综合指数 FRI。从 GDP 中扣除生产税净额后,得到新的劳动收入份额 LS2,检查本书的研究结论是否依然成立。采用 FGLS 方法估计的结果见表 5.18 列(1),发现:在引入新的劳动收入占比 LS2 后,金融控制的系数是 0.0172,小于 0.0307,但仍显著为正,这表明金融控制影响劳动收入份额的方向没有改变;同时经济发展水平和劳动收入份额之间仍然存在"U"形关系。

表 5.18 稳健性结果

VARIABLES	(1)	(2)
	Fgls,LNLS2	Fgls,LNLS
FRI/FD	0.0172**	0.0463***
	(2.3433)	(5.9897)
kty	0.00714	0.0405***
	(1.6190)	(6.2117)
struct	−0.0724***	−0.379***
	(−16.6437)	(−12.6756)
rimes	−0.0894***	−0.180***
	(−4.7053)	(−23.7467)
pergdp	−0.0182***	−0.0215***
	(−12.7273)	(−11.1399)
pergdp2	0.000255***	0.0173***
	(8.9161)	(9.6648)
Constant	−0.538***	1.115***
	(−30.7429)	(8.92)
地区效应 时间效应	YES YES	YES NO

注:***、**、*分别表示在 0.01、0.05、0.1 的置信水平下显著,括号内为 t 值。

Mckinnon 和 Shaw(1973)在研究发展中国家金融发展与经济增长的基础上,提出"金融控制"与"金融深化"理论,针对发展中国家存在的"金融控制",Mckinnon 提出了"金融深化",所以金融深化和金融控制可以看作货币政策中的扩张性货币政策和紧缩性货币政策,二者是一个问题的两个方面。所以本书用"金融深化"替代"金融控制"进行检验,金融深化指标用银行信贷/GDP(FD)来表示,采用广义最小二乘法(FGLS)估计,估计结果见表 5.8 中列(2)。FD 的系数是 0.0463,显著为正,这表明金融深化与劳动收入份额正相关,金融深化有利于劳动收入份额提高,反过来,可以理解为金融控制不利于劳动收入份额的改善,验证了金融控制与劳动收入份额之间的关系。同时,人均实际GDP和它的平方项的系数为一负一正,也表明在采用金融深化指标的情况下,经济发展水平和劳动收入份额之间存在"U"型关系。

5.4 总 结

本书研究扭曲性的金融制度—金融控制对劳动收入份额的影响。通过本书的理论分析,得出关于金融控制影响劳动收入份额的理论逻辑,该理论主要是从技术偏向和融资约束两个角度说明:①由于金融控制的存在,使得要素价格发生变化,诱使厂商使用相对价格更低的要素,产生资本偏向型技术进步,从而使得劳动收入份额下降;②金融控制的存在导致存款利率被严重压低、资本流动被限制、国有大中银行主导的金融体制带有很强的信贷偏向,中小企业面临严重的信贷约束,使得其不得不进行内源融资,从而减少对劳动者的利润分成,使劳动者报酬降低,劳动收入份额下降。在实证环节,选取资本产出比KTY、代表经济发展水平的PERGDP、衡量经济结构的工业增加值/服务业增加值STRUCT、代表全球化的RIMES作为控制变量,通过主成分分析法构建了衡量金融控制的指标—金融控制综合指数FRI,从全国时间序列数据和省级面板数据两个层面验证金融控制和劳动收入份额的关系。通过以上的实证分析,本书得到如下结论:

(1)金融控制的存在,产生了对要素收入分配的扭曲和失衡,并使劳动收入份额下降。在全国层面,通过VAR模型,得到协整方程,得到FRI的系数为0.04,表明金融控制对劳动收入份额的拉动效应为0.04,定量分析来看,金融控制程度加深1%,会造成劳动收入份额下降4%;通过省级面板数据再验证,采用广义最小二乘法(FGLS)估计得到FRI的系数是0.0307,显著为正,表明在省级层面,金融控制程度加深1%,会造成劳动收入份额下降3.07%,比全国得出的4%略低,但也验证了金融控制不利于劳动收入份额的改善的结论。

(2)经济发展水平和劳动收入份额之间存在"U"形曲线关系。Greenwood & Jovanovic(1990)证实金融发展与收入差距存在倒"U"型关系,但没有涉及要素收入分配;李稻葵(2009)利用跨国数据得出GDP中的劳动份额演变的"U"型规律;罗长远、张军(2009)证实了经济发展水平和劳动收入份额之间的"U"型关系。本书从全国和省级两个层面再次证实了经济发展水平和劳动收入份额之间的"U"型关系,该关系表示经济发展早期,劳动收入份额会恶化,随着经济的不断发展,劳动收入份额会转跌为升。

(3)要素投入比在解释劳动收入份额下降中不显著。通过全国时间序列数据,格兰杰检验发现资本产出比不是劳动收入份额的格兰杰原因;省级面板数据得出的 KTY 系数虽然显著但为正,劳动和资本的替代弹性小于 1,此时将导致劳动收入份额上升,这与我国劳动收入份额下降的现实相违背。这表明理论部分说明的金融控制导致厂商使用资本替代劳动,从而产生资本偏向型技术进步,劳动收入份额下降这个过程在实证中没有得到验证,这可能与我国目前劳动密集型企业还占据多数且资本偏向型技术进步还体现不出有关。

(4)采用工业增加值/服务业增加值衡量的经济结构与劳动收入份额负相关。工业和服务业对劳动和资本的需求不同,工业多是资本密集型企业,偏向于资本,对劳动的需求相对较少;而服务业多是劳动密集型企业,雇佣的劳动较多。因此工业占 GDP 的比重越高,越不利于劳动收入份额。

(5)全球化也不利于劳动收入份额的改善。根据经典的贸易理论 Stolper-Samuelson 定理,在劳动密集型产品上具有比较优势的国家,收入分配应有利于向劳动者倾斜。但本书的检验结果不支持这样的结论,这可能是由于外资的不断涌入,以及自身的不断积累,中国出口的比较优势已转向以资本密集型为主的产品,出口收益将有利于资本。这也证实了国外学者的结论,在全球化的进程中,资本的谈判地位得到加强,降低了劳动与资本的讨价还价能力。

6 | 金融发展与居民收入差距

6.1 引　言

　　"民富"是经济发展的核心追求,为大众谋福祉是构建理想社会的愿景。经济增长的本质应该是让社会大众能够分享经济成果,提升社会成员的福利水平。这种分享方式和渠道是多层次的。居民既可以凭借自有的经济资源直接进行利益分享,也可以在公共部门的协调下进行间接的公共分享,从而降低消费的波动,提升消费水平。我国在启动经济转型之后,经历了持续高速的经济增长。图 6.1 显示在 1978 年后的人均 GDP 出现了快速攀升的态势,尤其是进入 21 世纪后经济增长明显加快。2013 年的人均 GDP 已经是改革之初的 180 倍。居民生活水平相比原先较低的起点得到了普遍提高,但是居民部门分享经济成果的比例明显不足,这在第四章中已经进行了讨论。本章关注的重点是在居民内部出现的显著的收入不平等。从图 6.1 中可以看到在经济增长的同时居民收入的基尼系数也在逐步抬升,目前官方公布的数字达到了 0.47 左右。这是一个值得警惕的高位,且在国际上已经步入少数收入严重不均的国家行列,接近收入差距巨大的代表性国家拉美国家。这些国家由于贫富悬殊而使得社会矛盾尖锐,并导致经济停滞。另外,世界银行 2010 年的研究报告显示中国是 1% 的家庭掌握了全国 41.4% 的财富。[①] 中国家庭金融调查与研究中心根据调查数据计算的 2010 年中国家庭收入的基尼系数为 0.61。王小鲁(2013)认为我国高收入群体在 2011 年存在 6.24 万亿元的灰色收入,并重新计算了当年城镇居民收入基尼系数为 0.501,而如果把低收入的农村居民考虑进去的话,这个数字还会更大。这些非官方的研究从不同侧面反映了我国居民内部收入差距在拉大的事

---

① http://news.china.com.cn/txt/2010-06/08/content_20205958.htm.

实。在第二章的特征事实分析中可以发现这种收入差距体现在全国层面、城镇内部、农村内部、城乡之间、地区和行业等多个维度。

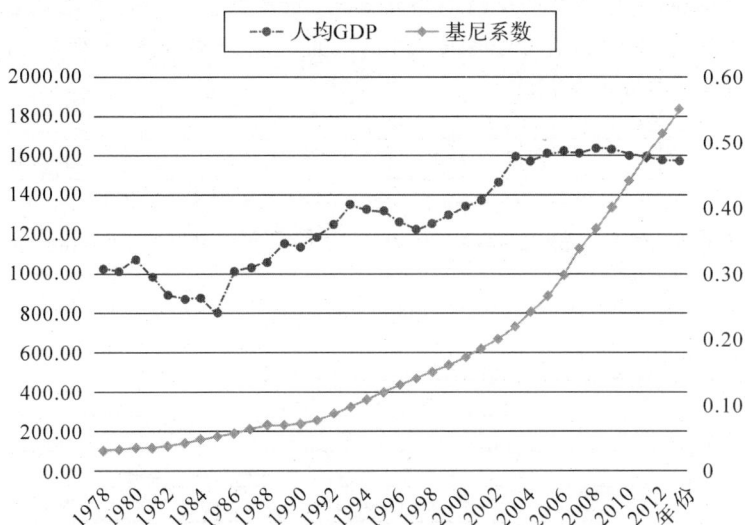

图 6.1 中国人均 GDP 与基尼系数:1978—2013

数据来源:1978—2002 的基尼系数来自国家发改委课题组(2012),2003—2013 年的基尼系数来自国家统计局。人均 GDP 以 1978 年为基期。

针对我国居民收入差距扩大的问题已经形成了大量文献。从政府财政因素来看,陶然和刘明兴(2007)指出财政支出增加不利于缩减城乡收入差距。陈安平和杜金沛(2010)、王艺明和蔡翔(2010)经验支持了政府财政支出结构差异是导致城乡收入差距的重要原因。从对外贸易的角度,沈颖郁和张二震(2011)证明了开放程度的提高会扩大城乡收入差距。魏浩和杨穗(2011)的实证分析证明我国对外贸易水平对全国城乡收入差距的影响都表现为"倒 U 形",且目前处于倒 U 形拐点之前。从金融角度的文献大致可以进行关于金融发展与地区间收入分配之间关系的研究。前人们的研究成果大致分为四种:一是认为金融深化扩大了收入分配差距(Lee Jang 等,2000;Jalil 和 Feridun,2011;叶志强等,2011;张宏彦等,2013 等)。二是认为金融深化缩小了收入分配(Galor 和 Zeir,1993;Clarke,2003;Shahbaz 和 Islam,2011 等)。三是认为金融深化与收入分配之间呈现库兹涅茨倒"U"型关系(Greenwood 和 Jovanovich,1990;Banerjee 和 Newman,1993;Matsuyama,2000;张欣,2012 等)。由于已有研究并没有深入到居民收入渠道的多层次性,因此没有将金融系统在居民收入差距扩大中的直接影响和间接作用进行全面解读。事实上我国居民部门的收入来源已经开始出现多元化的趋势。图 6.2 显示了居民部门主要凭借人力资本以劳动报酬的形式分享收入流量,占到了居民收入的 80% 左右。经营留存的比例逐步回落到 10%,说明了金融系统对个体经济的支持不够充分[①]。资产性收入占比在逐渐上升,说明通过物质资本的利益分享深度在拓展,而代表公共分享的转移支付非常欠缺,占比仅为 1% 左右。

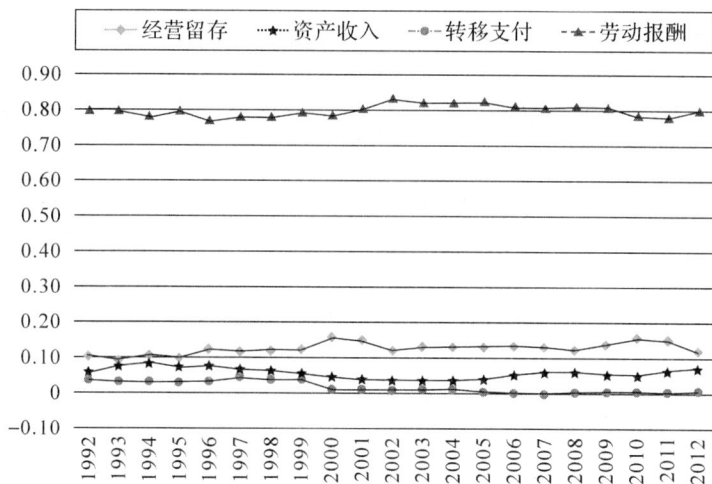

图 6.2　我国居民收入来源构成:1992—2013
数据来源:国家统计局。

　　本书认为我国居民收入差距扩大的主要原因是居民中不同群体在利益分享广度、分享深度以及分享动态中面临着巨大的实现差异。金融功能的缺少或者偏向是造成分享差异并使其加剧的原因。比如在第四章中已经讨论了,我国土地资源缺少货币化、抵押、入股等诸多金融功能,使得土地资源的分享广度扭曲,造成居民群体在分享土地增值中相对于政府部门处于不利地位。在第五章中讨论了金融控制对居民部门物质资本分享深度的直接限制以及对人力资本的分享广度的间接干扰,降低了多数居民群体在企业合约中的分享地位。这些因素叠加在一起使得享有更多金融服务的高收入群体在多种分享渠道中都处于优势的分享地位。这在表 6.1 中得到了清楚的显示。在扭曲的利益分享机制中,金融规模的扩大甚至是金融效率的提升都可能放大居民收入差距。

---

　　① 经营性留存是指居民部门中个体经济、农户生产以及居民自住房等形成的增加值减去向本部门支付的劳动报酬、上缴的生产税净额以及融资成本。

表 6.1 处于收入分布 90% 以上分位数的家庭各类收入占比

	所占比例
总收入	56.96%
经营收入	76.85%
投资收入	67.21%
工资收入	55.57%
转移收入	43.15%
农业收入	31.95%

数据来源:根据《中国家庭金融报告》数据整理。

本书以下安排为:第二部分以城乡收入比为例讨论金融政策对居民收入差距的影响,并在利益分享理论的框架中进行理论解释。第三部分使用 SVAR 模型实证研究中东西部的城乡居民收入比变化中的金融因素。第四部分使用省级面板数据验证金融规模和金融效率对城乡居民收入占比的影响。第五部分从城乡消费比、基尼系数和泰尔指数等多个指标替代居民收入差距,从多角度的比较分析进行稳健性检验。第六部分是总结。

6.2 现实与理论

6.2.1 金融政策与居民收入差距:以城乡收入比为例

城乡收入差距是我国居民收入不平等的主要表现形式,World Bank (1998)认为我国居民收入差距的 75% 属于城乡收入差距。改革开放之前,农村人均收入相对城市的差距不大。改革开放后,城乡居民人均收入都有较快的增长,但增加的步调并不一致。图 6.3 和附录 1 分别给出了 1978—2011 年以城乡居民人均收入比衡量的全国与东西部地区的城乡收入差距大体变化走势和具体比值。从图 6.3 可以看出改革开放以来我国全国和东西部地区城乡收入差距整体呈波浪式扩张状态,西部地区城乡收入差距明显比全国和东部地区严重。1978—1984 年,全国、东部和西部地区的城乡收入差距普遍下降,全国和东部地区城乡居民人均可支配收入之比曾一度降到 2 以下。这是因为农村部门实行的家庭联产承包责任制成功释放了农民的生产潜力,使得农村居民收入有较大幅度的提高。1985 年以后国家对农民征收的税上升,农产品价格下降,农民生产积极性降低,各地区城乡收入差距急速上升,尤其是西部地区的城乡居民人均收入之比在 1994 年达到 3.6 左右。1994 年后各地区城乡收入差距出现短时间的缩减,但 1998 年后收入差距再一次扩大,西部地区城乡收入比依然逼近 4。2009—2011 年各区域收入差距虽有下降,但幅度不大,我国城乡收入分配不平等的情况在目前仍然比较严重。

城乡收入差距

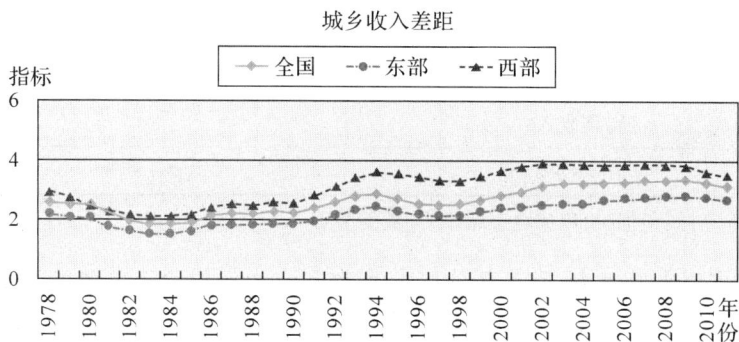

图 6.3 我国城乡收入比

数据来源:《中国统计年鉴》数据库。

图 6.4 和图 6.5 分别给出了 1978—2011 年以金融机构贷存款比衡量的金融发展效率和以金融机构贷款余额与国内生产总值比衡量的金融发展规模在全国及东西部地区的变化情况。在考察年限内,金融发展效率与规模的变化不存在区域差异。金融发展效率逐年降低,金融发展规模整体呈上升趋势,且全国和东西部地区金融发展走势极度相近。西部地区的金融发展效率和规模都经历了在九十年代之前低于全国和东部地区的金融发展效率水平,九十年代之后一段时间略高于全国和东部地区的过程,但这种差异并不十分显著。

金融发展效率

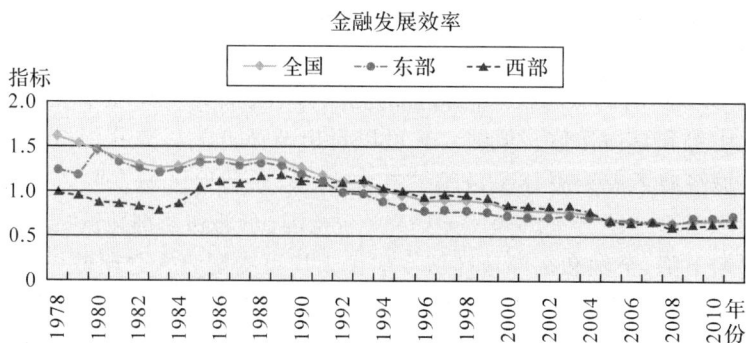

图 6.4 金融发展效率

数据来源:《中国统计年鉴》数据库。

金融发展规模

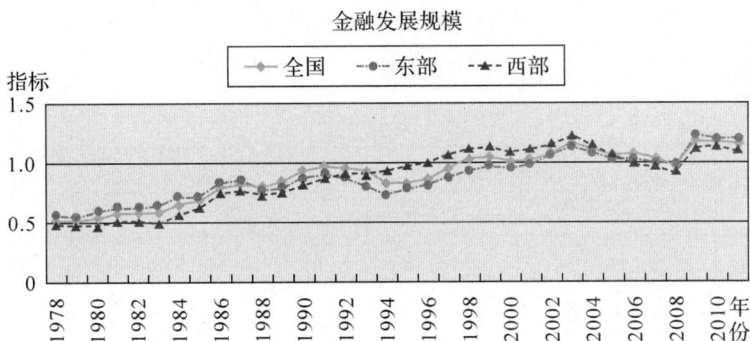

图 6.5　金融发展规模

数据来源:《中国统计年鉴》数据库。

　　财政支出水平和对外贸易程度会通过转移支付和对当地经济的影响直接或间接地作用于当地城乡居民的收入水平,图 6.6,图 6.7 和图 6.8 分别显示了改革开放以来政府的财政支出和对外贸易的变化情况。西部地区政府财政支出占国内生产总值的比重的变化与全国走势相似,东部地区政府财政支出占 GDP 的比重相对要小一些,三个区域内政府财政支出占 GDP 的比重都在 1996 年降到谷底后上升。图 6.7 给出了东西部地区财政支农情况,西部地区政府对农业的支持力度从农业支出占 GDP 的比重角度来说要大于东部地区。从图 6.8 可以看出东部地区进出口贸易总额占 GDP 的比重的变化走势与全国的情况一致,且近年来上升较明显,西部地区进出口贸易总额占 GDP 的比重一直处于较低的稳定水平。因此,从理论上可以说对外贸易对东部地区城乡收入差距的影响较大,对西部地区城乡收入差距的影响相对不明显。

政府财政支出占 GDP 比重

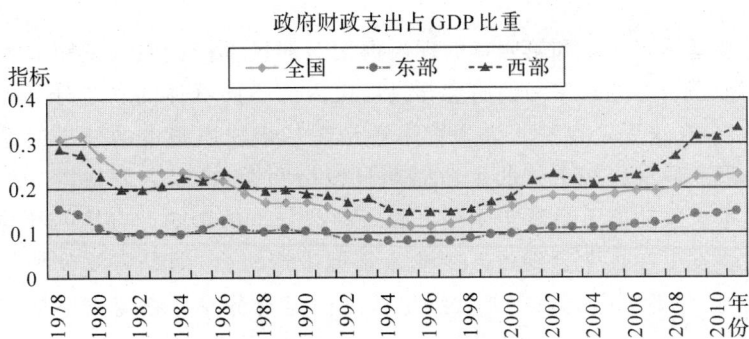

图 6.6　财政支出占 GDP 比重

数据来源:中经网统计数据库。

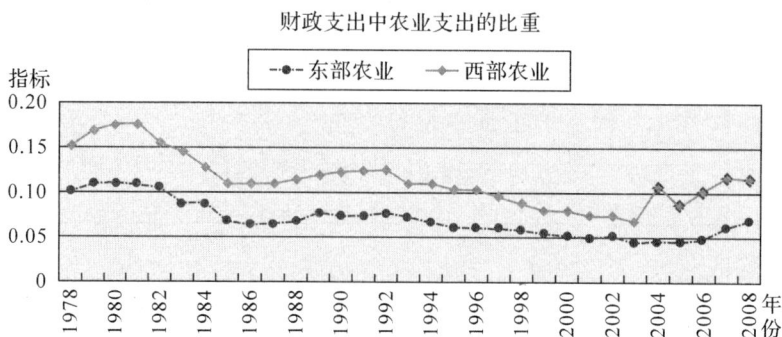

图 6.7　财政支出中农业支出的比重

数据来源:新中国六十年统计资料汇编。

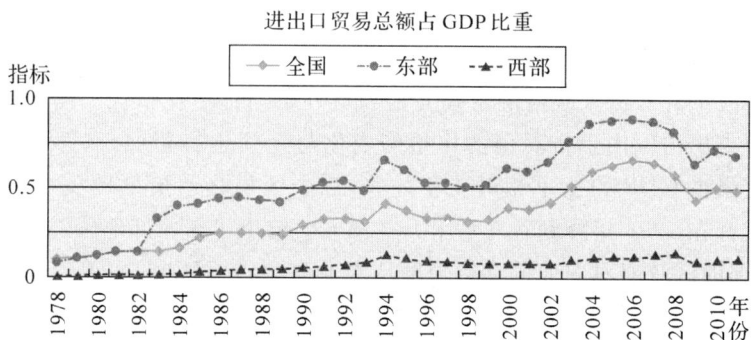

图 6.8　进出口贸易占 GDP 比重

数据来源:《中国统计年鉴》数据库。

6.2.2　理论解释

可以延续第三章和第四章的理论框架对居民部门的收入差距放大进行解释。金融功能的缺失和偏向会导致居民内部不同群体的利益分享程度出现明显差异,这无论在基于人力资本还是在基于物质资本的分享渠道上都有所表现。假设经济个体的生命周期只包括两期,可以方便使用二维图来直观显示金融功能不足对实体经济部门利益分享的影响。直接的利益分享活动主要发生在企业合约中。企业家掌握生产机会,但是需要吸纳其他要素的参与,并将生产成果在要素提供者之间进行分享。参与方根据贡献度和承担的责任或风险得到各自的分享深度,具体形式可以用图 6.9 表示。这里引入包含了风险因素的生产可行边界 A。可行边界上的点表示一个分享机会能够提供的收益和风险(或责任),风险承担越多,需要的收益回报越

184

大。在技术水平给定的情况下,投资收益递减,因此可行性边界呈弯曲向上的形态。如果劳动者要求的固定工资为 W,由于 W 为固定收益,不包含风险,所以落在纵轴上。从 W 点可以引一条切线与可行边界相切于 F 点。那么劳动者与企业家可以在这条切线上分享收益,同时分割风险。如果劳动者只接受固定工资,那么劳动者代表效用水平的无差异曲线就切在 W 点。劳动者在这种情况下的分享深度显然不足,因为只获得了保留收入,而没有分享到更多的经济剩余。此时,企业家的切点在 F 点右侧。根据第四章的模型分析,由于劳动力的工资被限定在 $(1-\tau)y_{Ht}$,企业家甚至可以获得 $(1-\varphi)\rho_t+1$ 的不变资本回报率,克服了物质资本投资回报边际递减的问题。所以如果劳动力能够承担一定合理的风险,无差异曲线会切在 W 和 F 之间,这样就可以提高分享深度。劳动者的切点越靠近 F 点,分享深度就会越大。

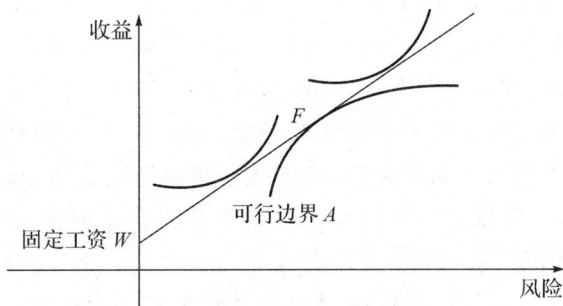

图 6.9 利益分享中的风险分割

在经济转型的初期阶段,经济增长的主要过程是居民部门分享途径从传统部门向现代部门(企业)切换,即经济个体能够在图 6.9 中找到自己的切点。我国实际情况是转型期地方政府在分权式威权政治架构下会对金融部门产生干扰。金融系统的功能服务偏向政府、部分企业以及居民部门的高收入群体。地方政府出于 GDP 竞赛的压力要控制和利用更多的金融资源来实现"土地财政"和"土地金融",大量投入基础设施建设或扶持资本密集型企业,以实现短期拉高 GDP 的目的,反而忽视了宏观分享和制度资本投资。金融资源被政府挤占后,劳动密集型企业只能以较高代价获得金融服务,甚至需要压低劳动力成本来维持盈利。这就是第五章所讨论的基本逻辑。这样的投资模式不利于吸纳就业,反而造成劳动力供应过剩。进入到劳动密集型企业的群体能够分享的固定工资 W 被压低接近保留收入 $(1-\tau)y_{Ht}$。在图 6.10 中可以看到,这一群体获得较低的固定工资 W_1。只有进入资本、技术密集型的少数劳动力才能获得较高的固定工资 W_2,但是总数占居民人口的比例较低。

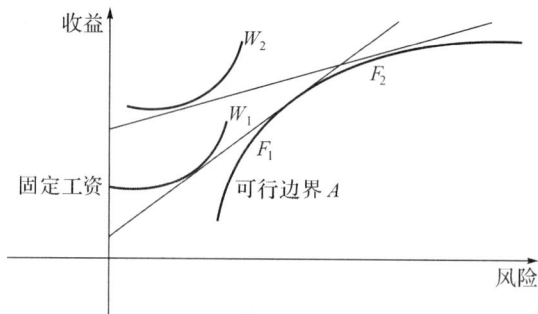

图 6.10   固定工资差异下的风险分割

    另外,从风险管理的金融功能来看,由于金融部门依赖租金收入,服务重点偏向政府和大型企业,对居民部门风险管理的金融需要反应不足。大部分居民的主要资产缺少流动性,不够能分散风险。商业性保险的门槛较高,而通过政府实现的公共分享不到位,社保、医疗、失业等保障投入不足,这些都提高了大部分居民面临的风险暴露,降低了风险偏好程度。后果是中低收入群体不愿意多承担风险,因而无法提高分享深度,风险偏好低,加上住房成本高,还降低居民部门中潜在企业家的创业意愿。大部分人都选择切在 F 点的左侧,从而减少了全社会的分享机会。所以,整体来看,劳动密集型企业面临的融资成本较高,人力资本的固定工资被压低,并且由于大部分依赖劳动报酬的群体缺少风险管理的金融功能支持,不愿深化资本异质性,从而不能选择更大的分享深度。反映在图 6.10 中,这部分劳动者的固定工资 W_1 被压低,从 W_1 出发与可行边界的切点 F_1 相对靠近纵轴。这说明在劳动密集型企业中,要素合作的经济剩余较少,人力资本的分享深度较低。资本密集型企业获得的金融服务更多,物资资本可以进行大规模投资,资本异质性可以深化,因此可供分享的经济剩余更多。在图 6.10 中表现为,进入资本密集型企业的劳动力可以获得更高的固定工资 W_2。同时,这部分群体能够获得更多金融功能支持,因此风险承受能力更强,可以选择更高的分享深度,即无差异曲线切在更靠近 F_2 的位置。

    还有两个群体分别处在收入金字塔的两极。其中一个是庞大的农村人口,它在图 6.10 中很难找到切点。1998 年之后的住房市场化改革和 2002 年的国有经营性土地出让"招拍挂"制度推出后,地方政府更加倾向于使用金融杠杆获得土地资源,并在城市高房价的条件下将土地变现,增加土地出让金收入。一方面城市住房价格攀升,另一方面地方政府没有足够的动力提供面向低收入群体的廉租房、保障房,这样就增加了农村居民进入城市的安家成本。农村居民的土地资源对应的金融功能极为匮乏,无法形成足够的收入流或财富现值来抵消这个成本。所以我国城镇化进展缓慢,大量人口还滞留在传统部门,这个群体估计有 7 亿。另外由于城市化的落后进而拖累了服务业发展,削弱了服务业大量吸纳就业的能力,进一步打击了居民部门人力资本的分享广度。这部分滞留在传统部门的居民只能得到保留收入 $(1-\tau)y_{Ht}$,无法在现代企业中进行利益分享。另外一极的少数群体可以享受充分的金融功能服务,实现分享动态。这部分群体可以凭借较高的人力资本获得可观的奖金、提成。在金融系统的支持下,甚至可以将人力资本证券化,比如获得股权、期权激励等。在国内股票市场上市的中国平安保险公司的 2007 年年报数据显示公司董事长、首席执行官马明哲 2007 年的年薪为 6616.1 万元。而根据胡润百富网的中国富豪榜单,历年的中国首富都是由于其在当年拥有的企业股权上市而实现的。[①] 2014 年马云通过在美国纽交所的企业上市拥有了高达 1500 亿元的个人财富,这是在没有金融证券市场的传统社会所无法想象的。能够享有如此金融服务的群体是极少数的,由此形成的巨额金融财富造成了居民部门内的贫富悬殊。

从物质资本的分享渠道来看,金融系统的功能服务也存在群体性差异。在第二章和第三章的讨论中,已经可以看出,我国目前的金融市场以间接融资为主,并且被大型银行主导。投融资环节基本上被银行信贷垄断,银行业资产规模为 160 万亿元。这种金融系统缺少层次性,没有分别定价机制。银行业本身是垄断的,并且之前有存贷利差的保护,具有租金收入,因此不会对居民部门的不同群体提供针对性的、灵活的金融服务。这导致居民部门只有银行储蓄一个选择。股票市场缺少投资价值,债券市场门槛较高,所以居民部门的资产性收入很低,定价处于劣势,利用物质资本的分享广度降低,分享深度也下降。由于物质资本的分享广度非常狭窄,居民部门的存款利率被严重压低,即 R 接近 1。在图 6.11 中,居民部门具有禀赋,可以获得当期收入和下期收入。一方面,对于居民部门整体而言,存款利率接近于 1,即从禀赋点和纵轴连线呈 45 度。另一方面,居民部门面临的融资成本很高,正规渠道获得贷款的难度大,甚至根本无法获得贷款。对于农村中的居民群体,贷款缺少可得性,在图 6.11 中表示为虚线。对于现代部门的大部分群体而言,可以获得成本较高的贷款,在图中表示为陡峭的禀赋点与横轴的实线。现代部门中有少部分群体,比如较高收入的城镇人口可以获得较低成

本的融资,因此在图 6.11 中表现为较平坦的禀赋点与横轴的实线。获得较低融资成本的群体不仅减少了融资支出,而且可以获得更多的投资盈利机会,使得分享广度中的部分头寸为负。比如城镇居民进行按揭买房实现了房地产投资,使得资产性收入的差距进一步扩大。

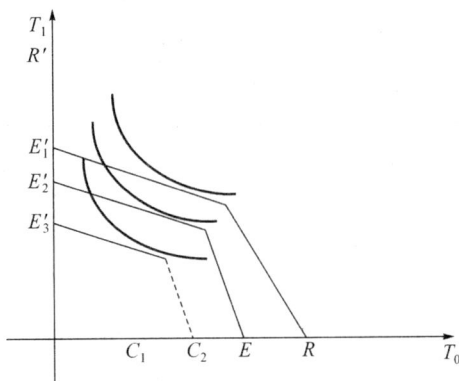

图 6.11 金融功能与消费性分享

来自两个分享渠道的收入差距会叠加在一起,加剧我国居民部门整体收入不均的情况。可以在 Daudey 和 Penalosa(2007)关于要素收入分配与居民收入分配关系的简单模型基础上进行分析。假定居民部门中第 i 个人的工资为 w_i,拥有的资本量为 K_i。市场资本回报率为 r,则个人 i 的收入为 Y_i 可以表示为

$$Y_i = w_i + rK_i \tag{6.1}$$

定义 $y_i = Y_i/(Y/L)$ 为第 i 个人的收入与人均收入之比,反映其个人收入水平与人均收入水平的差距。$\omega_i = w_i/\overline{w}$ 为第 i 个人的工资与人均工资之比,反映其劳动收入分配状况或劳动禀赋状况。$k_i = K_i/(K/L)$ 为第 i 个人拥有资本量与人均拥有资本量之比,反映其资本收入分配状况或资本禀赋状况。定义劳动分配份额为 $S_L = \overline{w}L/Y$,资本分配份额为 $S_K = rK/Y$,可将式(6.1)表示为:

$$y_i = S_L \times \omega_i + S_K \times k_i \tag{6.2}$$

从式(6.2)可得[①],

$$\sigma_y^2 = S_L \times \mathrm{cov}(y_i, \omega_i) + S_K \times \mathrm{cov}(y_i, k_i) \tag{6.3}$$

其中 σ_y^2 是 y_i 的方差,反映 y_i 的离散程度,该值越大,说明居民收入分配越不平等。$\mathrm{cov}(y_i, \omega_i)$ 和 $\mathrm{cov}(y_i, k_i)$ 分别代表 y_i 和 ω_i、k_i 的协方差,由于这三个变

---

① 证明见附录 6。

量均无量纲,因此协方差可以作为变量之间的相关程度比较。如果 $cov(y_i, k_i)$ 大于 $cov(y_i, \omega_i)$,表明居民收入分配状况与资本收入分配状况的相关程度高于其与劳动收入分配状况的相关程度。此时,若物质资本分配份额 S_K 下降,劳动分配份额 S_L 上升,将降低 σ_y^2,即缩小居民收入差距。同理,如果 $cov(y_i, k_i)$ 小于 $cov(y_i, \omega_i)$,若提高资本分配份额 S_K,降低劳动分配份额 S_L,将有助于缩小居民收入差距。而我国目前的居民收入不均很可能是由于两个分享渠道的分配差距同时扩大。基于以上现实与理论分析,本书认为在现有的金融模式下,金融规模的放大甚至是金融效率的提高,都不利于居民收入差距的收窄。以下将从多个角度进行实证分析。

6.3　金融发展与城乡收入差距:基于 SVAR 模型的实证分析

6.3.1　模型与方法

传统的经济计量方法在分析客观现象规律时,一般从已知的相关经济理论出发来描述变量之间的结构关系,而很少涉及它们之间的动态变化规律。向量自回归(VAR)模型是将系统中每个内生变量作为其他所有内生变量的滞后值的函数来构造的非结构化多方程模型,它能够描述随机扰动对变量系统的动态影响。简化的 k 元 p 阶 VAR 模型一般可以表示为:

$$y_t = A_1 y_{t-1} + \cdots + A_p y_{t-p} + \varepsilon_t \qquad (6.4)$$

其中,$A_1 \cdots A_p$ 是待估计的参数矩阵,ε_t 是随机扰动项;式(6.4)还可写成:

$$A(L)y_t = \varepsilon_t \qquad (6.5)$$

其中 $A(L) = I_k - A_1 L - A_2 L^2 - \cdots - A_p L^p$,是滞后算子 L 的参数矩阵多项式。虽然自 VAR 模型被引入到经济学中就被广泛应用于经济系统动态分析中,但简化的 VAR 模型并没有直接给出变量之间当期相关关系的确切形式,而且存在待估计参数过多、无法得到唯一确定的方差分解和脉冲响应函数的问题。结构化向量自回归(SVAR)模型就是为解决此问题而提出的减少参数估计的方法之一,它是通过根据实际经济意义对模型施加额外约束来达到减少估计参数这一目的的。一般的 k 元 p 阶 SVAR 模型可表示为:

$$C_0 y_t = C_1 y_{t-1} + \cdots + C_p y_{t-p} + u_t \qquad (6.6)$$

C_0 是对角线元素全为1的 k 阶方阵,反映了同期间的结构关系;u_t 是 k 维结构新息;式(6.6)亦可写成:

$$C(L)y_t = u_t \tag{6.7}$$

其中 $C(L) = C_0 - C_1L - C_2L^2 - \cdots - C_pL^p$ 是滞后算子 L 的参数矩阵多项式。假设 $A(L)$ 和 $C(L)$ 可逆,则由式(6.5)可得 $y_t = A(L)^{-1}\varepsilon_t$;由式(6.7)可得 $y_t = C(L)^{-1}u_t$;则 $\varepsilon_t = Bu_t$,其中 u_t 是结构式扰动项,ε_t 是简化式扰动项;一般而言,ε_t 是 u_t 的线性组合,代表一种复合式冲击,B 是主对角线为 1 的可逆矩阵。

结构化向量自回归(SVAR)模型的估计结果给出的是某一误差项的变化对系统内其他变量产生的动态影响,但不能反映出这一影响的具体的时间路径。因而在分析 SVAR 模型时常用脉冲响应函数来描述在随机误差项上施加一个冲击后对其他内生变量的当期值和未来值所造成的影响以及通过 VAR 模型的动态滞后结构传递给所有其他系统内变量的动态过程。由式(6.5)可知:

$$y_t = (I_k - A_1L - \cdots - A_pL^p)^{-1}\varepsilon_t = (I_k + D_1L + \cdots + D_pL^p)\varepsilon_t \tag{6.8}$$

其中 $t = 1, 2, \cdots, T$。上式展开后 y_t 的第 i 个变量 y_{it} 可写成:

$$y_{it} = \sum_{j=1}^{k} (\theta_{ij}^{(0)}\varepsilon_{jt} + \theta_{ij}^{(1)}\varepsilon_{jt-1} + \theta_{ij}^{(2)}\varepsilon_{jt-2} + \cdots + \theta_{ij}^{(p)}\varepsilon_{jt-p}) \tag{6.9}$$

在其他扰动不变时,$y_{i,t+q}$ 对第 j 个变量的扰动项 ε_{jt} 的一个单位冲击的脉冲响应函数可以表示为 $D_q = \partial y_{t+q}/\partial\varepsilon_t$。VAR 模型的脉冲响应函数可以通过 Cholesky 分解而进一步获得正交化的 SVAR 脉冲响应函数。脉冲响应函数刻画了 VAR 模型中某一内生变量对自身及其他内生变量带来的影响,方差分解则将这种影响程度具体化,通过分析每一个结构冲击对内生变量变化的贡献度来评价不同结构冲击的重要性。式(6.9)括号中的内容反映的是第 j 个扰动项 ε_j 从过去 p 时到现在对 y_i 影响的总和,假设 ε_j 序列不相关,则以方差评价该影响的结果为 $\sum_{q=0}^{p}(\theta_{ij}^{(q)})^2\sigma_{ij}$,$i, j = 1, 2, \cdots, k$。再假设扰动项向量的协方差矩阵为对角矩阵,则 y_i 的方差为:$\mathrm{var}(y_i) = \sum_{j=1}^{k}\left\{\sum_{q=0}^{p}(\theta_{ij}^{(q)})^2\sigma_{jj}\right\}$,因而相对方差贡献率可由下式度量:$\mathrm{RVC}_{j\to i}(p) = \left[\sum_{q=0}^{p}(\theta_{ij}^{(q)})^2\sigma_{jj}\right]/\mathrm{var}(y_i)$,$i, j = 1, 2, \cdots, k$。$\mathrm{RVC}_{j\to i}(p)$ 越大表示第 j 个变量对第 i 个变量的影响越大,反之则相反。

6.3.2 实证过程的说明

(1)变量定义与数据说明

表 6.2 变量定义与说明

变量	定义
城乡收入差距 gap	ln(城市居民人均可支配收入/农村居民人均纯收入)
金融发展效率 fe	ln(金融机构年末贷款余额/金融机构年末存款余额)
金融发展规模 fd	ln(金融机构年末贷款余额/GDP)
财政支出水平 fisc	ln(地方政府财政预算支出/GDP)
对外贸易程度 open	ln(进出口贸易总额/GDP)
金融资产相关率 fir	一地区的全部金融资产 ft/同期 GDP

　　城乡收入差距指标和金融发展指标的选取参照国内大多数学者已发表的有关金融发展与城乡收入差距的文献中的做法,从金融发展效率和金融发展规模这两个角度来衡量金融发展状况;政府财政支出水平和对外贸易程度指标的选取参照尹希果、陈刚、程世骑(2007)和王征、鲁钊阳(2012)的做法,将它们归为政府经济政策的内容,对外贸易的进出口总额用历年人民币兑美元汇率均价将美元进出口总额兑换成人民币再计算其与国内生产总值的比值。为使数据更加平稳并尽可能避免异方差的影响,本书将各指标进行对数化处理。数据时间跨度为 1978—2011 年,研究样本包括全国的宏观数据、东部地区 12 个省市与西部地区 8 个省市和自治区[①],西部地区的四川省和重庆市因部分数据缺省而从样本中被剔除。城乡收入差距指标、金融发展效率和规模的指标以及对外贸易程度指标的原始数据主要来自于《中国统计年鉴数据库》,财政支农数据来自《新中国六十年统计资料汇编》,政府财政支出的原始数据源于《中经网统计数据库》,其中 1978—2000 年间部分统计缺失数据经查询《新中国六十年统计资料汇编》和各省的统计年鉴补齐,近三年缺失数据由查询各省市统计局网站提供的国民经济和社会发展统计公报获得。

---

　　① 根据中国统计年鉴数据库,东部地区包括北京市、天津市、河北省、辽宁省、上海市、江苏省、浙江省、福建省、山东省、广东省、广西壮族自治区、海南省;西部地区包括贵州省、云南省、西藏自治区、陕西省、甘肃省、青海省、宁夏回族自治区、新疆维吾尔自治区、重庆市、四川省。

(2)计量模型的建立

结构向量自回归(SVAR)模型不仅包含了变量之间的滞后关系,还对 VAR 没有确切给出的变量间的当期关系作出了解释,要保证 SVAR 模型能够识别,即能够得到结构式模型唯一的估计参数,需要对结构式参数施加另外的约束条件。一般情况下,对于 k 元 p 阶 SVAR 模型至少需要施加 $k(k-1)/2$ 个限制条件才能估计出唯一的结构式模型。本书设计的模型中包含 5 个内生变量,令 $y_t=(\text{gap}_t,\text{fe}_t,\text{fd}_t,\text{fisc}_t,\text{open}_t)$,则需要另外施加 10 个约束条件才能识别出结构冲击,式 $\varepsilon_t=Bu_t$ 中的 B 矩阵主对角线上的元素均为 1,非主对角线上的元素 b_{ij} 表示第 j 个变量的一个冲击对第 i 个变量的当期直接影响,可根据实际经济意义对其使用 0 约束排除法进行短期约束。国内学者关于对外贸易与城乡收入差距的关系的研究证明进口和出口会在不同程度上影响城乡居民收入的变化[12~14],但没有证据表明城乡居民收入差距会对进出口贸易直接产生影响,因此参照徐中生(2009)根据金融发展规模与收入差距存在单向格兰杰原因和金融发展效率与收入差距存在双向格兰杰原因而假设 $b_{31}=0$ 的做法,假设 $b_{51}=0$。政府财政支出和对外贸易程度的变化都是通过改变某一行业的投资环境来影响整体的就业和产出,进而拉动宏观经济和金融行业的发展,其效果一般将滞后 3~5 年才能显现出来,因此这两者对金融发展的影响是滞后的,可假设 $b_{24}=b_{25}=b_{34}=b_{35}=0$。由于经济政策的制定本身存在滞后性,即当下政策的制定是在分析前几年的宏观经济发展情况及对未来发展趋势展望的基础上进行的,因而金融发展对经济政策的影响也存在滞后性,由此可假设 $b_{42}=b_{43}=b_{52}=b_{53}=0$。基于以上假设,本书设定的 B 矩阵为:

$$B=\begin{bmatrix} 1 & b_{12} & b_{13} & b_{14} & b_{15} \\ b_{21} & 1 & b_{23} & 0 & 0 \\ 0 & b_{32} & 1 & 0 & 0 \\ b_{41} & 0 & 0 & 1 & b_{45} \\ 0 & 0 & 0 & b_{54} & 1 \end{bmatrix}$$

6.3.3 实证结果分析:东中西部 SVAR 模型

(1)时间序列分析

为确保模型的稳定性,防止变量间出现伪回归现象,为下一步的协整检验做准备,需先检验各变量的平稳性。本书利用 Eviews 6.0 软件,采用 ADF 检验法和 PP 检验法分别对各指标时间序列的水平值和滞后项进行平稳性检验,表 6.3 列出了全国和东西部地区各变量一阶差分的单位根检验结果。

表 6.3　各变量水平值和差分值平稳性检验

变量	ADF 检验	PP 检验	检验类型	临界值 1%	临界值 5%	结论
全国						
igap	−3.071643	−3.155774	不含趋势项和常数项	−2.639210	−1.951687	平稳
ife	−4.022997	−3.929833	含常数项	−3.653730	−2.957110	平稳
ifd	−4.677528	−4.579032	含常数项	−3.653730	−2.957110	平稳
ifisc	−2.707660	−2.812690	不含趋势项和常数项	−2.639210	−1.951687	平稳
iopen	−4.774843	−4.744120	含常数项	−3.653730	−2.957110	平稳
东部						
igap	−3.279742	−3.122020	不含趋势项和常数项	−2.639210	−1.951687	平稳
ife	−4.037913	−5.423530	不含趋势项和常数项	−2.641672	−1.951687	平稳
ifd	−5.616742	−5.893237	含常数项	−3.653730	−2.957110	平稳
ifisc	−3.650360	−3.613453	不含趋势项和常数项	−2.639210	−1.951687	平稳
iopen	−4.843434	−4.894893	不含趋势项和常数项	−2.639210	−1.951687	平稳
西部						
igap	−2.013726	−3.074442	不含趋势项和常数项	−2.650145	−1.953381	平稳
ife	−3.641661	−3.673957	不含趋势项和常数项	−2.639210	−1.951687	平稳
ifd	−3.710030	−3.660557	不含趋势项和常数项	−2.639210	−1.951687	平稳
ifisc	−3.730572	−3.730572	不含趋势项和常数项	−2.639210	−1.951687	平稳
iopen	−4.858203	−4.910437	含常数项	−3.653730	−2.957110	平稳

注:igap 表示 gap 的一阶差分结果。

　　通过对全国和东西部地区各变量水平值进行单位根检验,结果显示各变量在 1% 和 5% 的显著性水平下均为非平稳序列(此处不一一列示),因而需要对其差分变量做进一步的检验。从表 6.3 可以看出全国和东部地区各变量一阶差分的单位根统计值均小于 1% 和 5% 水平下的临界值,拒绝存在单位根的原假设,各变量是一阶单整的。西部地区城乡收入差距指标的一阶差分虽未通过 1% 显著性水平下的 ADF 检验,但在 5% 置信水平下它仍是平稳的,且其他变量的一阶差分的 t 统计量也都小于临界值,因此可判断西部地区各变量的一阶滞后项在 5% 显著性水平下也是一阶单整的。以上分析表明各地区变量指标均为同阶单整,符合进行协整检验的条件。在检验变量之间是否存在协整关系之前还需确定模型的最佳滞后阶数,本书根据 AIC 准则和 SC 准则确定三个系统的最佳滞后阶数都为 4。表 6.4 给出了在 Eviews 6.0 软件中对各变量进行 Johansen 协整检验的结果。

表 6.4　Johansen 协整检验结果

协整关系个数假设		没有	至多 1 个	至多 2 个	至多 3 个	至多 4 个
迹统计量	全国	156.4033*	64.99439*	38.09691*	14.37736	2.558625
	东部	133.5109*	51.40444*	26.92361	11.78526	5.098246*
	西部	156.7645*	83.07129*	44.74317*	22.31941*	6.160852*
	5%临界值	69.81889	47.85613	29.79707	15.49471	3.841466
最大特征值统计量	全国	91.40892*	26.89747	23.71955*	11.81874	2.558625
	东部	82.10648*	24.48083	15.13835	6.687015	5.098246*
	西部	73.69325*	38.32811*	22.42377*	16.15856*	6.160852*
	5%临界值	33.87687	27.58434	21.13162	14.26460	3.841466

注:* 表示在 95% 的置信水平下拒绝原假设,即存在协整关系。

在 5% 的显著性水平下,迹检验表明本书所选取的变量基于全国范围的数据至少存在 3 个协整向量,东西部地区亦是如此;最大特征值检验结果显示全国和东西部地区的各变量也都存在协整关系。确定变量的稳定性及它们之间存在着协整关系后,可以考虑对其建立 SVAR 模型进一步分析各变量之间的动态关系。

(2)SVAR 模型估计

以上述的假设条件对模型加以约束,并在此基础上构建 SVAR 模型。模型的估计结果如表 6.5 所示。就金融发展水平对城乡收入差距的影响而言,全国和东西部地区的金融发展效率对城乡收入差距影响的参数估计结果 b_{12} 均为正值,金融发展规模对城乡收入差距影响的参数估计结果 b_{13} 都是负值;即金融发展效率的提高能减少收入差距,而金融发展规模则不利于缩减城乡收入差距。政府的经济政策对全国和东西部地区的城乡收入差距的影响存在着地域差异,财政支出和对外贸易的增加会扩大全国和东部地区的城乡收入差距(b_{14}、$b_{15} > 0$),但与西部地区的城乡收入差距有着负向关系(b_{14}、$b_{15} < 0$)。

表 6.5　SVAR 结构参数估计

系数	b_{12}	b_{13}	b_{14}	b_{15}
全国	−45.89748	14.37241	38.97773	20.07695
东部	−9.669716	16.67825	1.651290	10.75736
西部	−52.27052	43.23671	−30.92442	−7.928813

从定量的角度来看,全国范围内金融发展效率与政府财政支出对城乡收入差距的影响最大,金融发展效率即贷款占存款的比例每提高1%,城乡收入差距就会降低约45.9%,收入差距的财政支出弹性也约有39。东部地区金融发展效率对城乡收入差距的正向作用最大,金融发展规模每扩大1%,城乡收入差距会拉大16.7%左右;其次是金融发展效率和对外贸易对城乡收入差距的影响。西部地区金融发展的效率和规模以及政府财政支出对城乡收入差距的影响都较大,特别是城乡收入差距的金融效率弹性接近52.3。

(3)脉冲响应

SVAR模型的估计结果只能说明变量之间存在的长期平均关系,下文将通过脉冲响应函数给出系统中各内生变量一单位的结构冲击对城乡收入差距的脉冲影响的具体时间路径。图6.12、图6.13和图6.14分别表示全国、东部和西部地区的城乡居民收入差距对金融发展效率、金融发展规模、政府财政支出和对外贸易冲击的响应,图中横坐标表示随机误差冲击发生后的时间间隔,纵轴为城乡居民收入差距对各标准新息的反应程度。

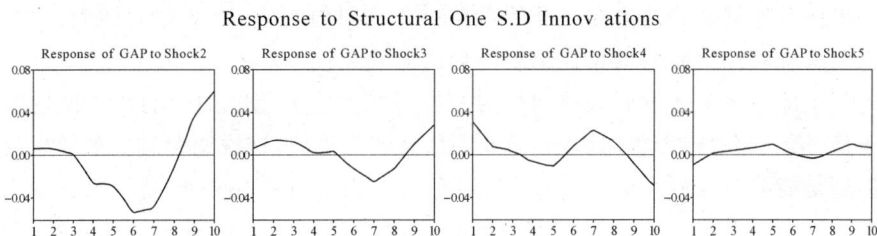

图 6.12   全国的脉冲响应函数

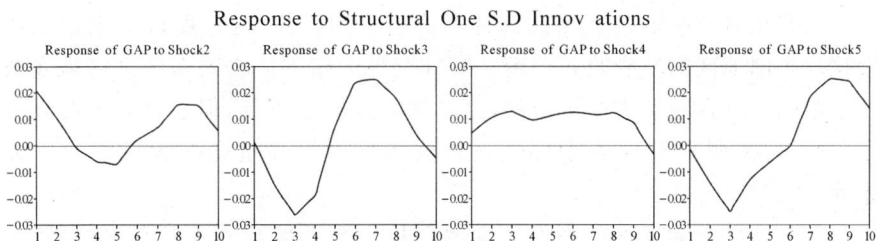

图 6.13   东部地区的脉冲响应函数

Response to Structural One S.D Innovations

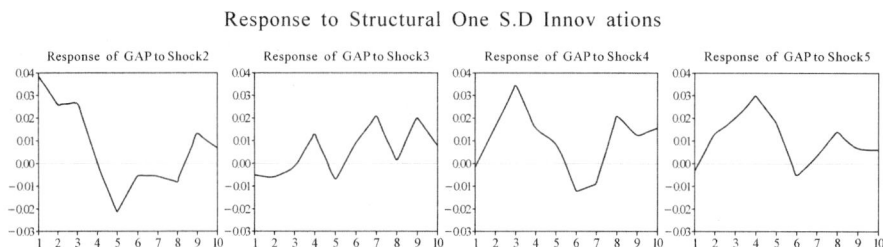

图 6.14　西部地区的脉冲响应函数

从全国的脉冲响应函数来看,金融发展效率的冲击在前 3 期为较小的正值,第 3~8 期对城乡收入差距的影响是负向的且这种影响在第 6 期达到最大,说明金融发展效率的提高有减小城乡收入差距的作用。金融发展规模一单位的标准冲击对城乡收入差距的影响在前 5 期内均为正值,之后转为负向影响并在第 7 期达到最大,这说明金融发展规模对城乡收入差距的影响在短期内是正的。全国范围内的财政支出的波动对全国城乡收入差距的影响在短期内表现为正值,对收入差距的长期影响不确定。城乡收入差距对一单位对外贸易的冲击在一开始存在一个负向的响应,第 2 期后转为正值,长期来看对外贸易的增长在长期内会拉大城乡收入差距。

东部地区金融发展效率的结构冲击对城乡收入差距的影响在短期内为正值,第 3 期后转为负向影响,第 6 期后又转为正值,这说明金融发展效率的提高是能够缩减城乡收入差距的,但在长期内这种作用不明显。城乡收入差距对金融发展规模单位标准差的新息冲动的响应在短期内表现为负值,第 5 期后转为正值并在第 6 期达到最大,这说明东部地区金融发展规模的扩大会拉大城乡收入差距,但这种正向影响具有一定的滞后性。东部地区城乡收入差距对政府财政支出的脉冲响应始终为正值,这说明政府财政支出会拉大东部地区的城乡收入差距。对外贸易的结构冲击对东部地区城乡收入差距的影响在短期内是负向的,第 6 期后又转为正值,但这种转变存在一个滞后,这说明在长期内东部地区开放程度的提高是会扩大城乡收入差距的。

西部地区金融发展效率在短期内会拉大西部城乡收入差距,这种正向作用随时间衰减并于第 4 期转为负向,长期内金融发展效率对城乡收入差距是有缓解作用的。西部城乡收入差距对金融发展规模的冲击的响应在短期内为负值,第 3 期后转为正值,之后虽有波动但主要表现为正向响应。政府财政支出和对外贸易的结构冲击对城乡收入差距的作用在短期和长期内主要表现为正向影响,但这种影响并不稳定,长期内政府经济政策对收入差距偶有缩减的作用。

(4)方差分解分析

方差分解分析是在脉冲响应分析的基础上通过分析每一个结构冲击对引起各内生变量变化的贡献度来评价不同结构冲击的重要性。

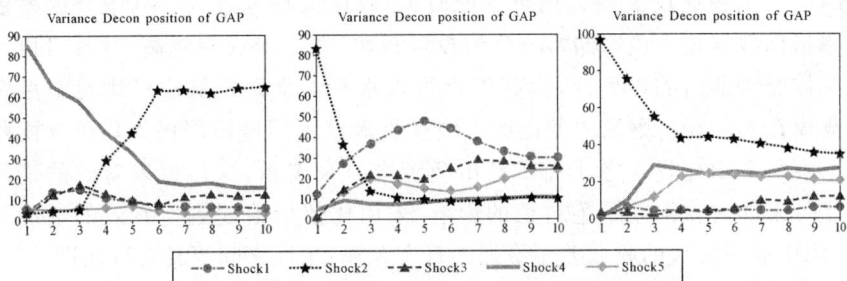

图 6.15　方差分解分析

图 6.15 从左到右分别为对全国、东部和西部地区城乡收入差距进行方差分解分析的结果。在短期内,政府财政支出的结构冲击是影响全国城乡收入差距的主要原因,通过脉冲响应函数分析可知短期内增加政府财政支出会拉大城乡收入差距,这可能是由于全国范围内普遍存在的政府财政支出偏向城市的结果。东部地区城乡收入差距在短期内主要受金融发展效率和收入差距本身的结构冲击的影响,且这种影响在短期内都是正向的,收入差距的不平等会带来更大的不平等。金融发展效率也是短期内拉大西部地区城乡收入差距的关键因素。从长期来看,金融发展效率的结构冲击对城乡收入差距的变化贡献度呈现递增的趋势而对政府财政支出的贡献度的影响急速下降,基于脉冲响应分析,长期内金融发展效率的提高能够起到缩减城乡收入差距的作用。东部地区城乡收入差距的结构冲击对自身的变化贡献度呈现递增的趋势并且超过了金融发展效率对收入差距的影响,现有的收入差距会通过金融发展的门槛效应产生更严重的收入差距,因此及时控制城乡收入差距十分紧迫。西部地区金融发展效率的结构冲击对城乡收入差距的贡献度虽有所下降但仍然是导致差距的主要因素,长期内有必要通过提高金融发展效率来改善城乡收入差距。

6.4　金融发展与城乡收入比:基于省级面板分析

Smith(1973)用金融资产相关率(FIR)来表示金融深化,其中 FIR＝FT/WT,其中 FT 为一定时期的金融活动总量(一国或地区的全部金融资产),

WT 为经济活动总量(同期的 GDP)。在 Smith(1973)的基础上,本书采用金融发展效率与金融发展规模两个指标更加全面的来衡量金融深化,而地区间收入分配用城乡收入差距表示,具体表示如下:金融发展规模(FD)=各项贷款额/GDP;金融发展效率(FE)=各项贷款额/储蓄存款;城乡收入差距(GAP)=城镇居民家庭人均可支配收入/农民人均纯收入。其中金融发展效率指标数据越大说明储蓄转化为投资越快,资本形成率越高,并且可以扩大实体经济部门的再生产,提高工资收入水平。金融发展规模则是金融资产规模在实际经济财富中的比例。城乡收入差距用城镇居民人均可支配收入与农民人均纯收入之比而不是用两者之差来表示,这样可以有效的消除通胀带来的对收入差距绝对值的影响,采用比值恰恰起到了有效的消涨作用,故比值所反映的收入差距更加的真实客观,相互之间更具有可比性。

本书首先列出样本省份 FE,FD 与 GAP 的时序图,分析随着年份,样本省份的样本观察值的大致趋势。再进行单位根检验,检验 FE,FD 与 GAP 的 POOL 数据的平稳性,然后在此基础上用协整检验分别分析 FE 与 GAP 以及 FD 与 GAP 两组 POOL 数据之间的长期稳定关系,再根据相关 F 统计量的临界值与现实得出的 F 统计量的观测值相比,找出合适的模拟 FE 与 GAP 以及 FD 与 GAP 关系的两组回归模型。最后得出金融发展效率与城乡收入差距以及金融发展规模与城乡收入差距之间的回归方程,判断两者之间的相关关系。

6.4.1　时序图

在平稳性检验之前,我们先来看一下 1981—2011 年,样本省份 FE,FD,GAP 的时序图。

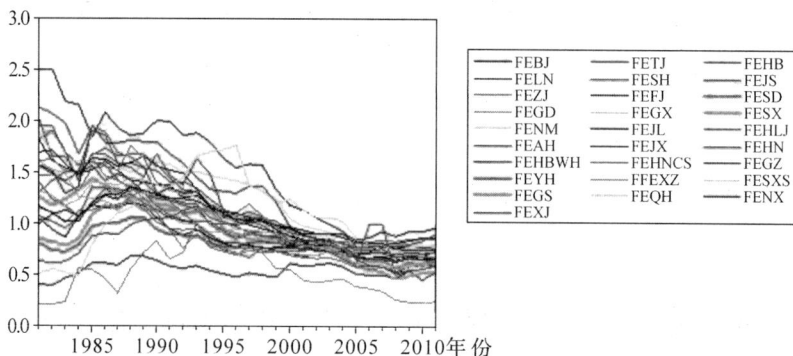

图 6.16　FE 的时序图

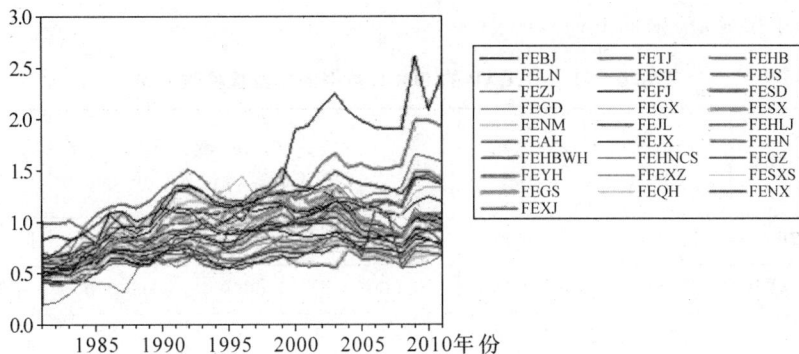

图 6.17　FD 的时序图

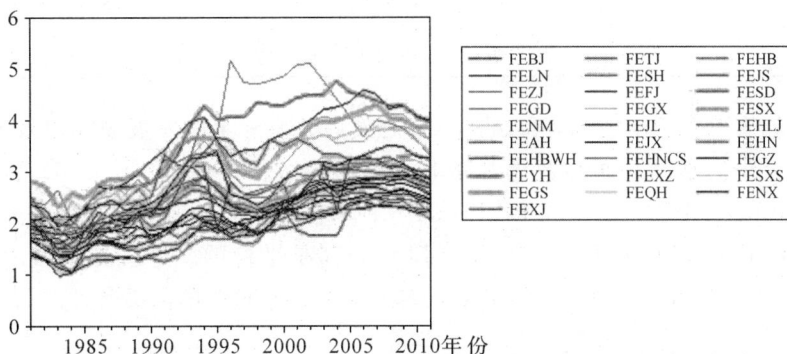

图 6.18　GAP 的时序图

通过观察时序图,大体上来说,基于样本省份,我们发现随着年度的增长,金融发展的效率是逐渐降低的,金融发展规模是逐渐扩大的,城乡收入差距也是逐步扩大的。其中收入分配愈发的不合理,并且它与金融发展效率呈现相反的趋势,与金融发展规模呈现相同的趋势。

6.4.2　平稳性检验

非平稳过程之间建立回归模型可能出现伪回归问题,因此在进行协整关系检验之前需要对数据进行单位根检验,以确定它们的单整阶数,判断各变量的平稳性。单位根检验的方法较多,可以使用 LLC、IPS、Breintung、ADF-Fisher 和 PP-Fisher 这 5 种方法进行面板单位根检验。一般情况下,只采用相同根单位根检验 LLC 和不同根单位根检验 Fisher-ADF 这两种检验方法,如果它们都拒绝存在单位根的原假设,则可以认为此序列是平稳的,反之就是非平稳的。本书用 LLC、IPS、Breintung、ADF-Fisher 和 PP-Fisher 这 5 种面板数据单位根检验方法对 FE,FD 与 GAP 的 POOL 数据均

进行了检验,结果如下:

表 6.6　FE,FD,GAP 的 POOL 数据的单位根检验 prob

变量	Levin，Lin & Chu t*	Breitung t-stat	Im，Pesaran and Shin W-stat	ADF-Fisher Chi-square	PP-Fisher Chi-square	结论
FE	0.8200	0.9896	0.5919	0.4343	0.8874	非平稳
一阶差分	0.0000	0.0000	0.0000	0.0000	0.0000	平稳
FD	0.0027	0.6166	0.8396	0.7984	0.9985	非平稳
一阶差分	0.0000	0.0000	0.0000	0.0000	0.0000	平稳
GAP	0.9302	0.2740	0.0020	0.0011	0.2860	非平稳
一阶差分	0.0000	0.0000	0.0000	0.00008	0.0000	平稳

如表 6.6 所示,我们可以得出:金融发展效率和金融发展规模以及城乡收入差距的原始 POOL 数据都是非平稳的,对它们一阶差分后 LLC、IPS、Breintung、ADF-Fisher 和 PP-Fisher 5 种单位根检验的结果都十分的显著,即 FE、FD、GAP 的 POOL 数据一阶差分都是平稳的。也就是结果表明,FE,FD,GAP 都是一阶单整的,各序列都满足协整检验的前提条件。

6.4.3　协整检验

基于单位根检验的结果发现 FE,FD,GAP 之间是同阶单整的,且都是一阶单整,那么我们可以进行协整检验。协整检验是考察变量间长期均衡关系的方法。面板数据协整检验中我们的主要方法有 Pedroni、Kao、Johansen 这 3 种。其中 KAO 检验是 Kao(1999)、Kao and Chiang(2000)利用推广的 DF 和 ADF 检验提出的检验面板协整方法,这种方法零假设是没有协整关系,并且利用静态面板回归的残差来构建统计量。本书便是用方法 KAO 来进行检验,结果如下:

表 6.7　Kao Residual Cointegration Test

	t-Statistic	Prob.
FE 与 GAP	−4.26933	0.000
FD 与 GAP	−2.144052	0.016

若 P 值小于相应的显著性水平(例如 5%),则拒绝原假设,表明两者之间有协整关系。其中 FE 与 GAP 的 P 值只有 0.000,俨然小于 5% 的显著性

水平,FD 与 GAP 的 P 值也只有 0.016,小于 5% 的显著性水平。故 FE 与 GAP 以及 FD 与 GAP 都通过了协整检验,说明变量之间存在着长期稳定的均衡关系,其方程回归残差是平稳的。因此可以在此基础上直接对原方程进行回归,此时的回归结果是较精确的。

6.4.4　回归模型

根据常数项和系数向量是否为常数,面板数据模型分为 3 种类型:混合回归模型(都为常数)、变截距模型(系数项为常数)和变系数模型(皆非常数)。公式如下:

混合模型:$y_{it} = \alpha + x_{it}\beta + \mu_{it}$ （6.10）

变截距模型:$y_{it} = \alpha_i + x_{it}\beta + \mu_{it}$ （6.11）

变系数模型:$y_{it} = \alpha_i + x_{it}\beta_i + \mu_{it}$ （6.12）

其中 $i = 1,2,\cdots,N; t = 1,2,\cdots,T$。要判断一个面板数据究竟属于哪种模型,用 F 统计量:

$$F_1 = \frac{(S_2 - S_1)/[(N-1)K]}{S_1/[NT - N/(K+1)]} \sim F[(N-1)K, N(T-K-1)]$$

（6.13）

$$F_2 = \frac{(S_3 - S_1)/[(N-1)(K+1)]}{S_1/[NT - N(K+1)] \sim F[(N-1)(K+1), N(T-K-1)]}$$

（6.14）

来检验以下两个假设:

$H_1: \beta_1 = \beta_2 = \cdots = \beta_N$, $H_2: \alpha_1 = \alpha_2 = \cdots = \alpha_N$, $\beta_1 = \beta_2 = \cdots = \beta_N$。其中,$S_1$、$S_2$、$S_3$ 分别为变系数模型、变截距模型和混合模型的残差平方和,K 为解释变量的个数,N 为截面个体数量,α 为常数项,β 为系数向量。若计算得到的统计量 F_2 的值小于给定显著性水平下的相应临界值,则接受假设 H_2,用混合模型拟合样本。不然,则需用 F_1 检验假设 H_1,如果计算得到的 F_1 值小于给定显著性水平下的相应临界值,则接受假设 H_1,用变截距模型拟合样本,否则用变系数模型拟合。用 Eviews 分别对 FE 与 GAP,FD 与 GAP 得到的变系数模型、变截距模型和混合模型的残差平方和的结果如表 6.8:

表 6.8　Sum squared resid

	变系数回归模型	变截距回归模型	混合模型
FE 和 GAP	144.79	173.3731	402.3502
FD 和 GAP	136.8771	170.4246	486.4996

由表 6.8 可知:在 FE 和 GAP 的关系中 $S_1 = 144.79$，$S_2 = 173.3731$，$S_3 = 402.3502$;在 FD 和 GAP 的关系中 $S_1 = 136.8771$，$S_2 = 170.4246$，$S_3 = 486.4996$。其中两者相同的量有 $K = 1$，$N = 28$，α 为常数项，β 为系数向量。

利用公式(6.13)和公式(6.14)算得 FE 与 GAP 之间的 F 统计量，F_1 与 F_2 的观测值分别为 $F_1' = 5.9369$，$F_2' = 26.7487$;FD 与 GAP 之间的 F 统计量，F_1 与 F_2 的观测值分别为 $F_1'' = 7.3709$，$F_2'' = 38.4088$。查表得在 5% 的显著性水平下，我们看到，F 统计量的临界值与计算值:$F_2(54, 812) < 1.25$，$F_1(27, 812) < 1.25$，$F_1' > 1.25 > F_1(27, 812)$，$F_2' > 1.25 > F_2(54, 812)$，$F_1'' > 1.25 > F_1(27, 812)$，$F_2'' > 1.25 > F_2(54, 812)$，故拒绝了 H_1 和 H_2 的假设，采用变系数的回归模型来估计拟合数据。

6.4.5　回归估计

基于回归模型的选择，用 Eviews 6.0 软件在 FE 与 GAP，FD 与 GAP 之间用变系数回归模型估计，结果如表 6.9 和表 6.10。

表 6.9　FE 与 GAP 之间的变系数回归模型估计

Variable	Coefficient	Std. Error	t-Statistic	Prob.
C	3.742218	0.0626	59.77992	0.0000
TJ—FETJ	−0.586704	0.194617	−3.014658	0.0027
HB—FEHB	−1.101112	0.313369	−3.513786	0.0005
LN—FELN	−1.009197	0.214902	−4.696078	0.0000
SH—FESH	−1.324507	0.274009	−4.833805	0.0000
JS—FEJS	−0.843053	0.233672	−3.607844	0.0003
ZJ—FEZJ	−1.529669	0.481674	−3.175737	0.0016
FJ—FEFJ	−1.435521	0.466839	−3.07498	0.0022
SD—FESD	−0.981803	0.21498	−4.566942	0.0000
GD—FEGD	−1.191504	0.20148	−5.913745	0.0000
GX—FEGX	−2.095625	0.28118	−7.452956	0.0000
SX—FESX	−1.493883	0.258664	−5.775386	0.0000
NM—FENM	−1.652369	0.210831	−7.837424	0.0000
JL—FEJL	−0.834468	0.13642	−6.11688	0.0000
HLJ—FEHLJ	−0.637271	0.189674	−3.359826	0.0008

Variable	Coefficient	Std. Error	t-Statistic	Prob.
AH—FEAH	−0.892424	0.190704	−4.679639	0.0000
JX—FEJX	−1.033849	0.192742	−5.363911	0.0000
HN—FEHN	−0.650424	0.16465	−3.950353	0.0001
HBWH—FEHBWH	−0.644709	0.176307	−3.656733	0.0003
HNCS—FEHNCS	−0.895213	0.219123	−4.085446	0.0000
GZ—FEGZ	−2.608057	0.40766	−6.397621	0.0000
YN—FEYN	−4.418023	0.819211	−5.393022	0.0000
SXS—FESXS	−1.884965	0.246327	−7.652292	0.0000
GS—FEGS	−1.588069	0.354604	−4.478428	0.0000
NX—FENX	−1.142921	0.457398	−2.498744	0.0127
Fixed Effects (Cross)				
TJ—C	−1.178317			
HB—C	−0.447606			
LN—C	−0.578278			
SH—C	−0.755235			
JS—C	−0.958417			
ZJ—C	−0.270102			
FJ—C	−0.055255			
SD—C	−0.311792			
GD—C	−0.078373			
GX—C	1.318411			
SX—C	0.219186			
NM—C	0.778564			
JL—C	−0.446496			
HLJ—C	−0.956706			
AH—C	−0.132157			
JX—C	−0.373694			
HN—C	−0.421787			

续表

Variable	Coefficient	Std. Error	t-Statistic	Prob.
HBWH—C	−0.521337			
HNCS—C	−0.054485			
GZ—C	2.43793			
YN—C	3.583172			
SXS—C	1.379221			
GS—C	1.072276			
NX—C	0.272669			

表 6.10　FD 与 GAP 之间的变系数回归模型估计

Variable	Coefficient	Std. Error	t-Statistic	Prob.
C	1.151216	0.078318	14.69927	0.0000
BJ—FDBJ	0.659563	0.134589	4.900561	0.0000
LN—FDLN	1.448354	0.450201	3.217129	0.0013
SH—FDSH	0.984006	0.200922	4.897455	0.0000
JS—FDJS	2.007221	0.530518	3.783512	0.0002
ZJ—FDZJ	0.735186	0.197053	3.730912	0.0002
FJ—FDFJ	1.866097	0.537008	3.474988	0.0005
SD—FDSD	2.553782	1.00121	2.550697	0.0109
GD—FDGD	1.091699	0.442067	2.469535	0.0137
GX—FDGX	4.203	0.722185	5.819841	0.0000
SX—FDSX	1.528904	0.345295	4.427816	0.0000
AH—FDAH	3.24338	0.539591	6.010815	0.0000
JX—FDJX	1.770419	0.576876	3.068978	0.0022
HN—FDHN	1.010488	0.367016	2.753256	0.006
HBWH—FDHBWH	1.630849	0.721119	2.261552	0.024
HNCS—FDHNCS	1.464533	0.367016	3.990382	0.0001
GZ—FDGZ	2.690839	0.27807	9.676845	0.0000
YN—FDYN	2.386602	0.246211	9.693304	0.0000
XZ—FDXZ	3.67293	0.362346	10.13653	0.0000

续表

Variable	Coefficient	Std. Error	t-Statistic	Prob.
SXS—FDSXS	2.059609	0.359792	5.724453	0.0000
GS—FDGS	1.290239	0.32231	4.003104	0.0001
QH—FDQH	1.555861	0.247665	6.282121	0.0000
NX—FDNX	1.275445	0.255914	4.983888	0.0000
XJ—FDXJ	2.498027	0.361732	6.905732	0.0000
Fixed Effects (Cross)				
BJ—C	−0.288534			
LN—C	−0.522868			
SH—C	−0.643881			
JS—C	−0.671039			
ZJ—C	0.275202			
FJ—C	−0.123624			
SD—C	−0.635585			
GD—C	0.395217			
GX—C	−1.271423			
SX—C	−0.035631			
AH—C	−1.001158			
JX—C	−0.36258			
HN—C	0.356893			
HBWH—C	−0.143903			
HNCS—C	0.037407			
GZ—C	−0.025597			
YN—C	0.395536			
XZ—C	0.109506			
SXS—C	0.010739			
GS—C	0.933781			
QH—C	0.226862			
NX—C	0.186892			
XJ—C	−0.527609			

Coefficient 为系数,比如在 FE 与 GAP 的面板数据中,TJ 的系数为 -0.586704,截距项为 $3.742218-1.178317$,故天津省 1981—2011 年的 FE 与 GAP 的回归方程为 GAP$=-0.586704$FE$+2.563901$,其他省份的回归方程以此类推,不再赘述。t-Statistic 为 t 值,检验每一个自变量的合理性,$|t|$ 大于临界值表明系数合理。Prob. 为系数的概率,若其小于置信度(如 0.05)则表明 $|t|$ 大于临界值,即认为系数合理。在 FE 与 GAP 的样本省份回归结果中舍去北京市、青海省、新疆和西藏这些系数不合理的地区,在 FD 与 GAP 的样本省份回归结果中舍去天津市、河北省、内蒙古自治区、吉林省、黑龙江省这些系数不合理的省份,本书中的大部分省份的实证结果的系数合理性仍然十分显著。F-statistic 表示模型拟合样本的效果,即选择的所有自变量对因变量的解释力度。F 大于临界值则说明拒绝原假设。若 Prob.(F-statistic)小于置信度(如 0.05)则说明 F 大于临界值,方程显著性明显。本人根据实证的结果得到,无论是 FE 与 GAP 还是 FD 与 GAP 关系下的 Prob.(F-statistic),它们均为 0.000000,说明这些回归模型方程关系显著成立。

在淘汰掉系数不合理的若干省份的数据之后,我们看到 GAP 与 FE 的关系之间,各个有效的样本数据的系数都为负,说明 GAP 与 FE 之间存在负相关的关系,即金融发展效率提高有利于减小收入差距。同时也可以看到 GAP 与 FD 的关系之间,各个有效的样本数据的系数都为正,说明 GAP 与 FD 之间存在正相关的关系,即金融规模的扩大增加了居民收入差距。

6.5　金融发展与居民收入差距:多角度比较

6.5.1　指标说明和数据处理

根据文献中的通常做法,同时为保证结果的稳健性,文章在本节尝试了几组不同的衡量居民收入差距的指标,并以这些指标为基准形成了以下 4 个不同的样本数据集:

(1)城乡居民收入差距(inc)。由城镇居民人均可支配收入比农民人均纯收入得到,根据数据可得性,此变量的时间跨度为 1978—2012 年。城镇居民人均可支配收入[①]和农民人均纯收入[②]的缺失数据一般取临近两年的均值替代,1978 年缺失的由 1979 年的数据补足。

(2)基尼系数(GINI)。以基尼系数测算城乡居民收入差距时,先使用等分组基尼系数计算公式

$$G = 1 - \sum_{i=1}^{n} P_i (2Q_i - W_i) \tag{6.15}$$

其中,W_i 为每组收入占总收入比重,P_i 是人口比重,$Q_i = \sum_{k=1}^{i} W_k$ 即累积收入比重。分别计算出城镇居民和农村居民内部的收入差距;再使用"分组加权法"(董静和李子奈,2004)得到:

$$G = P_c^2 \frac{u_c}{u} G_c + P_r^2 \frac{u_r}{u} G_r + P_c P_r \frac{u_c - u_r}{u} \tag{6.16}$$

G_c、G_r 分别是城镇居民收入差距的基尼系数和农村居民收入差距的基尼系数;P_c、P_r 分别代表城镇人口和农村人口占总人口的比重,其中城镇人口以非农人口来测算;u_c、u_r 分别代表城镇人均可支配收入和农村人均纯收入;u 表示全省市的人均收入,由城镇人均可支配收入、农村人均纯收入、非农人口和农业人口计算的总收入除以总人口得到,最终测算出整体的收入差距。考虑到计算基尼系数时所用到的指标较多,31 个省市的统计年鉴公布数据的标准不尽相同而且大部分省市在 2010 年后不再公布居民收入的等分组数据,为尽可能保证数据的真实性、完整性和一致性,此处只截取了 1995—2010 年的估算结果。

(3)泰尔指数(Theil)。泰尔指数根据计算公式(6.17)计算:

$$\text{Theil}_{i,t} = \sum_{j=1}^{2} \left(\frac{I_{ij,t}}{I_{i,t}} \right) \ln \left(\frac{I_{ij,t}}{I_{i,t}} \Big/ \frac{Z_{ij,t}}{Z_{i,t}} \right) \tag{6.17}$$

其中 $j=1,2$ 分别表示城镇和农村地区,$I_{ij,t}$ 表示城镇($j=1$)或农村($j=2$)的总收入,城镇总收入由城镇居民家庭人均可支配收入乘以非农人口得到,农村总收入取农村居民人均纯收入与农业人口的乘积,$I_{i,t}$ 表示地区 i 在时期 t 的总收入,$Z_{ij,t}$ 表示地区 i 在时期 t 的城镇($j=1$)或农村($j=2$)人口数,$Z_{i,t}$ 为地区 i 在时期 t 的总人口。泰尔指数所在的样本数据的时间跨度为 1978—2012 年。

---

① 城镇居民人均可支配收入数据缺辽宁省(1979)、江苏省(1979)、浙江省(1979)、福建省(1979)、广西壮族自治区(1979)、海南省(1978—1980、1984)、山西省(1979)、安徽省(1978—1979)、江西省(1979)、湖南省(1979)、重庆市(1978)陕西省(1979)、青海省(1979—1980)、新疆维吾尔自治区(1979)。

② 农民人均纯收入数据缺广西壮族自治区(1979)、海南省(1978—1979、1982)和青海省(1979)。

（4）城乡居民消费差距（cons）。消费性分享是最终的经济目的。获取收入和积累财富最终是为了支持消费。这里的消费差距指标是根据城镇居民人均消费支出与农民人均生活消费支出的比值测算的，因为部分省市[①]1990年之前的城镇居民人均消费支出数据缺失严重，所以以消费差距为被解释变量的样本时间跨度取1990—2012年。

在核心解释变量方面本节仍然使用金融机构年末存款余额占GDP的比重来衡量各省市的金融发展水平（fe），时间跨度为1978—2012年。其中，北京市、天津市、河北省、上海市、广东省、江西省和河南省2012年金融机构年末存款余额数据缺失，经查各省统计局网站2012年国民经济与社会发展统计公报中金融机构本外币存款余额填补。

控制变量的选取参考了已有的文献结果。根据统计年鉴公布的数据，各省市城镇居民人均可支配收入明显要高于农民人均纯收入，城市化水平的提高会增加居民的人均收入但对城乡之间收入差距的影响如何尚不明确。社会资本投入会影响各省市当年的经济产出和人民的收入水平，进而可能对居民之间的收入差距产生影响。孙永强（2011）的研究证明以外部融资依赖度较高的产品出口额与总出口额的比值衡量的对外开放程度在长期内会拉大城乡收入差距，但以出口总额来测算对外开放度是否会得到相同的结果。人力资本投资在长期内最终会提高居民的收入水平，但对城乡收入差距的影响并不明确。因此，除了金融发展这一核心解释变量外，本书在此部分还将城市化水平、全社会固定资产投资完成额、对外开放和教育水平作为控制变量，在实证分析部分研究各变量对城乡收入差距的综合影响。

（5）城市化水平（city）。鉴于各省市统计年鉴公布的城镇人口数据不完全且变动幅度太大，此处使用非农人口占总人口比例来测算各省市的城市化水平。2008经济普查年，部分省市[②]未公布该年的非农人口数，缺失数据直接由各省市2007年和2009年公布的非农业人口数据取算术平均值获得。各省份[③]未及时公布的2012年非农人口数的数据直接由2011年的数据替代（因为前后两年人口数据变化不大）。

（6）社会投资水平（k）。社会投资水平用全社会固定资产投资完成额与GDP的比值测算。其中，福建省1978—1994年的全社会固定资产投资完成

---

① 包括辽宁省、上海市、海南省、内蒙古自治区、吉林省、黑龙江省、安徽省、江西省、重庆市、西藏自治区、青海省和新疆维吾尔自治区。

② 包括河北省、江苏省、福建省、黑龙江省、河南省、湖北省和湖南省。

③ 包括北京市、天津市、河北省、辽宁省、上海市、江苏省、广西壮族自治区、山西省、黑龙江省、河南省、湖北省、湖南省、云南省、西藏自治区和新疆维吾尔自治区。

额缺失,以相应年份的固定资本形成总额补充。

(7)对外开放(open)。对外开放程度用出口总额占 GDP 的比重测算。

(8)教育水平(edu)。各省市的教育水平以高等学校毕业生人数占总人口的比例计算。由于部分省市高等学校毕业生人数较少,为保证教育水平与其他变量测算结果的维度相近,此处所使用的毕业生人数和总人口数的度量单位不统一,高校毕业人数以人为单位,总人数以百人为单位进行测算。部分缺失值仍然使用均值填补法补齐[①]。

除全社会固定资产投资完成额的数据来自 Wind 资讯外,以上所有变量测算所用到的指标的原始数据均来自 CNKI 中国经济与社会发展统计数据库。重庆在 1997 年从四川省中分离单独设立为直辖市,但为使得数据一致连贯,在处理样本时仍将 1997 年之前的重庆市单独列出作为一个省级单位。另为保证变量的测算结果具有良好的统计特性,实证分析部分所用变量均进行对数化处理。针对对数化后的数值,我们剔除了部分极端值,最终得到 4 组不同的面板数据样本:样本一为以城乡人均收入比作为被解释变量,剔除对数化金融发展水平大于 1 的北京、上海和西藏三个市和自治区后的 28 个省市;样本二为以城乡人均消费比为被解释变量,剔除金融发展水平对数值大于 1 的北京、上海和人均消费比对数值大于 1.5 的西藏后的 28 个省市;样本三是以基尼系数为被解释变量,在原来能完整地测算出样本时间区间内的基尼系数的 24 个省市[②]的基础上剔除对数化基尼系数小于 −1.5 的北京和上海后的样本;样本四是以泰尔指数为被解释变量,剔除泰尔指数对数值小于 −6 的北京市、上海市和吉林省后得到的样本。样本筛选结果见表 6.11。

表 6.11　样本筛选结果

	因变量	核心解释变量	控制变量	时间跨度	截面数
样本一	inc	fe	city,k,open,edu	1978—2012	28
样本二	cons	fe	city,k,open,edu	1990—2012	28
样本三	gini	fe	city,k,open,edu	1995—2010	22
样本四	theil	fe	city,k,open,edu	1978—2012	28

① 辽宁省(1979)、山西省(1980)、江西省(1979、1981—1984)、河南省(1980)、湖南省(1979、1981—1984)。

② 24 个省市包括北京市、河北省、辽宁省、上海市、江苏省、浙江省、福建省、广东省、广西壮族自治区、山西省、内蒙古自治区、黑龙江、安徽省、江西省、河南省、湖北省、重庆市、四川省、贵州省、云南省、陕西省、青海市、宁夏回族自治区和新疆维吾尔自治区。

在剔除极端值后,下文将对 4 组样本数据的原始数值分别进行描述性统计,表 6.12 给出了统计结果。除样本三的截面数只有 22 个外,其他三个样本均含有 28 个截面样本,样本一和样本四的时间区间最长为 1978—2012 年,样本二的时间区间为 1990—2012 年,样本三的时间跨度最短为 1995—2010 年。

以人均收入比和人均消费支出比衡量的收入差距在数值测算上要较基尼系数和泰尔指数大。收入比和消费比的最大值相差不大,但消费比的最小值比收入比的最小值大一半有余,因而消费比的标准差也较收入比小。基尼系数的均值、最小值和最大值都远高于泰尔指数,尤其是最小值,但两个变量的标准差几乎相等,由此可以说明以基尼系数衡量的收入差距在绝对值上要大于泰尔指数,可能是因为使用泰尔指数测算收入差距时会过度低估较小的收入差距。

控制变量在 4 组样本之间就整体而言的差距不大,但样本一、四与样本二、三在最小值和最大值两项上存在较大差异。样本一、四的城市化水平和对外开放度的最大值比样本二、三大,资产投资和教育水平的最小值比样本二、三小,另除对外开放的均值比样本二、三略大外,其他三个控制变量的均值都偏小。据此可以推测改革开放至今我国的城市化水平、全社会资本投资、对外开放和教育水平整体处于上升状态,但对外开放的增长速度相比其他 3 个变量略小。

表 6.12　变量描述性统计

样本一

Variable	Obs	Mean	Std. Dev.	Min	Max
pro	980	14.5	8.0819	1	28
year	980	1995	10.1047	1978	2012
inc	980	2.5923	0.6807	0.9748	4.7586
fe	980	0.9085	0.4267	0.1916	2.1418
city	980	0.2568	0.1208	0.0766	0.8206
k	980	0.3669	0.1737	0.0763	0.9947
open	980	0.0199	0.0245	0.0001	0.1504
edu	980	0.1284	0.1552	0.0006	0.8650

续表

样本二

Variable	Obs	Mean	Std. Dev.	Min	Max
pro	644	14.5	8.0840	1	28
year	644	2001	6.6384	1990	2012
cons	644	2.8546	0.5330	1.5884	4.4957
fe	644	1.1290	0.3504	0.4459	2.1418
c ity	644	0.2846	0.1099	0.1020	0.5783
k	644	0.4304	0.1743	0.1527	0.9947
open	644	0.0186	0.0224	0.0022	0.1430
edu	644	0.1788	0.1701	0.0216	0.8650

样本三

Variable	Obs	Mean	Std. Dev.	Min	Max
pro	352	11.5	6.3533	1	22
year	352	2002.5	4.6163	1995	2010
gini	352	0.3883	0.0602	0.2472	0.5440
fe	352	1.2023	0.3013	0.6141	2.1418
city	352	0.2838	0.0965	0.1176	0.4944
k	352	0.4417	0.1590	0.2052	0.9339
open	352	0.0176	0.0227	0.0023	0.1175
edu	352	0.1740	0.1443	0.0237	0.6305

样本四

Variable	Obs	Mean	Std. Dev.	Min	Max
pro	980	14.5	8.0819	1	28
year	980	1995	10.1047	1978	2012
theil	980	0.1036	0.0607	0.0045	0.3171
fe	980	0.9295	0.4441	0.1916	2.9251
city	980	0.2476	0.1189	0.0766	0.8206
k	980	0.3714	0.1766	0.0763	0.9947
open	980	0.0198	0.0246	0.0001	0.1504
edu	980	0.1249	0.1533	0.0006	0.8650

6.5.2 实证过程

变量单位根的存在会使得 t 检验失效,而且两个相互独立的单位根变量之间可能出现伪回归的问题,因而在对以上样本进行实证分析前,需要对各变量进行平稳性检验。本节实证分析部分使用的是面板数据,面板单位根检验相比单个变量的单位根检验更不容易犯第二类错误,结果更可信。

为检验变量 $\{y_{it}\}$ 是否包含单位根,考虑面板自回归模型 $y_{it} = \rho_i y_{i,t-1} + z'_{it}\gamma_i + \varepsilon_{it}$,其中 $i(=1,2,\cdots,n)$ 和 $t(=1,\cdots,T)$ 分别表示截面单位和时间,$z'_{it}\gamma_i$ 表示个体固定效应和线性时间趋势,ε_{it} 为平稳的扰动项。面板单位根的原假设为 $\rho_i = 0$,即变量存在单位根,是非平稳的。根据 4 组样本数据的特点,我们分别使用了常用的三种面板单位根检验方法对各变量进行平稳性检验,即 LLC 检验、Breitung 检验和 IPS 检验,其中 LLC 检验和 Breitung 检验假设各面板单位的自回归系数均相同,即 $\rho_i = \rho$,IPS 方法允许存在不同的自回归系数。4 组样本中各变量的面板单位根检验结果见表 6.13。几乎所有变量均至少在 5% 的显著性水平下通过平稳性检验,样本三中城市化水平虽然没有通过 IPS 检验,但同时通过了 1% 显著性水平下的 LLC 检验和 Breitung 检验。因此,我们认为所有样本中的变量均是平稳的,可以对各样本分别建立面板 VAR 模型,并在 PVAR 的基础上进行格兰杰检验,判断各变量之间是否存在因果关系。

表 6.13 单位根检验

	变量	LLC 检验	Breitung 检验	IPS 检验
样本一	lninc	−6.7549*** (0.0000)	−3.1372*** (0.0009)	−8.5380*** (0.0000)
	lnfe	−3.2310*** (0.0006)	−3.6466*** (0.0001)	−5.7413*** (0.0000)
	lncity	−2.6943** (0.0035)	−3.0444*** (0.0012)	−7.0653*** (0.0000)
	lnk	−3.1527*** (0.0008)	−1.6959** (0.0450)	−5.3312*** (0.0000)
	lnopen	−1.8616** (0.0313)	−1.6975** (0.0448)	−2.7408*** (0.0031)
	lnedu	−11.3572*** (0.0000)	−2.3896*** (0.0084)	−16.3326*** (0.0000)

续表

	变量	LLC 检验	Breitung 检验	IPS 检验
样本二	lncons	−39.9361*** (0.0000)	−5.1137*** (0.0000)	−6.5164*** (0.0000)
	lnfe	−6.1389*** (0.0000)	−4.5915*** (0.0000)	−3.9151*** (0.0000)
	lncity	−2.9637*** (0.0015)	−13.7091*** (0.0000)	−2.0719** (0.0191)
	lnk	−3.5292*** (0.0002)	−11.6919*** (0.0000)	−2.1007** (0.0178)
	lnopen	−7.0996*** (0.0000)	−3.6302*** (0.0001)	−1.7479** (0.0402)
	lnedu	−2.4646*** (0.0069)	−3.5303*** (0.0002)	−5.8084*** (0.0000)
样本三	lngini	−140*** (0.0000)	−2.7766*** (0.0027)	−4.0680*** (0.0000)
	lnfe	−15.4081*** (0.0000)	−4.5908*** (0.0000)	−2.5207*** (0.0059)
	lncity	−29.8426*** (0.0000)	−10.1249*** (0.0000)	−0.9440 (0.1726)
	lnk	−180*** (0.0000)	−7.6548*** (0.0000)	−1.6481** (0.0497)
	lnopen	−4.1157*** (0.0000)	−2.1984** (0.0140)	−3.7855*** (0.0001)
	lnedu	−19.7753*** (0.0000)	−2.9240*** (0.0017)	−5.2967*** (0.0000)
样本四	lntheil	−4.5464*** (0.0000)	−3.0884*** (0.0010)	−9.1119*** (0.0000)
	lnfe	−7.4839*** (0.0000)	−3.573*** (0.0002)	−5.7639*** (0.0000)
	lncity	−2.4344*** (0.0075)	−3.0447*** (0.0012)	−6.9078*** (0.0000)
	lnk	−2.4287*** (0.0076)	−1.925** (0.0271)	−5.3631*** (0.0000)
	lnopen	−4.7861*** (0.0000)	−3.1290*** (0.0009)	−2.7946*** (0.0026)
	lnedu	−11.4378*** (0.0000)	−12.0983*** (0.0000)	−16.5040*** (0.0000)

注:括号内为单位根检验结果的 p 值,***、** 分别表示在 1% 和 5% 水平下显著。

在确定所有样本中的变量均为平稳的之后,根据 BIC 准则确定每个样本的最佳滞后阶数(运算结果见附录 5),建立面板 VAR 模型,并在 PVAR 的基础上进行格兰杰因果检验(结果见表 6.14)。从格兰杰因果检验结果可以看出,样本三的结果不显著可能是因为样本量不够大。样本一、样本二和样本四的结果中,解释变量金融发展水平都是以收入比、消费比和泰尔指数衡量的收入差距的格兰杰原因,且这一结果至少在 5% 的水平上显著;控制变量中,城市化水平、资产投资和教育水平三项在 1% 水平上是人均收入比的格兰杰原因;资产投资和教育水平至少在 5% 的水平上是消费比的格兰杰原因;样本四中,城市化水平、对外开放、教育水平和资产投资均是以泰尔指数衡量的收入差距的格兰杰原因,前三项在 5% 水平上显著,资产投资的结果在 10% 的显著性水平上成立。

表 6.14　格兰杰因果检验

样本一				
Equation	Excluded	chi2	df	Prob>chi2
h_lninc	h_lnfe	46.64	2	0.000
h_lninc	h_lncity	9.48	2	0.009
h_lninc	h_lnk	21.24	2	0.000
h_lninc	h_lnopen	1.51	2	0.469
h_lninc	h_lnedu	24.45	2	0.000
h_lninc	ALL	122.04	10	0.000

样本二				
Equation	Excluded	chi2	df	Prob>chi2
h_lncons	h_lnfe	7.73	2	0.021
h_lncons	h_lncity	1.52	2	0.468
h_lncons	h_lnk	16.30	2	0.000
h_lncons	h_lnopen	0.32	2	0.850
h_lncons	h_lnedu	7.95	2	0.019
h_lncons	ALL	44.87	10	0.000

样本三				
Equation	Excluded	chi2	df	Prob>chi2
h_lngini	h_lnfe	0.13	1	0.716
h_lngini	h_lncity	0.01	1	0.939
h_lngini	h_lnk	0.00	1	0.985
h_lngini	h_lnopen	0.31	1	0.579
h_lngini	h_lnedu	0.21	1	0.643
h_lngini	ALL	1.75	5	0.882
样本四				
Equation	Excluded	chi2	df	Prob>chi2
h_lntheil	h_lnfe	38.54	2	0.000
h_lntheil	h_lncity	11.65	2	0.003
h_lntheil	h_lnk	4.69	2	0.096
h_lntheil	h_lnopen	8.47	2	0.014
h_lntheil	h_lnedu	12.77	2	0.002
h_lntheil	ALL	75.03	10	0.000

在确定各变量之间的因果关系之后,下文将通过混合 OLS、固定效应模型和系统广义矩估计三种方法构建回归模型来分析金融发展和其他控制变量对收入差距的影响程度。在使用广义矩估计时,将被解释变量的滞后项纳入模型,考虑了过去一期的收入差距对当期的影响。因为 OLS 估计会高估回归系数,而系统 GMM 会低估回归结果,固定效应的估计结果会在混合 OLS 和系统 GMM 之间,所以我们可以通过系数大小来验证估计结果是否可靠。

表 6.15 给出了三种方法下的估计结果,POOL、FE 和 SYS-GMM 分别代表混合 OLS、固定效应模型和系统广义矩估计的结果,前三列表示在样本一下估计的结果,(4)—(6)和(7)—(9)分别为样本二、三的估计结果,最后三列是样本四的回归结果。四次动态回归模型的估计结果中,滞后一期的被解释变量对当期的城乡收入差距都会产生正向影响。系统 GMM 的估计都通过了 AR(2)检验和 Hansen 检验,说明差分后的随机扰动项不存在二阶序列相关,矩估计中使用的工具变量也不存在过度识别问题,动态模型的估计结果是可信的。在样本一、二、四的三次回归结果中,核心解释变量金融发

表 6.15　回归结果

VARIABLES	(1) POOL lninc	(2) FE lninc	(3) SYS-GMM lninc	(4) POOL lncons	(5) FE lncons	(6) SYS-GMM lncons	(7) POOL lngini	(8) FE lngini	(9) SYS-GMM lngini	(10) POOL lntheil	(11) FE lntheil	(12) SYS-GMM lntheil
L. lngap			0.809***			0.844***			0.867***			0.783***
			(0.0192)			(0.0292)			(0.0168)			(0.0299)
lnfe	0.331***	0.236***	0.112***	0.356***	0.252***	0.0778***	0.225***	0.0819	0.0337**	0.888***	0.788***	0.315***
	(0.0208)	(0.0320)	(0.0138)	(0.0243)	(0.0509)	(0.0204)	(0.0249)	(0.0617)	(0.0131)	(0.0530)	(0.0794)	(0.0491)
lncity	−0.232***	0.0159	−0.0668***	−0.120***	0.0714	0.0192	−0.0304	0.287***	0.00308	−0.267***	0.209	−0.126*
	(0.0200)	(0.0425)	(0.0104)	(0.0195)	(0.0900)	(0.0220)	(0.0248)	(0.0917)	(0.0130)	(0.0514)	(0.204)	(0.0630)
lnk	0.0855***	0.0268	0.0463**	0.0761***	0.0615	0.0268	0.217***	0.102**	−0.0126	0.182***	0.0743	0.133**
	(0.0254)	(0.0383)	(0.0179)	(0.0241)	(0.0439)	(0.0183)	(0.0241)	(0.0368)	(0.0118)	(0.0624)	(0.107)	(0.0488)
lnopen	−0.0750***	−0.0374**	−0.0103	−0.0580***	−0.0365	−0.0125**	−0.0562***	−0.0176	−0.0189***	−0.190***	−0.0751*	−0.0275
	(0.00734)	(0.0151)	(0.00650)	(0.00772)	(0.0225)	(0.00597)	(0.00692)	(0.0255)	(0.00387)	(0.0190)	(0.0397)	(0.0212)
lnedu	0.00921	0.0190	−0.0157*	−0.0495***	−0.0542**	−0.0458***	−0.0140	0.00479	−0.00281	0.0197	0.00739	−0.0395*
	(0.0113)	(0.0177)	(0.00894)	(0.00996)	(0.0224)	(0.00931)	(0.0105)	(0.0223)	(0.00409)	(0.0261)	(0.0441)	(0.0211)
Constant	0.439***	0.909***	0.0675**	0.552***	0.886***	0.0545*	−1.126***	−0.573***	−0.215***	−3.288***	−2.238***	−0.740***
	(0.0393)	(0.0826)	(0.0280)	(0.0356)	(0.133)	(0.0320)	(0.0402)	(0.0993)	(0.0279)	(0.107)	(0.313)	(0.148)
R-squared	0.562	0.528		0.434	0.287		0.525	0.611		0.571	0.578	
AR(2) test p-value			0.392			0.436			0.294			0.235
Hansen test p-value			1.000			1.000			1.000			1.000
Observations	980	980	896	644	644	560	352	352	286	980	980	896
No. of pro	28	28	28	28	28	28	22	22	22	28	28	28

注：L. lngap 表示各样本中衡量收入差距的变量，***、** 和 * 分别表示在 1%、5% 和 10% 水平下显著，括号内为稳健性标准差。

展水平对城乡居民收入比、消费比和以泰尔指数衡量的居民收入差距均表现为正向作用，且在1%的水平上显著；观测值较少的样本三中，虽然固定效应对收入差距的正向影响不显著，但在混合OLS和系统GMM的方法下，金融发展至少在5%的水平上显著拉大收入差距；12次回归中，使用固定效应估计的金融发展对收入差距的影响系数均介于混合OLS和系统GMM的估计结果之间。控制变量中的城市化水平和教育水平在不同方法下对收入差距的影响不一致，资产投资的增加会扩大城乡收入差距，以总出口额测算的对外开放程度会缩小城乡收入差距，这与孙永强（2011）以外部融资依赖度较高的产品出口额与总出口额的比值衡量对外开放程度的研究结果一致。

6.6　总　结

SVAR模型的理论和实证分析结果表明，金融发展效率与城乡收入差距间存在负向关系，而金融发展规模会加剧城乡收入差距，这在全国、东部和西部地区并未表现出区域差异。三个地区的脉冲响应函数表明，金融发展效率对城乡收入差距的影响存在滞后，金融发展规模对东西部地区城乡收入差距的扩大作用虽然也存在滞后，但在长期内这种作用总体表现为正向的。方差分解分析的结果表明，金融发展效率的波动是在短期内影响东部和西部地区城乡收入差距的主要因素，在长期内对全国和西部地区城乡收入差距的影响较大；金融发展规模对全国和西部地区城乡收入差距的作用在短期和长期内都不十分明显，但随着时间的推移其对东部地区的影响越来越大，并成为在长期内拉大东部地区收入差距的主要原因之一。

政府财政支出和对外贸易的增加会拉大全国和东部地区的城乡收入差距，但对西部地区的城乡收入差距的影响是负向的，财政支出和对外贸易程度对城乡收入差距的影响存在区域差异。从脉冲响应和方差分解的结果来看，财政支出增加是短期内引起全国城乡收入差距扩大的主要原因，尽管这种影响随时间递减，但在长期内对收入差距的影响仍较其他变量大；东部地区对外贸易程度的加深相对财政支出增加更易导致城乡收入差距扩大，但这种作用存在滞后；西部地区财政支出和对外贸易的增加是长期内减小城乡收入差距的主要原因之一，这可能是因为中央和地方财政对西部农村地区支出比例较大以及西部出口商品中农产品占较大比重，所以有利于增加农民收入。

省际面板数据分析的结果表明金融发展规模随着时间的推移是扩大的，金融发展效率随着时间的推移是降低的，收入分配差距随着时间的推移是扩大的。并且金融发展规模与收入分配差距之间存在正相关的关系并长期稳定,金融发展效率与收入分配之间存在负相关的关系并长期稳定。金融发展效率实则是存款转换为贷款的速度,是资本形成率。金融发展效率的降低就是资本形成率的降低。原因有:第一,贷款机制不合理,大型金融机构有"嫌贫爱富"的服务门槛,青睐于大企业,忽视了中小企业的需求,从而降低了存款转换为贷款的速度。在中国,中小企业难以得到银行的垂青,这就是滋生"寻租"的土壤,过多的资本用在贿赂而不是实体经济的创造下,也阻碍经济的健康发展。第二,在中国,银行是占有绝大多数金融资产的金融机构,工农中建四大行几乎垄断了银行这个行业。在国有银行当道的我国,金融市场缺乏竞争性,导致金融发展效率愈发不济。金融发展规模扩大的原因有:第一,随着金融与生活的密切程度的加深,金融资产在国民生产总值中的比重加大也是很好理解的。第二,金融发展效率呈现逐年递减趋势。就像在相同的时间内生产一定产量的东西,要是生产效率降低了,就只能扩大生产规模了,用在这里也是一样的道理,何况人们对于金融资产的需求是在逐年增加的。GAP 的增加即收入差距的扩大,不仅仅是社会公平的问题,这关系到社会稳定。解放生产力,发展生产力,消灭剥削,消除两极分化,最终达到共同富裕是社会发展的理想。我国处于金融市场发展的初级阶段,金融市场不完善,金融机制不健全,贷款机制不合理,银行垄断格局尚存,各行业各企业信贷配给不均,这都能通过影响人们对社会资金的获取和配置来影响收入分配,这是由起点不公平导致的结果不公平,从而解释了金融发展效率与收入分配差距的负相关性。为此做以下政策建议:

第一,提高金融发展效率降低金融发展规模是缓和城乡收入差距的关键手段。金融市场逐步市场化,逐步打破中国金融市场的垄断性格局,增强金融市场的竞争性。金融发展的变化趋势及其对城乡收入差距的影响在东西部地区不存在区域差异,因而在全国范围内提高金融发展效率和合理控制金融发展规模对缓解城乡收入差距是有效的。在农村大力发展适合农民和乡镇企业的中小型金融机构,控制农村存款流向城市,鼓励农民充分利用当地金融资源建立乡镇企业,带动农村经济增长,缩小城乡收入差距。

第二,合理分配政府财政支出在城乡间的比例,吸引外商在农投资。从全国和东部地区来看,政府财政支出和对外贸易的增加会拉大城乡收入差距,一方面是因为政府过分注重经济发展使得财政支出会偏向于城市建设;另一方面是由于东部沿海特别是经济特区优先享有宽松的开放政策和地理优势,极易吸引外商投资,而农村地区经济受对外贸易的影响相对较小。因此,政府在考虑整体经济发展的同时也应该关注社会公平。对于城市化程度较高的东部地区,政府应该加大农业和农村医疗、教育等的投资,减轻农民负担,提高农村劳动力质量,同时鼓励发展乡镇企业,吸引外商在农投资。西部农村可以充分利用农产品出口在产品出口中的有利地位,形成自己的竞争优势,提高农村居民收入。

第三,深析区域差异,配合使用各项政策。短期内,金融发展效率过低是导致东部地区城乡收入差距恶化的主要原因;长期内,金融发展规模、对外贸易和城乡收入差距本身的扩大都会恶化城乡收入不平等的现象。东部地区应该着重从提高金融发展效率和控制金融发展规模入手,加快、加深农村金融发展,配合使用支持农村经济的财政政策来提高农村居民收入。西部地区缓解城乡收入差距最有效的方式就是提高金融发展效率,并配合支持农业发展的财政手段和对外贸易政策。

第四,加强教育,特别是偏远地区的基础教育。物质资本的积累需要人力资本的基础。要从根本上缩小收入差距,首先要解决地区间教育质量的差距。人才的培养对于金融市场的规范与发展具有重要意义。

7 | 总结与展望:什么是"好的"金融

7.1 总 结

分配现象反映了经济运行的二阶矩问题(比如个体收入的方差),因此包含了更多的信息。在现代经济中,无论是收入流量还是财富存量都出现明显金融化的趋势,这使得收入来源更加多元、收入形式更加丰富。导致收入差距现状的原因错综复杂,而决定未来分配格局演化的因素也多种多样。金融因素毫无疑问是其中一个主动性因素,但是金融系统运行对分配结果的作用机制是全方位的,这需要放到一个更加全面、系统的理论分析框架进行讨论。中国经济正处于从传统农业经济和计划经济向现代市场经济转型的进程中,伴随而生的分配现象有着转型的特征,因此理论框架中需要包含动态分析的部分。

第二章首先整理了中国分配问题的典型事实。从宏观分配格局的角度可以看到居民部门的分配地位在下降,而在居民部门内部出现了城乡之间、地区之间、行业之间等多个维度的收入差距放大的情况。其次回顾了我国经济金融化的进程,将我国自启动经济改革以来的期间分别总结为金融抑制、金融约束和金融控制三个阶段。最后对中国的分配问题及金融发展的分配效应进行了文献综述。

第三章主要构建了包含金融功能的利益分享理论框架,并对我国的分配问题进行了初步的解释。这一框架包括了生产性分享、消费性分享和公共分享三大部分。生产性分享集中讨论了利益分享的广度、深度和分享动态,大致可以从金融功能的角度对应为货币化、资本化和证券化的不同过程。在此基础上构建了消费分享以及包含消费性和生产性两种定位的公共分享机制。结合我国转型中的制度环境,尤其是中央—地方集权和分权的体制框架,就可以对经济个体的土地、物质资本和人力资本等多渠道的分享渠道进行综合分析。该章的主要工作就是建立利益分享理论来讨论从金融功能到分配结果的作用机理。分析和解释的主要结论是我国经济转型是利益分享广度逐步打开、分享深度逐渐加强以及公共分享逐步协调的过程。而在这一过程中，由于金融功能的缺失和偏向，使得居民部门和居民部门中的中低收入群体的利益分享机制弱化，从而导致了我国收入不均等的扩大。

第四章重点从利益分享广度的视角讨论居民部门在宏观分配格局中的收入占比演变，尤其是讨论居民部门与政府部门在利益分享中的相对关系。该章从地方政府经济竞赛的政治体制出发，构建了一个由实体经济部门、政府和金融部门构成的世代交叠模型。在引入土地财政和土地金融变量之后，模型分析了地方政府在竞争压力下通过公共投资影响宏观分配格局的具体机制。基本结论是：随着经济增长，经济竞赛的奖励会不断增加，地方政府面临的竞争激烈程度会因此加剧。地方政府为了提高经济竞赛的胜率需要不断追加生产性公共支出。公共投资直接提高了企业边际产出，因此会刺激企业形成资本和增加雇工，最终实现经济增长。随着经济总量的扩张，地方政府的公共投资会随之放大。地方政府为了维持公共投资，需要借助更多的金融资源。地方政府一方面直接利用土地财政获得制度外收入；另一方面会利用土地金融来撬动金融资源，同时对金融部门增加控制力。在这种情况下，金融部门的发展越来越偏向地方政府、偏离实体经济，政府部门收入占比因此提高，而居民部门因为得不到金融功能支持，收入占比会随之走低。我国金融部门规模越大，对宏观分配格局的扭曲效应就越明显。

第五章主要是从利益分享深度的角度讨论要素收入分配问题，即劳动报酬与资本收入的相对比例。在金融控制的状态下，这一比例关系实际上反映了居民部门与企业部门分享关系的重点。这一章得出关于金融控制对居民部门物质资本分享深度的直接影响、对人力资本分享深度的间接影响的理论逻辑。该理论主要分为技术偏向和融资约束两个角度：①由于金融控制的存在，使得要素价格发生变化，诱使厂商使用相对价格更低的要素，产生资本偏向型技术进步，从而使得劳动收入份额下降；②金融控制的存在导致存款利率被严重压低、资本流动被限制、国有大中银行主导的金融体制带有很强的信贷偏向，中小企业面临严重的信贷约束，使得中小企业不得不进行内源融资，从而减少了对劳动者的利润分成，劳动者报酬降低，因此劳动收入份额下降。在实证环节通过主成分分析法构建了金融控制综合指数，并从全国时间序列数据和省级面板数据两个层面验证金融控制和劳动收入份额的关系，支持了本书的结论。

第六章集中讨论了我国居民部门内部收入差异扩大的主要原因。居民中不同群体在利益分享广度、分享深度以及分享动态中面临着巨大的实现差异。而金融功能的缺少或者偏向是造成分享差异的原因或是使其加剧的因素。比如在第四章中已经讨论了，我国土地资源缺少货币化、抵押、入股等诸多金融功能，这使得土地资源的分享广度扭曲，造成居民群体在分享土地增值中相对于政府部门处于不利地位的情况。在第五章中讨论了金融控制对居民部门物质资本分享深度的直接限制以及对人力资本的分享广度的间接干扰，降低了多数居民群体在企业合约中的分享地位。这些因素叠加在一起使得享有更多金融服务的高收入群体在多种分享渠道中都处于优势的分享地位。该章在利益分享理论框架中整合了这两大因素，并在实证分析中使用基尼系数、城乡收入比、消费比、泰尔指数等多种指标衡量居民收入差距，验证了金融规模放大和金融效率提高不利于收入分配的观点。

7.2 是否存在金融发展的 Kuznetz 效应

本书的基本结论是现有的金融系统扩大了我国的收入不平等。那么展望未来，随着经济深入转型和金融持续发展，我国的收入分配问题会不会得到改善？Kuznets(1955)描述了分配关系在经济发展过程先恶化、再改善的倒 U 型轨迹。李稻葵等(2009)认为目前我国的分配关系正处于这个 U 形的底部，这无疑给了中国分配关系改善比较乐观的预期。但是可以肯定的是，分配关系和分配结果不会自行调整。适宜的社会经济发展模式，或者是本书强调的得到金融功能支持的利益分享机制，才能保证分配过程有一个良性的微观基础。这里可以借鉴国际经验，考察其他发展中和发达国家的分配状态演变，尤其是以发达金融市场著称的美国。

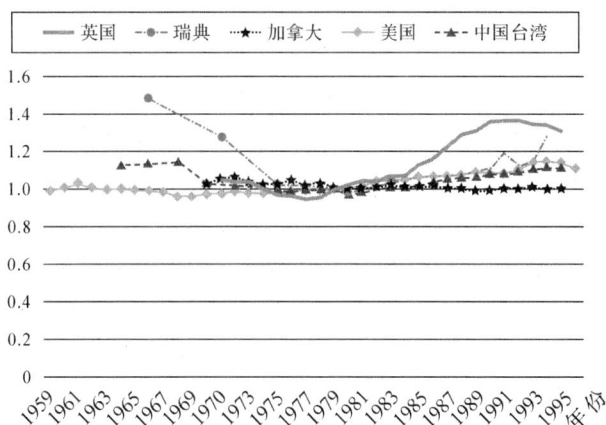

图 7.1 代表性发达国家和地区的相对基尼系数 1959—1995(以 1979 为 1)
数据来源：Gottaschalk 和 Smeeding(2000)。

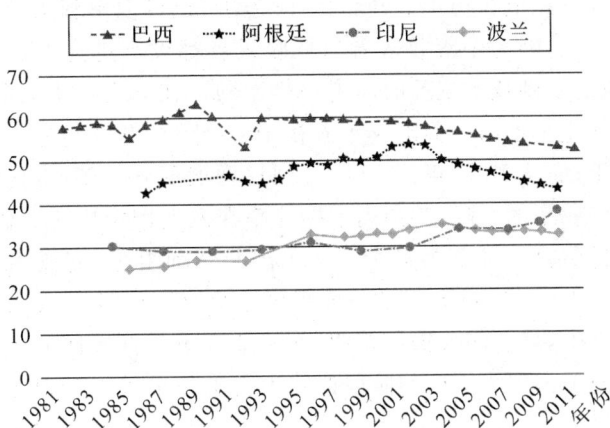

图 7.2 代表性发展中经济体的绝对基尼系数 1981—2012

数据来源：http://data.worldbank.org/indicator/SI.POV.GINI.

从图 7.1 和图 7.2 各种经济体的收入不平等演变趋势来看，其复杂程度远远超过库兹涅茨曲线。即便在相同的政治经济制度下和类似的经济发达程度下，不平等的演变特征也有明显差异。在发达经济体中，英国和美国近年来出现了不平等上升的态势。而中国台湾地区在经济起飞和转型发展中并没有经历收入分配恶化的过程。发展中国家的代表，巴西和阿根廷的收入分配虽然有改善的迹象，但是其基尼系数一直维持在高位。而印尼和波兰则出现了持续升高的态势。美国的金融系统之发达是举世公认的，但是为何基尼系数也会不断上升？如何从利益分享理论的角度理解这样的现象？

从利益分享的角度来看，在资本形成和利益分享的过程中，物质资本和人力资本存在明显不同的处理效果。一方面，发达经济体的金融系统对物质资本投资的支持机制已经相对完善，并且物质资本存量趋于饱和。事实上，当今美国企业外部融资的依赖度已明显下降，物质资本投资更多地来自企业自身内部积累。2010 年美国大型银行的公司类贷款只占贷款总额的 17.23%。另一方面，在技术创新和全球化的带动下，美国经济对人力资本增量和结构调整都有巨大需求（Acemoglu,2003）。美国人口普查局 2008 年的数据显示，高中毕业生的工资总值为 2.8 万美元，而本科毕业生为 4.8 万美元。图 7.2 显示，在 1975—2005 年间，工资水平排在美国总人口第 90 百分位的（即比美国总人口中 90% 的人工资要高）的人工资增长额要比排在第 10 百分位的人高出 65%。这一差异被称为 90/10 工资差距，其原因被归结为"大学溢价"（college premium），即拥有本科学历者的工资与只拥有高中学历者的工资的比值在稳步上升。"大学溢价"也可以解释为什么 50/10 工资差距没有扩大,因为中等收入者与低收入者都没有进过大学或没有完成大学学业,他们受到技术变革的冲击一样剧烈。在巨大需求面前,美国的人力资本供给却止步不前。美国成年人在 1980 年比 1930 年平均受教育时间增加了 4.7 年;而从 1980 年到 2005 年间仅增加了 0.8 年,直接原因是美国高中和大学毕业率的下降,美国高中毕业率在发达国家中排名倒数第三,大学毕业率从排名第一降落为第十三。美国非营利组织"完成美国大学教育(Complete College America)"的研究报告显示,每十名公立美国联邦教育当局学校的大学生,就有四人选择兼职,而毕业率更是低于四分之一。教育成本的提高促使美国庞大的中低阶层群体不得不过早进入劳动力市场或者放弃人力资本投资,进而限制了利益分享。Johnston(2007)发现人力资本分享不足造成美国分配差距扩大,美国人力资本的分享比重从 1970 年的 60% 降至 2006 的 56%,物质资本的分享份额则从 27% 提高至 43%。Rajan(2010)认为美国人力资本投资的滞后和收入不平等加剧是次贷危机爆发的直接原因。

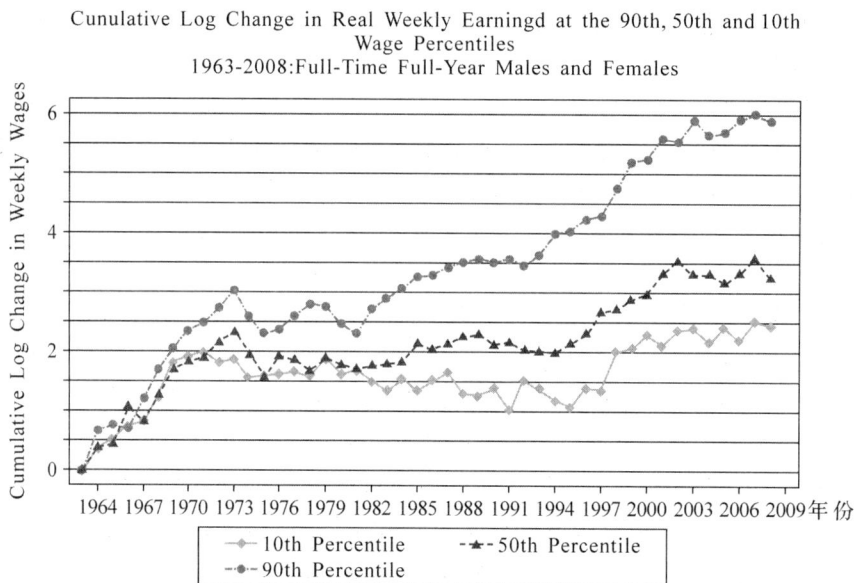

图 7.3　美国全职从业人员分位收入累积变化:1963—2008

数据来源:转引自:Acemoglu and Autor,2010。

　　为什么在人力资本需求空前高涨的形势下,美国竟然会出现人力资本投资不足? 这说明美国貌似发达的金融系统也存在与时俱进的需要。经济发展中存在最优资本配比结构，在人力资本相对物质资本不足的情况下，金融系统应该根据市场信号将业务重点从物质资本投资过渡到人力资本投资上。但是以金融模式处理人力资本投资的难度较大。首先是人力资本投资周期太长，不确定性大。其次是人力资本有很强的外部性，投资收益难以保证。再次是人力资本的异质性远远超过物质资本，形成的人力资本无法抵押和转让，也难以进行证券化。这些问题构成了人力资本投资商业化的障碍。因此人力资本投资一般是以家庭教育支出和公共教育投入的形式进行的。但是对于已经处于技术前沿的发达经济体而言，对人力资本规模、质量以及异质性的需求已经超越了以上两种形式的供给能力。目前来看，即便是美国所谓的发达金融市场也没有形成有效的人力资本投资模式，因此"过剩"的金融资源只能从服务物质资本投资转向消费金融，服务于消费性分享。Duncan(2007)指出美国金融系统将膨胀的外部金融资源转化为居民的过度消费，家庭消费已经成为美国经济增长的主要引擎，对美国 GDP 的贡献达 70%。

　　在市场经济中，消费毫无疑问是重要环节。消费得到金融支持，不仅有助于经济循环，也有利于改善消费性分享。但是消费不具有直接生产性，消费需求并非经济长期增长的根源。长期经济增长的基石归根结底是资本的形成与积累。如果过多的金融资源去追逐消费金融，而忽视了资本投入，尤其是人力资本投入的话，必然会出现增长乏力的现象。当消费性分享脱离生产性分享的基础，分享则不可能持续，经济波动在所难免。图 7.4 显示，消费性分享得到更多支持，表现在利率下降，利率曲线更加平坦上。这意味着更多的人愿意在当前消费，而愿意储蓄的人变少，因此利率不可能长期低于均衡水平。美国近年来能够维持低利率是得益于国外储蓄的输入。更多的储蓄和更低的利率显然可以促进投资，但是由于人力资本投资受阻，金融资源会涌入耐用消费品，尤其是房地产。货币价格上涨赋予持有房地产的财富效应，其投资的属性被激发，但价格泡沫包含了风险增加。此时应该对房地产的分享深度进行评估，投资曲线在扣除风险部分后应该向下修正。但是如果对投资机会评价失误的话，反而会以为投资曲线上移到 EE''。微观主体以未来不真实的回报作为依据，会增加财务杠杆将当前消费水平增加到 C_2，这不仅高于高利率水平时的 C_0，也大大高于原投资机会下的 C_1。显然通过耐用消费品的价格泡沫来实现利益分享是不可持续的。对于大多数人而言，在人力资本没有提升的情况下，未来真实收入不会增加。一旦房地产价格泡沫破灭引起资产缩水，个人或家庭在过度财务杠杆的状况下将陷入破产窘境。美国家庭在 2008 年的债务高达 12.8 万亿美元，其中房屋贷款总额在

10 万亿美元,而同期公司债仅为 9 万亿美元。美国家庭的债务偿还比,即债务偿还额与可支配收入之比在 2007 年第三季度达到 14.09％的历史最高值。

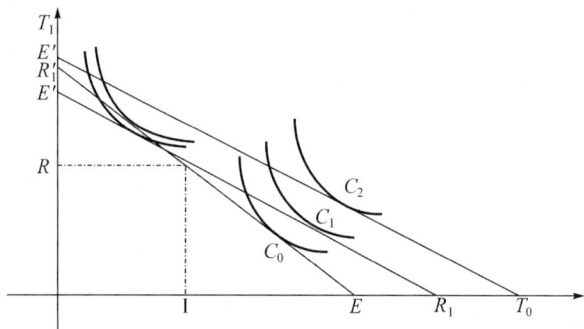

图 7.4　投机模式下的消费性分享

　　美国的消费性分享在金融过度支持下已经严重脱离了生产性分享,风险因素由此增加。当前融资者由于未来的偿付承诺而过多承担了风险。而对整体投资者而言,这种偿付承诺的基础不是来自更具生产性的人力资本形成,而是基于价格泡沫的房地产投资,因此分享的可行边界会发生变化。从图 7.5 中的可行边界 A 降低到 B,表明整体分享状况的风险增加和收益降低。利率降低会使资产价格泡沫更加严重。如果没有公允和清醒的资本分享机会评价,将会错误判断可行边界上升到虚线 C,认为更高的风险可以有更高的收益补偿。在外部储蓄增加的支持下,更多的经济主体会选择承担风险,即卖空 F,持有更多的风险资本组合;投资选择落在有效边界的右半段。由于虚线的可行边界是高估的,实际承担的风险巨大,而且多数投资者是盲目增加风险头寸,没有通过提升人力资本来应对不确定性,最终导致不能得到足够的风险补偿,生产性分享不足以支撑消费性分享。

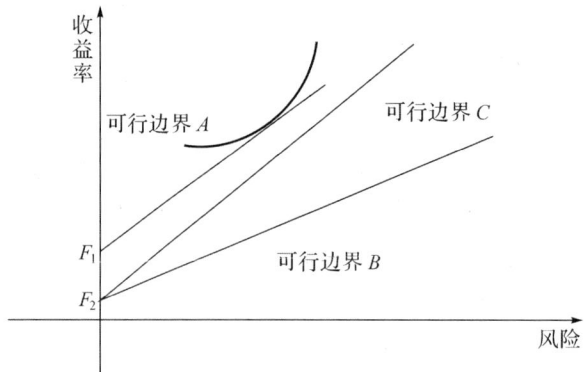

图 7.5　投机模式下的生产性分享

226

之所以出现资本分享机会的高估现象，是因为多数微观主体在分享深度推进的情况下，都不能胜任评价复杂现金流的任务需要专业金融机构定价功能的协助。而在次贷危机中，专业金融部门会出现风险误判，其中部分原因是金融专业人员也是有限理性的，不可能完全把握关于未来的巨量信息和不确定性。但是根本原因是金融部门的人力资本在公共资源的介入下会过度分享，产生了激励扭曲。金融从业人员在经济上行阶段分享了巨额奖金，而在下行阶段无须承担损失，分享深度中的收益显然没有与风险匹配。在这样的分享方式下，金融从业人员往往会忽视风险，甚至是夸大投资机会，主动放大风险头寸。对于金融部门整体而言，也存在分享扭曲。在"太大不能倒"的政策下，金融部门相当于获得了一个损失下限。有收益归自己，出现问题则会有公共资源来兜底，金融部门就有激励追逐更大的风险，或者是只追求业务规模，而不去注意资产质量。这样的后果在美国收入分配结构中已经充分体现。美国的 *Alpha* 杂志显示，2006 年美国最大的 25 家对冲基金管理人的平均收入为 5.7 亿美元。美国投资银行人员的平均年收入约为 44 万美元，相当于非金融部门人均年收入（4 万美元）的 10 倍以上。图 7.6 显示，美国处于收入最高 1% 的群体获得的收入份额在过去二十年里迅速攀升，这是技术、供求关系或者国际贸易等因素不能解释的，它很可能就是金融部门过度分享的结果（Acemoglu，2011）。图 7.7 显示在高收入的吸引下，更多人力资本进入金融部门，强化了金融行业相对于其他行业的人力资本优势，金融行业的监管难度被进一步加大。在这种局面下，引导资源进行公众人力资本投资，不仅有利于提高整体人力资本存量，维持经济长期增长；也有利于改善微观分享基础，增加真实收入，降低资产价格风险。但美国的金融系统并没有形成有效的人力资本投资模式，而是将国内外的储蓄资源导入到消费性分享中。在过度的金融支持下，家庭部门承担了过多的风险。金融部门在分享优势的激励下使得风险头寸更加庞大，并通过证券化将风险扩散到更多群体。没有人力资本分享的收入保证，只是依赖房地产的短暂财富效应，这种风险其实是难以避免的。金融功能对利益分享的支持薄弱或者是作用错位，都会导致宏观问题。美国金融危机的深层次原因在于貌似发达的金融系统没有跟上新形势下利益分享重点的转换。利益分享结构的失衡最终不仅导致美国收入差距的扩大，也使得美国经济风险因素积累，最终导致了美国次贷危机。

美国金融危机的教训首先在于要理顺分享关系，尤其是要给予金融部门合理的分享深度。公共资源对金融部门的过度保护使得金融部门获得特别的分享优势，一方面压低了金融部门的融资成本，没有反映风险溢价；另

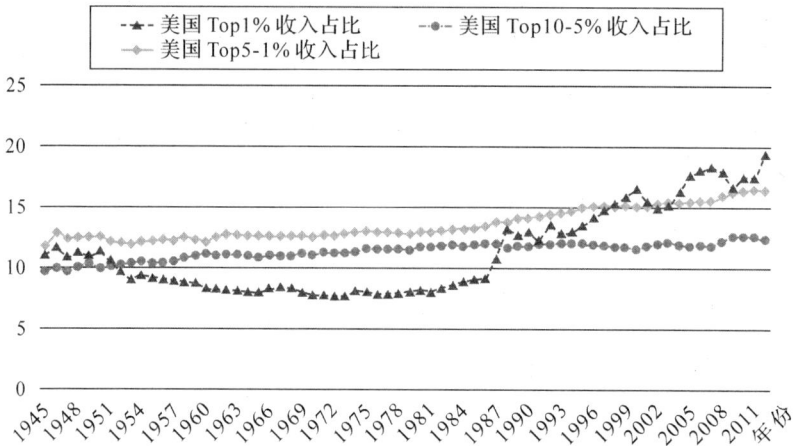

图 7.6　美国高收入阶层的收入占比变化：1945—2012

数据来源：http://topincomes.parisschoolofeconomics.eu/

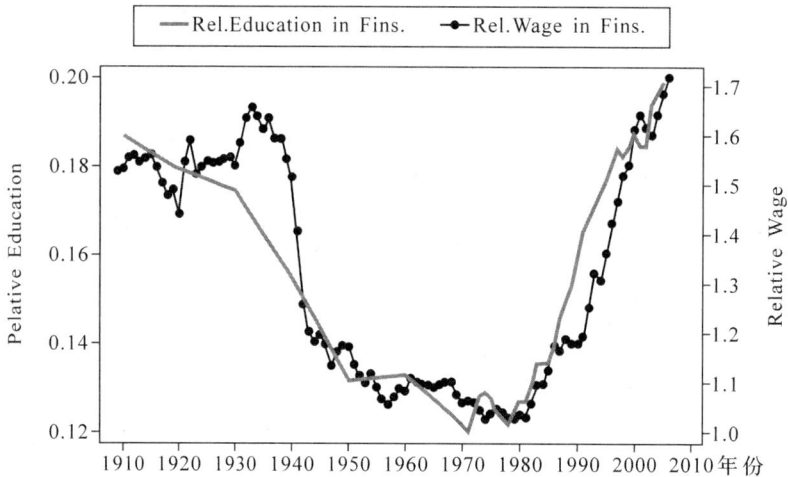

图 7.7　美国金融部门的相对教育水平和相对收入：1910—2006

数据来源：转引自：Philippon and Reshef,2009

一方面金融部门相当于获得了止损下限，有激励去主动放大风险头寸。特别是发达的金融系统主动配置资源的能力较强，在错误激励下破坏力更大。公共决策部门不应过度介入直接的分享过程，应该尽量通过失业保障、医疗和社会保障、基础教育投入等形式来抹平群体间的分享差异。其次是金融监管应该建立在利益分享的结构性上，而不是纠缠于具体金融业务。在金融市场交易的巨量信息面前，监管部门并不比业务部门更有优势。金融监管部门更重要的职责是协助搭建有效的金融模式，实现消费性分享和生产性分享的均衡，尤其是人力资本与物质资本的结构均衡。另外对次贷危机的反思就是是否存在一个"好"的金融模式。

7.3 什么是"好的"金融

对制度的研究已经在过去二十年间得到了比以往更多的重视。但是对制度研究的重点基本上还是放在为什么穷国会穷，而没有关注在持续变化的环境中，什么样的制度才能保持繁荣。美国次贷危机提醒我们，对制度的研究需要与时俱进，历史永远不会终结，即便是发达国家也存在制度创新的空间。从金融民主和金融普惠的角度来看，美国的金融系统是领先的。次级贷款的本义就是获取金融资源的门槛极低。从金融自由和金融效率的角度来看，美国金融部门是发达的，证券余额与 GDP 的比超过四倍，高于其他经济体。你也无法指责美国金融部门没有服务实体经济，美国企业并不缺少金融支持。从任何单一角度来评价美国的金融制度，都很难想象它会造成如此巨大的金融灾难。所以对最优金融制度的理解需要从系统的和动态的视角重新出发。

什么是"好"的金融制度？正如什么是"好的"社会、"好的"经济制度一样，这是一个众说纷纭的问题。Patrick(1966)提出，金融发展与经济增长之间存在两种可能的因果关系，即真实经济增长诱发金融体系扩张的"需求追随"(demand-following)和金融体系扩张引导真实经济发展的"供给领先"(supply-leading)。这两者之间的互动关系会随着经济发展阶段的变化而转化。在经济发展的初期阶段，经济活动的不确定性较少，金融部门通过组织化即可获得信息租金，从而出现以间接融资模式为主的特点(Levine,2005)。在经济发展到达生产可能性边界后，需要内生性的技术创新来催生新的经济增长点，此时更需要直接融资模式来处理技术创新和经济转型的风险(Allen 和 Gale. 2000)。林毅夫等(2006)提出了类似的理论，从经济发展阶段对最适金融结构进行了探讨，认为一个经济体中的最优金融结构内生取决于实体经济的特性。Merton 和 Bodie(2005)提出金融系统的核心是金融功能，围绕这一核心，金融系统的制度结构在约束条件下内生演变。张杰(2012)认为一国金融制度的选择取决于市场经济的类型，而一国的市场经济类型又进一步取决于特定的制度环境。不同类型的市场经济会对金融制度提出各异的需求；不同的金融制度之间不存在先天的优劣之分。Shiller(2013)认为金融制度并不能消除社会不平等，不平等现象的存在是合理的，不平等并不是判断金融制度优劣的标准。

收入不平等和财富分配能否作为评价金融制度的标准还值得商榷。但是不平等现象与金融活动有了更多的联系是不争的事实。通过金融投资可以聚集大量财富,比如美国《福布斯》400名富豪榜上,有四分之一的人的财富来自投资、对冲基金、杠杆收购和保险等金融业务。金融从业人员的平均收入也比其他行业来得高。而且随着金融深化的推进,现代经济中的财富状态很多都摆脱了自然属性,增加了金融属性,比如公众持有的财富类型目前大多数是证券、基金、信托、存款等金融财富形式。在发生经济波动和金融市场动荡时,金融财富的价值变动极大,很容易拉大收入或者财富分布的不平等程度。从最近发生的"占领华尔街"的抗议活动中,可以体会出公众对金融部门在收入分配和资源配置方面的角色极为不满。

如果金融发展不能根据分享重点的切换进行创新,那么主要表现为在原有金融模式下的金融规模扩张。这种金融发展的库兹涅兹效应相对短期,其更加深远的作用是加剧分配不均。在投融资约束下,初始不平等很难收敛。只有超过金融服务门槛的群体才有足够的资金或凭借其良好的声誉筹借到资金,抓住高回报的投资机会或加大对下一代进行的人力资本。在这种情况下这部分群体有更好的分享广度和分享深度,获得高的资本收入,并使财富迅速积累。处于服务门槛以下的中低收入群体的分享广度和分享深度都限制在狭小范围内。信用约束极大地制约穷人进行投资的机会,无法达到金融服务门槛的群体只有靠缓慢积累财富,直到达到了金融服务门槛,才可以加快财富积累,进入"高收入俱乐部"。人力资本高的低收入群体虽然失去了创业机会,但仍然可以获得较高的人力资本收入,加速收入收敛的过程。但是人力资本高的低收入者毕竟较少,因为在信用约束下外在的人力资本投资无法充分进行,只有靠先天的概率分布决定人力资本高的人的数量。另外一个在短期内可以加快收敛的因素就是金融规模扩张;这种情况也会降低金融服务的"门槛"。如果假定技术水平给定,没有技术创新,那么由于投资收益的边际递减,财富积累会逐步放缓。此时金融发展具有库兹涅兹效应,即随着金融规模的扩大,经济增长,收入差距会先开始上升,再回落。但是技术创新很可能是外生的,比如在垄断利润的吸引下,技术创新仍然会发生。在技术创新的条件下,经济活动中新的生产函数不断被引进,从而可以抵消边际递减的投资收益率。那么拥有金融服务的高收入群体可以一直享有高的投资收益率,使得金融发展的收入分配效应如图7.8所示:

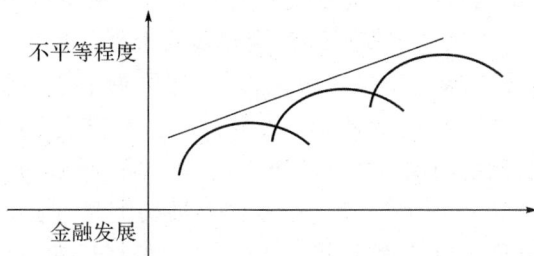

图 7.8　不完善金融系统下的分配效应

　　如果金融系统能够根据经济发展需要不断调整创新，提供更完善和更合适的金融功能，并降低金融服务门槛，最终形成包含人力资本的投融资体系。人力资本投资可以是经济个体当前的投资，也可以是对下一代的投资。在没有人力资本的投融资体系中，给定人力资本水平的条件下，低收入群体可以享受物质资本扩大分享广度和深度的好处。但此时的金融创新会使经济个体当前的人力资本水平差异拉开。因为只拥有较少人力资本的经济个体进入市场经济后，再追加人力资本的投资难度较大。已经拥有较多人力资本的个体往往更容易获得人力资本投资的金融支持，比如大学生的助学贷款等。人力资本实际上是决定财富多少的根本因素，但是在给定的人力资本下，经济个体能够驾驭的资产规模是匹配的，具有上限。如果金融创新可以促进人力资本投融资活动，那么随着金融制度越发发达，人力资本投资的差异，尤其是代际锁定问题越发淡化。人力资本的分布差距会随着有创新的金融发展逐步均匀。随着人力资本的普遍提高和收敛，技术创新的好处也会为大家所分享。此时对于金融发展的库兹涅兹效应就更加长远，金融发展与分配的关系如图 7.9 所示：

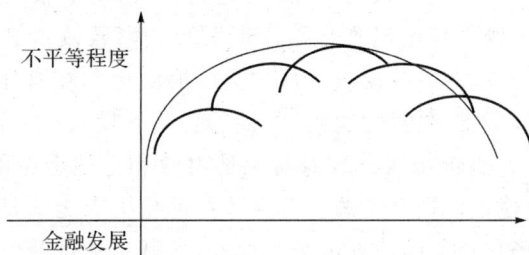

图 7.9　完美金融系统下的分配效应

　　根据上面的理论猜想，笔者认为分配结果也应该是评价金融模式的一个标准，后续可以进一步从人力资本投资的角度来深入讨论。另外一个值得讨论的问题是金融模式如何被决定。这可能可以从金融制度的供给与需求的框架中进行讨论。经济发展和社会进步对金融制度产生了巨大需求，但是最终金融制度在特定阶段的表现形式，还取决于金融制度的供给（武鑫，2010）。制度的供给包括政治、社会、文化、传统等多种因素（武鑫，2009）。如果金融制度的供给出现政府干扰，那么在金融制度安排的具体情况下，分享方式会出现很大差异。在经济发展转型早期阶段，政府控制较强，最终的金融制度由供给面决定；在经济转型发展后期阶段，供给面更富有弹性，最终的金融制度由需求面决定。

7.4 政策建议的补充

在各章的总结部分已经相应提出了一些政策建议，这里再补充以下三点：

第一是协调财政与金融改革。在我国经济转型中，现代公共管理部门的建立没有完全成型，政府的财政行为不规范，进而对我国金融系统会产生多种形式的干扰。金融系统的不完善也使得政府的投融资决策没有透明的市场约束。这些对我国利益分享机制产生了诸多的扭曲效应。我国的财政体制和金融体制改革需要相互协调、配套转型。在现有的政府体制结构下，地方政府的增长冲动引发了对主要经济资源，尤其是金融资源的控制权争夺。政府不仅过分参与了直接分享，弱化了公共分享，而且在公共分享中过于侧重生产性分享。在金融控制的配合下，地方政府不仅获得直接补贴，而且通过土地金融放大了金融杠杆，获得了更多的收入份额。在现有不规范的财政模式下，地方政府会通过地方融资平台和土地资源吸引过多的金融资源。银行机构会以"影子银行"的形式进行配合，这不仅放大了地方政府的杠杆，也使得金融系统的潜在风险不断积累。财政改革必须从投资型的财政模式转向公共型的财政模式。从中央政府到地方政府都要承担起公共分享的责任，将投资支出转向社会保障性的公共品投入，从而减少增长带来的融资冲动。另外要斩断地方政府对土地财政和土地金融的依赖，通过金融市场补充城市建设的资金来源。金融改革的着力点之一是提高直接融资的比例，通过市场化更高的债券市场为政府，尤其是地方政府的融资需求服务。比如在城镇化过程中，必然存在着巨大的融资需求。通过市政债创新或者资产证券化，可以取代传统的银行贷款或者不透明的"影子银行"。这样可以把地方政府的负债从隐性负债变成显性的债务。所谓显性负债，就是让地方政府的所有负债在金融市场上发生，这样地方政府的债券就处于投资者的选择和监督之下，金融市场所提供的价格信号，就是对地方政府的政绩表现或者对地方政府某项决策的一个非常好的评价信号。相比民主制度下用手投票、每隔一段时间才能进行选择相比，金融市场交易是开放的，它的评价和约束更加频繁和现实。

第二是重视互联网金融的发展。近年来随着互联网技术的快速发展，特别是云计算、社交网络、大数据和搜索引擎等信息技术的广泛深入运用，基于电脑终端和移动终端的互联网金融模式迅速崛起，并且以前所未有的形态显示出巨大的市场空间和发展潜力。这种金融模式对于我国传统金融系统已经形成了强有力的冲击，并得到了权威监管部门的重视。在中国人民银行发布的《中国金融稳定报告（2014）》中已经给出了对互联网金融的描述，即互联网企业开展的金融业务以及金融机构基于互联网平台开展的创新型业务，但不包括金融机构通过互联网从事的传统金融业务。主要业态包括：互联网支付、P2P网贷平台、网络小额贷款、众筹股权融资等。互联网金融的特征包括：一是在发展动力上，互联网技术革新、产业形态演进、生活方式变革、传统金融创新滞后及覆盖不足是互联网金融发生和发展的重要动因。二是在业态演变上，互联网企业跨界渗透和传统金融基于互联网的业务创新是互联网金融发展的两条主线。三是在市场表现上，出现了人才集聚、科技集聚、资金集聚和风险集聚的现象。四是从服务模式上，互联网金融以"开放、平等、协作、分享"的互联网精神渗透到传统金融业中的互联网金融，实现了金融模式的转变，使得金融活动形式多样化，促进金融市场更加活跃，提升了资源配置效率。其中余额宝等网上理财大大增加了物质资本分享的广度，也相应提高了分享深度。在其推出的半年之间，余额宝用户量已突破8100万户，管理资金规模已超过2500亿元，且收益率远高于银行存款利率。P2P(peer to peer)网络贷款平台直接绕开了银行类的金融机构，使得借贷双方能够直接成交。根据Analysys易观智库发布的《中国P2P网贷市场季度监测报告2014年第4季度》数据显示，2014年全国网贷平台成交规模达2012.6亿元人民币。另外股权众筹平台使得潜在的企业家更容易获得启动资本，能够为经济提供更多的分享机会。互联网金融对于利益分享机制的支持是非常契合的，不仅能丰富我国金融系统的层次性，也可以提升传统金融系统的功能效率，应该作为我国金融快速改革的抓手。

第三是探索人力资本投资的金融化。人力资源是一切资源中最重要的资源，人力资本是经济个体的核心竞争力。人力资本投资是持续经济增长的源泉。人力资本投资具有较强的外部性和不确定性，在传统经济中要么依靠政府的公共财政支出来实现基础教育，要么依靠高度人格化的家庭伦理来支持超长周期的教育投入。商业化的人力资本投融资活动仅在一些特殊条件下得以实施,比如高等教育中的助学贷款等。在新的社会经济条件下,利益分享的重点已经从物质资本切换到人力资本,这对人力资本投资形成了巨大需求。这种人力资本需求的规模之大和种类之丰富,是传统人力资本投资模式难以满足的。随着需求的增加,商业化的人力资本投融资模式会更加成为可能。而教育、学习模式本身也在发生革命性的变化。最典型的是出现了 MOOC(Massive Open On-line Courses),一种类似市场性质的高等教育课程网络平台。这种基于网络的大规模教学模式本身就有极低的边际成本,将授课对象扩展到整个社会后又可以享有较低的平均成本;通过基于课程的独立模块化运作突破了线上和线下教学资源的流转障碍,可以实现跨校资源配置;将课程独立并在更大范围内进行教育产品竞争,可以对优质教学资源进行市场差别定价,这种租金式的激励是传统大学范式无法比拟的。在这种教育模式中,学生或者是购买课程者获得了更多的选项,可以在全球范围内选择最优质的课程形成课程组合,突破了空间限制;可以根据自身需要安排课程计划的执行,突破了时间限制。对于劳动力市场和用人单位而言,MOOC 学分是一种更明确的信号,因为获得 MOOC 学分越多的学生往往具备更强的规划能力和自控能力,而且完成全球范围的优质课程组合更能说明其有学习能力,也会增加学生的国际化背景。对于有核心竞争力的教师而言,基于课程的教学团队运作可以发挥分工优势,并且可以打破校内的统一定价模式,获得市场范围内的租金收入。对于社会资源尤其是金融、商业资源而言,MOOC 因为基于课程模块而非大学实体从而呈现出清晰的商业模式,极低的边际成本形成了新经济的特征,兼具社会价值更增加了介入的动力。比如 2012 年两位斯坦福大学教授创办的 MOOC 平台 Cousera.org,在诞生当年就获得了 1600 万美元和 2200 万美元两次风险资本投资。可以预见随着教育模式的灵活度增加,人力资本投资金融化的可能性大大提高。人力资本投资的金融化毫无疑问是对金融系统新的挑战。这需要在公共资源的配合下,完善金融市场的基础设施,解决人力资本投资中的巨大交易成本,为巨量的人力资本投资提供条件。这或许也是马克思提出的"人的全面发展"实现途径之一。

参考文献

1. 中文文献

[1] 白重恩,钱震杰. 谁在挤占居民的收入[J]. 中国社会科学,2009(5).

[2] 白重恩,钱震杰. 国民收入的要素分配—统计数据背后的故事[J]. 经济研究,2009(3).

[3] 白重恩,钱震杰,武康平. 中国工业部门要素分配份额决定因素研究[J]. 经济研究,2008(8).

[4] 曹裕等. 城市化、城乡收入差距与经济增长[J]. 统计研究,2010(3).

[5] 陈安平,杜金沛. 中国的财政支出与城乡收入差距[J]. 统计研究,2010-11.

[6] 陈昌兵. 各地区居民收入基尼系数计算及其非参数计量模型分析[J]. 数量经济技术经济研究,2007(1).

[7] 陈刚. 犯罪经济学视角下的中国经济转型期犯罪率[N]. 中国社会科学报,2010-01-22(12).

[8] 陈刚,李树,尹希果. 腐败与中国经济增长[J]. 经济社会体制比较,2008(3).

[9] 陈刚,李树. 中国的腐败、收入分配和收入差距[J]. 经济科学,2010(2).

[10] 陈刚,李树. 官员交流、任期与反腐败[J]. 世界经济,2011(12).

[11] 陈伟国,樊士德. 金融发展与城乡收入分配的"库兹涅茨效应"研究[J]. 经济经纬,2009.

[12] 陈钊,陆铭,佐藤宏. 谁进入了高收入行业?[J]. 经济研究,2009(10).

[13] 陈宗胜,周云波. 非法非正常收入对居民收入差别的影响及其经济学解释[J]. 经济研究,2001(4).

[14] 单豪杰. 中国资本存量 K 的再估算:1952—2006 年[J]. 数量经济技术经济研究,2008(10).

[15] Démurger,S. M. Fournier,李实,魏众. 中国经济转型中城镇劳动力市

场分割问题[J].管理世界,2007(3).

[16] 董晓琳,徐虹.我国农村金融排斥影响因素的实证分析——基于县域金融机构网点分布的视角[J].金融研究,2012.

[17] 范晓静.对中国产业资本劳动替代弹性的估计[J].统计与决策,2014(6).

[18] 付荣.中国农村金融发展对城乡收入差距影响的实证分析[J].经济纵横,2012.

[19] 郭继强,姜俪,陆利丽,叶荣德.工资差异分解方法述评[J].经济学(季刊),2011-02.

[20] 郭庆旺,吕冰洋.论要素收入分配对居民收入分配的影响[J].中国社会科学,2012(12).

[21] 国家计委综合司课题组.90年代我国宏观收入分配的实证研究[J].经济研究,1999(11).

[22] 何立新,佐藤宏.不同视角下的中国城镇社会保障制度与收入再分配[J].世界经济文汇,2008(5).

[23] 胡鞍钢.腐败:中国最大的社会污染[A].胡鞍钢.中国:挑战腐败[C].杭州:浙江人民出版社,2002.

[24] 胡月.西部地区金融发展与城乡收入差距关系研究[J].新疆农垦经济,2011-05.

[25] 黄先海,徐圣.中国劳动收入比重下降成因分析——基于劳动节约型技术进步的视角[J].经济研究,2009(7).

[26] 黄益平.民间投资决定长期繁荣,关键是管制能否真正放松[EB/OL].http://finance.ifeng.com/opinion/special/cxcmzk/zjgc/20100328/1976653.shtml,2010-03-28/2011-12-02.

[27] 黄祖辉,王敏,万广华.我国居民收入不平等问题:基于转移性收入角度的分析[J].管理世界,2003(3).

[28] 姜磊.我国劳动分配比例的变动趋势与影响因素——基于中国省级面板数据的分析[J].当代经济科学,2008(4).

[29] 凯恩斯.就业、利息和货币通论.高鸿业译.北京:商务印书馆,1999.

[30] 克拉克.财富的分配.陈福生,陈振骅,译.北京:商务印书馆有限公司,2014.

[31] 李炳炎.利益分享经济学[M].太原:山西经济出版社,2009.

[32] 李嘉图.政治经济学及赋税原理.郭大力,王亚南译.北京:商务印书馆,1981.

[33] 李实.中国个人收入分配研究回顾与展望[J].经济学(季刊),2003(2).

[34] 李实.收入分配研究中的几个问题进一步说明[J].经济研究,2000(7).

[35] 李实,魏众,丁赛.中国居民财产分布不均等及其原因的经验分析[J].经济研究,2005(6).

[36] 李实,赵人伟.中国居民收入分配再研究[J].经济研究,1999(4).

[37] 李稻葵,刘霖林,王红领.GDP中劳动份额演变的U型规律[J].经济研究,2009(1).

[38] 李学文,卢新梅,张蔚文.地方政府与预算外收入:中国增长模式问题[J].世界经济,2012-08.

[39] 李扬.收入功能分配的调整:对国民收入分配向个人倾斜现象的思考[J].经济研究,1992(7).

[40] 李扬,殷剑峰.中国高储蓄问题探究:基于1992—2003年中国至今流量表的分析.经济研究,2007(6).

[41] 李扬等.中国国家资产负债表2013.北京:中国社会科学出版社,2013.

[42] 梁琪,滕建州.中国宏观经济和金融总量结构变化及因果关系研究[J].经济研究,2006(1):11-22.

[43] 林毅夫,刘明兴.中国的经济增长收敛与收入分配[J].世界经济,2003(8):3-14.

[44] 刘磊.我国农村信用社发展中存在的问题及对策探析[J].黑龙江对外经贸,2011.

[45] 刘丽.经济增长过程中工资分配的变动通过——基于中国经济数据的实证分析[J].当代经济科学,2008(4).

[46] 卢立香,陈华.金融发展对城乡收入差距的效应及省际差异——基于误差修正模型的面板协整检验[J].财经论丛,2011-09.

[47] 陆铭,陈钊.城市化、城市倾向的经济政策与城乡收入差距[J].经济研究,2004(6):50-58.

[48] 罗宾逊·琼.不完全竞争经济学[M].王翼龙译.北京:华夏出版社,2012.

[49] 罗长远,张军.经济发展中的劳动收入占比:基于中国产业数据的实证研究[J].中国社会科学,2009(4).

[50] 马丁·威茨曼.分享经济:用分享制代替工资制.林青松等译.北京:中国经济出版社,1986.

[51] 马克思,恩格斯.马克思恩格斯全集,第44卷.北京:人民出版社,2001.

[52] 毛崎,胡晓琳.中国农村金融发展与城乡收入差距的实证分析[J].中国

市场,2010.

[53] 钱雪亚,王秋实,伊立夫.中国人力资本和物质资本存量:基于总资本框架的估算[J].商业经济与管理,2009-03:39-45.

[54] 乔海曙,陈力.金融发展与城乡收入差距"倒 U 型"关系再检验[J].中国农村经济,2009-07.

[55] 沈颖郁,张二震.对外贸易、FDI 与中国城乡收入差距[J].世界经济与政治论坛,2011-11.

[56] 孙君,张前程.中国城乡金融不平衡发展与城乡收入差距的经验分析[J].世界经济文汇,2012-06.

[57] 孙永强,万玉琳.中国对外贸易与城乡居民收入差距的关系研究——基于 1978—2008 年省级面板数据的实证分析[J].经济经纬,2010.

[58] 陶然,刘明兴.中国城乡收入差距,地方政府开支及财政自主[J].世界经济文汇,2007-04.

[59] 王小鲁,樊纲.中国地区差异——20 年变化趋势和影响因素[M].北京:经济科学出版社,2004.

[60] 王征,鲁钊阳.农村金融发展与城乡收入差距——基于我国省级动态面板数据模型的实证研究[J].财贸经济,2011.

[61] 万安培.租金规模的动态考察[J].经济研究,1995(2).

[62] 万安培.租金规模变动的再考察[J].经济研究,1998(7).

[63] 万广华.不平等的度量与分解[J].经济学(季刊),2008(1).

[64] 万广华.经济发展与收入不平等:方法与证据[M].上海:上海三联书店、上海人民出版社,2006.

[65] 汪建新,黄鹏.金融发展对收入分配的影响:基于中国 29 个省区面板数据检验[J].上海经济研究,2009.

[66] 王诚.劳动力供求"拐点"与中国二元经济转型[J].中国人口科学,2005(6).

[67] 王弟海,龚六堂.持续性不平等的原因及其动态演化综述.经济学(季刊),2008(1).

[68] 王少平,欧阳志刚.我国城乡收入差距的度量及其对经济增长的效应[J].经济研究,2007(10).

[69] 王小鲁.我国的灰色收入与居民收入差距[J].比较,2007(2).

[70] 王小鲁.灰色收入与国民收入分配[J].比较,2010(3).

[71] 王小鲁,樊纲.中国地区差异——20 年变化趋势和影响因素[M].北京:经济科学出版社,2004.

[72] 王修华,邱兆祥.农村金融发展对城乡收入差距的影响机理与市政研究

[J].经济学动态,2011.

[73] 王艺明,蔡翔.财政支出结构与城乡收入差距——基于东、中、西部地区省级面板数据的经验分析[J].财经科学,2010-8269.

[74] 王振中.劳动与资本在分配中的地位[N].中国社会科学院院报,2003(1).

[75] 闻潜.合理调节初次分配是促进居民收入增长的中心环节[J].经济经纬,2007(6).

[76] 魏浩,杨穗.对外贸易、进出口商品结构与我国城乡收入差距[J].经济经纬,2011.

[77] 温涛.中国金融发展与农民收入增长[J].经济研究,2005(9).

[78] 吴敬琏.妥善处理收入差距过大问题[N].中国经济时报,2006-07-06(001).

[79] 伍山林.劳动收入份额决定机制:一个微观模型[J].经济研究,2011(9).

[80] 向书坚.我国功能收入分配格局分析[J].统计研究,1997(6).

[81] 肖红叶.中国收入初次分配结构及其国际比较[J].财贸经济,2009(2).

[82] 肖文,周明海.贸易模式转变与劳动收入份额下降——基于中国工业分行业的实证研究[N].浙江大学学报(人文社会科学版),2010(6).

[83] 解栋栋.金融发展不平衡与城乡收入差距关系的经验研究[J].世界经济情况,2008.

[84] 徐中生.金融发展、城市化与城乡收入差距——基于SVAR模型的检验[J].新疆农垦经济,2009(10).

[85] 杨灿明,赵福军.行政腐败的宏观经济学分析[J].经济研究,2004(9).

[86] 杨俊,李晓羽,张宗益.中国金融发展水平与居民收入分配的实证分析[J].经济科学,2006(2).

[87] 杨瑞龙,周业安,张玉仁.国有企业双层分配合约下的效率工资假说与检验——对"工资侵蚀利润"命题的质疑[J].管理世界,1998(1).

[88] 杨少华,徐学清.居民劳动报酬对功能收入分配的影响分析[J].运筹与管理,2000(1).

[89] 杨俊,李晓羽,张宗益.中国金融发展水平与居民收入分配的实证分析[J].经济科学,2006(2).

[90] 姚先国,李晓华.工资不平等的上升:结构效应与价格效应[J].中国人口科学,2007(1).

[91] 姚先国.两极分化:福音还是灾难[M].北京:学苑出版社,1989.

[92] 姚先国.社会主义企业收入分配论[M].杭州:浙江大学出版社,1992.

[93] 姚先国.利益关系调整与中国经济转型[J].广东社会科学,2009(3).

[94] 姚耀军.金融发展与城乡收入差距关系的经验分析[J].财经研究,2005(2).

[95] 尹婵娟,张洋.我国农村金融结构存款外流问题研究[J].经济论坛,2010(4).

[96] 尹恒,龚六堂,邹恒甫.当代收入分配理论的新发展[J].劳动经济与劳动关系,2003(1).

[97] 尹恒,徐谈超,朱虹.1995—2002年中国农村税费公平性评估[J].世界经济文汇,2009(2).

[98] 尹希果,陈刚,程世骑.中国金融发展与城乡收入差距关系的再检验——基于面板单位根和VAR模型的估计[J].当代经济科学,2007(1).

[99] 叶志强,陈习定,张顺明.金融发展能减少城乡收入差距吗?——来自中国的证据[J].金融研究,2011.

[100] 张宏彦,何清,余谦.中国农村金融发展对城乡收入差距影响的实证研究[N].中南财经政法大学学报,2013-01-21.

[101] 张杰.预算约束与金融制度选择的新理论:文献述评.经济理论与经济管理,2011(3),25-31.

[102] 张杰,刘志彪.需求与我国自主创新能力的形成——基于收入分配视角[J].经济与管理研究,2008(2).

[103] 张军.分权与增长:中国的故事.经济学(季刊),2007(10).

[104] 张军,章元.对中国资本存量K的再估计[J].经济研究,2003(7):35-43.

[105] 张立军.金融发展与收入分配关系研究综述[J].经济学动态,2005(3).

[106] 张立军,湛泳.金融发展影响城乡收入差距的三大效应分析及其检验[J].数量经济技术经济研究,2006.

[107] 张立军,湛泳.我国金融发展与城镇居民收入差距的关系[J].财经论丛,2005(3).

[108] 张欣.西部地区金融发展与城乡收入差距库兹涅茨效应研究[J].区域金融研究,2012.

[109] 赵俊康.我国劳资分配比例分析[J].统计研究,2006(12).

[110] 赵振华.关于提高初次分配中劳动报酬比例的思考[N].中共中央党校学报,2007(6).

[111] 章奇,刘明兴,陶然,Vincent,Yiu Por Chen.中国的金融中介增长与城乡收入差距工作论文[D].北京大学中国经济研究中心(CCER),2003(1).

[112] 郑志国.中国企业利润侵蚀工资问题研究[J].中国工业经济,2008(1).

[113] 周飞舟.分税制十年:制度及其影响[J].中国社会科学,2006(6).

[114] 卓勇良.关于劳动所得比重下降和资本所得比重上升的研究[J].浙江
社会科学,2007(3).

2. 英文文献

[1] Arjun Jayadev. (2007). Capital Account Openness and the Labour
Share of Income. Cambridge Journal of Economics, Vol. 31, Issue. 3,
423-443.

[2] Abiad A. ,E. Detragiache and T. Tressel. (2008). A New Database of
Financial Reforms. IMF Working Paper , WP/08/266.

[3] Ang and Mckibbin. (2007). Financial Liberalization, Financial Sector
Development and Growth: Evidence from Malaysia. Journal of Devel-
opment Economics, Vol. 84, Issue. 1, 215-233.

[4] Acemoglu D. (2000). Labor and Capital-Augmenting Technical
Change. NBER Working Paper, No. 7544.

[5] Ayla Ogus Binatli ,Growth and Income Inequality: A Comparative A-
nalysis, Hindawi Publishing Corporation Economics Research Interna-
tional,2012:10. 1155/2012/569890.

[6] Abdul Jalil and Mete Feridun, Long-run relationship between income
inequality and financial development in China, Journal of the Asia Pa-
cific Economy,2011-05: 202-214.

[7] Allen F. and D. Gale (1999), "Diversity of Opinion and Financing of
New Technologies", Journal of Financial Intermediation, 8: 68-89.

[8] Allen F. and D. Gale (2000), Comparing Financial Systems, Cam-
bridge, MA: MIT Press.

[9] Acemoglu D. , 2002, "Directed Technical Change. "Review of Econom-
ic Studies 69 (4): pp. 781-809.

[10] Alesina A. and G. M. Angeletos. Fairness and Redistribution[J].
American Economic Review,2005a,95(4):960-80.

[11] Alesina A. and G. M. Angeletos. Corruption, Inequality, and Fair-
ness[R]. NBER Working Paper No. 11399,2005b.

[12] Apergis N. O. Dincer,and J. E. Payne. The Relationship between
Corruption and Income Inequality in U. S. States: Evidence from a
Panel Cointegration and Error Correction Model[J]. Public Choice,

2010,14(2):125-35.

[13] Acemoglu，Daron（1995），"Reward Structures and the Allocation of Talent"，European Economic Review，39:17-38.

[14] Acemoglu D. and V. Guerrieri,"Capital Deepening and Non-Balanced Economic Growth"，Working Paper，2006.

[15] Aghion P. and P. Bolton,"A Theory of Trickle-Down Growth and Development"，Review of Economic Studies，64: 151-172，1997.

[16] Alesina A. and R. Rodrik,1994,"Distributive Politics and Economic Growth",Quarterly Journal of Economics，Vol. 109,No. 2(May),pp. 465-490.

[17] Allen F. , and D. Gale. "Comparing financial systems" MIT press，2000.

[18] Alvarez-Pelaez M. , and A. Diaz,"Minimum Consumption and Transitional Dynamics in Wealth Distribution"，Journal of Monetary Economics，52(3): 633-667,2005.

[19] Amartya,Sen,1977,"On the Weights and Measures: Informational Constraints in Social Welfare Analysis"，Econometrica 45（7）: pp. 1539-1572.

[20] Anand S. and S. M. R. Kanbur,"The Kuznets Process and the Inequality Development Relationship"，Journal of Development Economics，40: 25-52,1993a.

[21] Atkinson A.B. ,1971,"On the Measurement of Inequality"，Journal of Economic Theory,Vol. 2,pp. 244-263

[22] Atkinson A.B. ,2009," Factor Shares: the Principal Problem of Political Economy"，Oxford Review of Economic Policy，25(1):3-16.

[23] Bai C. , and Qian Z. ,（2009）. Factor Income Share in China: The Story behind the Statistics. Economic Research Journal,No. 3,27-41.

[24] Bai C. , and Qian Z. ,（2010）. Labor Income Share Decision Factors: Evidence from Provincial Panel Data in China. the Journal of World Economy，No. 12,4-27.

[25] Blundell R and S. Bond. Initial Conditions and Moment Restrictions in Dynamic Panel Data Models[J]. Journal of Econometrics,1998,87: 115-43.

[26] Blackburn K. and G. F. Forgues—Puccio. Distribution and Develop-

ment in a Model of Misgov-ernance[J]. European Economic Review, 2007,51(6):1534-63.

[27] Banerjee A. V. and A. Newman, "Occupational Choice and the Process of Development", The Journal of Political Economy, 101(2): 274-298, 1993.

[28] Banerjee A. and A. Newman, 1993, "Occupational Choice and the Process of Development", Journal of Political Economy, 101: 274-298.

[29] Banerjee A. & Duflo E. (2000). Inequality and Growth: What Can the Data Say?. NBER.

[30] Barro Robert. (1999). Inequality, Growth, and Investment. NBER working paper 7038.

[31] Benhabib. J, The Tradeoff between Inequality and Growth, ANNALS OF ECONOMICS AND FINANCE 4, 329-345 (2003).

[32] Benabou, R, 1996, "Inequality and Growth", NBER Macroeconomics Annual. 11, pp. 11-74.

[33] Bentolila, Samuel and Saint-Paul, Gilles (2003), "Explaining Movements in the Labor Share", Contributions to Macroeconomics, Vol. 3: Iss. 1, Article 9.

[34] Bernanke B. S. and R. S. Gürkaynak, 2002, "Is Growth Exogenous? Taking Mankiw, Romer, and Weil Seriously", NBER Macroeconomics Annual. B. S. Bernanke and K. S. Rogoff.

[35] Blanchard O. and F. Giavazzi, 2003, "Macroeconomic Effects of Regulation and Deregulation in Goods And Labor Markets", The Quarterly Journal of Economics, 118(3): 879-907.

[36] Blanchard O. (1997), "The Medium Run", Brookings Paperson Economic Activity, 2, pp. 89-158.

[37] Bourguignon, Francois. (1981). "Pareto-Superiority of Unegalitarian Equilibria in Stiglitz's Model of Wealth Distribution with Convex Savings Function. ", Econometrica 49, 1469-75.

[38] Brosnan S. F. and Waal F. ,2003, Monkeys Reject Unequal Pay, Nature, 425 (6955):297-299.

[39] Cole R. A. , L. G. Goldberg, and L. J. White, (2004), "Cookie Cutter vs. Character: The Micro Structure of Small Business Lending by

Large and Small Banks", Journal of Financial and Quantitative Analysis, 39(2): 227-251.

[40] Chen Y. , Gui B. , and Chen Q. , (2013). Biased Technical Change and Labor Income Share in China. Economic Research Journal, No. 6,113-126.

[41] Chen B. , and Lin Y. , (2012). Financial Repression, Industrial Structure and Income Distribution. the Journal of World Economy, No. 1,3-24.

[42] Chakraborty, Shankha and Tridip Ray, 2007,"The Development and Structure of Financial Systems", Journal of Economic Dynamics & Control , 31:2920-2956.

[43] Chong A. and C Calderón. Institutional Quality and Income Distribution[J]. Economic Devel-opment and Cultural Change, 2000, 48: 761-86.

[44] ChenY. S. Démurger and M. Fournier. Earnings Differentials and Ownership Structure in Chinese Enterprises[J]. Economic Development and Cultural Change,2005,53(4):933-58.

[45] Cambridge, MA: MIT Press. 16: 11-57. Caselli F. ,"Technological Revolutions", American Economic Review, 89(1):78-102, 1999.

[46] Caselli F. and J. Venture,2000,"A Representative Consumer Theory of Distribution", American Economic Review,Vol. 90,pp. 909-926.

[47] Cagetti, Marco and Mariacristina DeNardi, 2006,"Entrepreneurship, Frictions, and Wealth", Journal of Political Economy, 114:835-870.

[48] Champernowne D. C. ,1953,"A Model of Income Distribution", Economic Journal,LXIII,June,pp. 318-351.

[49] Chatterjee S. , 1994, " Transitional Dynamics and Distribution of Wealth in a Neoclassic Growth Model",Journal of Public Economics, Vol. 54,pp. 97-119.

[50] Chatterjee S. and B. Ravikumar,"Minimum Consumption Requirements: Theoretical and Quantitative Implications for Growth and Distribution", Macroeconomic Dynamics, 3(4): 482-505, 1999.

[51] Chakraborty, Shankha and Tridip Ray, 2007,"The Development and Structure of Financial Systems", Journal of Economic Dynamics & Control , 31:2920-2956.

[52] Clarke, George; Lixin Colin Xu and Heng-fu Zou (2003): Finance and Income Inequality, Test of Alternative Theories, World Bank Policy Research Working Paper, #29841.

[53] Daron Acemoglu, Labor-and CAPITAL-augmenting technical change, Journal of the European Economic Association, Volume 1, Issue 1, pages 1-37, March 2003.

[54] David Daokui Lia, Liu L. and Wang H., (2009). The U Curve of Labor Share in GDP during Economic Development. Economic Research Journal, No. 1,70-82.

[55] Dan H.,(2008). Reestimating the Capital Stock of China. Quantitative & Technical Economics, No. 10,17-31.

[56] Dincer O. C., and B. Gunalp. Corruption, Income Inequality, and Poverty in United States[R]. FEEM Working Paper No. 54,2008.

[57] De Gregorio J., 1996, "Borrowing Constraints, Human capital Accumulation, and Growth", Journal of Monetary Economics, 37:49-71.

[58] Deininger K. and L. Squire, "A New Data Set Measuring Income Inequality", World Bank Economic Review, 10: 565-591, 1996a.

[59] Deininger K. and L. Squire, "New Ways of Looking at Old Issues", Mimeograph, The World Bank, 1996b.

[60] De Nardi and Maria Christina, 2004, "Wealth Inequality and Intergenerational", Review of Economic Studies, Vol. 71. No. 3, pp. 743-768.

[61] Diwan I., 1999, "Labor Shares and Financial Crises", Draft paper for the World Bank.

[62] Dollar, Davind and Kraay, Aart, 2002, "Growth is Good for the Poor", Journal of Economic Growth,7:195-2251.

[63] Elsa Orgiazzi. (2008). Financial Development and Instability: The Role of the Labor Share. Research in Economics, Vol. 62, Issue. 4, 215-236.

[64] Elsa Orgiazzi. (2008). Financial Development and Instability: The Role of the Labor Share. Research in Economics, Vol. 62, Issue. 4, 215-236.

[65] Fields G. S. and G. H. Jakubson, New Evidence on Kuznets Curve, Mimeograph, Development of Economics, Cornell University, 1994.

[66] Fishlow, Albert. ,1996, "Inequality, Poverty and Growth: Where Do We Stand?" in Michael Bruno and Boris Pleskovic, eds. , Annual Bank conference on development economics. Washington, DC: World Bank pp. 25-39.

[67] Galor O. , and J. Zeira, "Income Distribution and Macroeconomics", The Review of Economic Studies, 60(1): 35-52, 1993.

[68] George R. G. Clarke, Lixin Colin Xu, Heng-fu Zou, Finance and Income Inequality: What Do the Data Tell Us?, Southern Economic Journal,2006: 578-596.

[69] Gong L. ,"Comments on 'Dynamics of Income Distribution'", Canadian Journal of Economics, 36(4): 1026-1033, 2003.

[70] Gottschalk P. A. and T. M. Smeeding, "Empirical Evidence on Income in Industrialized Countries", Handbook of Income Distribution, Volume. 1, Edited by A. B.

[71] Atkinson and F. Bourguignon, Printed in the Netherlands, Amsterdam, 2000.

[72] Gao Q. ,and Lü B. ,(2012). On the Effect of Factor Income Distribution on the Residents' Income Distribution. Social Sciences in China, No. 12,46-62.

[73] Guanghua, Wan, Understanding Regional Poverty and Inequality Trends in China: Methodological Issues and Emipirical Findings, Review of Income and Wealth, Serries 53, No. 1 March 2007.

[74] Gupta S. ,H. Davoodi and R. Alonso—Terme. Does Corruption Affect Income Inequality and Poverty? [R]. IMF Working Paper No. WP/98/76,1998.

[75] Gymiah-Brempong K. Corruption,Economic Growth,and Income Inequality in Africa[J]. Economics of Governance,2002,3: 183-209.

[76] Gymiah-Brempong K. and Gymiah-Brempong S. M. Corruption, Growth and Income Dis-tribution: Are There Regional Difference? [J]. Economics of Governance,2006,7(3):245-69.

[77] Glaeser E. L. and R. E. Saks. Corruption in America[J]. Journal of Public Economics,2006,90: 1053-72.

[78] Guanghua, Wan, Understanding Regional Poverty and Inequality Trends in China: Methodological Issues and Emipirical Findings, Re-

view of Income and Wealth, Serries 53 , No. 1 March 2007.

[79] Gollin D. (2002), "Getting Income Shares Right", Journal of Political Economy 110: 458-474.

[80] Gottschalk P. A. , and T. M. Smeeding,"Empirical Evidence on Income in Industrialized Countries", Handbook of Income Distribution, Volume. 1, Edited by A. B. Atkinson and F. Bourguignon, Printed in the Netherlands, Amsterdam, 2000.

[81] Galbis V. 1977,"Financial intermediation and economic growth in less-developed countries: a theoretical approach", Journal of Development Studies, Volume 13, Issue 2, pp. 58-72.

[82] GalorO. and J. Zeira. 1993. "Income Distribution and Macroeconomics. ", The Review of Economic Studies, 60(1, January):35-52.

[83] Gaytan A. Ranciere R. ,2004,"Wealth, Financial Intermediation and Growth", UPF Economics and Business Working Paper 851

[84] Galor O. and J. Zeira, 1993, "Income Distribution and Macroeconomics", Review of Economic Studies, 60: 35-52.

[85] Greenwood J. and B. Jovanovic, 1990, "Financial Development, Growth, and the Distribution of Income" ,Journal of Political Economy, 98: 1076-1107 .

[86] Ghatak and Jiang,2002,"A simple model of inequality, occupational choice, and development ", Journal of Development Economics ,Volume 69, Issue 1, 1 October 2002, pp. 205-226.

[87] Heston A. , Economic Development and Cultural Change, The University of Chicago Press, 2002.

[88] Hernando Zuletaa and Andrew T. Youngb. (2012). Labor Shares in a Model of Induced Innovation. Structural Change and Economic Dynamics, Vol. 24, 112-122.

[89] Huang X. and Xu S. , (2009). Reasons for the Decline of Labor Share. Economic Research Journal, No. 7,34-44.

[90] Honohan P. , Patrick ,2004, "Financial Sector Policy and the Poor : Selected Findings and Issues", World Bank mimeo.

[91] Holden P. , Prokopenko V. ,2001,"Financial Development and Poverty Alleviation: Issues and policy implications for developing and transition countries", IMF Working Paper.

[92] Harrison A. E. , 2002, "Has Globalization Eroded Labor's Share? Some Cross-Country Evidence", UC Berkeley, Mimeo.

[93] Hellmann T. , Murdock K. and J. Stiglitz(1996), "Financial Restraint: Toward a New Paradigm", in Masahiko Aoki, Hyung-Ki Kim, and Masahiko Okuno-Fujiwara(ed.), The Role of Government in East Asian Economic Development: Comparative Institutional Analysis, New York: Oxford University Press.

[94] Huggett M, 1996, "Wealth Distribution in Life-cycle Economies", Journal of Monetary Economics,Vol. 38. No. 3,pp. 469-494.

[95] Hossein Jalilian, Colin Kirkpatrick, 2003, "Does Financial Development Contribute to Poverty Reduction?", Journal of Development Studies, Volume 41, Issue 4 May 2005, pp. 636-656.

[96] Hofman, Antre A. , 2001, "Economic Growth, Factor Shares and Income Distribution in Latin American in the Twentieth Century", working paper.

[97] Iyigun, Murat F. , Ann L. Owen, 2004, "Income Inequality, Financial Development, and Macroeconomic Fluctuations", the Economic Journal, Vol. 1114 (April) , 352-3761.

[98] Juhn C. , K. M. Murphy and B. Pierce, "Wage Inequality and the Rise in Returns to Skill", Journal of Political Economy, 101(3):410-442, 1993.

[99] Jacob Assa, Inequality and Growth Re-Examined, Technology and Investment,2013.

[100] James B. Ang, Finance and Inequality: The Case of India, Southern Economic Journal,2010:738-761.

[101] Jong-sung Y, and S. Khagram. Inequality and Corruption[J]. American Sociological Review,2005,70(1):136-57.

[102] Jeong H. and R. Townsend, 2008, "Growth and Inequality Model Evaluation Based on An Estimation-calibration Strategy", Macroeconomic Dynamics, 12: 231-284.

[103] Joseph Macri and Dipendra Sinha,1999,"Output variability and economic growth: The case of Australia", Journal of Economics and Finance, Volume 24, Number 3, 275-282.

[104] J. Jaumotte, I Tytell,2007,"How has the globalization of labor af-

fected the labour share in advanced countries", IMF working paper 07298.

[105] Jayadev A. ,2007,"Capital account openness and the labor share of income", Cambridge Journal of Economics Volume 31, Issue 3 pp. 423-443.

[106] J. B. Davies and A. F Shorrocks, The Distribution of Wealth, in Handbook of Income Distribution, Volume 1, Chapter 11, pp. 605-675, Edited by A. B. Atkinson and F. Bourguignon, Printed in the Netherlands, Amsterdam, 2000.

[107] Jeanneney SG. , Kpodar K. ,2005,"Financial development, financial instability and poverty", CSAE WPS, Working Paper.

[108] Jalilian H & Kirkpatrick, C; 2001,"FinancialDevelopment and Poverty Reduction in Developing Countries" , Working Paper No. 1 30, I D2 PM, Manchester University.

[109] Jeong H. and R. Townsend 2007, "Sources of TFP Growth Occupational Choice and Financial Deepening", Economic Theory, 32: 179-221.

[110] Kuznets S. ,"Economic Growth and Income Inequality",American Economic Review ,45(1): 1-28, 1955.

[111] Kabaca S. (2009). The Volatility of Labor Income Share in Emerging Markets. Mimeo,University of British Columbia, 1-31.

[112] Kuznets S. ,"Quantitative Aspects of the Economic Growth of Nations: VIII, Distribution of Income by Size", Economic Development and Culture Change, 2: 1-80, 1963.

[113] Kuznets S. ,1955,"Economic Growth and Income Inequality",American Economic Review,Vol. 45, pp. 1-18.

[114] Klein L. , 1962, " An Introduction to Econometrics, Englewood Cliffs",NJ: Prentice-Hall.

[115] Kaldor N. , 1961, Capital Accumulation and Economic Growth, MacMillan.

[116] Kaldor N. , 1957,"A model of Economic Growth",Economic Journal,Vol. 67, pp. 591-624.

[117] King Robert G. , Levine Ross. Finance, Entrepreneurship, and Growth: Theory and Evidence[J]. Journal of Monetary Economics,

1993b, 32：513-542.

[118] Kuznets S.，"Economic Growth and Income Inequality"，American Economic Review ,45(1)：1-28, 1955.

[119] Kabaca S. (2009). The Volatility of Labor Income Share in Emerging Markets. Mimeo,University of British Columbia, 1-31.

[120] Lee Jang，Yoon Geum，Abdel-Ghany，Mohamed,2000,"Financial Assets and Wealth of South Korean Families"，Consumer Interests Annual，2000.

[121] Levine，R. (2005)，"Finance and Growth：Theory and Evidence." in Philippe Aghion and Steven Durlauf，eds. Handbook of Economic Growth. The Netherlands：Elsevier Science. 2005.

[122] Li，H.，D. Xie，and H. Zou,"Dynamics of Income Distribution"，Canadian Journal of Economics，November 33(4)：937-961，2000.

[123] Lindert P. H. "Three Centuries of Inequality in Britain and America"，Handbook of Income Distribution，Volume 1，Edited by A. B. Atkinson and F. Bourguignon，Printed in the Netherlands，Amsterdam，2002.

[124] Lindert P. H.，and J. G. Williamson,"Growth, Equality and History"，Explorations in Economic History，22：341-377，1985.

[125] Ljiungqvist L.，"Economic Underdevelopment：The Case of Missing Market for Human Capital"，Journal of Development Economics，40：219-239，1993.

[126] Loury G. C.，"Intergenerational Transfers and the Distribution of Earnings"，Econometrica，49：843-867，1981.

[127] Luo C.，and Zhang J.，(2009a). Labor Income Shares (LIS) in Economic Development：an Empirical Study Based on China's Sectoral-Level Data. Social Sciences in China，No. 4,154-178.

[128] Luo C.，and Zhang J.，(2009b). Economics explanation to the Decline of labor income share based on Chinese Provincial Panel Data Analysis. Management World，No. 5,25-35.

[129] Luo C.，and Chen L.，(2012). Financing constraints will lead to the decrease of labor's income share?. Financial Research,No. 3,29-42.

[130] Lin Y.，Cai F.，and Li Z. (1994). China Miracle：Development Strategy and Economic Reform. Shanghai Sanlian Bookstore and

Shanghai People's Publishing House.

[131] Li H. , L. Xu, and H. Zou. Corruption, Income Distribution, and Growth[J]. Economics and Politics,2000,12(2):155-82.

[132] Lucas, Robert E. J r. , 1992, "On Efficiency and Distribution" , Economic Journal,102: 233-47.

[133] Lerman R. I. , Yitzhaki S. Income Inequality Effects by Income Source: A New Approach and Applications to the United States. [J]. Review of Economics and Statistics,1985,67(1):151-156.

[134] Levine, Ross, 2008, "Finance and the Poor" , Machester School, 76: 1-13 .

[135] Laitner J. , 1979b, "Household Bequest, Perfect Expectations, and the National Distribution of Wealth", Econometrica, 47, pp. 1175-1194.

[136] Laitner J. , 1979a, "Household Bequest Behaviour and the National Distribution of Wealth", Review of Economic Studies, 46, pp. 467-483.

[137] Machin S. , "Wage Inequality in the U. K. ", Oxford Review of Economic Policy, 12(1): 47-64, 1996.

[138] Matsuyama K. , "Endogenous Inequality", The Review of Economic Studies, 67(4): 743-759, 2000.

[139] Matsuyama K. , "The Rise of Consumption Societies", Journal of Political Economy, 110: 1035-1120, 2002.

[140] Moav O. , "Income Distribution and Macroeconomics: The Persistence of Inequality in a Convex Technology Framework", Economic Letters, 75: 181-192, 2002.

[141] Murphy K. M. , and F. Welch, "The Structure of Wages", Quarterly Journal of Economics, 107(1):35-78, 1992.

[142] Muhammad Shahbaz, Faridul Islam, Financial development and income inequality in Pakistan: an application of ARDL approach, Journal of Economic Development,2011-03.

[143] Mckinnon I. R. (1973). Money and Capital in Economic Development. The Brookings Institution, Washington, D. C.

[144] Merton R. C. and Z. Bodie (1995), "A Conceptual Framework for Analyzing the Financial Environment", In: the Global Financial Sys-

tem: A Functional Perspective, Eds: D. B. Crane, et al. , Boston, MA: Harvard Business School Press: 3-31.

[145] Meng X. Wealth Accumulation and Distribution in Urban China[J]. Economic Development and Cultural Change,2007,57(2):261-95.

[146] Merton R. C. and Z. Bodie (1995), "A Conceptual Framework for Analyzing the Financial Environment", In: the Global Financial System: A Functional Perspective, Eds: D. B. Crane, et al. , Boston, MA: Harvard Business School Press: 3-31.

[147] Mookherjee, Dilip and Debraj Ray, 2003, "Persistent Inequality" , Review of Economic Studies,70: 369-393.

[148] Matsuyama, K,2000,"Endogenous Inequality", Review of Economic Studies, 67: 743-7591.

[149] Martina Lawless, Karl Whelan ,2007,"Understanding the Dynamics of Labor Shares and Inflation", ECB Working Paper No. 784.

[150] McKinnon R. , Money and Capital in Economic Development, Washington, D. C: Brookings Institution, 1973.

[151] Mckinnon I. R. (1973). Money and Capital in Economic Development. The Brookings Institution, Washington, DC.

[152] Mckinnon Ronald E. Money and Capital in Economic Development [M]. Washington D. C: Brookings Institution, 1973.

[153] Murphy KM, Shleifer A, Vishny R, 1989, "Income Distribution, Market Size, and Industrialization",The Quarterly Journal of Economics Vol. 104, No. 3 (Aug. , 1989), pp. 537-564.

[154] Moore H. L,1999,"Laws of wages", New York: Macmillan Obiols-Homs, F. , and C. Urrutia,"Transitional Dynamics and the Distribution of Assets", Economic Theory, 25(2): 381-400, 2005.

[155] Patrick H. T. (1966), " Financial Development and Economic Growth in Underdeveloped Countries", Economic Development and Cultural Change, 14: 174-89.

[156] Piketty, Thomas, 1997, "The Dynamics of the Wealth Distribution and the Interest Rate with Credit Rationing", Review of Economic Studies, 64: 173-89.

[157] Perroti R, 1993, "Political Equilibrium, Income Distribution and Growth," Review of Economic Studies,60:pp. 755-776.

[158] Perroti R, 1996, "Growth, Income distribution and Democracy: What the data say", Journal of Economic Growth. 1(2),pp:149-187.

[159] Poterba J. , 1997, "The rate of return to corporate capital and factor shares: New estimates using revised national income accounts and capital stock data", NBER Working Paper 6263: 9-22.

[160] Quadrini V,1999,"The Importance of Entrepreneurship for Wealth Concentration and Mobility",Review of Income and Wealth,Vol. 45, pp. 1-19.

[161] Rao B. ,"Income Distribution in East Asian Developing Countries", Asia-Pacific Economic Literature, 2(1), 1988.

[162] Ravi Kanbur and Xiaobo Zhang, Fifty years of Regional Inequality in China : A Journey through Central Planning , Reform , and Ope- ness, United Nations University WIDER Discussion Paper, No. 2004/50,2004.

[163] Roy A. D,1950,"The Distribution of Earnings and of Individual Out- put",Economic Journal,Vol. 60,No. 239,pp. 489-505.

[164] Rodríguez F. and D. Ortega, 2006, "Are capital shares higher in poor countries? Evidence from Industrial Surveys", working paper.

[165] R. Shiller,Finance and the Good Society,Princeton University Press. 2013.

[166] Rutherford R. S. G. , 1955,"Income Distributions: A new model", Econometrica 23(3):pp. 277-294.

[167] Stein J. C. (2002), "Information Production and Capital Allocation: Decentralized versus Hierarchical Firms", Journal of Finance, LVII, No. 5. 1891-1921.

[168] Sylviane Guillaumont Jeanneney and Kangni Kpodar. Financial De- velopment and Poverty Reduction: Can There Bea Benefit Without a Cost? IMF, 2008.

[169] Sebastian Jauch, Sebastian Watzka, Financial Development and In- come Inequality,www. cesifo. org/wp,2011.

[170] Solow, Robert M. , 1958, "A Skeptical Note on the Constancy of Relative Shares", The American Economic Review 48(4): 618-631.

[171] Stiglitz J. E. (1985), "Credit Markets and the Control of Capital", Journal of Money, Credit and Banking, 17: 133-152.

[172] Stiglitz,Joseph E. 1969. "Distribution of Income and Wealth among Individuals". Econometrica, Vol. 37(3, July):382-397.

[173] Tomi Kyyrä, Mika Maliranta,2006, "The Declining Labour Share: Lessons from Finnish Micro-Data", working paper, http://www. ecomod. org/files/papers/1456. pdf.

[174] Townsend R. and K . Ueda, 2006, "Financial Deepening, Inequality, and Growth" , Review of Economic Studies, 73: 251-273.

[175] Tang D. ,(2011). Globalization and the Labor Income Share: Based on the Bargaining Power of Labor-Capital. Management World, No. 8,25-35.

[176] Tamar Manuelyan Atinc , Sharing Rising Incomes: Disparities in China, Washington, D.C. :World Bank, 1997.

[177] Tanzi V. Government Role and Efficiency of Policy Instruments [R],IMF Working Paper No. 95/100,1995.

[178] World Bank, Sharing Rising Incomes: Disparities in China (China 2020)Paperback,Oxford University Press, December 3, 1998.

[189] Wang X. ,and Anders Johansson,(2013). Financial Repression and Structural Transformation. Economic Research Journal, No. 1, 54-67.

[180] World Bank. World Development Report: the State in a Changing World[R]. Washington,DC,World Bank,1997.

[181] World Bank. The Anti-corruption in Transition: a Contribution to the Policy Debate[R]. Washing-ton,DC,World Bank,2000.

[182] World Bank. World Development Report: the State in a Changing World[R]. Washington,DC,World Bank,1997.

[183] Xu L. , and Wei X. , (2013). Why Does China's Labor Income Share Tend to Decline? —Based on the Perspective of Financial Development. Industrial Economic Review,No. 2,126-132.

[184] Xu L and H. Zou. Explaining the Change of Income Distribution in China[J]. China Economic Review,2000,11: 149-70.

[185] Yin X. and Xu Y. ,(2011). Political Economy of Financial Repression Issue in China. Modern Economic Science, No. 5,10-17.

[186] Yao X. (2009). Interest adjustment and transformation of the Chinese economy. Social Sciences in Guangdong, No. 3,5-13.

[187] Yao S. On the Decomposition of Gini Coefficients by Population Class and Income Source: a Spreadsheet Approach and Application [J]. Applied Economics,2000,31: 1249-64.

[188] Zhang X. ,S. Fan. Estimation Crop-Specific Production Technologies in Chinese Agriculture: A Generalized Maximum Entropy Approach [J]. American Journal of Agricultural Economics,2001,83(2).

[189] Zhang Y. and T. Eriksson. Inequality of Opportunity and Income Inequality in Nine Chinese Provinces, 1989—2006 [J]. China Economic Review,2010,21(4):607-16.

附　录

1.中国收入分配原始数据

附表 1　中国三大部门初次分配数据

年份	政府初次收入（亿元）	企业初次收入（亿元）	居民初次收入（亿元）	政府初次收入比例	企业初次收入比例	居民初次收入比例
1992	4,462.20	4,679.65	17,795.42	0.17	0.17	0.66
1993	6,097.94	7,086.77	22,075.27	0.17	0.20	0.63
1994	8,216.76	8,550.73	31,341.13	0.17	0.18	0.65
1995	9,103.08	11,682.59	39,024.80	0.15	0.20	0.65
1996	11,659.94	11,853.83	46,628.82	0.17	0.17	0.66
1997	13,334.40	13,188.85	51,537.56	0.17	0.17	0.66
1998	14,729.01	13,445.43	54,850.04	0.18	0.16	0.66
1999	15,170.65	15,755.17	57,553.42	0.17	0.18	0.65
2000	12,865.20	19,324.32	65,811.00	0.13	0.20	0.67
2001	13,697.28	23,122.22	71,248.72	0.13	0.21	0.66
2002	16,599.95	25,694.19	76,801.57	0.14	0.22	0.64
2003	18,387.52	30,077.03	86,512.46	0.14	0.22	0.64
2004	21,912.66	40,051.24	97,489.67	0.14	0.25	0.61
2005	26,073.94	45,026.42	112,517.06	0.14	0.25	0.61
2006	31,372.99	53,416.44	131,114.93	0.15	0.25	0.61
2007	39,266.86	68,349.86	158,805.28	0.15	0.26	0.60
2008	46,549.14	84,085.75	185,395.44	0.15	0.27	0.59
2009	49,606.34	84,169.58	206,544.03	0.15	0.25	0.61
2010	59,926.74	97,968.30	241,864.51	0.15	0.25	0.61
2011	72,066.93	112,212.51	284,282.94	0.15	0.24	0.61

数据来源:历年《中国统计年鉴》中的"资金流量表"。

附表 2　中国三大部门可支配收入数据

年份	政府可支配收入(亿元)	企业可支配收入(亿元)	居民可支配收入(亿元)	政府可支配收入比例	企业可支配收入比例	居民可支配入比例
1992	5,388.86	4,679.65	18,452.78	0.20	0.12	0.68
1993	6,943.28	7,086.77	22,827.06	0.20	0.16	0.65
1994	8,926.60	8,550.73	32,292.24	0.19	0.15	0.67
1995	9,916.10	11,682.59	40,291.60	0.17	0.16	0.67
1996	12,570.31	11,853.83	48,125.11	0.18	0.14	0.68
1997	14,363.15	13,188.85	53,842.17	0.18	0.13	0.69
1998	15,119.55	13,445.43	57,043.45	0.18	0.13	0.68
1999	16,088.81	15,755.17	59,733.06	0.18	0.15	0.67
2000	14,314.06	19,324.32	66,538.67	0.15	0.18	0.68
2001	16,324.18	23,122.22	71,865.34	0.15	0.19	0.66
2002	19,505.94	25,694.19	77,423.32	0.16	0.19	0.64
2003	21,946.82	30,077.03	87,268.45	0.16	0.20	0.64
2004	26,517.58	40,051.24	98,508.92	0.16	0.23	0.61
2005	32,573.69	45,026.42	112,910.16	0.18	0.22	0.61
2006	39,724.85	53,416.44	131,426.42	0.18	0.22	0.60
2007	51,192.09	68,349.86	158,558.63	0.19	0.22	0.59
2008	60,544.07	84,085.75	185,926.31	0.19	0.23	0.58
2009	62,603.34	84,169.58	207,302.37	0.18	0.21	0.61
2010	74,116.25	97,968.30	243,121.74	0.18	0.21	0.60
2011	90,203.21	112,212.51	285,772.58	0.19	0.20	0.61

数据来源:历年《中国统计年鉴》中的"资金流量表"。

附表 3　我国省际城镇人均可支配收入

	湖北省城镇居民家庭	江西省城镇居民家庭	吉林省城镇居民家庭	内蒙古自治区城镇居民家庭	河南省城镇居民家庭	黑龙江省城镇居民家庭	湖南省城镇居民家庭	山西省城镇居民家庭	安徽省城镇居民家庭	河北省城镇居民家庭
1978 年	326	305	290	301	291	455	324	301		276
1979 年	352	346	223	350	361	458	400	341		313
1980 年	414	386	368	407	414	420	476	380	398	401
1981 年	456	377	401	418	437	424	505	401	425	402
1982 年	481	402	431	453	462	460	519	433	453	433
1983 年	511	408	451	474	483	518	564	452	488	449
1984 年	591	463	499	549	537	580	645	517	559	519
1985 年	704	583	608	666	654	742	761	595	634	631
1986 年	851	730	755	774	790	830	904	718	815	766
1987 年	952	792	852	820	893	889	1018	807	925	855
1988 年	1028	938	987	916	946	1004	1255	945	1075	1080
1989 年	1263	1082	1109	1053	1111	1138	1493	1176	1248	1257
1990 年	1427	1188	1230	1155	1153	1211	1591	1291	1355	1397
1991 年	1593	1295	1395	1295	1385	1389	1783	1410	1485	1489
1992 年	1874	1585	1637	1479	1608	1630	2167	1623	1796	1763
1993 年	2439	1985	1953	1883	1963	1960	2817	1958	2234	2201
1994 年	3346	2777	2561	2503	2619	2597	3888	2566	3036	3008
1995 年	4017	3377	3175	2846	3299	3375	4699	3306	3779	3992

续表

年份	湖北省城镇居民家庭	江西省城镇居民家庭	吉林省城镇居民家庭	内蒙古自治区城镇居民家庭	河南省城镇居民家庭	黑龙江省城镇居民家庭	湖南省城镇居民家庭	山西省城镇居民家庭	安徽省城镇居民家庭	河北省城镇居民家庭
1996 年	4350	3780	3806	3432	3755	3768	5052	3703	4494	4430
1997 年	4673	4071	4191	3945	4094	4091	5210	3990	4599	4959
1998 年	4826	4251	4207	4353	4219	4269	5434	4099	4770	5085
1999 年	5213	4721	4480	4771	4532	4595	5815	4343	5065	5365
2000 年	5525	5104	4810	5129	4766	4913	6219	4724	5294	5661
2001 年	5856	5506	5341	5536	5267	5426	6781	5391	5669	5985
2002 年	6789	6336	6260	6051	6245	6101	6959	6234	6032	6679
2003 年	7322	6901	7005	7013	6926	6679	7674	7005	6778	7239
2004 年	8023	7560	7841	8123	7705	7471	8617	7903	7511	7951
2005 年	8786	8620	8691	9137	8668	8273	9524	8914	8471	9107
2006 年	9803	9551	9775	10358	9810	9182	10505	10028	9771	10305
2007 年	11486	11222	11286	12378	11477	10245	12294	11565	11474	11690
2008 年	13153	12866	12829	14433	1323	11581	13821	13119	12990	13441
2009 年	14367	14022	14006	15849	14372	12566	15084	13997	14086	14718
2010 年	16058	15481	15411	17698	15930	13857	16566	15648	15788	16263
2011 年	18374	17495	17797	20408	18195	15696	18844	18124	18606	18292
2012 年	20840	19860	20208	23150	20443	17760	21319	20412	21024	20543
2013 年	22906	21873	22275	25497	22398	19597	23414	22456	23114	22580

续表

	广西壮族自治区城镇居民家庭	海南省城镇居民家庭	福建省城镇居民家庭	上海市城镇居民家庭	北京市城镇居民家庭	山东省城镇居民家庭	辽宁省城镇居民家庭	浙江省城镇居民家庭	天津省城镇居民家庭	广东省城镇居民家庭
1978 年	289		371	406	365	391	363	332	388	412
1979 年	400		411	481	415	413	429	410	25	416
1980 年	455	429	450	637	501	448	494	488	527	473
1981 年	429	521	452	637	514	495	508	523	540	561
1982 年	427	595	520	659	561	525	529	530	577	631
1983 年	444	686	573	686	591	537	549	551	604	714
1984 年	563	778	582	834	694	639	636	669	728	818
1985 年	683	817	733	1075	908	748	704	904	876	954
1986 年	784	986	929	1293	1068	854	882	1104	1070	1102
1987 年	899	1196	1021	1437	1182	987	991	1228	1187	1321
1988 年	1159	1367	1236	1723	1437	1163	1204	1589	1330	1583
1989 年	1304	1650	1555	1976	1597	1349	1417	1797	1478	2086
1990 年	1448	1799	1749	2183	1787	1466	1563	1932	1639	2303
1991 年	1614	2318	1953	2486	2040	1688	1706	2143	1845	2752
1992 年	2104	3072	2351	3009	2364	1974	1936	2619	2238	3477
1993 年	2895	3920	2923	4277	3296	2515	2300	3626	2769	4632
1994 年	3981	3920	3935	5868	4731	3444	3047	5066	3982	6367
1995 年	4792	4770	4853	7172	5868	4264	3691	6221	4930	7439

续表

	广西壮族自治区 城镇居民家庭	海南省 城镇居民家庭	福建省 城镇居民家庭	上海市 城镇居民家庭	北京市 城镇居民家庭	山东省 城镇居民家庭	辽宁省 城镇居民家庭	浙江省 城镇居民家庭	天津省 城镇居民家庭	广东省 城镇居民家庭
1996 年	5033	4926	5574	8159	6886	4890	4207	6956	5968	8158
1997 年	5110	4850	6144	8439	7813	5191	4518	7359	6609	8562
1998 年	5412	4853	6486	8773	8472	5380	4617	7837	7111	8840
1999 年	5620	5338	6860	10932	9183	5809	4899	8428	7650	9126
2000 年	5834	5358	7432	11718	10350	6490	5358	9279	8141	9762
2001 年	6666	5839	8313	12883	11578	7101	5797	10465	8959	10415
2002 年	7315	6823	9189	13250	12464	7615	6525	11716	9338	11137
2003 年	7785	7259	10000	14867	13883	8400	7241	13180	10313	12380
2004 年	8177	7736	11175	16683	15638	9438	8008	14546	11467	13628
2005 年	8917	8124	12321	18645	17653	10745	9108	16294	12639	14770
2006 年	9899	9395	13753	20668	19978	12192	10370	18265	14283	16016
2007 年	12200	10997	15505	23623	21989	14265	12300	20574	16357	17699
2008 年	14146	12608	17961	26675	24725	16305	14393	22727	19423	19733
2009 年	15451	13751	19577	28838	26738	17811	15761	24611	21402	21575
2010 年	17064	15581	21781	31838	29073	19946	17713	27359	24293	23898
2011 年	18854	18369	24907	36230	32903	22792	20467	30971	26921	26897
2012 年	21243	20918	28055	40188	36469	25755	23223	34550	29626	30227
2013 年	23305	22929	30816	43851	40321	28264	25578	37851	32658	33090

续表

年	江苏省城镇居民家庭	西藏自治区城镇居民家庭	陕西省城镇居民家庭	贵州省城镇居民家庭	重庆市城镇居民家庭	宁夏回族自治区城镇居民家庭	四川省城镇居民家庭	青海省城镇居民家庭	云南省城镇居民家庭	新疆维吾尔自治区城镇居民家庭	甘肃省城镇居民家庭
1978 年	288	565	310	261		346	338	419	328	319	408
1979 年	361	625	359	280	355	358	369		362	373	418
1980 年	433	683	407	344	411	464	391	419	420	427	403
1981 年	448	715	427	434	476	474	412	471	446	482	448
1982 年	484	768	452	460	505	521	445	467	493	513	474
1983 年	498	840	488	483	535	530	493	685	533	548	491
1984 年	626	915	552	558	616	629	581	749	608	649	572
1985 年	766	984	650	682	812	735	695	902	752	735	641
1986 年	910	1026	814	824	984	884	849	1084	872	843	777
1987 年	1005	1229	905	912	1109	951	948	1154	989	920	871
1988 年	1218	1376	1040	1102	1278	1084	1130	1275	1156	1068	979
1989 年	1372	1477	1239	1275	1449	1236	1349	1336	1305	1176	1133
1990 年	1464	1613	1369	1399	1691	1421	1490	1487	1515	1314	1197
1991 年	1623	1995	1498	1594	1892	1565	1691	1756	1703	1476	1369
1992 年	2138	2083	1705	1888	2195	1821	1989	2079	2062	1952	1708
1993 年	2774	2348	2102	2300	2781	2171	2408	2079	2639	2423	2003
1994 年	3779	3330	2684	3196	3634	2986	3297	2769	3434	3170	2658
1995 年	4634	4460	3310	3916	4375	3383	4003	3112	4065	4163	3153

续表

	江苏省 城镇居民家庭	西藏自治区 城镇居民家庭	陕西省 城镇居民家庭	贵州省 城镇居民家庭	重庆市 城镇居民家庭	宁夏回族自治区 城镇居民家庭	四川省 城镇居民家庭	青海省 城镇居民家庭	云南省 城镇居民家庭	新疆维吾尔自治区 城镇居民家庭	甘肃省 城镇居民家庭
1996年	5186	5030	3810	4211	5023	3612	4406	3830	4978	4650	3354
1997年	5765	5135	4001	4438	5302	3837	4763	3999	5558	4845	3592
1998年	6018	5439	4220	4566	5443	4112	5127	4240	6043	5004	4010
1999年	6538	5998	4654	4935	5828	4473	5478	4704	6179	5320	4475
2000年	6800	6448	5124	5122	6176	4912	5894	5170	6325	5645	4916
2001年	7375	7119	5484	5452	6572	5544	6360	5854	6798	6215	5383
2002年	8178	7762	6331	5944	7238	6067	6611	6200	7241	6554	6161
2003年	9262	8058	6806	6569	8094	6531	7042	6732	7644	7006	6657
2004年	10482	8200	7492	7322	9221	7218	7710	7320	8871	7503	7377
2005年	12319	8441	8272	8147	10244	8094	8386	8058	9266	7990	8087
2006年	14084	8941	9268	9117	11570	9117	9350	9000	10070	8871	8921
2007年	16378	11131	10763	10678	12591	10859	11098	10276	11496	10313	10012
2008年	18680	12482	12858	11759	15709	12932	12633	11648	13250	11432	10969
2009年	20552	13544	14129	12863	15749	14025	13839	12692	14424	12258	11930
2010年	22944	14980	15695	14143	17532	15344	15461	13855	16065	13644	13189
2011年	26341	16196	18245	16495	20250	17579	17899	15603	18576	15514	14989
2012年	29677	18028	20732	18701	22968	19831	20307	17566	21075	17921	17157
2013年	32538	20023	22858	20667	25216	21833	22368	19499	23236	19874	18965

数据来源：Wind 资讯。

附录 4　我国省际农村人均纯收入

	湖北省 农民人均纯收入	江西省 农民人均纯收入	吉林省 农民人均纯收入	内蒙古自治区 农民人均纯收入	河南省 农民人均纯收入	黑龙江省 农民人均纯收入	湖南省 农民人均纯收入	山西省 农民人均纯收入	安徽省 农民人均纯收入	河北省 农民人均纯收入
1978 年	111	141	182	131	105	172	143	102	113	114
1979 年	160	157	223	164	134	191	177	145	170	136
1980 年	170	181	237	192	161	205	220	156	185	176
1981 年	217	227	293	241	216	224	242	180	246	204
1982 年	286	270	333	288	217	252	284	227	269	239
1983 年	299	302	463	325	272	388	316	276	305	298
1984 年	392	334	487	368	301	432	348	339	323	345
1985 年	421	377	414	400	329	398	395	358	369	385
1986 年	445	396	457	382	334	476	440	345	397	408
1987 年	461	429	523	426	378	474	471	377	429	444
1988 年	498	488	628	547	401	553	515	439	486	547
1989 年	572	559	624	553	457	535	558	514	516	589
1990 年	671	670	717	607	527	760	664	604	539	622
1991 年	627	703	748	651	539	735	689	568	446	657
1992 年	678	768	807	719	588	949	739	627	574	682
1993 年	783	870	892	829	696	1028	852	718	725	804
1994 年	1170	1218	1272	1062	910	1394	1155	884	973	1107
1995 年	1511	1537	1610	1208	1232	1766	1425	1208	2016	1669

续表

年份	湖北省 农民人均纯收入	江西省 农民人均纯收入	吉林省 农民人均纯收入	内蒙古自治区 农民人均纯收入	河南省 农民人均纯收入	黑龙江省 农民人均纯收入	湖南省 农民人均纯收入	山西省 农民人均纯收入	安徽省 农民人均纯收入	河北省 农民人均纯收入
1996 年	1864	1870	2126	1602	1579	2182	1792	1557	1608	2055
1997 年	2102	2107	2186	1780	1734	2308	2037	1738	1809	2286
1998 年	2172	2048	2384	1982	1864	2253	2065	1859	1863	2405
1999 年	2217	2129	2261	2003	1948	2166	2147	1773	1900	2442
2000 年	2269	2135	2023	1869	1986	2148	2197	1906	1935	2479
2001 年	2352	2232	2182	1784	2098	2280	2299	1956	2736	2604
2002 年	2444	2334	2361	1948	2216	2405	2398	2150	2876	2685
2003 年	2567	2458	2530	2133	2236	2509	2533	2299	2127	2853
2004 年	2890	2953	3000	2465	2553	3005	2838	2590	3374	3171
2005 年	3099	3129	3264	2813	2871	3221	3118	2891	2641	3482
2006 年	3419	3460	3641	3188	3261	3552	3390	3181	2969	3802
2007 年	3997	4045	4191	3953	3952	4132	3904	3666	3556	4293
2008 年	4656	4697	4933	4656	4454	4856	4513	4097	4203	4796
2009 年	5035	5075	5266	4938	4807	5207	4909	4244	4504	5150
2010 年	5832	5789	6237	5530	5524	6211	5622	4736	5285	5958
2011 年	6898	6892	7510	6642	6604	7591	6567	5601	6232	7120
2012 年	7852	7828	8598	7611	7525	8604	7440	6357	7161	8081
2013 年	8867	8781	9621	8596	8475	9634	8372	7154	8098	9102

续表

	广西壮族自治区 农民人均纯收入	海南省 农民人均纯收入	福建省 农民人均纯收入	上海市 农民人均纯收入	北京市 农民人均纯收入	山东省 农民人均纯收入	辽宁省 农民人均纯收入	浙江省 农民人均纯收入	天津省 农民人均纯收入	广东省 农民人均纯收入
1978年	120		138	281	225	115	185	165	153	193
1979年	147		142	360	250	160	235	195	179	223
1980年	173	226	172	401	308	210	273	219	278	274
1981年	204	296	232	444	361	252	307	286	297	325
1982年	235	299	268	536	430	300	334	346	326	382
1983年	262	301	302	562	519	361	453	359	412	396
1984年	267	339	345	785	664	395	477	446	504	425
1985年	303	406	396	806	775	408	486	549	564	495
1986年	316	462	419	936	823	449	533	609	635	546
1987年	354	502	485	1059	916	518	599	725	749	662
1988年	424	609	613	1301	1063	584	700	902	891	809
1989年	483	696	697	1520	1231	631	740	1011	1020	955
1990年	639	778	764	1665	1297	680	836	1099	1069	1043
1991年	658	790	850	2003	1422	764	897	1211	1169	1143
1992年	732	892	984	2226	1569	803	995	1359	1410	1308
1993年	885	1031	1211	2727	1855	953	1161	1746	1593	1675
1994年	1107	1274	1578	3437	2422	1320	1424	2225	1956	2182
1995年	1446	1872	2049	4246	3224	1715	1757	2966	2406	2699

续表

年份	广西壮族自治区 农民人均纯收入	海南省 农民人均纯收入	福建省 农民人均纯收入	上海市 农民人均纯收入	北京市 农民人均纯收入	山东省 农民人均纯收入	辽宁省 农民人均纯收入	浙江省 农民人均纯收入	天津省 农民人均纯收入	广东省 农民人均纯收入
1996 年	1703	1746	2492	4846	3563	2086	2150	3463	3142	3183
1997 年	1875	1819	2786	5277	3762	2292	2302	3681	3548	3468
1998 年	1972	1966	2946	5407	4029	2453	2580	3815	3890	3527
1999 年	2048	2119	3091	5481	4316	2550	2501	3948	4055	3629
2000 年	1865	2182	3231	5596	4605	2659	2356	4254	3622	3655
2001 年	1944	2285	3381	5850	5274	2805	2558	4582	4825	3770
2002 年	2013	2423	3539	6212	5880	2954	2751	4940	5315	3912
2003 年	2095	2588	3734	6658	6496	3150	2934	5431	5861	4055
2004 年	2305	2818	4089	7337	7172	3507	3307	6096	6525	4366
2005 年	2495	3004	4450	8248	7346	3931	3690	6660	5580	4691
2006 年	2771	3256	4835	9139	8276	4368	4090	7335	6228	5080
2007 年	3224	3791	5467	10145	9440	4985	4773	8265	7010	5624
2008 年	3690	4390	6196	11440	10662	5641	5577	9258	7911	6400
2009 年	3980	4744	6680	12483	11669	6119	5958	10007	8688	6907
2010 年	4543	5275	7427	13978	13262	6990	6908	11313	10075	7890
2011 年	5231	6446	8779	16054	14736	8342	8297	13071	12321	9372
2012 年	6008	7408	9967	17401	16476	9446	9384	14552	14026	10543
2013 年	6791	8343	11184	N/A	18337	10620	10523	16106	N/A	11669

续表

年份	江苏省 农民人均纯收入	西藏自治区 农民人均纯收入	陕西省 农民人均纯收入	贵州省 农民人均纯收入	重庆市 农民人均纯收入	宁夏回族自治区 农民人均纯收入	四川省 农民人均纯收入	青海省 农民人均纯收入	云南省 农民人均纯收入	新疆维吾尔自治区 农民人均纯收入	甘肃省 农民人均纯收入
1978 年	155	175	134	109	126	116	127	113	131	119	101
1979 年	200	233	150	131	150	139	156	157	125	143	112
1980 年	218	274	142	162	163	175	188	204	148	201	153
1981 年	258	296	177	209	229	200	221	192	178	236	159
1982 年	309	324	218	223	237	229	256	223	232	277	174
1983 年	357	318	236	225	278	274	258	252	267	307	213
1984 年	448	446	263	263	311	299	287	281	310	363	221
1985 年	493	535	295	302	325	326	315	343	326	394	257
1986 年	561	492	299	304	359	379	338	369	338	420	283
1987 年	626	519	329	342	386	387	369	392	365	453	303
1988 年	797	573	404	398	458	480	449	493	428	496	345
1989 年	876	555	434	430	510	538	494	464	478	546	376
1990 年	884	582	531	435	587	594	558	560	540	683	431
1991 年	921	617	534	466	629	608	590	556	573	703	446
1992 年	1061	653	559	506	677	619	634	603	618	740	489
1993 年	1267	706	653	580	748	667	698	673	675	778	551
1994 年	1832	817	805	787	1018	911	948	869	803	936	724
1995 年	2457	1200	963	1087	1270	999	1158	1030	1011	1130	880

续表

年份	江苏省 农民人均纯收入	西藏自治区 农民人均纯收入	陕西省 农民人均纯收入	贵州省 农民人均纯收入	重庆市 农民人均纯收入	宁夏回族自治区 农民人均纯收入	四川省 农民人均纯收入	青海省 农民人均纯收入	云南省 农民人均纯收入	新疆维吾尔自治区 农民人均纯收入	甘肃省 农民人均纯收入
1996 年	3029	975	1165	1277	1479	1416	1453	1174	1229	1290	1101
1997 年	3270	1085	1285	1299	1692	1545	1681	1321	1376	1500	1210
1998 年	3377	1158	1406	1334	1801	1756	1789	1426	1387	1600	1393
1999 年	3495	1258	1456	1363	1836	1791	1843	1486	1438	1473	1413
2000 年	3595	1331	1444	1374	1892	1724	1904	1491	1479	1618	1429
2001 年	3785	1404	1520	1412	1971	1823	1987	1611	1534	1710	1509
2002 年	3996	1521	1596	1490	2098	1917	2108	1711	1609	1863	1590
2003 年	4239	1691	1676	1565	2215	2043	2230	1817	1697	2106	1673
2004 年	4754	1861	1867	1722	2510	2320	2580	2005	1864	2245	1852
2005 年	5276	2078	2053	1877	2809	2509	2803	2152	2042	2482	1980
2006 年	5813	2435	2260	1985	2874	2760	3002	2358	2251	2737	2134
2007 年	6561	2788	2645	2374	3509	3181	3547	2684	2634	3183	2329
2008 年	7357	3176	3137	2797	4126	3682	4121	3061	3103	3503	2724
2009 年	8004	3532	3438	3005	4478	4048	4462	3346	3369	3883	2980
2010 年	9118	4139	4105	3472	5277	4675	5087	3863	3952	4643	3425
2011 年	10805	4904	5028	4145	6480	5410	6129	4608	4722	5442	3909
2012 年	12202	5719	5763	4753	7383	6180	7001	5364	5417	6394	4507
2013 年	13598	6578	6503	5434	8332	6931	7895	6196	6141	7296	5018

数据来源：Wind 资讯。

附表5　中国要素收入分配

指标名称频率	劳动者报酬:合计年	财产收入:合计年	生产税净额:合计年	增加值:合计年
单位	亿元	亿元	亿元	亿元
1992	14,696.70	4,876.27	3,907.13	26,923.50
1993	18,173.40	6,984.68	5,518.97	35,333.90
1994	25,206.00	10,583.33	7,493.85	48,197.90
1995	32,087.40	11,387.04	8,501.27	60,793.70
1996	37,085.80	13,762.77	10,697.60	71,176.60
1997	41,870.40	12,385.16	12,308.14	78,973.00
1998	44,337.23	15,055.69	13,848.27	84,402.30
1999	47,177.86	12,737.10	14,599.67	89,677.40
2000	52,299.11	14,103.67	11,975.31	99,214.60
2001	57,600.32	13,875.52	12,968.17	109,655.20
2002	64,580.17	14,348.61	14,761.76	120,332.70
2003	71,828.46	15,971.23	17,516.17	135,822.80
2004	81,065.14	18,317.32	20,608.83	159,878.30
2005	93,296.87	24,829.30	23,685.68	184,937.40
2006	106,554.74	36,912.04	27,656.69	216,314.38
2007	128,108.49	48,052.82	35,304.86	265,810.31
2008	150,701.73	62,165.09	39,556.34	314,044.43
2009	167,098.09	63,332.05	41,962.76	340,902.81
2010	190,967.99	77,405.64	52,672.59	401,512.80
2011	222,528.35	107,178.04	62,270.81	473,104.05

数据来源:《中国统计年鉴》;资金流量表(实物部分)。

2.消费函数与储蓄函数的设定与证明

根据效用的优化问题,现值 Hamiltonian 函数为:
$$H_i(t) = u(c_i(t)) + \lambda(t)[r_i(t)k(t)_i + w_i(t) - c_i(t)]$$
优化问题的一阶条件为:
$$\partial H(t)/\partial c = u'(c(t)) - \lambda(t) = 0 \Leftrightarrow u'(c(t)) = \lambda(t)$$

$$\partial H(t)/\partial k = -\dot{\lambda}(t) + \rho\lambda(t) \Leftrightarrow \dot{\lambda}(t) = \lambda(t)(\rho - r(t))$$

$$\partial H(t)/\partial \lambda = \dot{k} = r(t)k(t) + w(t) - c(t) \tag{1}$$

横截面条件是

$$\lim_{t \to \infty}[\lambda(t)k(t)e^{-\rho t}] = 0$$

可以得到消费变化的路径是

$$[-c(t)u''(c(t))/u'(c(t))][\dot{c}(t)/c(t)] = r(t) - \rho$$

由于这里使用效用函数是 $\ln c$,所以跨期替代弹性等于 1。

$$\dot{c}(t)/c(t) = r(t) - \rho$$

根据(1)可知

$$\lambda(t) = \lambda(0)\exp\left[\int_0^t (\rho - r(s))\mathrm{d}s\right] 带入横截面条件,得:$$

$$\lim_{t \to \infty}k(t)\exp\left[\int_0^t -r(s)\mathrm{d}s\right] = 0 \tag{2}$$

根据资产预算约束方程可得:

$$k(t)\exp\left[-\int_0^t r(v)\mathrm{d}v\right] - k(0) = \int_0^t w(s)\exp\left[-\int_0^s r(v)\mathrm{d}v\right]\mathrm{d}s -$$
$$\int_0^t c(s)\exp\left[-\int_0^s r(v)\mathrm{d}v\right]\mathrm{d}s$$

在上式两边对 t 求极限值,并根据(2),可得:

$$\int_0^\infty c(s)\exp\left[-\int_0^s r(v)\mathrm{d}v\right]\mathrm{d}s = k(0) + \int_0^\infty w(s)\exp\left[-\int_0^s r(v)\mathrm{d}v\right]\mathrm{d}s \tag{3}$$

再根据消费的欧拉方程,可得:

$$c(t) = c(0)\exp\left[\int_0^t (r(s) - \rho)\mathrm{d}s\right] \tag{4}$$

将(4)代入(3)得:

$$c(0)\int_0^\infty e^{-\rho s}\mathrm{d}s = k(0) + \int_0^\infty w(s)\exp\left[-\int_0^s r(v)\mathrm{d}v\right]\mathrm{d}s$$

由此可得:$c(0) = (1-\theta)[k(0) + \widetilde{w}(0)]$,

其中 $\widetilde{w}(0) = \int_0^\infty w(s)\exp\left[-\int_0^s r(v)\mathrm{d}v\right]\mathrm{d}s$,表示人力资本的财富现值。

$1-\theta$ 表示财富的边际消费倾向,$1-\theta = 1/\int_0^\infty e^{-\rho s}\mathrm{d}s = 1-\rho$。

由于在对数效用函数下,可以得到每期消费是总财富的一个固定比例,即 $1-\theta$,则储蓄系数为 θ。可以看出经济个体每期的消费都由两部分所决定,未来总收入水平(包括物质资本和人力资本)以及当期的收入 $f(k)$。所以消费函数可以改写为:

$$c(0) = (1-\theta)f(k) + (1-\theta)[k(1) + \widetilde{w}(1)] \text{。}$$

如果是在经济个体能够具有完全理性预期的情况下,$(1-\theta)[k(1) + \widetilde{w}(1)]$ 部分会随着时间而变化。但是当经济个体是有限理性的情况下,$(1-\theta)[k(1) + \widetilde{w}(1)]$ 会以固定项的形式出现。在王弟海(2009)中消费函数中的固定项被定义为未来工资收入所决定的部分。在 Stigliz(1969)的消费函数中直接采取凯恩斯形式,固定项为收入为零时的支出。本书考察的是经济转型、市场化中的利益分享状态,对于没有充分分享经济成果的群体而言,最低消费支出是不得不考虑的问题,而且对动态的分享广度及深度都有重要影响。所以在本书中考虑的消费函数为:

$$c(t) = (1-\theta)f(k(t)) + F$$

其中 $F>0$。对应的储蓄函数为:$s(t) = \theta f(k(t)) - F$。这个并不是完全意义上的凯恩斯形式的消费函数,因为正如文中分析中所提到的,F 尽管没有完全的时变性,但是和经济发展阶段还是有所联系。在不同的经济发展阶段,最低消费支出也会发生变动。

3. 居民储蓄倾向的证明

设 $C_{1t} = x$ $C_{2t+1} = y$,则 $x + \dfrac{y}{R} = w$

$$U = \frac{x^{1-\frac{1}{\theta}} - 1}{1 - \frac{1}{\theta}} + \beta \times \frac{[R(w-x)]^{1-\frac{1}{\theta}} - 1}{1 - \frac{1}{\theta}}$$

$$\frac{dU}{dx} = x^{-\frac{1}{\theta}} - \beta \times R^{1-\frac{1}{\theta}}(w-x)^{-\frac{1}{\theta}} = 0$$

$$\left(\frac{x}{w-x}\right)^{-\frac{1}{\theta}} = \beta \times R^{1-\frac{1}{\theta}}$$

$$\left(\frac{x}{w-x}\right) = (\beta \times R^{1-\frac{1}{\theta}})^{-\theta}$$

$$\left(\frac{x}{w-x}\right) = \beta^{-\theta} R^{1-\theta}$$

$$\frac{w-x}{x} = \frac{1}{\beta^{-\theta} R^{1-\theta}}$$

$$\frac{w}{x} = 1 + \frac{1}{\beta^{-\theta} R^{1-\theta}} = \frac{1 + \beta^{-\theta} R^{1-\theta}}{\beta^{-\theta} R^{1-\theta}}$$

则一般居民的最优储蓄倾向为 $1 - \dfrac{x}{w} = 1 - \dfrac{\beta^{-\theta} R^{1-\theta}}{1 + \beta^{-\theta} R^{1-\theta}} = \dfrac{1}{1 + \beta^{-\theta} R^{1-\theta}}$

4. 企业家储蓄倾向的证明

定义企业家的储蓄倾向为 $\dfrac{S_t^E}{m_t}$，

同时 $C_{1t}^E = m_t - S_t^E$

$$C_{2t}^E = \left[\,(1-\phi)\rho_{F_{t+1}} + 1\,\right](S_t^E + l_t^E) - R l_t^E$$

$$l_t^E = \frac{\sigma S_t^E}{R - \sigma}$$

$$U_t = \frac{(C_{1t})^{1-\frac{1}{\theta}} - 1}{1 - \frac{1}{\theta}} + \beta \times \frac{(C_{2t+1})^{1-\frac{1}{\theta}} - 1}{1 - \frac{1}{\theta}}$$

$$= \frac{(m_t - S_t^E)^{1-\frac{1}{\theta}} - 1}{1 - \frac{1}{\theta}} + \beta \times \frac{\left\{\left[\,(1-\phi)\rho_{F_{t+1}} + 1\,\right](S_t^E + l_t^E) - R l_t^E\right\}^{1-\frac{1}{\theta}} - 1}{1 - \frac{1}{\theta}}$$

$$= \frac{(m_t - S_t^E)^{1-\frac{1}{\theta}} - 1}{1 - \frac{1}{\theta}} + \beta \times \frac{\left\{\left[\,(1-\phi)\rho_{F_{t+1}} + 1\,\right]\left(S_t^E + \dfrac{\sigma S_t^E}{R-\sigma}\right) - \dfrac{\sigma R S_t^E}{R-\sigma}\right\}^{1-\frac{1}{\theta}} - 1}{1 - \frac{1}{\theta}}$$

$$\frac{\partial U_t}{\partial S_t^E} = -(m_t - S_t^E)^{1-\frac{1}{\theta}} + \beta \times \left\{\frac{R S_t^E}{R-\sigma}\left[\,(1-\phi)\rho_{F_{t+1}} + 1 - \sigma\,\right]\right\}^{-\frac{1}{\theta}} \times$$

$$\frac{R}{R-\sigma}\left[\,(1-\phi)\rho_{F_{t+1}} + 1 - \sigma\,\right]$$

$$= -(m_t - S_t^E)^{1-\frac{1}{\theta}} + \beta \times (S_t^E)^{-\frac{1}{\theta}} \times \left\{\frac{R}{R-\sigma}\left[\,(1-\phi)\rho_{F_{t+1}} + 1 - \sigma\,\right]\right\}^{1-\frac{1}{\theta}}$$

$$= 0$$

所以 $\beta \times (S_t^E)^{-\frac{1}{\theta}} \times \left\{\dfrac{R}{R-\sigma}\left[\,(1-\phi)\rho_{F_{t+1}} + 1 - \sigma\,\right]\right\}^{1-\frac{1}{\theta}} = (m_t - S_t^E)^{1-\frac{1}{\theta}} +$

$\beta \times (S_t^E)^{-\frac{1}{\theta}}$

令储蓄倾向为 x，

则 $\beta \times m_t^{-\frac{1}{\theta}} \times x^{-\frac{1}{\theta}} \times \left\{\dfrac{R}{R-\sigma}\left[\,(1-\phi)\rho_{F_{t+1}} + 1 - \sigma\,\right]\right\}^{1-\frac{1}{\theta}} = (1-x)^{-\frac{1}{\theta}} m_t^{-\frac{1}{\theta}}$

即 $\beta \times x^{-\frac{1}{\theta}} \times \left\{\dfrac{R}{R-\sigma}\left[\,(1-\phi)\rho_{F_{t+1}} + 1 - \sigma\,\right]\right\}^{1-\frac{1}{\theta}} = (1-x)^{-\frac{1}{\theta}}$

所以 $\dfrac{1}{\beta}\left(\dfrac{1}{x} - 1\right)^{-\frac{1}{\theta}} = \left\{\dfrac{R}{R-\sigma}\left[\,(1-\phi)\rho_{F_{t+1}} + 1 - \sigma\,\right]\right\}^{1-\frac{1}{\theta}}$

解得 $x = \left\{1 + \left[\dfrac{R\left[\,(1-\phi)\rho_{F_{t+1}} + 1 - \sigma\,\right]}{R-\sigma}\right]^{1-\theta} \beta^{-\theta}\right\}^{-1}$

5. 根据 BIC 准则的计算结果

附表 6　根据 BIC 准则的计算结果

样本一（L＝5）

lag＝5

Selection Order Criteria for Panel VAR

lag	AIC	BIC	HQIC
1	−5.55384	−4.48776	−5.1471
2	−6.80894	−5.52378	−6.3179
3	−7.5779	−6.06238	−6.99796
4	−8.74287	−6.98475	−8.06904
5	−9.95632*	−7.94225*	−9.18315*

lag＝6

Selection Order Criteria for Panel VAR

lag	AIC	BIC	HQIC
1	−5.55384	−4.48776	−5.1471
2	−6.80894	−5.52378	−6.3179
3	−7.5779	−6.06238	−6.99796
4	−8.74287	−6.98475	−8.06904
5	−9.95632	−7.94225*	−9.18315*
6	−10.0294*	−7.74484	−9.15094

样本二（L＝1）

lag＝2

Selection Order Criteria for Panel VAR

lag	AIC	BIC	HQIC
1	−10.817*	−9.2985*	−10.2253*
2	−10.7941	−8.93928	−10.0699

lag＝3

Selection Order Criteria for Panel VAR

lag	AIC	BIC	HQIC
1	−10.817	−9.2985*	−10.2253*
2	−10.7941	−8.93928	−10.0699
3	−10.9893*	−8.77063	−10.121

样本三(L=3)			

lag=3			

Selection Order Criteria for Panel VAR

lag	AIC	BIC	HQIC
1	−7.44559	−5.41099	−6.63206
2	−6.30754	−3.69977	−5.26227
3	−11.3487*	−8.0978*	−10.0424*

lag=4			

Selection Order Criteria for Panel VAR

lag	AIC	BIC	HQIC
1	−7.44559	−5.41099	−6.63206
2	−6.30754	−3.69977	−5.26227
3	−11.3487	−8.0978*	−10.0424
4	−12.0657*	−8.08656	−10.4627*

样本四(L=8)			

lag=8			

Selection Order Criteria for Panel VAR

lag	AIC	BIC	HQIC
1	−3.17136	−2.10528	−2.76462
2	−4.23357	−2.94841	−3.74253
3	−4.7708	−3.25528	−4.19085
4	−5.79754	−4.03942	−5.12371
5	−6.74636	−4.73229	−5.97319
6	−7.56015	−5.27554	−6.68167
7	−8.37078	−5.79964	−7.38043
8	−8.80751*	−5.93226*	−7.69807*

续表

lag=9		
Selection Order Criteria for Panel VAR		
lag	AIC	BIC	HQIC
1	−3.17136	−2.10528	−2.76462
2	−4.23357	−2.94841	−3.74253
3	−4.7708	−3.25528	−4.19085
4	−5.79754	−4.03942	−5.12371
5	−6.74636	−4.73229	−5.97319
6	−7.56015	−5.27554	−6.68167
7	−8.37078	−5.79964	−7.38043
8	−8.80751	−5.93226*	−7.69807
9	−9.05595*	−5.85719	−7.81944*

6. 公式 6.3 的证明

$$E(Y_i^2) = E(Y_i w_i) + E(Y_i r K_i)$$

$$L^2 E(Y_i^2)/Y^2 = L^2 E(Y_i w_i)/Y^2 + L^2 r E(Y_i r K_i)/Y^2$$

$$L^2 E(Y_i^2)/Y^2 - 2LE(Y_i)/Y + 1 = L^2 E(Y_i w_i)/Y^2 - LE(w_i)/Y - \overline{w}L^2 E(Y_i)/Y^2 + \overline{w}L/Y + L^2 r E(Y_i r K_i)/Y^2 - rLE(K_i)/Y^2 - rLKE(Y_i)/Y^2 + rK/Y$$

$$E[Y_i^2/(Y/L)^2 - 2Y_i/(Y/L) + 1] = (\overline{w}L/Y)E[Y_i w_i/(Y/L)\overline{w} - w_i/\overline{w} - Y_i/(Y/L) + 1] + (rK/Y)E[Y_i K_i/(Y/L)(K/L) - K_i/(K/L) - Y_i/(Y/L) + 1]$$

$$E[Y_i/(Y/L) - 1]^2 = (\overline{w}L/Y)E[(Y_i/(Y/L) - 1)(w_i/\overline{w} - 1)] + (rK/Y)E[(Y_i/(Y/L) - 1)(K_i/(Y/L) - 1)]$$

即：$\sigma_y^2 = S_L \times \text{cov}(y_i, \omega_i) + S_K \times \text{cov}(y_i, k_i)$

索　引